日本道教学会〈編〉

道教文化と日本

陰陽道・神道・修験道

第一部　陰陽道と道教
第二部　神道と道教
第三部　修験道と道教
第四部　混淆する道教文化

勉誠社

はじめに

本書は、日本文化史において中国の道教と関連すると思われる事例について、各分野の専門家が最新の知見を述べるとともに、その参考となる道教関連の問題についても、道教研究者が基本的な解説を加えるものである。

中国の道教は、老子の神格化ないし老子の説く「道」および「天」の神格化を中心とした諸神に対する信仰を持ち、道観において道士（宗教職能者）が集団を作り、戒律によって組織を形成するとともに、天・地・人・鬼神を通じさせる儀礼をおこなう。中国の伝統的な呪術信仰や鬼神観、宇宙観、儀礼、仏教の思想や儀礼などの文化要素を融合しており、符呪や方術などによって現世利益を求め、外丹・内丹などによって不老長生・神仙を求める。そして、それらに関わる神話と方法を記した道教経典を持つ(1)。時間的にみると、道教が成熟した時期は相当に古く、七世紀以前の南北朝時代なかごろと考えられる(2)。その文化要素のなかには、紀元をはるかに凌いだ戦国時代に由来するものもある。その後の歴史においても、いろいろな文化要素を不断に取り込んでいった。空間的にみると、道教の信仰実践は、中国王朝の勢力範囲の拡張および人の移動につれて広がり、民族を超え、さらに王朝境域外の東アジア（漢字文化圏）にも流伝した。

そうした道教の東アジア的広がりが、日本においてどのような状況を呈したのか、という問題につい
て、いままで多くの研究がなされてきた。(3)道教研究の概論書でも、東アジア諸国に道教が影響した問題
に関する章が設けられるのが通例となっている。(4)

日本古代史において問題となったのが、「道教の伝来」である。上述のようなかたちで、中国史にお
いて道教が宗教として実践されたと考えるのであれば、その道教の東アジア的展開も、一種の宗教の展
開として考えなければならない。日本は歴史上のどこで宗教としての道教を受け入れたのか、そしてそ
れは以後どうなったのかが問題となる。

道教の実践と思われる比較的早い時期の有名な事例に、『延喜式』に載る「東文忌寸部献横刀時呪
(やまとふみのいみきべのたちをたてまつるときのじゅ)」が指摘されている。東文部(西文部)は、道教経典の
『赤松子章暦』とよく似た文章にもとづいて祭祀をおこなった。『日本国見在書目録』にも「赤松子玉
暦」が載っており、それは名称からして『赤松子章暦』に類似する経典だったと考えられる。『養老令』
神祇令にも似た文があり、おそらく七世紀末には、このような道教と同様な儀礼が日本でおこなわれて
いたと考えられる。(5)ただ、東西文部はどのような人々だったのか、唐から来たのか百済から来たのか、
百済系だとすれば百済には道教が流伝していたのか、など由来や存在形態はよくわかっていない。

日本古代における道教受容の検討は、一九八〇年代に盛り上がり、道教の痕跡とされるものが文献や
文化財において数多く指摘された。そのような検討を通して、道教の受容は、上記のような組織的な宗
教としてではなく、道教と共有された文化要素の受容とみるべきだという認識が広がった。

こうした研究から進んで、道教に関連する記載が、道教経典や類書の関連引用文にもとづくだけでな

く、中国で撰述された仏教経典を通して流伝したことに増尾伸一郎氏が注目した。

増尾氏は、どのような文化要素を「道教」と考えたのか。遺著『道教と中国撰述経典』を編集した丸山宏氏が、その著書全体に多出する用語を整理して、次のように述べているのが参考になる。

延年益寿、延寿、長命、延命、消災を主な目的としており、基盤にある思想は、陰陽思想、五行思想、讖緯思想、神仙思想である。北斗、北辰、星宿に対する信仰がある。皇天上帝、三極大君以下、日月神、方角神、時辰神、山神、土地神などの神、およびさまざまな具象性をもった鬼が存在する。人には三魂七魄があるという霊魂観を持つ。これら神、鬼、魂魄は、符、呪、人形という手段を通じて働きかけることができる。官僚的な儒教思想や寺院仏教の高度な教理とは異なり、民衆独自のものとはいえない面もあるが、しかし民衆の志向に即応した内容を持ち、民衆への姿勢が手厚く、とりわけ母性や女性を重視する。(6)

これらにもとづいた「仕組み」およびそこに含まれる「諸要素」が、中国撰述仏典の内部という条件のもとではあるが、「道教」ないし道教の文化要素として分析されたのであった。ここで注意しておかなくてはならないが、これら中国撰述仏典から指摘された文化要素は、道教にも共有されていたから増尾氏は取り上げたのではあるが、中国で仏典を撰述した人々は、これらを道教だからといって導入したわけではなかったと考えられる点であろう。まして日本の受容者は、これらを道教として受容したのではなかっただろう。

従来の研究ではほかにも、太一、東王公・西王母、司命・司籍、泰山、雷神、太歳、竈神(庚申信仰)、墓葬壁画にみえる四神と仙人、神器としての鏡、剣、玉、民間に流伝した風習や伝説、術数、風水、医薬学なども道教の影響とされることがあった。

これらの諸要素が古代史の状況とどのように結びつけられるか、興味深い議論が多く出された。特に、七世紀末から八世紀初の政治状況において、「道術符禁湯薬」「道士法」と称されたような、道教の受容と関連すると思われるものをキーコンセプトとして議論が進んだ。新川登亀男氏の『道教をめぐる攻防——日本の君王、道士の法を崇めず』では、唐から帰国した者たちが、道教の盛んだった長安から「何を正道・正法とし、何を邪道・左道とするかのはげしいせめぎあい」の問題を日本に持ち込んだとみている。(7) 新川氏は、この問題を軸にして、長屋王を中心とする道教信奉の動向が粛清された事情を解き明かし、政治史に新解釈を提出した。(8)

研究の進展につれて、これらの少なからぬ要素が、道教にも共有されてはいるが、実は道教に由来していないのではないか、と考えられるようになった。

例えば、『万葉集』には神仙思想がうかがえる作品がある。神仙思想の用語は日本古代において外来であって、道教にも共有されている。したがって、これをもって道教の影響と考える向きがあった。しかし、道教は神仙思想を漢代以来の典籍や伝承から導入したのであり、日本古代の知識層は、中国典籍の一部から神仙思想の用語を借用しただけというべきかもしれない。

七世紀末の高松塚古墳にみられる四神などは、道教にもみえる文化要素ではあるが、墓葬壁画に四神を描くことは漢代からおこなわれており、中国式の墓葬方法の模倣というべきであろう。

陰陽道の文献が中国古代の方術に言及している場合、道教の影響のように考える場合があった。ところが、特に択日吉凶の法は、『漢書』「芸文志・数術略」の記載と相似しており、戦国秦漢の出土文献とも一致している。工藤元男氏は、戦国から秦漢の『日書』と比較しつつ、こうした択日文化は日本では早くから流伝したと考えている(9)。だとすると、古代中国の術数の知識が流伝してきたと考えるべきであり、道教に由来するとはできないかもしれない。

つまり、日本古代において宗教としての道教の形跡を考えると、その実例は非常に少なくなる。宗教としての道教の受容という観点では、日本文化史において道教と関連するようにみえる多くの現象が説明できなくなってしまう。その一方で、「道教の文化要素」という観点から考えると、宗教としての道教に近いものから遠いものまで、そのグラデーションが非常に大きくなり、場合によっては道教からはるかに離れた現象すら「道教」と説明されてしまう。特に、神仙思想や道教由来の語の使用をもって道教的な信仰と結びつけるのは、慎重であるべきだろう。

とはいえ「道教の文化要素」は、道教の宗教的性質と共通のものを備えていたり、道教の信仰と共通のイメージを持ったりしている場合もある。なかには、それが道教文献や道教の祭祀方法に由来していると考えられるものもある(10)。

例えば、日本古代の六世紀の呪符木簡には「急急如律令」といった文言や呪符がみられ、明らかに道教と共通の宗教的技法と性質、そして神のイメージを持っている。しかし、このような文言や呪符の使用は、道教の宗教実践がおこなわれる以前から存在し、道教がおこなわれたあとにも併存していた。したがって、これらを中国の呪符文化に由来するということはできても、道教に由来すると判断することには慎重であるべきだ(11)。見かけの相似だけでなく、こうした木簡の使用方法や別の素材との関連、技法の流伝の状況などを視野に入れて検討する必要がある。そうしてみると、道教に由来すると判定できる場合もないわけではない。例えば、天罡呪符木簡は、七・八世紀の唐でおこなわれていた天罡＝北斗星の神への信仰を反映しているようだ。

古代の道教受容だけでなく、日本文化史を大雑把に眺めると、どこかで道教の受容態度が変わったように感じられる。十一世紀あたりを境に、道教の観念・方術・典籍が意識的に導入され、神道や陰陽道において重要な文化資源となっていったように感じられる。例えば、北斗に対する崇拝では、天禄元年（九七〇）の源為憲『口遊』に「四方拝」があり、「七星所属の星」を再拝する説が出ている。十一世紀以後、密教の北斗曼荼羅観想と道教経典『太上北斗延生真経』が併用された。十二世紀末とおぼしき『江家次第』にも北斗崇拝があり、その後に続いていく。吉田兼俱（一四三五〜一五一一）は『太上北斗延生真経』の説を直接引用している。神道の北斗崇拝は明らかに道教と関連があるといえそうである[12]。また、陰陽道の祭祀の多くに道教儀礼に似ているものがあり、例えば「玄宮北極祭」「三万六千神祭」「泰山府君祭」などは道教に由来しているように思われる。符呪においても、吉田兼俱の示す符図は、道教経典から直接由来しているようである。江戸時代になると、中国典籍の輸入の増加や人的交流によって、道教経典や道教文献の引用などが多く参照されるようになる。当時はやった符や鳥虫篆の符書などがその事例であろう。修験道はこうした動向と関連しているのではなかろうか。江戸時代後期の平田篤胤（一七七六〜一八四三）に至っては、老子を神的な存在と認めており、『雲笈七籤』や『歴代神仙通鑑』といった道教経典の叢書を通して、思想上でも道教の諸観念を導入している。篤胤は日本史上、道教の影響を最も強く受けた人物といえるだろう。

以上、本書が扱う道教文化と日本文化史というテーマについて、不十分ながら従来の研究の経緯と反省を略述して「はじめに」に代えさせていただきたい。本書の編集幹事として私がこの「はじめに」を執筆したが、本書で何を検討材料にあげるか、それをどう分析し、どのような知見を示すかは、基本的に各執筆者にお任せした。また、本書の研究の範囲の設定も便宜的である。従来の研究を概観して、日本文化史で陰陽道・修験道・神道そして仏教や文学の分野において道教文化との関連性が大きいように私にはみえたにすぎない。私以外の編集幹事として、陰陽道の分野で細井浩志氏、神道の分野で伊藤聡氏、修験道の分野で鈴木正崇氏、道教研究では酒井規史氏（いずれも本学会員）にお願いし、執筆者の推薦や原稿の確認についてお教えをいただいた。

これらの分野における最近の研究はかなり進展しており、従来とは異なる新しい知見が満載になったと思う。また、日本文化史にみられる現象と中国の道教との差異、思想の混淆にも配慮することから、いくつかの章では、一見すると日本文化史からは離れた解説もある。各分野において、道教と関連するかもしれない文化要素の問題を検証し、道教文化としての濃淡を見極め、あるいは日本文化における受容のありかた、日本文化への貢献などを考えることができると期待している。このような研究は、外来文化の受容とその背後に潜む日本文化のメカニズムのようなものを垣間見せてくれるのではなかろうか。

日本道教学会編集幹事・前会長

土屋昌明

注

（1）道教についての解説は、本書所収の酒井規史「道教とは何か――唐代の道教を中心に」を参照のこと。

（2）道教の成立をいつと判断するかは、成立の要件によって変わってくる。一般的には、後漢末年の太平道、天師道（五斗米道）などを端緒とみて、それから南北朝にかけて、仏教の刺激、知識層の参与などにより経典や神譜や儀礼が完備され、組織を備えた宗教としての道教といえるようになったと考えられている。

（3）代表的な論文が雄山閣出版『選集　道教と日本』全三巻に集められている。

（4）福井康順ら編『道教』第三巻（平河出版、一九八八年）。野口鉄郎ら編『講座道教』の第六巻『アジア諸地域と道教』（雄山閣出版、二〇〇一年）。坂出祥伸『道教と日本文化』（角川選書、二〇一〇年）など。

（5）福永光司「道教における「醮」と「章」」（東アジア基層文化研究会編『道教と東アジア』人文書院、一九八九年）。

（6）増尾伸一郎『道教と中国撰述仏典』（「あとがき」（丸山宏）汲古書院、二〇一七年）。

（7）新川登亀男『道教をめぐる攻防――日本の君王、道士の法を崇めず』（大修館書店、一九九九年）二一七頁。

（8）新川説には反対意見も少なくない。例えば石井公成氏は、長屋王の発願に基づいて写経された『大般若経』の跋文に道教的な世界観が読み取れることと、彼が「左道」とされた事情とを関連させた新川氏の議論について、唐代の仏教文献に既出の神仙思想や道教由来の語を道教に結びつける強引な解釈だと批判している。石井公成「聖徳太子伝承中のいわゆる「道教的」要素」（『東方宗教』第一一五号、二〇一〇年）。

（9）工藤元男「日書と陰陽道書」（大橋一章・新川登亀男編『「仏教」文明の受容と君主権の構築――東アジアのなかの日本』勉誠出版、二〇一二年）。

(10) この点は、本書所収の細井浩志「古代日本と道教――陰陽道成立の前提として」を参照のこと。

(11) この点は、日本古代史研究ではすでに了解されている。山下克明「日本古代の呪符文化」水口幹記編『前近代東アジアにおける〈術数文化〉』(アジア遊学二四四、勉誠出版、二〇二〇年二月)。「(日本古代の呪符木簡は)道教の影響が大きいと指摘されるが内容に踏み込んだ説明は未だ十分とは言えず、古代の日本で行なわれた呪符が中国文化の如何なる要素を反映したものか、具体的な検討が必要であろう」。

(12) 菅原信海「吉田神道と北斗信仰」(『選集　道教と日本』第三巻、雄山閣出版、一九九四年)。松下道信「中世神道の道教受容――吉田神道所伝『太上説北斗元霊経』版本再論」(『日本漢籍受容史――日本文化の基層』髙田宗平編、八木書店、二〇二二年)。

目次

道教とは何か
——唐代の道教を中心に

酒井規史

はじめに

「道教とは何か」という問いはこれまで何度も提起され、それに対する答えも提示されてきた。しかし、誰もが納得するような定義が示されたことはない。仏教やキリスト教のように明確な教祖がおらず、その時々によって新たな要素が組み込まれ、古代から現代にいたるまで変遷してきたからである。その背景は違えど、日本でいえば神道も同じような状況があるのではないだろうか。

研究者の観点からしても、研究対象とする「道教」がいつの時代のものか、どこの地域のものか、またどのような側面に注目するかによって、「道教」のイメージが異なってくる。よって、冒頭の問いに全方位的に満足が得られる答えを出そうとするのは至難の業である。

そこで、本稿では道教がひとまず完成形を整えた唐代を中心に、道教の輪郭を明確にしてみたい。また、筆者の考えでは唐代に完成した道教の枠組みは少なくとも明代までは引き継がれている。唐代から明代といえば、日本では飛鳥時代の前半から江戸時代の初期までに相当し、本書で主に問題とされる時代ともおおむね一致する。その点においても、唐代の道教をもとに「道教とは何か」を検討するのが、本書の趣旨にもかなっているといえよう。(1)

一、三教のひとつとしての「道教」とその構造

はじめに、本稿でいう道教とは、歴史的に儒教・仏教とともに「三教」の一角を占めてきた「道教」のことを指していることを明確にしておきたい。(2)特に唐代以降、道教とは王朝が儒教・仏教と同等に公認した思想・宗教であった。

では、唐代に確立し、歴代王朝にも継承されていった道教の枠組みとは一体どのようなものであろうか。筆者なりに簡潔にまとめると、道蔵《どうぞう》・道士《どうし》・道観《どうかん》の三位一体のシステムといえる。この三者は、仏教でいえば大蔵経・僧侶・寺院に相当するものである。

まず、道教の内容は、王朝によって収集された道教の経典や典籍を整理した「道蔵」に規定されていた。道蔵（の目録）に収録されている経典などの内容にもとづく信仰か否かが、まず道教と民間信仰の境界線を引く上で指標となるであろう。これは道教という宗教のソフトの面といえよう。

ではハードの面は何かといえば、道教の宗教職能者である道士と、宗教施設である道観である。唐代の規定では、道士は出家して道観に居住することを要求された。そして、免税の特権を受ける代わりに、国家や皇帝の安寧を祈願する役割を担ったのである。

また、道観は道士の宗教活動の拠点となるものであり、全国の主要都市や道教の聖地の周辺に設置されていた。それらの道観は唐朝の管轄するものであり、唐朝が創建した御用道観も数多く存在した。

唐代の道教がみなこの道蔵・道士・道観のシステムの枠内におさまっていたわけではない。ただし、確実に言えるのはこの三つの要素のうち、要素が欠ければ欠けるほど道教から民間信仰（唐朝の視点からいえば非公認の宗教）に近づいていくということである。例えば、道蔵の内容にもとづかない宗教活動を道士が行っていれば、それは道教の枠組みから外れ、時には邪教扱いされるということになる。

これは日本への道教の流入を考える際にも、ひとつの目安となる考え方になる。これまで、〝「教団道教」（「成立道教」）は日本に入ってこなかった〟という説が唱えられたこともあった。「教団道教」や「成立道教」といった用語が漠然と指していたものは、この道蔵・道士・道観の三位一体のシステムを備えた道教であると考えると、その内実はより明確になるであろう(3)。日本には道士・道観といったハードの面が直輸入されたことはなかった。しかし、（一部とはいえ）道蔵に収録されていた経典や道教の方術は日本に伝わり、中国思想のひとつとして受容され、また宗教活動に利用されるようになったのである。従来指摘されていることではあるが、やはり道教の日本への流入はかなり限定されていたと考えるべきであろう。

さらに、中国周辺地域への道教の伝播を考える際にも、道教を三位一体のシステムととらえるこの考え方は有効である。例えば、朝鮮半島では、道観で道士が活動していた時期もある(4)。つまり、日本は朝鮮半島に比べれば、道教を受容した度合いは非常に低いということになるわけである。

以下、唐代の道蔵・道士・道観について概観し、そのあとで各種資料によりながら唐代の道教の内容を明らかにすることにしたい。

二、唐代の道蔵

前節で述べた道教の主要な三要素のうち、まず道蔵について検討してみたい。上記のように、道蔵は仏教でいえば大蔵経に当たるものであり、道教に関連する経典や儀礼書などの典籍（以下、それらを「道書」と総称する）を集成したものであった。(5) また、道蔵によって道教の枠組みが規定されたのである。

しかし、唐代の道蔵の現物はおろか、その目録すら残っていない。また、資料も断片的にしか残っていないため、その実像は不明な点が多い。そこで、後代の道蔵や仏教関連の資料も参照しながら、唐代の道蔵について考えてみることにしたい。

そもそも道書を集成したものは、唐代初期の高宗のころには「道蔵」と呼ばれるようになったらしい。弘道元年（六八三）に高宗と則天武后が撰し、道士の王懸河《おうけんか》が書いた「道蔵経序碑」があったと伝えられる（宋代の『宝刻類篇』巻八などに著録）。なお、この王懸河は様々な経典を引用する『三洞珠嚢《さんどうしゅのう》』や『上清道類事相《じょうせいどうるいじそう》』を残しており、教理に通じた道士であった。

元代の「道蔵尊経歴代綱目」は、その名のとおり歴代の道蔵についての記録であるが、唐代の道蔵について見てみると、はじめに尹文操《いんぶんそう》（高宗・則天武后時代に活躍）による『玉緯経目蔵経《ぎょくいきょうもくぞうきょう》』七三〇〇巻があったとする。この巻数については議論があるものの、唐代の初期にはかなりの量の道書が収集されており、（題名からして）その目録が編纂されていたことが推測できる。

道教信仰に熱心であった玄宗の頃にも、道書の収集と整理が行われた。そして、開元年間に『三洞瓊綱《さんどうけいこう》』と称する道蔵（の目録）を編纂させたという（『文献通考』所引『宋三朝国史志』など）。収録された典籍の巻数については約三七〇〇巻から七三〇〇巻まで諸説あって一定しないが、いずれにせよ大部の叢書であったのは間違いない（明代の道蔵は約五五〇〇巻であり、巻数の分け方によって違いが出たと考えればそれほど不思議ではない）。

また、玄宗による『瓊綱』四巻に加えて、張仙庭の『三洞瓊綱』三巻という道書の目録が編纂されたようである。玄宗自らも関わっていることから、この目録に収録されていた道書は王朝が公認したものといえよう。仏教の例であるが、不空は密教経典を入蔵させるよう要請し、代宗から勅許を得ている（『不空三蔵表制集』巻三）。道蔵に収録される道書は何でもいいというわけではなく、皇帝や御用道士たちのお墨付きがあったと考えてよいであろう。

南宋時代に編纂された『混元聖紀《こんげんせいき》』巻九によれば、天宝七年（七四八）には玄宗の詔により、宮中に所蔵されていた「一切道経」（つまり「道蔵」）が首都の長安で書写され、いわば欽定本が各地に送られたらしい。印刷技術の発達していなかった当時は、欽定本をもとに写本が作成されたのであろう。

以上のことから、唐代には王朝が道蔵を編纂するシステムが確立したこと、収録される道書の目録が作成され、それが公認の道書とみなされたことが明らかになったであろう。そして、それらの道書に記される内容にもとづいた宗教が、唐朝公認の「道教」だったわけである。道蔵の内容については後で詳しく述べることにして、道教の宗教活動の担い手である道士について次に研討してみよう。

三、唐代の道士

道教の宗教職能者である道士についてその概要を述べる(6)（女性の道士は「女冠《じょかん》」と称されていたが、道士で統一する）。

一般的に道士になるためには、まず師について修行と勉学を行い、師の推薦を得たあとで、唐朝の審査を受ける必要があった。それにパスすれば尚書省の祠部から出家の許可証である度牒が発給され、ようやく道士になることができた。さらに、経典を暗唱する試験もあった。

また、道士は出家して道観に居住するものとされていたが、勝手に出家すること（私度）は許されなかった。また、各道観によって、度牒の数も制限されていた。唐朝は定期的に道士の名簿も作成し、道士の数を把握しようとしていた。よって、基本的に道士は唐朝の管理下にあったが、その一方で度牒を得れば納税を免除されるなど優遇措置を受けることができた。

また、道教を管理する官僚である道官の制度も唐代に確立した。中央と各地方にそれぞれ道門威儀《どうもんいぎ》（道門威儀使）が設置され、有力な道士が任命されていたようである。また、各地の道観にも管理職が置かれ、道士たちを監督していた（後述）。

以上に述べてきた道教の管理体制は、仏教とほぼ同じである。もちろん、この制度が全国で完璧に実行されていたわけではないであろう。しかし、道教は仏教と同程度には管理され、秩序立った宗教であることが求められていたのは間違いない。

それでは、道士の宗教活動はどのようなものだったのであろうか。基本的に道士は道観で生活を送りながら、師や先輩の道士の教えを受けて修行を進めていった。唐代においては道士の修行の階梯も定まっており、それに基づく位階制度も実施されていた（詳細は後述）。また、各地を遍歴して修行をする場合もあったようである。

当時の社会において、道士に期待されていたのは、疫病・害獣・天候不順などの日常的な問題の解決から国家の安寧の祈願まで、神々の力を借りて人々を救済することであった。道士は修行の過程で、そのための儀礼や方術も身につけていった。

日本では一般的に道教は不老不死の神仙になるための宗教というイメージがあるが、それ自体は間違いではない。しかし、人々を救済することも道教の大きな役割であった。また、道教では善行をすれば寿命が延び、悪行をすれば寿命が縮まると考えられていた。そのため、利他の行為は道士の寿命を延ばし、仙人への道を開くものでもあった。

四、唐代の道観と聖地

道士たちの主要な主教活動の場が道観である(7)。首都の長安をはじめ、全国の主要な都市と聖地にも道観が設置されていた。玄宗の時代に編纂された『唐六典』巻四によれば、道観は全国に一六八七あったとされる（そのうち三分の一は女冠の道観だったという）。仏寺の総数が五三五八であるから、その数は三分の一程度であったらしい。しかし、唐の皇帝は李姓であり、同じ姓をもつ老子を始祖としており、道教は国教として仏教よりも上位に置かれていた。そのため、勢力は仏教よりも小さくとも、手厚い保護を受けていたのである。

首都の長安には、現在確認できるだけでも三十弱の道観が創建されていたようである(8)。皇族にも道教を信仰するものが多かったため、皇族が出家したあとに自分の邸宅を道観にする例もあった。また、唐朝の始祖たる老子を祭祀する太清宮《たいせいきゅう》や玉芝観《ぎょくしかん》も創建されていた。

全国の各州に御用道観を設置することも行われた（仏教の国分寺を連想されたい）。中宗の時代に中興観《ちゅうこうかん》が各州に設置された（その後、龍興観と改称）。さらに、玄宗の時代には、各地の主要な道観は開元観《かいげんかん》と改称された（おそらく龍興観が改称された例も多かったと思われる）。老子を祭祀する廟も各地に設置され、各州のものは紫極宮《しきょくきゅう》と称するようになった。なお、宋朝はこの制度を模倣し、宋朝の伝説的な始祖である趙玄朗を祀る天慶観《てんけいかん》を全国に設置した。各種の資料によると、開元観と紫極宮が天慶観になる事例が多く見受けられる。

唐代の道観においては、道士が集団で生活を送っていた。『唐六典』によれば、観主・上座・監斎という管理職が置かれていたらしい。この三者の職掌については不明な点もあるが、観主は道観の総責任者、上座は道士たちの監督役、監斎は儀礼の監督役、もしくは道士の食事や食費の管理をする役割だったと考えられる。

唐代には成立していたと思われるいくつかの文献からは、道観における生活上の様々な規定がされていたことが知られる。例えば、『三洞奉道科戒営始《さんどうほうどうかかいえいし》』の項目名を見てみると、置観品（各種の設備についての規定）・造像品・写経品・度人品（出家や伝授、戒律の規定）・法具品・法服品・居処品（道士の住居の規定）・誦経儀・講経儀（講義の規定）・法次儀（位階の規定。詳しくは後述）・常朝儀（日常的に行う儀礼の規定）がある。紙幅の都合上ここで詳細は述べられないが、項目名からおおよその内容は想像できるであろう[9]。

ここで道教の聖地についても述べておきたい。道教の聖地は道士の修行場所ともなるため、道観が設置されることも多かったからである。まず、唐代において重要な聖地と考えられたのは、古来から人々の尊崇の対象であった五岳である。東岳泰山、中岳嵩山《すうざん》などでは皇帝や国家の安寧を祈るため、道士が儀礼を挙行していた。

さらに、唐代において重要だったのが、「洞天福地《どうてんふくち》」と総称される一群の聖地であった。東晋の頃には、山の中の洞窟が別世界となっており、神仙たちの役所兼修行場所になっているという信仰があった。さらに、それらの洞窟は地下でつながっていると考えられていた。中国の江南地域には、巨大な鍾乳洞と地下河川が多く、そこから構想されたものと思われる。桃源郷の由来となった『桃花源記』もこの信仰を背景としていると考えられて

いる。(10)

六朝時代には、南京近郊の茅山などが洞天と称されるようになった。その後、各地の聖山や洞窟が聖地と認識されるようになり、唐代にはかなりの数が存在していたようである。唐代の司馬承禎《しばしょうてい》がそれらの聖地を「十大洞天」「三十六小洞天」「七十二福地」などに整理し（上述の五嶽も小洞天の中に組み込まれている）、その枠組みが後世にも継承されていった。

洞天福地は修行に適した場所であることから道観も設置されることが多く、そこでも道士たちが活動していた。また、国家の安寧を祈るための金籙斎《きんろくさい》などの儀礼も行われた。それに付随して、金属製の板（簡）に願文を書き、水神に願いを伝えるために湖や河川に投げ入れるという、投龍簡《とうりゅうかん》の儀礼も行われた。則天武后と玄宗が儀礼に使った物が今も残されている。(11)

五、唐代道教のコンテンツ

以上、道蔵・道士・道観を中心に、唐代道教の制度について概観してきた。それでは、道教の内容について明らかにしてみたい。そこでポイントとなるのが道蔵である。上述のとおり、道蔵が道教の枠組みを規定していたからである。そこで、ひとつの基準点として、玄宗時代に編纂された道蔵、『三洞瓊綱』について考えてみよう。この道蔵は伝わっておらず、収録された経典の目録も残念ながら失われてしまったが、現在残っている各種の資料からその概要を推測することができる。

まず、『三洞瓊綱』というタイトルから考えてみよう。最初の三洞という語は、当時、道書の分類に用いられていた三洞説《さんどうせつ》に由来するものである。劉宋時代に活躍した道士・陸修静《りくしゅうせい》が考案したと推測されている。

およそ戦国時代以来、神仙思想を奉じる人々が存在していた。彼らは神仙になる方法を模索して、それらを記した典籍を残していった。よく知られる例であるが、晋代の葛洪による『抱朴子』には神仙道にまつわる典籍や符などが数多く著録されている。また、後述するように、東晋時代以後、信仰をともにするグループによって、一群の経典が作成されるようになった。

陸修静の三洞説は、それらの道書を洞真部《どうしんぶ》・洞玄部《どうげんぶ》・洞神部《どうじんぶ》の三つのカテゴリーに分けるものである。そして、それぞれに当時流行していた道書である『上清経《じょうせいきょう》』『霊宝経《れいほうきょう》』『三皇経《さんこうきょう》』が配当されていた。ちなみに、それらは個別の経典というわけではなく、一群の経典から構成されるグループの総称である。『三洞瓊綱』もその題名からして、三洞説をベースにしていたと見てよいであろう。

さらに、唐代には存在していた道書の分類法に四輔説がある。三洞説の枠からはみ出してしまう経典をさらに分類して、上述の三洞を補佐するものとして位置づけたものである。太玄部《たいげんぶ》・太平部《たいへいぶ》・太清部《たいせいぶ》（それぞれ洞真部・洞玄部・洞神部を補佐）と正一部《しょういつぶ》から構成される。太玄部は『老子』とその注釈、太平部は後漢の太平道に由来する『太平経』、太清部は金丹（錬金術）に関するものとされた。最後の正一部は後漢以来の五斗米道に由来する経典などが分類された。また、太玄部・太平部・太清部がそれぞれ大乗・中乗・小乗とされ、経典のランクが定められた。残りの正一部は全体を補佐する一乗とされている。

四輔説が唐代の道蔵の分類法として採用されていたかは明らかではないが、筆者はその可能性が高いと考える。二十世紀に入って敦煌の千仏洞で発見された古文書、いわゆる敦煌文書にも道教の経典が多く残されているが、基本的には三洞四輔の分類の中に納まっている。唐代に編纂された道教の類書を見ても、多く引用されているのは三洞四輔に含まれる経典である。また、以下に述べる道士の位階制度においても、三洞四輔の枠組みに入っている経典の伝授を受けることが重要とされているからである。さらに、上述の『三洞奉道科戒営始』巻三には、道観には三洞四輔の分類ごとに書架を作り、経典を保存するよう指示されている。もちろん規範を書いたものであり、全ての道観で実施されていたかは分からないが、これは当時の実情を反映していると思われる。

六、唐代道教の基本経典

それでは、唐代において道教の信仰の基礎となっていた経典について、簡単に概要を述べよう。上述の三洞四輔説の順番で述べていくことにする(12)。

まず洞真部に配当されていたのは、『上清経』と総称される一群の経典であった。東晋時代の許謐《きょひつ》と許翽《きょかい》の親子（二許）は霊媒の楊羲《ようぎ》を経由して、魏華存などの神仙から啓示を受けた。また、彼らが本拠地としたのは南京郊外の茅山《ぼうざん》であり、その名前の由来となった神仙の茅氏三兄弟も教えを授けている。二許と楊羲はそれらの啓示を書き記したメモを大量に残しており、それらにもとづいて多数の経典が作成された。それらが『上清経』と総称されている。瞑想法（存思《ぞんし》と称される）を基軸として、昇仙するための様々な方法を説いている。また、神仙の世界の描写にもすぐれ、文学にもインスピレーションをあたえている(13)。

洞玄部に配当されていたのは、『霊宝経』と総称される一群の経典である。やはり東晋時代から次代の劉宋にかけて、江南地域で作成されたと考えられている。元始天尊《げんしてんそん》を教主とする系統と、葛玄（『抱朴子』で有名な葛洪の従祖父）が伝授されたとされる系統がある(14)。そのうち、前者の系統が広く信仰の対象となった。それらの経典は

図1　天尊像。玄宗時代・天宝9年（750）の作（東京国立博物館蔵）
出典：筆者が撮影（東京国立博物館）

仏典を模倣したスタイルで述作されており、一切衆生の救済を説くのが特色である。世界は「劫」の終わりに崩壊し、また再生する。そのタイミングで元始天尊が人々を救済する教えを説くという「開劫度人」のストーリーが多く見られる。さらに、地獄にいる死者を救済するための方法を説く経典もあるのが特筆されよう。中国では親に対する孝の精神をしめすため、地獄にいる父母や祖先を救うことが道教にも求められていた。そのニーズに答えたのが一群の『霊宝経』が支持された原因の一つであろう。なお、『霊宝経』の一つである『度人経』《どにんぎょう》は広く普及し、明代の道蔵でも最初に置かれている。『霊宝経』は唐代においてかなり普及したようで、敦煌文書でも点数が多い。

三洞の最後、洞神部には『三皇経』（本来は『三皇文』）が配当されていた。古代の伝説的な帝王である天皇・地皇・人皇の三皇から伝わる文書であり、それらを所持していれば災厄をまぬがれることができるなど、特別な効力があるとされていた。もともとお札のようなものだったらしいが、唐代までに関連する文献が作成され、増補されていった[15]。

続いて、四輔に移行しよう。太玄部は『老子』とその注釈など、老子に関する文献が配当されていた。道教の教主は老子であり、その著作とされた『老子』は道教の教理の基礎を形成するものであった[16]。唐代においては、『河上公注』《かじょうこうちゅう》『想爾注』《そうじちゅう》などの注釈も伝授されて、道士に学習されていたようである。

図2（右）　老君像。唐代（7〜8世紀）（ケルン市立東洋美術館（Museum für Ostasiatische Kunst, Cologne）蔵）
出典：Little ,Stephen,with Shawn Eichman. *Taoism and the Arts of China*, Chicago, The Art Institute of Chicago, in association with University of California Press, 2000.
図3（左）　玄宗時代の太上老君像（四川省・安岳玄妙観の石窟）
出典：胡文和『中国道教石刻芸術史』（高等教育出版社）※一部トリミング

太清部については代表的な経典が特にあるわけではないが、錬金術（金丹）の作成法を記した各種の典籍が配当されていたようである。当時、特に水銀（丹砂）を科学操作することで不老不死の霊薬を得ようとする錬金術が盛んであった。唐代の皇帝も霊薬を飲んで中毒死するものがあったと伝えられる。

　太平部には、後漢の太平道に由来する『太平経』が配当されていた。後漢の干吉《かんきつ》が『太平清《たいへいせい》領書《りょうしょ》』という経典を感得し、それを太平道の祖である張角が入手して尊崇したとされる。その経典を継承したのが『太平経』である。(17) 完本は残っていないが、その内容は政治的には太平の世の実現を理想とし、道徳論としては忠孝が重視されるとともに、行為の善悪によって神から賞罰を受けるという応報の思想が重視された。また独自の長生法も説かれている。

　四輔の最後、正一部はやはり後漢時代に登場した五斗米道の流れから生まれた経典を配当している。この正一という名称は、後漢の張陵《ちょうりょう》（五斗米道の開祖）が太《たい》上老君《じょうろうくん》（老子の神格化したもの）から伝授されたという「正一盟威《しょういつめいい》の道」に由来する。特徴的なものとしては、道士が使役できる神のリストである「籙《ろく》」、道士の戒のほか、最も基本的な儀礼である「上章《じょうしょう》」に使う各種のマニュアルもあった。上章とは、神々に上奏文を送り、病気治療や雨乞いなどの現世利益を求める儀礼のことである(18)。

以上に述べてきたように、三洞四輔説によって、後漢から六朝時代までに作成された主要な経典や教法が分類・整理されていた。上述のように、唐代の道蔵も基本的には三洞四輔説によって道書を分類したと推測される。なお、三洞四輔には含まれていないが、敦煌文書における道教の写本の中では『太玄真一本際経《たいげんしんいつほんざいきょう》』という経典が一番点数が多い(19)。この経典は隋から唐代初期にかけて述作されたものと考えられている(20)。また、やはり唐代初期の作と推定されている『海空智蔵経《かいくうちぞうきょう》』なども敦煌文書に見える(21)。これらの経典は仏教との対抗上、道教の教理を確立するという試みの中で作成されたものであり、唐代においてはかなり流行したことがうかがえる。ただ、後世においてはあまり省みられている痕跡はない。

七、道士の位階制度

右に述べた三洞四輔説は、唐代に行われていた道士の位階制度とも関連している。各種の文献で多少の違いはあるが、ほぼ同じ枠組みだったようである。道士の位階制度においては、経典や符、儀礼書などを伝授されるごとに、道士の法位が上がって行った。つまり、修行の階梯には一定のルールがあり、小林正美はそれを「受法のカリキュラム」と称している。[22]

小林氏の整理によって、唐代の道士の位階を大きく分けると、①正一道士、②高玄（太玄）道士、③神呪道士、④洞神道士、⑤昇玄道士、⑥洞玄道士、⑦五法道士・河図道士、⑧洞真道士・大洞道士・上清道士、⑨三洞道士となる。このうち、①②④⑥⑧が三洞四輔の一部と合致していることに注意したい。各種の文献にはそれぞれの位階の道士が授かった経典などが列挙されているので、以下にそれらを参照しながら道士の修行の階梯を概観しよう。

①は正一部の伝授を受けた道士である。上述のように「籙」や初歩的な戒、「上章」儀礼のマニュアルなどが伝授されていた。②は太玄部、つまり『老子』と老子を教主とする経典や戒律が伝授された。教理の基本をここで学ぶのである。③では『洞淵神呪経《どうえんしんじゅきょう》』という六朝時代の経典が伝授され、④では洞神部、つまり『三皇経』という経典とそれに付随する法具が伝授された。⑤は『昇玄経《しょうげんきょう》』という経典を中核とするが、太上老君が教主となって張陵などに教えを説くという形式をもっており、①②と通ずる内容である。

⑥は洞玄部では一群の『霊宝経』と関連する符籙や法具が伝授された。また、上述の金籙斎や、死者を救済するための黄籙斎《こうろくさい》といった「斎」の儀礼のマニュアルも伝授されていたようである。斎の儀礼は上章と並んで、唐代において一般的に行われていたものであり、需要が多かったと思われる。そして、⑦の「河図」「五岳真形図《ごがくしんけいず》」や「霊宝五符」などの伝授を経て、⑧洞真部、つまり一群の『上清経』の伝授が行われた。このカリキュラムの順番については、特に解説している文献がないが、おそらく人々を救済したあとで、自ら昇仙するための修行に入るという過程が考えられていたのであろう。

以上のことから、道蔵にみえる諸経典や儀礼が道士の必須科目として伝授されていたことがわかる。この点からも、唐代の道教の活動が道蔵によって規定されていたことがうかがえるのではないだろうか。

さらにいえば、唐代に編纂された道教の類書である『三洞珠囊』『上清道類事相』『道門教法相承《どうもんきょうほうそうしょう》次序《じじょ》』『一《いっ》切道経妙門《さいどうきょうみょうもん》由起《ゆき》』『道教《どうきょう》義枢《ぎすう》』などを見ても、三洞四輔の経典、道士の受法のカリキュラムに含まれる経典、『本際経』などの隋から唐の初期にかけて編纂された経典が多く引用されていることに気づく(23)。それらの経典が唐代道教の中核であったことは、そのことからも裏付けられよう。

八、『道教霊験記』に見える道教信仰

これまで唐代の道教における教法について見てきたが、実際にどのような宗教活動が行われていたのか、また唐代の人々はどのように道教を信仰していたのかを見ていくことにしよう。その際にうってつけの資料が、唐末五代に活躍していた杜光庭《とこうてい》が編纂した『道教霊験記《どうきょうれいげんき》』である。その題名どおり、道教の霊験譚をいくつかのテーマに分けて収集してあり、唐代の道教信仰の「現場」を知るうえで大いに参考になる。ちなみに、この書は明代の道蔵において、「道教」がタイトルに含まれているふたつの著作のうちのひとつである(もうひとつは上記の『道教義枢』)。

編者の杜光庭(八五〇~九三三)は、もともと唐朝末期の皇帝・僖宗のもとで活動していた。唐朝をゆるがした黄巣の乱が起きた際には、僖宗とともに四川に避難したこともある。その後、四川地域で活動するようになり、地方政権である前蜀が成立すると、初代皇帝・王建のもとで皇太子の師に任命され、御用道士として活躍した。その後半生は唐朝滅亡後であるが、上述した唐代の位階制度によって修行した道士であり、当時の規範的な道教

を体現する存在でもあった(24)。

唐代の末期から地方政権が割拠する五代十国の時代にかけて、社会の混乱にともない、道教も大いに打撃を受けていたが、杜光庭は道教の教えを守るために様々なジャンルの著作を残している。道教に関する説話集もいくつか編纂しており、『道教霊験記』はそのひとつである(25)。

『道教霊験記』の序文によれば、収録されている霊験譚には、杜光庭自ら聞き書きしたものも含まれているらしい。四川周辺を舞台とする霊験が比較的多いのは、そのためであろう。それらの霊験譚には経典や儀礼書とは食い違う記述や史実とは異なるも見られるが、それは当時の道教信者の信仰や願望を体現したものであり、むしろ当時の実態を知る上では参考になるであろう。

その内容は大まかに三つに分類できるようである。第一に、道教の神々や神仙に関する霊験譚である。「老君霊験」（巻六・巻七）は老子を神格化した太上老君がテーマ。上述の通り、老子は道教の教主であり、唐朝の祖として尊崇されていた。唐代には老君信仰が広まっていたことが知られる。また、各種の老君の神像についての記述が興味深い。「天師《てんし》霊験」（巻八）は五斗米道の開祖である張陵が主題。五斗米道発祥の地である四川地域のものが多い。「真人・王母・将軍・神王・童子霊験」（巻九）は、当時信仰されていた著名な道士（真人）と道教の神々がテーマである。道士の陶弘景《とうこうけい》・羅公遠《らこうえん》や、西王母・竜神・五岳丈人（四川・青城山の神）などの神が登場する。

第二に、道教の経典や、道士の行う儀礼や方術に関する霊験である。「経法符籙《ふろく》霊験」（巻十〜巻十二）は当時流行していた経典やお札などに関するエピソードを集めている。『度人経』・『九天生神経《きゅうてんしょうしんきょう》』（どちらも『霊宝経』に属する）、『上清経』・『三皇内文（三皇経）』・『洞淵神呪経』（上述の受法のカリキュラムにふくまれる）、『太平経』（四輔のひとつ）、『黄庭経《こうていきょう》』、『天蓬呪《てんぽうじゅ》』（悪鬼を退治する呪文）などが主題となっている。「斎醮拝章霊験《さいしょうはいしょう》」（巻十四・巻十五）は、道教の主要な宗教活動である儀礼がテーマである。上章・金籙斎・投龍簡・黄籙斎などが取り上げられている。

第三に、道観とその施設、設置された神像に関わる霊験譚である。「宮観霊験」（巻一〜巻三）は各地の道観・聖地が主題であり、老子（太上老君）・魏華存《ぎかぞん》・許遜《きょそん》などの神仙にまつわる聖地も登場する。[26]「尊像霊験」（巻四・巻五）は、当時信仰を集めた太上老君・太一救苦天尊《たいいつきゅうくてんそん》（観音菩薩に類似した神・後述）などの神像に関するエピソードを収録する。⑦「鐘磬法物霊験」（巻十三）は鐘など道観の施設や、剣や法印など道士が用いる法具が主題である。

さらにいえば、はじめの二つのグループは道教の神仙や経典、道士の用いた儀礼など道教のソフト面（コンテンツ）に関するものという分類もできよう。第三のグループは道観という道教のハード面に関するものともいえる。唐代の道教の主要な三要素である、道蔵・道士・道観がここでも主軸になっていることがうかがえる。

それでは、以下にいくつか『道教霊験記』からエピソードを紹介しよう。まずは「王道珂誦天蓬呪験」（巻十）である。

> 王道珂は成都の道士である。占いと符（お札）で金を稼いでは飲んだくれていたが、普段から常に「天蓬呪」という呪文を誦していた。城郭の門外に白馬将軍（筆者注：民間信仰の神）の廟があり、朝晩に人々がお祈りをしていた。その中にはたびたび光が見え、息をする音が聞こえた。この怪異があるため、人々は競い合うように祭祀をした。神に捧げた酒食が、忽然と無くなったりもした。しかし道珂が廟に入って高らかに呪文を唱えると、廟が静かになった。人々はそれを見て、驚かない者はなかった。
>
> 道珂は別の日に、夜明けごろ、ヒル（ニンニクに似た植物）を担いだ村人と一緒に市に行こうと夜に移動し

ていて、廟前に至った。すると突然倒れてしまい、慌てている間に野狐が数頭現れ、廟堂の下に引きずり込まれた。そして、堂上で道珂が呪文を唱えて驚かせたことをとがめる声がした。村人は、神兵がヒルの穢れた臭いを遠ざけ、その身を守らなかったため、妖狐によって捕らえられてしまった。しかし、道珂は神呪を唱えていたため、危害を加えられることはなかった。息を吹き返したあと、すぐさま家に帰り、沐浴して身体を清潔にした。

そして道珂は廟に戻り、大いに妖狐を罵り責めて、自分は太上（老君）の弟子である（つまり、道士である）こと、呪文と経典を常に読誦していることを告げた。そして、妖狐が白馬明神の廟を乗っ取り人々を幻惑してることを喝破し、その害を取り除くと断言した。そこで一心に神呪を唱え、夜になってもやめなかった。廟からは音がしなかったが、そのうちに中から光が透けて見え、ただ呻き声だけが聞こえた。

夜が明けると、近隣の人々を呼びよせ、廟を見せた。そこには、老いた野狐が二頭、若い野狐が五頭いて、みな頭が裂けてすでに死んでいた。「天蓬呪」によって、天蓬将軍という神を呼び寄せ、妖狐たちを成敗してもらったのである。それ以後、怪異はなくなり、祭祀も絶え、廟も荒廃していった。

これは民間信仰の神の廟に巣食い、神のふりをして人々から供物を巻き上げる妖狐を退治した話である。このように、人に危害をなす妖怪や悪鬼を排除するのは、道士の重要な役割であった（以下の第十節も参照）。

次は「城南文銖台験」（巻二）は、当時信仰を集めていた救苦真人（救苦天尊）という神を主題としている。

文銖は長安の人である。勉学を好まず、ただ近隣の青年たちと鳥を射たり、野獣を捕まえたりするのを楽しみとしていた。数年の間に、数え切れないほど鳥獣を殺したり捕獲した。ある道士が文銖を見て「そなたの頭はなぜすぐに形が変わるのか？」と言った。文銖は驚いて井戸をのぞいて映してみたところ、体は人のままなのに、自分の頭だけが鳥や獣、蛇や魚のようになるのが見えた。

道士は、これは天道に背いて殺生を重ねた報いであり、頭の形が一度変わるたびに、殺された鳥獣が新しい生を受け、殺した数に至るまでそれが続くという。さらに、文鉄は畜生の世界に生まれ変わり、何千万年かかっても、人間に生まれ変われないだろうと告げた。文銖は号泣して救いを求めた。狩猟のための道具を焼き、犯した罪を懺悔し、二度と過ちを起こさないと誓った。

道士は文銖に誠意があるのを見て言った。「私は太上（老君）の勅令を奉じて、衆生の苦を救ってきた。名を救苦眞人という。そなたには因縁があり、道教の教えに遇うべきであった。もし私がそなたを救わなければ、地獄に落ちて抜け出せなかったであろう。」そして、道士の法衣をあたえ、生涯道教の修行をして犯した罪の償いをさせるようにした。道士はたちまち身を躍らせて、地面から数丈のところに飛び上がった。金色の蓮花の上に立ち、左手には瓊碗を持ち、右手には柳の枝を持ち、金冠・鳳履を身につけていた。その身体は三丈を超え、全身から五色の光を放ち、上は天に届き、あたり一帯を輝かした。そして、しばらくして姿を消した。

文銖は網などを焼き、道士の法衣を着て、その場所に殿堂を建て、自分が見た神の像を作った。昼夜に精進して、香を焚き懺悔した。そこに十年あまりいて、神仙に感応した。仙薬の秘訣を授かり、遊行しながら、人の病苦を救った。その後、道を会得して去っていった。その居所は「文銖台」と呼ばれており、救苦天尊の像が現存している。

その後、仏僧が数人、遊行してきて、それを見て言った。「文銖の聖地だというが、道士の功徳なんてあるものか。もともと道士にろくなやつはいない。我々の古跡を侵してすでに長い年月がたっている。」そこで大木を抜き、二人の僧が一緒になって天尊の像を打った。像の手が折れ耳も傷つき、口や鼻も壊れ、力を入れてその首を打ったが、全て壊すことはできなかった。力を使って疲れたので、二人の僧は少し休憩した。ところが、天尊像の壊れた場所を見ると、また元通りになっていた。二人の僧は口・耳・鼻・首（像を打ったところ）に激しい痛みを感じ、手もすでに折れていた。這い回り泣き叫びながら、皆にその事を述べた。そして、しばらくして死んだ。

殺生のせいで頭が自分の殺した鳥獣の姿になるという生々しい描写、救苦真人（救苦天尊）による救済と神像を作る功徳、神像を壊そうとする仏僧への天罰（仏教への対抗意識）と、様々な要素がふくまれている霊験譚である。(27)

最後の「赫連寵修黄籙斎解父冤験」（『雲笈七籤』巻一二〇）は、地獄から使者を救済する黄籙斎という儀礼をテーマにしたものである。

赫連寵は霊州・定遠県の人である。父の悰は辺境で軍隊を率いていた時、降伏してきた兵士を一千人あまり殺した。武徳二年（六一九）八月、辺境で悰は死んだ。冥界の役所で（虐殺について）判決が下り、悰は地獄で責め苦を受けていたが、そのことを寵は全く知らなかった。

（その後、）寵は霊州の役人となった。貞観八年、終南山に出かけた際、道士の楊景通と出会う。寵は酔って食べ物を求めたが、景通に断られた腹いせに、その廬を部下に焼かせてしまう。そこで景通が「汝の父は無実の人々を殺し、地獄で刑罰を受けている。善行を積まねば父は救えぬというのに、さらにわしに危害を加えようとするのか」と言った。寵が信じなかったので、景通は符を書いて空中に放り投げた。すると、黒い雲が廬の前にたちこめた。その中に二十人あまりの幽鬼がおり、鎖と枷をつけられた囚人を引っ張ってきた。それはまさに父の悰であった。悰が地獄で刑罰を受けるようになった事情を話したところ、寵は懺悔して父を救う方法を景通に問うた。

すると、景通は父を救うために黄籙道場（黄籙斎）を行うように指示した。寵は自分の罪を詫びて街に戻ると、三洞観という道観で黄籙道場を七日七夜おこなった。五日目になり、父が雲に乗ってくるのを見た。そして寵に言った「黄籙斎の功徳により、私は天堂に生まれ変わることができた。私が殺した人々の魂も、すでに人に転生したぞ」と。

投降した兵士を虐殺するという重い罪を犯した赫連悰が地獄で責め苦を受けるが、黄籙斎によって救済されるというストーリーである。地獄に落ちている父母や祖先を救済すること、また不慮の死をとげた人々の冥福を祈ることは道教の主要な宗教活動のひとつであった。

以上、『道教霊験記』から三つの霊験譚を紹介した。同書には様々な霊験譚が収録されており、これはほんの一部である。しかし、当時の道教信者たちが道教に何を求めていたのか、また実際にどのような宗教活動が行われていたのか、その一端がよく分かるであろう。

九、宋代以降の「道蔵」と道教の枠組み

ここまでは唐代の道教を概観しながら、道教の枠組みについて検討してきた。その後の展開についても以下で簡単に述べておこう。唐代以後も、新しい修行法や儀礼などが産み出され、それらもある程度普遍的になると道蔵に取り込まれていった。それにより、新出の教法が道教の一部として公認されていったのである。また、言い

換えると時代によって道教の枠は変化していったことも示している。以下、道教史の大きなトピックとなるものをあげてみよう。(28)

宋代になると、瞑想などにより気を操作して、自分の体内に不老不死の霊薬である金丹を作るという「内丹《ないたん》」と呼ばれる修行法が流行した。(29) 従来の錬金術（対照的に外丹《がいたん》と呼ばれるようになった）とちがい、水銀中毒になることはなく、複雑な科学操作をする施設もいらないこともあって、急速に普及した。

北宋時代の『雲笈七籤《うんきゅうしちせん》』は、真宗時代の天禧三年（一〇一九）に編纂された道蔵、『大宋天宮宝蔵《だいそうてんきゅうほうぞう》』の重要な典籍をピックアップして編纂されたものである（ちなみに、この道蔵も三洞四輔説にもとづいて編纂されたと思われる）。その巻七十二から七十三は「内丹」という項目であり、内丹が北宋時代には道教の正統な修行法と認識していたことがうかがえる。

また、徽宗朝の政和七年（一一一七）に編纂された『政和万寿道蔵《せいわばんじゅどうぞう》』には、北宋後半になって登場した新しいタイプの儀礼である天心正法《てんしんせいほう》も組み込まれたようである。天心正法の儀礼書である『太上助国救民総真秘要《たいじょうじょこくきゅうみんそうしんひよう》』の序文によれば、編者の元妙宗は道蔵の編纂に関与しており、この儀礼書も献上したとあるので、おそらく道蔵に収録されたと思われる。天心正法は、治病など身近な問題を解決するためにその原因となる悪鬼を退治するものであった。従来の道教の儀礼よりも簡便なこともあり、すぐに流行したようである。その後、天心正法を模倣して「××法」と称される儀礼（以後、「道法」と総称する）が産み出された。「道法」のうち、雷神の力を借りる雷法の系統は非常に流行して、多数の儀礼書が編纂された。それらも道蔵に組み込まれていき、明代の道蔵には「道法」の儀礼書を集めた大部の叢書『道法会元《どうほうかいげん》』が収録されるに至った。(30)

また、金代に登場した新しい流派である全真教《ぜんしんきょう》も、元代に道蔵の編纂に関与した。(31) 北宋の滅亡後、たび重なる戦乱と社会の混乱に苦しめられていた中国の北方で勢力を伸ばしたのが、王重陽《おうちょうよう》を開祖とする全真教である。馬《ば》丹陽《たんよう》や丘処機《きゅうしょき》などの高弟たち（金真七子と称される）の活躍もあり、急速に信者を増やしていった。また丘処機がチンギス・カンと面会して後ろ盾を得たため、金朝滅亡後の元朝支配下で勢力を増大していった。

一二三四年、丘処機の弟子である尹志平が、オゴタイ・カン（太宗）の皇后から、金朝の編纂した道蔵である『玄都《げんと》宝蔵《ほうぞう》』を賜り、翌年、宋徳方《そうとくほう》に道蔵の開版を命じた。新しい道蔵はやはり『玄都宝蔵』と題され、一二四四年には完成したという（上述の「道蔵尊経歴代綱目」はこの道蔵の完成を記念したものらしい）。新しく道蔵に編入されたのは、全真教の祖師たちの文集・語録や全真教に関する典籍であった。全真教は正式に道教の枠組みの中に自分たちを入れることに成功し、現代に至るまで道教の主要な流派として存在し続けている。その一方、全真教と同じ時期に登場した新しい教派である太一教《たいいつきょう》や真大道教《しんだいどうきょう》は、道教の枠組みに入ることなく、歴史の舞台から姿を消した。

そして、次の明代になり、いま我々が目にすることができる道蔵が編纂された。正統十年（一四四五）に明朝によって編纂された『（正統）道蔵』と、万暦三十五年（一六〇七）に増補された『（万暦）続道蔵』があり、いま一般的に明代の道蔵と呼ばれているのはその両者を合わせたものである。また、明代の道蔵は明朝により開版され、木版印刷によって各地に広まっていった。江戸時代に日本にも伝わってきており、現在は宮内庁の書陵部に所蔵されている。

十、道教と民間信仰

最後に、道教と民間信仰の関係について検討してみたい。日本で想起される道教の神といえば、老子や元始天尊などのほかに、媽祖《まそ》や関帝《かんてい》、文昌帝君《ぶんしょうていくん》といった神々がふくまれていよう。しかし、後者はもともと民間信仰の神であり、道教の神ではない。日本では往々にして両者が同一視されており、それによって「道教」のイメージも形成されてきた。「儒教と仏教以外はみな道教」とする単純な見方も根強く残っている。より道教の輪郭を明らかにするため、また道教と日本の関係を考える上でも、ここで民間信仰について概要を述べてみたい。[32]

もともと道教と民間信仰は敵対的な関係にあった。災厄を引き起こすと人々を脅し、供物を求め血のしたたる肉を食らう（「血食」という）鬼神は、道教からすると邪神とされていた。[33] 東晋時代の作と思われる『女青《じょせい》鬼律《きりつ》』には、疫病や日照りなどの災厄を引き起こす鬼神が列挙されている。劉宋時代の陸修静が『陸先生道門《りくせんせいどうもん》科略《かりゃく》』において、鬼神に大量の供物を供えることを批判しているのは、実際に当時そのような風潮があったからであろう。そして、人々に危害をなす鬼神を退治するのが道教の方術の主要な目的のひとつであった。上章の儀礼で使う願文を集めた『赤松《せきしょう》子《し》章暦《しょうれき》』を見ると、災厄を引き起こす鬼神を排除することを道教の神に要請するものが多数見受けられる。

その一方で、人々に恵みをもたらすと考えられた神々もいた。そのような神々を王朝が公認して称号を与えるという制度が、宋代において確立した。[34] 宋朝はその初期から霊験あらたかな神々を「祀典《してん》」というリストに載せて公認し、称号をあたえた（「賜号《しごう》」という）。また、それらの神々を祭祀する場である廟にも新しい名前を賜った（「賜額《しがく》」という）。宋朝は賜号と賜額を行うことで、神々に国家に幸いをもたらすよう願い、その廟を運営する信者たちを宋朝の管轄下に置くことを企図したのである。

元豊六年（一〇八三）、太常寺博士の王古の提案により、賜号の形式が定まった。それは、（一）男性の神は侯から始まり、さらに公から王へ昇格する。女性の神は夫人から妃という順番で昇格していく。（二）神の称号は二文字からスタートする。（三）道教の神は真人から真君となるというものであった（『続資治通鑑長編』巻三三六）。また、南宋時代の賜号については、「宋勅賜忠顕廟牒碑」（『両浙金石志』巻十二）に規定が記されている。それによれば、霊験があり功績があるような、「祀典」に載せるべき道教・仏教・民間信仰の神々は地方から推薦を受け、官僚の審査を経て賜号されたようである。また、神々にあたえられる称号は二文字ずつ増えていき、最大八文字と定められたという。

民間信仰の代表的な女神である媽祖の例をみてみよう。媽祖は宋代において、現在の福建省を基盤として信仰が盛んになり、徐々にほかの地域でも信仰されるようになった。まず宋朝より霊恵夫人と賜号され、廟は順済と賜額された。その後、媽祖が霊験をあらわすたびに称号の文字が増え（「加封《かほう》」という）、昇格して霊恵妃となり、最終的には「靈惠協應嘉應善慶妃」となった。称号は最大の八文字である。その後、モンゴル時代には「天妃《てんぴ》」と称されるようになり、明代には「護國庇民廟靈昭應弘仁普濟天妃」と賜号された。宋代よりも称号の文字数が増えており、さらに尊崇をされていたことが分かる。(35)

そして、媽祖のように歴代の王朝から公認された神々は道教にも取り入れられるようになる。明代の道蔵には媽祖を信仰の対象とする『太上老君説天妃救苦霊験経』が収録されている。これは民間信仰の神であった媽祖が、道教に受容されたことを明確に示している。同じように、学問の神としてしられる文昌帝君も道教の信仰の対象となり、文昌帝君を主題とする『清河内伝《せいかないでん》』と『梓潼帝君化書《しどうていくんかしょ》』（梓潼帝君は文昌帝君の別名）が明代の道蔵に収録されている。[36]

道教に民間信仰の神が取り込まれていった結果、道教と民間信仰の区別が曖昧になっていったのであり、両者がもともと一つであったというわけではない。現在の道観で媽祖や文昌帝君が祭祀されることは珍しくないが、以上のような歴史的経緯を経ているのである。現在の状況から見れば道教と民間信仰が融合しているように見えるのは事実であるが、それをもとに過去の状況を復元するのは問題があるといえよう。

おわりに

以上、唐代の道教を中心に道教の枠組みを考察し、道蔵・道士・道観という三位一体のシステムについて明らかにした。また、宋代以降、道教の枠組みが変化していくことについても見通しを述べた。さらに、道教と民間信仰の違いについても明らかにした。本稿により、道教の輪郭がより明確になり、日本と道教の関係を考える上での一助になれば幸いである。

注

（1）本稿全体の骨子は、小林正美『中国の道教』（創文社、一九九八年）と、同『唐代の道教と天師道』（知泉書館、二〇〇三年）にもとづいている。また、唐代の道教については、王永平『道教与唐代社会』（首都師範大学出版社、二〇〇二年）が制度面から文化面に至るまで包括的に概要を述べており参考になる。

（2）儒教・仏教と並置される三教のひとつとしての「道教」という語は、現存する資料の中では五世紀に活躍した顧歓の『夷夏論』に見えるものが初出と思われる。「道教」という語の成立については、小林正美「三教交渉における「教」の概念」（同『六朝道教史研究』所収。創文社、一九九〇年）、同「東晋・南朝における「仏教」「道教」の呼称の成立と貴族社会」（渡邉義浩編『魏晋南北朝における貴族制の形成と三教』所収。汲古書院、二〇一一年）を参照。

（3）例えば、下出積与は「五世紀初頭になって宗教組織をととのえ教団を完成した道教」、すなわち「組織だった体系はないにしてもとにかくひとつの教理をもち、教団組織や体裁をととのえているもので、寺院に当る道観を中心に道士によって維持されていた」ものが、「教団道教とか、あるいは成立道教といわれている」とする。同『神仙思想』（吉川弘文館、一九六八年）の八頁を参照。

（4）朝鮮半島における道教の概要については、車柱環（三浦國雄・野崎充彦訳）『朝鮮の道教』（人文書院、一九九〇年）を参照。

（5）本稿全体における「道蔵」についての記述は、陳国符『道蔵源流考（新修訂版）』（中華書局、二〇一四年）、吉岡義豊『道教経典史論』第一編「道蔵編纂史」（『吉岡義豊著作集』第三巻、五月書房、一九八八年）を参照している。また、仏教の大蔵経については、京都仏教各宗学校連合会編『新編大蔵経　成立と変遷』（法藏館、二〇二〇年）を参照した。

（6）唐代の道士に関連する制度については、上掲の『道教与唐代社会』と林西朗『唐代道教管理制度研究』（巴蜀書社、二〇〇六年）を参照。

（7）唐代の道観と諸制度の概要については、横手裕「道教と唐宋王朝」（小島毅編『東アジアの王権と宗教（アジア遊学一五一）』所収。勉誠出版、二〇一二年）を参照。

（8）唐代の長安における道観については、土屋昌明『神仙幻想　道教的生活』（春秋社、二〇〇二年）で整理されている。

（9）道観や教団組織に関する各種の規定については、上掲の『中国の道教』第二章第二節、都築晶子「唐代中期の道観——空間・経済・戒律」（吉川忠夫編『唐代の宗教』所収。朋友書店、二〇〇〇年）を参照。また、上掲の『道教経典史論』には、『三洞奉道科戒営始』の書き下し文が収められている。また、ここであげた『三洞奉道科戒営始』の項目の一部については、田中文雄「中世道教の法服と法具」（齋藤龍一・鈴木健郎・土屋昌明編『道教美術の可能性』所収。勉誠出版、二〇一〇年）で解説されている。

(10) 洞天福地については、三浦國雄「洞天福地小論」（同『風水　中国人のトポス』平凡社、一九九五年。初出は一九八三年）を参照。また、土屋昌明の編集する『洞天福地研究』（好文出版）には、洞天福地に関する最新の研究が掲載されている（本稿執筆時に第一一号まで出版されている）。

(11) 金籙斎については、小南一郎「道教信仰と死者の救済」（『東洋学術研究』第二七号別冊、一九八八年）を参照。投龍簡については、神塚淑子「道教儀礼と龍」（『日中文化研究』第三号、一九九二年）と同「則天武后期の道教」（同『道教経典の形成と仏教』名古屋大学出版会、二〇一七年）を参照。

(12) 道教の主要な経典の概要については、増尾伸一郎・丸山宏編『道教の経典を読む』（大修館書店、二〇〇一年）を参照。また、三洞四輔にふくまれる経典の内容については、神塚淑子『道教思想10講』（岩波書店、二〇二〇年）の随所で簡潔にまとめられており、理解の助けになるであろう。

(13) 上清経については、神塚淑子「上清経の形成とその文体」（同『六朝道教思想の研究』創文社、一九九九年）を参照。また、二許と楊羲たちの残した記録を、梁代の陶弘景がまとめた『真誥』には、日本語と訳注を付した吉川忠夫・麦谷邦夫編『真誥（上・下）』（臨川書店、二〇二一年）があり参考になる。さらに、神塚淑子「『真誥』について」（同『六朝道教思想の研究』所収）は、『真誥』を足がかりに二許や楊羲たちの信仰の諸相を明らかにしたものであり、瞑想法（存思）についても解説されている。

(14) 霊宝経については、小林正美「霊宝経の形成」（同『六朝道教思想研究』所収）を参照。また、林佳恵『六朝江南道教の研究――陸修静の霊宝経観と古霊宝経』（早稲田大学出版部、二〇一九年）は小林氏の論考をふくめた諸研究を概括した上で、『霊宝経』の分類について独自の見解を示している。また、『霊宝経』に見える思想やストーリーについては、神塚淑子「霊宝経の形成とその思想」（同『道教経典の形成と仏教』第一篇、名古屋大学出版会、二〇一七年）を参照。

(15) 『三皇経』については、大淵忍爾「三皇文より洞神経へ」（同『道教とその経典』所収。創文社、一九九七年）、鈴木裕美「六朝「三皇文」の編纂過程について――「三皇文」に於ける三皇君を中心として」（『早稲田大学総合

（16）唐代における『老子』と道教の教理との関係については、砂山稔『隋唐道教思想史研究』第二部（平河出版社、一九九〇年）、麥谷邦夫『六朝隋唐道教思想研究』（岩波書店、二〇一八年）、李龢書『晋唐道教の展開と三教交渉』道篇（汲古書院、二〇二二年）を参照。また、三田村圭子「唐代の老子注の集大成：『道徳真経広聖義』（上掲の『道教の経典を読む』所収）を参照。

（17）『太平経』については、M＝カルタンマルク「『太平経』の理論」（酒井忠夫編『道教の総合的研究』所収。国書刊行会、一九七八年）、神塚淑子「『太平経』の承負と太平の理論について」「『太平経』における「心」の概念」（同『六朝道教思想の研究』所収）を参照。

（18）上掲の『中国の道教』第二章第二節では、正一経の一部について内容が紹介されている。また、上章儀礼については、丸山宏「上章儀礼と章の研究」（同『道教儀礼文書の歴史的研究』第一部。汲古書院、二〇〇四年）を参照。

（19）敦煌文書に見える道教関連の写本については、大淵忍爾『敦煌道経（目録編）』（福武書店、一九七八年）、同『敦煌道経（図録編）』（福武書店、一九七九年）、金岡照光・池田温・福井文雅責任編集『講座敦煌4　敦煌と中国道教』（大東出版社、一九八三年）、遊佐昇「敦煌と道教」（遊佐昇・野崎充彦・増尾伸一郎編『講座道教（第六巻）』所収。雄山閣、二〇〇一年）を参照。

（20）『太玄真一本際経』については、上掲の『隋唐道教思想史研究』と山田俊『唐初道教思想史研究：「太玄眞一本際經」の成立と思想』（平楽寺書店、一九九九年）を参照。

（21）『海蔵智蔵経』については、神塚淑子「『海空智蔵経』と『涅槃経』唐初道教経典の仏教受容」（同『道教経典の形成と仏教』所収）を参照。

（22）小林正美「天師道における受法のカリキュラムと位階制度」（上掲の『唐代の道教と天師道』所収）を参照。

（23）唐代の道教文献にみえる道書については、大淵忍爾・石井昌子・尾崎正治編『道教典籍目録・索引：六朝唐宋の古文獻所引（改訂増補版）』（国書刊行会、一九九九年）を参照。

（24）杜光庭と僖宗・王建など当時の権力者との関わりについては、三田村圭子「唐末五代における宗教活動と節度使：『廣成集』を中心として」（『東方宗教』第一二〇号、二〇一二年）を参照。また、杜光庭の修行過程については、小林正美「経籙の伝授における三師説と上清経籙伝授の系譜の形成」（上掲の『唐代の道教と天師道』）を参照。

(25) 『道教霊験記』の概要については、遊佐昇「『道教霊験記』について」（『明海大学外国語学部論集』第八号、一九八五年）と「道教信仰の諸相を伝える霊験譚：『道教霊験記』」（上掲の『道教の経典を読む』所収）を参照。また、那波利貞「唐代に於ける道教と民衆の関係に就いて」（『甲南大学文学会論集』社会科学編第二集、一九六二年）は、唐代の道教信仰について概括しているが、その中でも『道教霊験記』に見える霊験譚が参照されている。なお、『道教霊験記』の版本には、明代の『道蔵』に収録される十五巻本、宋代の類書である『雲笈七籤』に収録されているものなどがあるが、本稿では基本的に前者を用いる。

(26) 「宮観霊験」には、遊佐昇による訳注がある。「道観と中国社会――『道教霊験記』宮観霊験訳注（1）」（『応用言語学研究』第九号、二〇〇七年）、「道観と中国社会――『道教霊験記』宮観霊験訳注（2）」（『応用言語学研究』第一〇号、二〇〇八年）を参照。

(27) 救苦真人（救苦天尊）に関しては、遊佐昇「唐代に見られる救苦天尊信仰について」（同『唐代社会と道教』第二部第三章、東方書店、二〇一五年）を参照。

(28) 以下の道蔵に関する考察は、上掲の『中国の道教』第三章にもとづく。

(29) 内丹および煉丹術については、秋岡英行・垣内智之・加藤千恵著『煉丹術の世界――不老不死への道』（大修館書店、二〇一八年）が、各種文献によりながら分かりやすく解説している。また、内丹については、石田秀美『気・流れる身体』（平河出版社、一九八七年）、吾妻重二「『悟真篇』の内丹思想（同『宋代思想の研究　儒教・道教・仏教をめぐる考察』関西大学出版部、二〇〇九年、初出は一九八八年）、松下道信『宋金元道教内丹思想研究』（汲古書院、二〇一九年）を参照。

(30) 天心正法と雷法については、松本浩一『中国の呪術』（大修館書店、二〇〇一年）と同『宋代の道教と民間信仰』第四章（汲古書院、二〇〇六年）を参照。

(31) 全真教については、吉岡義豊『全真教の研究』（同『吉岡義豊著作集』第一巻所収、五月書房、一九九九年）、

窪徳忠『中国の宗教改革――全真教の成立』（法藏館、一九六七年）、蜂屋邦夫『金代道教の研究――王重陽と馬丹陽』（汲古書院、一九九二年）、同『金代道教の研究――七真研究』（汲古書院、一九九八年）を参照。

（32）この「民間信仰」という用語についても問題はあるが、本稿ではひとまず一般的な語として使用する。この用語の問題点については、森由利亜「近年の米国における中国思想・宗教研究――通俗宗教 popular religion という範疇をめぐって」（『東方学』第一〇四号、二〇〇二年）を参照。また、民間信仰の神々については、二階堂善弘『中国の神さま　神仙人気者列伝』（平凡社新書、二〇〇二年）と同『中国の信仰世界と道教』（吉川弘文館、二〇二四年）を参照。

（33）R＝A＝スタン（川勝義雄訳）「宗教的な組織をもった道教と民間宗教との関係」（酒井忠夫編『道教の総合的研究』所収。国書刊行会、一九七七年）と、上掲の『中国の道教』第二章第一節を参照。

（34）上掲の『宋代の道教と民間信仰』第一章を参照。

（35）媽祖の信仰については、朱天順『媽祖と中国の民間信仰』（平河出版社、一九九六年）を参照。また、宋代における賜号については、王燕萍「宋代における媽祖信仰の実像」（『都市文化研究』第二二号、二〇二〇年）を参照。

（36）明代の『道蔵』に収録される民間信仰関係の文献については、Kristofer Schipper, "Source of Modern Popular Worship in the Taoist Canon"（林如主編『民間信仰与中国文化国際研討会論文集』所収。漢学研究中心、一九九四年）を参照。

唐の玄宗からみた道教の日本への伝教

土屋昌明

はじめに

古代日本と中国の道教の関係を考えるときにいつも問題となるのは、日本の遣唐使と唐の玄宗とのあいだで道教の話題が二度あったことである。一度目は、開元二十三年（七三五）に遣唐使として長安にいた中臣名代が、日本に持ち帰るために『道徳経』と天尊像を玄宗に乞うたとき。二度目は、天宝十二載（七五三）に、遣唐大使の藤原清河らが鑑真渡日を玄宗に依願して、玄宗が道士を同行させるよう求めたときである。

この問題は従来、日本側の立場から考察され、玄宗の立場や当時の道教のありかたを考察した研究は多くない。(1)本稿では、朝鮮半島、特に新羅の道教受容に関する新たな史料に注目し、それによって玄宗―新羅、玄宗―日本という比較の視点を検討してみよう。

朝鮮王朝に対して唐王朝は、創業期からすでに道教の伝教をおこなっていた。『三国史記』巻二〇「高句麗本紀」栄留王七年（六二四）春二月に次のようにある。

高句麗の栄留王は唐に使臣をやって暦書を請うた。唐の太祖李淵は刑部尚書の沈叔安を高句麗に遣わし、王を冊封した。かつ道士に命じて天尊像と道法を持って高句麗に行かせ、『老子道徳経』を講じさせた。栄留王と国人はみなこれを聴講した。そののち、栄留王の八年（六二五）に王は人を唐にやって仏教と道教の教法を学ぶことを求めると、唐帝李淵はこれを許した（王遣使如唐請班暦。遣刑部尚書沈叔安、策王為上柱国遼東郡公高句麗国王。命道士以天尊像及道法往為之講老子。王及国人聴之。……八年、王遣人入唐、求学仏老教法、帝許之）。(2)

高祖が武徳七年（六二四）に高句麗に道士と天尊像と『道徳経』を贈ったという。ここでは、道教の伝教と冊封が抱き合わせになっている。(3)それゆえ、この事例は、朝鮮半島への道教の伝教の典範となった。高麗に対する北宋皇帝の態度にそれがうかがえる。

朝鮮半島では、高麗第十一代の文宗（一〇四六～一〇八三在位）以後、国君はいずれも道教の活動をしている。なかでも高麗第十八代国王の睿宗は、即位の二年目（一一〇六年、宋の徽宗の崇寧五年）に福源観という道観を建立した。睿宗にこの道観の建立を建議した高麗人の李仲若は、北宋に赴いて道士の黄大忠と周与齢から伝授されて道士となった。北宋から高麗に出張した宋人である徐兢が『宣和奉使高麗図経』巻十八で次のようにいっている。

私はこう聞いている、高麗の地は東海に面しており、仙人の島（蓬莱山など）と距離が遠くないため、そこの民はみな長生不死の教えを慕っているが、しかし中原では先だって戦争が多かったため、清浄無為の道（道教）をもってこの地を教化することがなかった。唐王朝が興ったとき、混元の始祖（老子）を尊崇したため、武徳年間に、高麗（高句麗）が使を派遣してきて、道士を高麗に行かせ、五千文の『道徳経』を講じ、玄微の教え（道教）を開くことを乞うた。高祖神堯（李淵）はこれを奇とし、ことごとくその要請に従った。これ以降、道教を崇敬するようになり、仏教を超えるほどになった。大観の庚寅（一一一〇年）、天子はその遠い地をねぎらい、道教の盛んさを聞きたいと願って、使者を派遣し、道士二人を従い行かせ、教えに通達している者を選んで訓導した。高麗王は信仰に篤く、政和中（一一一一～一一一七）になって福源観を立て、高真の道士十余人を供奉させた。(4)

ここでは、唐の創業期の道教の伝教が、王朝の違いを超えて、中国と外国の位相を示す例として言及されている。つまり、道教を伝えるのは主者から従者への贈与の一種であり、道教を受容するのは主者に対する従者としての表現の一種であった、と認識されていたことがわかる。

玄宗のときの道教の伝教も、このような認識でおこった問題ではなかったかと思われる。本稿では、このような道教の伝教のコンテキストに、日本の遣唐使の問題をおくことで再考してみたい。

一、玄宗と新羅

玄宗のときの新羅の国王は聖徳王であった。聖徳王は、唐に対して四十二回も使者の派遣をおこなったという。(5)のちの史料だが、『東史綱目』によると、聖徳王十三年（開元二年、七一四）に「王子守忠を唐に送って宿衛をさせた。金仁問の死後は宿衛していなかったが、今回、王子を送ったところ、帝（玄宗）が家と絹を賜い、さらに朝堂で酒宴をして、これをもてなした」という。(6)「宿衛」とは、皇帝の衛兵として宿直する職位だが、一種の留学であり人質でもあった。かつて金仁問がその立場で唐朝の信頼を得た結果、朝鮮半島統一の際に唐の協力を得たし、高宗の泰山封禅にも参列できた。『東史綱目』で宿衛について触れたこの話は、「宿衛」を出すという金仁問以来の伝統が、聖徳王のときに復活したという意味である。(7)高宗のときに悪化していた唐羅関係は、玄宗になって改善したわけである。新羅から唐へ年に三、四回も使いが遣られた、と同じ『東史綱目』は書いている。実際、開元十六年には、聖徳王の従弟の金嗣宗が宿衛となった(8)。聖徳王の唐に対する重視がうかがえる。

このように親密な交流と玄宗の道教重視の政策という条件下ならば、道教が聖徳王時代の新羅に伝えられた可能性は低くないだろうが(9)、従来、史料不足でほとんど認識されてこなかった。本稿では、いくつかの手がかりを紹介しよう。

まず、『龍角山記』という文献によると、龍角山（山西省）は地下で新羅とつながっているという。『図経』にいわく、「真珠洞というものは、龍角山の東南峰の側に洞窟があり、横幅は八尺、深さは四十八尺で、奥は次第に広く深くなり、測ることはできない。ときに珠が洞窟から出てくるので、この呼び名となった。先天二年（七一三）および大暦年間に、勅使が玄元皇帝（老子）の祭祀をして、龍と璧をこの洞窟内に投げ込んだ。後晋の天祐年間になって、勅命で新羅に使いした者が、かの国に至り、先天と大暦の祭祀のときに洞窟に投げ込んだ二つの宝物が（新羅の湖池の）水中から浮かび出るのをみつけた。それから長安に帰還して、皇帝にこの事情を上表し、その宝物を進上した。真珠洞の内部ではいつも吹奏や管弦の音が聞こえた」

（按圖經云、真珠洞者、在龍角山東南峰側有洞闊八尺、深四十八尺、内漸廣深、不可測、毎有珠出於洞、因此爲號。先天二年並大曆中、嘗勅使祭醮玄元皇帝、以龍璧投於洞中。至晋天祐年、有奉使新羅者、曁至其國、見向之二寶倶汎出水中。既還長安、因表以進之。其洞内往往聞笙簫管磬之音也(10)）。

いまの山西省の龍角山の東南峰の傍らに真珠洞という深い洞窟があり、先天二年（七一三）および大暦年間に、玄宗はそこに勅使を派遣して玄元皇帝（老子）を祀る道教儀礼をおこない、その儀礼で龍璧が洞窟に投げ込まれた。天祐年間（九〇四～九〇七、天祐は後晋ではなく唐末の元号）に、使者が新羅でその龍璧をみつけて長安に持ち帰った、というのだ。[11]

その龍璧は、道教の投龍簡という儀礼で使われたものである。[12] 龍角山真珠洞でおこなわれた儀礼の金龍が、なぜ新羅で発見されたのか？　真珠洞が新羅まで通じているからである。

これは、名山の地下に神仙が住む「洞天」があり、それが各地の洞天と地下通路でつながっている、という道教の洞天思想を反映している。洞天思想は、四世紀なかごろの茅山の神降ろしの文献を伝える『真誥』のなかで、すでにまとまって説かれており、唐になって道士の司馬承禎（六四三〜七三五）が十大洞天・三十六小洞天・七十二福地を『天地宮府図』で体系化した。[13] 玄宗はこの司馬承禎に師事して、開元年間には洞天で国家祭祀をおこなった。

金龍が新羅で見つかったという神仙の法物の出現に何の意味もないはずはない。新羅の側に洞天の出口があると観念されていたと考えるべきであろう。その出口はただの池ではなく、おそらく王朝の庭園の湖沼であろう。このような叙述は、新羅のその湖沼で道教儀礼がおこなわれていたことを前提にしているのではなかろうか。通常、この儀礼は名山でおこなわれるが、長安城の湖沼である曲江でおこなわれた事例もある。[14] つまり、先天年間（聖徳王の即位後すぐ）には、新羅は唐の道教を受け入れていた、と唐末には考えられていたことを示している。

大暦年間の儀礼はさておき、先天二年の儀礼は実際におこなわれたことが、同じ『龍角山記』に載る資料で知られる。

これは大唐の先天二年、歳は癸丑にやどる年、七月の癸亥朔、五日丁卯、奉詔投龍修功徳使の道士である楊太希は、皇帝から賜わった玄元皇帝の法服をこの廟（慶唐観）に持参し、齋醮の壇を設けて祭儀を五日おこない、五方を鎮ずる彩絹・本命の文繒・錢・絹などの物をならべ、謹んで金闕天尊像一所を作り、奉って太上皇とし、元始天尊像一所を（作り）、奉って皇帝とし、二真人を侍者とし、奉って金仙・玉真二公主とし、その像（金闕天尊像と元始天尊像）を師とするかたちとした（維大唐先天二年歳次癸丑、七月癸亥朔、五日丁卯、奉詔投龍修功德使道士楊太希、賫送勅賜玄元皇帝法服於此廟所、設齋醮行道五日、便迴五方鎮綵本命文繒錢絹等物、敬造金闕天尊像一所、奉爲太上皇、元始天尊像一所、奉爲皇帝、二真人爲侍者、奉爲金仙玉真二公主、師其像）[15]。

これによれば、先天二年の儀礼で金龍を真珠洞に投じたのは楊太希という道士であった。楊太希は、睿宗が景雲二年（七一一）に泰山でおこなった祭祀でも儀礼を執行した、長安の太清観の道士である[16]。長安の太清観は、玄宗の妹である金仙・玉真の二公主が道教で出家入道をする儀礼を挙行した道観であり、道教の内道場に相当する。

この先天二年の祭祀の直前、李隆基（玄宗）は韋后らの勢力を打倒し、唐王朝の政治権力を掌握した[17]。それゆえ、この真珠洞の祭祀は、政治権力掌握を感謝する儀礼だったと思われる。というのは、龍角山は、李世民が隋王朝打倒の軍を進めたときに、ここで老子の化身の神人に軍の導きをもらったという聖地だからである。ここには「金闕天尊像」「元始天尊像」といった神像が祭られていた。「金闕天尊」は老子の化身、「元始天尊」は「道」の神格であり、それらが睿宗と玄宗に同一視されている[18]。

「五方を鎮ずる彩絹」とは、道教の呪符文字で書かれた「霊宝五篇真文」のこと。道教経典『洞玄霊宝長夜之府九幽玉匱明真科』に、その儀礼のしかたが示してある。

飛天神人がいう、長夜之府九幽玉匱明真科法では、帝王の国土で、流行病や戦争や危急の災難があれば、「霊宝真文五篇」を赤字で書き、中庭に五つの机を五方に配置して、一つの机に真文一篇を配置し、金五両を用いて、一両で龍一つを作り、五両で五つの龍をそれぞれ作り、「五篇真文」の上に載せて鎮える。また

五色の紋繒の布で五方向の五帝を鎮える（飛天神人曰、長夜之府九幽玉匱明真科法、帝王國土、疾疹兵寇、危急厄難、當丹書靈寶真文五篇、於中庭五案置五方、一案請一篇真文、以上金五兩、一兩作一龍、五兩分作五龍、以鎮五篇文上。又以五色紋繒之信以鎮五帝(19)）。

この部分は、北周の『無上秘要』巻五十三「金籙齋品」にもみえ、金籙齋とよばれる儀礼をおこなったことがわかる。金籙齋では、国家の鎮護や兵禍の終息を祈るために金龍を水府と霊山と住居に投じる(20)。

つまり先天二年の龍角山の儀礼は、玄宗の政権奪取に関わる皇族の金籙齋であり、真珠洞に金龍を投げ込む投龍簡がおこなわれたのである。その祭祀をおこなった洞窟が、なぜ新羅と地下の神仙世界を通って結びついているとされたのか。玄宗と聖徳王による、新羅と唐の関係の回復、唐と新羅の冊封体制を道教の名のもとに確認する観念が背後にあったのではなかろうか。

これに関連する事例として、龍角山に立つ「大唐龍角山慶唐観紀聖之銘」（以下、本碑）に新羅との関わりがみられる。本碑は、唐室の聖地に建った道観を玄宗が再建したのを記念して建立された(21)。開元十七年（七二九）九月三日に建立、玄宗の自撰自書である。前述のように、この場所は、高祖と太宗が革命の軍を挙げたときに老子が出現した、唐の創業神話における聖地である。興味深いことに、本碑の碑陰には、多数の皇族と官僚に並んで三人の外国人の名前が刻まれている。「特進新羅国王金興光」（聖徳王）、「特進亀茲王天山郡開国公白孝節」、「特進永寿郡王沙陁輔国」である。

この三人の名前が本碑にみえることは、新羅の問題だけでなく、西域諸国の問題としても重要だが、先行研究では看過されてきた。本碑に名前が載る人々は、何らかのかたちで道観の修築に関わったと考えてよいだろう。新羅聖徳王の場合、前述のように、開元十六年から従弟の金嗣宗が宿衛にいたから、かつて金仁問が宿衛の立場

で高宗の泰山封禅に参列したように、王の従弟がこの竣工式に代理で出席したのかもしれない。(22)

皇帝が主宰して王朝の宗祖たる老子を祭るのだから、この祭祀儀礼のレベルは国家祭祀に準じるといえるだろう。つまり、封禅といった儒教儀礼ならば「天地の明神」のもとに君臣関係を確認したわけだが、それと同様なことを、王朝の始祖である「老子」、そして同時に天地生成の根源である「道」のもとに確認した行為とみることができる。三名の外国人の名前があるのは、唐の天下の秩序を鎮護する行為に周辺諸国を含めていることを意味する。

開元十七年の本碑に関わる儀礼でも、先天二年と同様な金籙齋がおこなわれ、真珠洞に金龍が投げ込まれたと想像される。なぜなら、本碑には真珠洞の内部に洞天があると特筆されているからである。

汾陽の龍角山というところは、天帝たる老子が恩福をくだした場であり、高祖がそれによって軍を動かした道である。□上には美しい池の霊府があり、下には石穴の洞宮があり、気が姑射山という神仙を集める別館に接し、脈が霍鎮という、珠玉を潤すような鄰家に通じている(唐の高祖が霍太山で白衣の野老から軍を進める道を教わった。『大唐創業起居中』による)(汾陽之龍角山者、天帝降福之庭、高祖用師之道、□上有華池霊府、下有石穴洞宮、気接姑射、集神仙之別館、脈通霍鎮、潤珠玉之鄰家)。

「洞宮」は洞天のことである。龍角山には神仙が通っていると述べている。

以上から、玄宗は遅くとも本碑が建った開元十七年(七二九)までには、老子への道教祭祀のもとで唐の天下秩序を周辺諸国が確認するという考えかたを持っていて、この考えかたは、唐の創業の聖地と新羅が地下で通じ合っているという洞天思想のイマジネーションとそれへの儀礼によって支えられていたといえよう。

二、日本の遣唐使と道教

上述の龍角山慶唐観の竣工の六年後、開元二十三年（七三五）に遣唐使として長安にいた中臣名代が『道徳経』と天尊像を玄宗に乞うた。

開元二十三年閏十一月、日本国は中臣名代を派遣して来朝させ、「『老子道徳経』と天尊像を持って帰り、本国で聖教を発揚したい」という上表を献じた。これを許可した（二十三年閏十一月、日本國遣其（中）臣名代來朝、獻表懇求老子經本及天尊像以歸、于國發揚聖教。許之）。[23]

「老子経本」は『道徳経』、「天尊像」は道教神像である。しかし『続日本紀』によれば、天平八年（七三六）八月に中臣名代らが帰国したとき、「唐人三人、波斯人一人」を伴ってきたとあるだけで、天尊像にも『道徳経』にも言及していない。このときの『道徳経』は、御注が開元二十年（七三二）に完成しており、同年御疏の撰述が開始され、開元二十三年三月に御注・御疏ともに公卿士庶・道士・僧侶らに頒示され、その可否を問うた上で世に出たようであるから、[24]中臣名代が下賜されたのは玄宗御注御疏の『道徳経』だったはずである。道教神像の方も当時の記録にみえず、いまに伝わる文化財にそれらしき物も見当たらない。

このときの道教経典と神像の招請について、中臣名代はすでに渡航に失敗し、再度の出航を玄宗に願い出るという状況だったから、中臣名代の発言は、道教好きの玄宗の歓心を買って、自分たちの帰国の便宜を得るための方便だったのであり、道教を日本に伝えるつもりはなかったとみる説が有力である。[25]もし上述のように、唐と新羅の関係が道教によって確認されるような国際環境だったとすると、中臣名代の発言は、そこに日本も関わることを表明することになる。あたかも、のちに起こった新羅との席次争いに似て、新羅と日本が道教をめぐって国威を争うように玄宗からは見えたのではないか。憶測だが、名代にとって一番重要なのは帰国船の調達であるから、道教経典と神像の招請がその最も効果的な方法だったという認識があったのだろう。玄宗と新羅のあいだに道教をめぐる関係が築かれつつあるのを知っていたからこそ、この申し出が帰国には最も効果的だと判断したのではなかろうか。

この中臣名代の懇求時には、養老元年（七一七）の遣唐使で入唐した吉備真備や阿倍仲麻呂が長安に在留していた。彼らは玄宗が道教を重視していた事情を熟知していたと考えるべきであろう。日本の遣唐使は道教について関心がなかったわけではなかった。『冊府元亀』巻九七四に次のようにある。

十月丁卯、日本国の遣使が朝貢した。戊辰の勅に「日本国は遠く海外にあるのに、遣使が来朝した。滄波をわたってきたばかりか、その国の品物も献上した。その使者である真人英問らは、十月十六日に中書省で宴会してもてなすべし」と。乙酉、鴻臚寺の奏上で、「日本国の使が孔子廟堂を拝謁し、仏寺と道観を礼拝したいと願いを出している」という。これを許可した（十月丁卯、日本國遣使朝貢、戊辰勅、日本國遠在海外、遣使來朝、既渉滄波、兼獻邦物。其使真人英問等、宜以今月十六日於中書宴集。乙酉、鴻臚寺奏、日本國使請謁孔子廟堂、禮拝寺觀。從之）。(26)

日本の遣唐使が長安の孔子廟と仏寺、それに道観を拝謁したという。これは養老元年（開元五年、七一七）の遣唐使の長安での活動を伝えた記事と考えられる。(27)この一例だけだが、日本側が道教に観察の目を向けていたことがわかる。また、当時の長安には、皇帝や皇族と直結した道観が内道場の役割を持ち、そこで国家的な道教儀礼もおこなわれていた。非常に濃厚な道教尊重の動向があったのであり、阿倍仲麻呂をはじめとする在長安の日本人でも、そうした道教の動向を観察したり側聞したりする機会があったと考えるのが自然だろう。

そして、中臣名代の懇求は功を奏した。玄宗からすれば、日本に道教を伝えるのは、新羅と同様に必要だと判断したのではなかろうか。

三、新羅での道教儀礼

中臣名代の道教経典と神像の招請の三年後、新羅の聖徳王が亡くなった。『三国史記』巻九「新羅本紀・孝成王」に次のようにある。

孝成王二年（七三八年）の春二月。唐の玄宗は聖徳王が薨じたと聞き、しばらく悼惜した。左賛善大夫の邢璹を遣わし、鴻臚少卿として新羅に赴いて弔祭をさせ、故聖徳王に太子太保を贈り、また嗣王を冊封して開府儀同三司新羅王とした。……帝は邢璹にいった、「新羅は君子の国と号するように、漢字の書記を善くすること、ほとんど中国と同じである。そなたは造詣深い学者であるから節を持して新羅に赴き、経義を講演して、我が国の儒教の盛んなることを発揚せよ…」。…夏四月、唐の使臣の邢璹が『老子道徳経』などの文書を王に献上した（二年春二月。唐玄宗聞聖徳王薨、悼惜久之。遣左贊善大夫邢璹、以鴻臚少卿往弔祭、贈太子太保、且冊嗣王爲開府儀同三司新羅王。……帝謂璹曰、新羅號爲君子之國、頗知書記、有類中國。以卿惇儒故持節往、宜演經義、使知大國儒教之盛。……夏四月、唐使臣邢璹以老子道德經等文書獻于王）[28]。

この「新羅王」は聖徳王の子である。玄宗は、新羅は漢字の書記を善くするといって「儒教」だけを挙げているが、「道教」も同じことであろう。玄宗はなぜ聖徳王の子に『道徳経』を贈与したのだろうか。父の没後その子にすぐ『道徳経』を贈ったのは、父と同様に道教信奉の継続を期待したためではなかろうか。

というのは、聖徳王没後の新羅が道教を公的に受け入れていたことが新出史料で判明しているからである。『道徳経』を贈られた孝成王は五年後に早世し、七四二年五月に孝成王の弟（やはり聖徳王の子）が景徳王に即位した。同年、玄宗は道士と『道徳経』を新羅に送り込んだ。新出の「大唐故道門大徳玄真観主皇甫尊師墓誌銘並序」によれば、天宝初年（七四二）に秘希一と皇甫奉謜という道士が新羅に派遣された。その墓誌に次のようにある。

> 天宝初、祥符が尹真人の故宅から出現した。道教を遠く布こうと、皇帝からの詔があって童誦の職位で三洞法主の秘希一に付き従って『経』を新羅に伝えた（天寶初、祥符發于尹眞人故宅、聲教遐布、有詔以童誦隨三洞法主秘希一傳經新羅）[29]。

「童誦」は、道教儀礼で経典の朗誦に必要とされる童子の楽団である。「経」といえば普通は『道徳経』であるが、この場合は複数の道士と儀礼のための楽団がいるような、かなり大掛かりな伝教活動だったと想像されるから、「経」は実際には『道徳経』だけではなく、最高の経典たる『道徳経』で道教経典を代表した言いかたをしたのだろう。したがってこれは、玄宗が新羅に道教経典と道士を送り込み、彼の地で何らかの道教儀礼をおこなわせたことを証明する歴史上唯一の史料である[30]。道士らは、「声教を遐《とお》く布かん」とあるように、外国への伝教と実践を前提として新羅に向かい、四年間も滞在した。この言いかたは、中臣名代の「国において聖教を発揚せん」を想起させるものがある。

新羅がこのとき複数の道士を受け入れ、道教儀礼をおこない、道士が成功裏に帰国できた（全員帰国したかはわからない）のは、これ以前、おそらく聖徳王時代から道教を受け入れて、ある程度の基礎ができていたことを示している。

「祥符は尹真人の故宅に発し」とは、天宝元年（七四二）一月に玄元皇帝（老子）が長安城の丹鳳門に出現し、霊符が尹喜の故宅にあると告げた、という事件を指している。終南山にある「函谷関令尹台」（楼観）でこの符が発見され、二月に玄元皇帝廟に安置された。これは、天宝改元における道教プロパガンダの主たる祭典である。玄宗は四月に崇玄学士以外の試験における『道徳経』の出題を停止したが、それは『道徳経』を最上位の経典とみなしたからであった。翌年三月、符が置かれた玄元皇帝廟は太清宮とされた(31)。秘希一と皇甫奉謜が新羅に派遣されたのは、この一大宗教政治運動の一環であることが見てとれる。

天宝二年（七四三）には、前年の霊符の出現を祝って、またしても龍角山で金籙斎がおこなわれた。龍角山に立つという「慶唐観金籙斎頌」に次のようにある。

皇帝（玄宗）の太平な御代にふさわしく、外には万里の彼方まで静まり、戎夷も帰服している。また内には、民草はおちつき、収穫は高まった。きつい作業をなくしたので、めでたい赤い光が起こり、動植物は盛んになり、陰陽の気は茂った。兵士は武器を措いて戦争は無くなり、道士が活躍してケガや病いは消えた。さらには、天界を感じさせ、神仙が福を降し、天の大命が来たり下り、天子の万歳をことほいでいる！（惟鎮皇極、叶時邕、外以廓清萬里、戎夷向化。内以乂安兆庶、年穀滋稔、滅格椽、興昌光、動植生成、陰陽氣茂、利兵所措則戢干戈、靈官所臨則消疵厲、矧感通上界、神降祺福、景命來假、天子萬年者乎(32)。

天下太平と国際的な主従関係の安定、内政の充実と生気の充溢、戦禍と流行病の消失、そして天命までもが神仙に帰せられている。これこそが玄宗の求めた道教の姿なのであろう。このなかで「国際的な主従関係の安定」は、金籙斎の所与経典である『洞玄霊宝長夜之府九幽玉匱明真科』には説かない道教の効用であり、道教の伝教の必要性を金籙斎に引きつけて説いたものと考えられる。

ところで、龍角山と新羅は地下の洞天で結びついていたのだから、この天宝二年の龍角山での金籙齋にあわせて、すでに道士が滞在する新羅でも相応する祭祀がおこなわれたと考えてよいのではなかろうか。つまり、秘希一と皇甫奉源らはそのために新羅に赴いたと考えるのが合理的である。

まとめにかえて

中臣名代の懇求から一八年後、そして上述の龍角山での金籙齋から十年後、日本の遣唐使が鑑真の招請を玄宗に奏上した。そのとき玄宗は、日本への道士の携行を求めた。(33) 天宝十二載（七五三）十月十五日に、遣唐大使の藤原清河、副使の大伴古麻呂、吉備真備、安倍仲麻呂らが、鑑真の渡日と伝戒を玄宗に奏上した件を本人に話した。その話によると、日本側が鑑真渡日を玄宗に依願すると、玄宗は道士を同行させるよう求めた。それに対して遣唐大使は、日本の君王は先に「道士の法」を尊んでこなかったと答えて拒絶したが、春桃原ら四人を長安に残留して「道士の法」を学ばせることになった。

上述の、新羅への道士の派遣、そこまでの経緯をふまえると、このとき玄宗は、道士の日本への携行を強く望んでいたと考えられる。権力者の単なる思いつきや気まぐれで提案したことではなかったのだ。しかも玄宗からすれば、日本はすでに『道徳経』と天尊像を受け入れているのであり、さらに道士の赴日を望んだのは、新羅のように道教儀礼の実行を望んだと考えられる。したがって、道士を受け入れられない代わりに春桃原らが残留して「道士の法」を学ぶのは、道士が日本に行くことを前提にした学習、つまり日本で道教儀礼をおこなうための法を学ぶためではなかったか。具体的には、天宝二載の儀礼（新羅でもおこなわれた）から類推できるように、国家の安寧を祈禱する金籙齋を実施するため、前掲の道教経典『洞玄霊宝長夜之府九幽玉匱明真科』にみえた「長夜之府九幽玉匱明真科法」のような道法を修得することであろう。そのために春桃源は、高い位階を持つ道士となることが求められていたのではなかろうか。ちなみに、このとき、玄宗も楊貴妃もそうした高い道士の位階を持っていた(34)。

道士の同行を求められる直前、同年（七五三年）の長安の大明宮で開催された朝賀で、大伴古麻呂が新羅の使者と席次争いをし、玄宗は新羅を下位においた(35)。したがって、その年の十月に玄宗が道士の携行を日本の遣唐使に求めるについては、新羅の道教受け入れと対照する心理があったはずである。この段階で新羅は、すでに道士を受け入れ、道教儀礼を実践していた。したがって玄宗は、新羅が道教経典と道士による道教儀礼の実施を受け入れていることと対照させて、日本も新羅のように道士および儀礼を受け入れることを求めたと考えられる。

以上のように、玄宗時期における新羅の道教受容の実態が新たに認識されてきたので、日本が玄宗から道教受容を迫られた事情も、新羅の実態を考慮して考察するのが有効ではなかろうか。

注

（1）木幡みちる「唐代の国際秩序と道教――朝鮮諸国への道教公伝を中心として」（『史滴』第二五号、二〇〇三年）。同「八世紀後半の日唐関係と道教」（『史滴』第二九号、二〇〇七年）。

（2）朝鮮史学会編、末松保和校訂『三国史記』（国書刊行会、一九七一年）二〇八頁。

（3）前掲の木幡みちる「唐代の国際秩序と道教」で、この事例について、唐がみずからを中心とする帝国的秩序の宗教的補完として道教を利用したものであり、高句麗も唐との関係を道教の受け入れによって確立しようとした、と指摘している。

（4）徐兢『宣和奉使高麗図経』『景印文淵閣四庫全書』五九三冊八五五頁。

（5）拝根興（王博・小二田章訳）「新たに公開された在唐新羅人金日晟の墓誌について」（『史滴』第三六号、二〇一四年）。

（6）朝鮮古書刊行会編『東史綱目』巻四下（景仁文化社、一九七五年）四三七頁。「遣王子守忠、入唐宿衛。自金仁問卒後、不復宿衛。至是又遣之、帝賜宅及帛、又賜宴朝堂、寵之」。

（7）厳基殊「唐における新羅の「宿衛」と「賓貢」」（『専修人文論集』七七、二〇〇五年）三二九―三四九頁。

（8）『冊府元亀』巻九七五、一一二八四頁「（十六年）七月丙辰、新羅金興光使従弟金嗣宗來朝、且獻方物、授果毅、留宿衛」。

（9）聖徳王以前に道教が新羅に伝わっていた可能性も当然あるが、史料的に欠如している。最近、韓国・慶山・所月里遺跡（六世紀末～七世紀初）で出土した人面土器は道教の符籙にもとづくという意見がある。平川南、第七三回日本道教学会記念講演「古代日本・朝鮮の出土資料――人面土器――から描く日本列島における道教」（二〇二二年十一月十二日）、同「古代人の開発と死への恐れ・祈り――古代韓国と日本の出土資料と道教思想から」（春成秀爾編『何が歴史を動かしたのか』第三巻、雄山閣、二〇二三年）。

（10）『道蔵』（文物出版社ほか影印本）第一九冊六九五頁。

（11）宋の孫景文が一〇七一年冬に撰した「天聖宮記事碑」に、同一の話の引用がみえるので、それ以前の伝説である。明の嘉靖十一年に許安が纂修した『浮山県志』巻七に載る（浮山県地方志弁公室整理『明清浮山県志』山西出版集団ほか出版、二〇一〇年）。

（12）この儀礼は唐宋時代に名山でさかんにおこなわれた。本書の酒井論文を参照のこと。江蘇の茅山の華陽洞では、玄宗のときのものと思われる金龍が発見されている。廣瀬直記「蘇州句容洞天福地調査記録」に紹介あり（『洞天福地研究』第四号、二〇一三年六月、二七―六二頁）。

（13）洞天については、三浦國雄「洞天福地小論」（『東方宗教』六七号、日本道教學會、一九八三年。『風水 中国人のトポス』平凡社、一九九五年に所収）を参照のこと。

（14）粛宗の乾元元年（七五八年）二月、ただし祈雨が目的だった。『冊府元亀』巻五四。
（15）『道蔵』第十九冊六九二頁。文面から、祭祀当時の造像碑のような何らかの金石資料を『龍角山記』が引用した資料だと思われる。
（16）「岱岳観碑」（陳垣編『道家金石略』文物出版社、一九八八年）一〇〇頁。
（17）雷聞「唐長安太清観与《一切道経音義》的編纂」（『唐研究』第一五号、二〇〇九年）一九九―二二六頁。また、太清観の廃止はこの祭儀後であることも知られる。この道観については、土屋昌明「長安の太清観の道士とその道教――史崇玄と張万福を中心に」（『専修大学人文科学年報』第四三号、二〇一三年三月）一〇九―一三六頁。なお、同じ先天二年十月に玄宗は聖徳王を「驃騎将軍特進行左威衛大将軍使持節大都督鶏林州諸軍事鶏林州刺史上柱国楽浪郡公新羅王」に封じている（『三国史記』「新羅本紀」巻八）。
（18）当時、天尊像を玄宗の等身像とみなしたようである。天宝三載の例が『唐会要』巻五十にみえる。
（19）『道蔵』第三四冊三八七頁。
（20）『道蔵』第三四冊三九一頁。
（21）雷聞「龍角仙都――一个唐代宗教空間的塑造与転型」（『復旦学報（社会科学版）』二〇一四年第六期）八八―九八頁でこの碑をめぐる道教の状況を解読しているが、洞天思想や碑陰については論じていない。また、以下の行論では、既発表の拙論「玄宗による創業神話の反復と道教の新羅への伝播」（『古代東ユーラシア研究センター年報』第一号、二〇一五年三月）六九―八四頁にもとづいた部分がある。
（22）金嗣宗は新羅帰国の記事がなく、開元十六年以後の事跡は不明である。
（23）周勛初ら校訂本『冊府元亀』巻九九九（南京鳳凰出版社、二〇〇六年）一一五五九頁。「以歸、于國發揚聖教」は、日本の研究では普通「以歸于國、發揚聖教」と句読するが、しばらくテキストにしたがう。
（24）『冊府元亀』巻五三・帝王部・尚黄老「開元二十三年三月癸未、親注老子、幷修疏義八巻、及至開元文字音義三十巻、頒示公卿士庶及道釈二門、聴直言可否」。
（25）東野治之「上代文学と敦煌文献」（『遣唐使と正倉院』岩波書店、一九九二年）二三二頁。同じく『遣唐使』（岩波新書、二〇〇七年）九三頁。

(26)『冊府元亀』巻九七四、一一二七七頁。このような寺観への拝謁は、市場での買い物が目的だったという説もある。木幡みちる「国際外交からみた道教と古代東アジア」（鈴木靖民ほか編『日本古代交流史入門』勉誠出版、二〇一七年）四七三頁。

(27) 杉本直治郎『阿倍仲麻呂伝研究』（育芳社、一九四〇年）一〇一－一〇四頁。阿倍仲麻呂が入唐したときの遣唐使だと考えられている。

(28)『三国史記』一〇一頁。

(29) 胡戟・栄新江主編『大唐西市博物館蔵墓誌』№二九三（北京大学出版社、二〇一二年）。

(30) 土屋昌明「道教の新羅東伝と長安の道観――「皇甫奉謜墓誌」を中心に」（『東方宗教』一二二号、日本道教学会、二〇一三年十一月）一－三三頁。

(31)『冊府元亀』巻五四、五六四－五六五頁。

(32)「慶唐観金籙齋頌」（『道家金石略』）一三七頁。

(33) 宝亀十年（七七九）に淡海真人三船（元開）が編んだ『唐大和上東征伝』による。

(34) 楊貴妃が道士の位階を持っていたことは判明している。雷聞「貴妃の師：新出『景龍観威儀田僨墓誌』に見える盛唐道教」（土屋訳）（『洞天福地研究』第一〇号、二〇一九年十一月）。この墓誌は楊貴妃の道教の老師のものである。

(35) この話は古麻呂の虚構だという説もあるが、席次を改めたという宦官の呉懐実の墓誌が出土し、文献で伝えられている身分や役職の裏付けがとれた。拝根興「使者の往来と唐代東アジアの文化交流」（王博訳）（『古代東ユーラシア研究センター年報』第一号、二〇一五年三月）五一－六七頁。それゆえ、古麻呂の話は虚構ではない可能性が高い。席次を最終的に決めたのは玄宗だろう。石井正敏「唐の「将軍呉懐実」について」（『日本歴史』四〇二号、一九八一年十一月。『石井正敏著作集　二』勉誠出版、二〇一八年所収）。

第一部　陰陽道と道教

古代日本と道教
——陰陽道成立の前提として

細井浩志

はじめに

日本の陰陽道と中国の道教とは関係が深いことは昔より指摘されている。陰陽師が行う出行儀礼として重視された反閇の中の禹歩は、道教書『抱朴子』（内篇巻十一・仙薬）のものと同じである［津田一九九八］。祭祀・呪術における道教からの影響やその経路を考察した研究も多い（［和田一九九五］［松田一九九九］［山下二〇一五］［増尾二〇一七］など）。また道教の影響が陰陽道以外にもあることは、福永光司氏［福永一九八七ほか］を始めとする道教研究者が指摘するところである。

しかし道教と陰陽道、または古代日本との総体的な関係をどのように理解すればよいかは、必ずしも明らかではないと思われる。その理由は仏教とは異なり、道教の司祭者である道士・女道士が日本に来て道教を伝えた明証がないことであろう。次に道教・陰陽道とも従来はその定義が曖昧だったことも背景にある。かつて中国道教研究者は道教を成立道教と民衆道教に区別し、これに基づいて下出積與氏は民衆（民間）道教のみが日本に流伝したとした［下出一九九七：序章など］。しかし現在の道教研究ではこの分類は不適当だとされており、また一見道教の影響に見える現象も単に中国の文化的影響（たとえば道・仏・儒教共通要素の伝来）と捉えることが可能である。加えて道教の中核をなす儀礼を記載した経典の日本伝来がごくわずかなので、道教は医薬呪術などの方術や民間習俗にとどまり、宗教としては伝わってきていないともされている［坂出一九九四］。また日本への道教の影響は、中国では時には対立関係でもあった仏教に包摂され主に僧尼を通じてもたらされた。このため陰陽道研究においては道教との関係を追求しなくとも、仏教との関係を考察すれば研究が進めることができた。

だが筆者は近年、陰陽道の成立に際して「道士法」とされる呪禁の系譜を引き継いでいることに注目しており、改めて古代日本への道教の影響をふり返る必要を感じるようになった。そこで本稿では先行研究に学び、陰陽道が成立する前提として古代日本における道教の影響について、筆者なりの見通しを示したい。

一、道教の日本伝来に関するいくつかの先行研究

高山繁氏は「民衆道教」概念では、民間信仰や葛氏道・初期上清派など教団未形成の道教諸派、「いわゆる成立道教」、ブラックマジック一般、非道教系中国諸思想諸儀礼（陰陽五行、天文、暦、讖緯説、医学、方術、前ないし非道教系神仙思想、儒教系国家祭祀など）等の本来別個のものを「民間道教」の名の下に同一レベルのものとして把握してしまう危険性があり、また支配階級への影響が等閑視される可能性があるとする。その上で、「今後の研究では、教団組織形成の有無や国家の公認の有無といった外的側面ではなく、道教内部の自己意識という内的側面を重視した道教概念の定立を行い、その道教概念を基準とすべきであろう」と述べている。そして日本への上清

派の影響を重視する［高山一九八七］。「民衆道教」という概念の問題は、かつてこれを支持していた窪徳忠氏自身が指摘するところである［窪一九七七：序章］。また高山氏の問題提起に関して言うと、信者が「道教」という自己認識をもつためには専業かどうかは別に、司祭者と彼を中心とする集団の形成が必要ではないだろうか。

たとえば二世紀に蜀に成立した五斗米道にはこうした自意識を持つ信者がおり、教団維持・相互扶助の儀式・制度が存在した［クリーマン二〇〇九］。道教研究史でいう教会道教もしくは教団道教である。下出氏は『日本書紀』皇極天皇三年（六四四）七月条に出てくる常世神信仰を、民間道教の例とする［下出一九七二：第三章］。確かにこの信仰は仏教擁護者の秦氏と対立するもので、信者には仏教と異なる教えという認識（＝道教という自己認識）があった可能性がある。もっともこの信仰は多くの道教諸派が排撃する動物犠牲の祭祀を伴うので（「菜・六畜を路の辺に陳ね」）、そうではないとされる［高山一九八七］。何れにせよ、日本で仏教に対峙する独自組織を持つ道教が成立しなかったことは確かである。

関連して新川登亀男氏は、日本の仏教や神道がいわば道教を否定するもの、道教とは違うものとして編成された点に意味があったと考えている［新川二〇〇五］。そして次のような見方を示す［新川一九九九・二〇〇二・二〇〇五］。すなわち七世紀以前は、ヤマト王権の有力豪族が自らと関わりの深い皇子を先端的な知識で養育・教育し、また一族が結集する場として寺院と仏教が機能した。そしてそうした皇子の一人として能力を身につけ、壬申の乱を起こして即位した天武天皇は国家秩序を作り上げる一環として、仏教を天皇の下に一元管理して新たな反乱の発生を防ごうとした。その際、仏教に包含される道教的な術法により秩序の体現者として天武自身の不老不死を実現しようとした。この術法を包含する道仏未分化という性格は百済仏教に由来する。百済には道士がいないとされるが、独立した道教ではなく仏教の中に道教的要素が濃厚に含まれていた。しかし天武による建設に始まって八世紀初頭に完成する律令国家は、道教を拒否した。もっとも大宝元年（七〇一）の大宝律令制定時には、日本国内に道士も道観も存在しなかったため道教への拒否反応はなかった。だが道教に親和的な世界観を持つ左大臣長屋王が謀反を企んだとされて天平元年（七二九）に粛清されたため（＝長屋王の変）、道教は国家によって「左道」として否定されるようになった。また唐において時には道教保護と仏教弾圧が行われていることを知る日本の仏僧は、道教を排斥しようとした。以上のようである。

仏教という認識が成立するのに必要な仏教ならざるものとして道教が存在した点は、延暦十六年（七九七）に成立した空海の『三教指帰』で、道教が儒教より優れ仏教よりは劣った存在として描かれている点からも伺える。空海は現に日本の大学寮で教えられている儒教より、道教の方を意識している点は興味深い。

ではなぜ道教は組織として日本に伝来しなかったのか、伝来した道教的要素はどのように律令国家に受容されたのかを次にみたい。

二、道教の日本への伝来

日本に明瞭な形で道教が伝来しなかった理由は、仏教伝来の仕方を見ればわかる。『日本書紀』には次のように記されている（漢文は書き下しにした）。

（史料一）『日本書紀』巻十九欽明天皇十三年（五五二）十月条

冬十月。百済聖明王〈更の名は聖王〉、西部姫氏達率怒唎斯致契等を遣はし、釈迦仏金銅像一軀・幡蓋若干・経論若干巻を献る。……是の日、天皇……乃ち群臣にことごとく問ひて曰はく、「西蕃の献れる仏の相貌端厳にして、全く未だ曾て看ず。礼ふべきやいなや」と。蘇我大臣稲目宿禰奏して曰はく、「西蕃の諸国一らに皆礼ふ。豊秋日本、あに独り背かむや」と。……天皇曰はく、「宜しく情に願ふ人稲目宿禰に付けて、試みに礼拝せしむべし」と。大臣跪きて受け忻悦び、小墾田家に安置して、懃に出世の業を修め、因として向原家を浄め捨てて寺となす。

この記事は、年紀の問題や八世紀初期に伝来した『金光明最勝王経』による文飾がありそのまま事実とはできない〔吉田二〇一二など〕。ただ百済外交の一環で仏教が伝来（つまり公伝）したことは、類似の説話が『日本書紀』の他の条文や『上宮聖徳法王帝説』等にあることから事実とされる。公伝の契機が百済側の働きかけか、倭（＝ヤマト）王権側の要請によるのかは不明だが、王権またはその有力構成員である蘇我氏が能動的に受容したのは間違いない。また百済も最初は仏僧を派遣して教理を説かせたのではなく、仏像など仏教儀礼に必要な器具を送り、欽明天皇が試しに蘇我稲目に礼拝させたとされる。その後の欽明天皇十五年二月条によると、百済が派遣僧曇慧ら九人を僧道深ら七人に替えている。恐らく彼らが仏像の供養をしたのだろう。同条では同時に易・暦・医博士や採薬師らが百済から派遣されている。従って道深らも仏法という術法を行う術者という位置づけになる。これ以前から、神の一種としての仏陀への信仰は倭国に伝わっていた〔速水一九八六〕。だが仏教の体系的導入の契機となったという意味で、仏教公伝は重要である。公伝によって仏教は倭国の中枢部に保護され、寺院などの施設が建設され、修法や学術・思想が導入されて定着した。よって道教の公伝がなかった意味は大きい。この点は、実は下出氏が教団道教イコール権力者の道教という観点より既に指摘している〔下出一九九七：三三頁〕。当時、倭と強固な同盟関係にあった百済は仏教が盛んで道士がいなかった（『周書』異域伝上百済条「僧尼寺塔甚だ多くして道士無し」）ことが影響しているだろう。

一方『三国遺事』巻三・宝蔵奉老条によれば、高句麗では道教の一派である五斗米道が流行したとされるが、小幡みちる氏は記事の信憑性に問題があるとする。そして同国が唐との関係を安定させるようと武徳七年（六二五）に冊封関係を結ぶ際に、唐から『老子道徳経』とともに道士が派遣され、またクーデタで権力を握った泉蓋蘇文が宝蔵王二年（六四三）に国内では道教が盛んでないので唐に求めるように王に進言した［小幡二〇〇三］。つまり唐に近い朝鮮三国でさえ、王権が外交ルートで招聘しないと道教は伝わらなかったのである。よって唐との冊封関係がない倭・日本に道教が伝わらなかったのも当然であろう。

では倭の王権は、唐の道教を全く導入しようとしなかったのだろうか。ここで注目されるのが、天武朝である。天武天皇（＝大海人皇子）は兄である天智天皇の嫌疑を晴らすため、出家して吉野に隠棲した（『日本書紀』天武天皇即位前紀、六七二年）。彼は広い意味では僧侶である。だがその政治は道教色が濃いこともすでに多くの研究者から指摘されている。

ひとつには天皇号がある。これは道教神である三皇のひとつ「天皇」に由来するとされる。諸種の傍証より、天皇号が天武朝で使われた点に異論はない。もっとも天皇号の使用開始は推古朝説（七世紀初頭前後）も有力で、この他にも天智朝説（六六八年）［河内二〇一五：第五章］などがあり定説はまだない。天武朝開始説の論拠は唐の高宗が上元元年（六七四）より「天皇大帝」と称したのでその模倣の可能性があること、『日本書紀』によれば当初の天皇号が天武天皇個人の尊号と見なせること［東野一九七七］などである。また七世紀には倭・日本は唐から見て東方ということが意識されているが、「天皇」は東方洋上の国 扶桑国を居所とする扶桑大帝東王公の意味とされる［津田一九九六］。天武の和風諡号「天渟中原瀛真人天皇」は、中国から見て東方の神仙が住む「瀛州」にいる天皇と解釈できる点も道教に適合的である。なお「天皇大帝」は高宗個人の尊号で唐の君主号は「皇帝」のままなので、君主号としての天皇号のモデルにはならないとの批判もある〔河内二〇一五：第五章〕〔坂上二〇二三〕〔大津二〇二四〕など）。ただ和銅五年（七一二）成立の『古事記』は歴代天皇の多くの尊称を「命」「王」としており、推古天皇も「豊御食炊屋比売命」で（一代前の崇峻天皇はかえって「長谷部若雀天皇」とされる）、推古と天皇号との強い結びつきが認識されていない。また天武個人の尊号から始まって正式の君主号になった可能性もあろう。ちなみに渤海などへの国書に「天皇」とあることから、東アジア外交の中で隋唐皇帝とは異なりながら王を超えた君主号として「天皇」が創出されたとの意見もあるが、国内でも広く使われている以上、内外で理念的に説得力をもつことが期待できた称号だったはずである。

また天武は八色の姓を制定して身分標識であるカバネを再編したがその最上位は真人であり、真人は道教の理想像である。加えて天武の和風諡号にも真人が含まれる。また八色の姓には「道師」がある。

当時の中国の信仰は儒仏道が混淆しており、倭国にも仏教の一要素として呪禁などの道教的術法・儀礼が伝来した。だが君主号や身分標識のような政治秩序の根幹に道教的シンボルを使っていることに注目すれば、単なる中国文化や仏教の影響ではなく、道教色の強い人物あるいは文物の影響と考えるべきではなかろうか。天武朝は遣唐使を派遣せず、唐の律令制は唐との関係を保ちつつ倭国に接近してきた新羅との国交を通じて倭国に導入された。日本の仏教や神祇祭祀は大宝元年（七〇一）の律令国家完成により一応の国家的位置づけを与えられたが、律令国家の形成過程では試行錯誤があったはずである。その間、新羅を通じて天武が唐の道教政策の影響を受けた可能性は否定できない。入唐留学生を通じて、新羅にもある程度は道教が入っていた〔土屋二〇一〇〕。新川氏は天武の側近であり、天文卜筮をよくした新羅僧行心（『懐風藻』大津皇子伝）に注目し、彼が道教的要素を天武朝廷にもたらした可能性に言及する〔新川一九九九：第四章〕。さらに前述の諸点から、天武は仏教の一要素としてではなく道教そのものを意識していた可能性があろう。天武朝における唐由来の道教の影響を、一切否定してしまうのは躊躇される。

ところが大宝律令においては僧尼令が置かれ、唐の道僧格をモデルとしながらも道教を除外した形で律令国家の宗教政策が完成した。天宝十二年（七五三）に遣唐使が玄宗に鑑真の日本派遣を願ったところ、唐皇帝の玄宗は道士をも日本に同行するよう命じた。だが日本側は「日本の君主は先に道士法を崇ばず」として唐の道士派遣を辞退して、春桃原ら四人を道士として修行させるために残すことを願った（『唐大和上東征伝』）。日本の道教拒否は意図的であった。その理由は唐皇室の李氏は道教の開祖とされた老子（李耳）を自分の祖としたので、道教保護は唐皇室の祖先崇拝になる点にある〔新川二〇〇二〕〔八重樫二〇〇三〕〔小幡二〇〇七〕。つまり唐との対等な関係を建前とする日本律令国家は、原理的に道教を受け入れることはできないのである。また公的な道教の受け入れは、唐の道士の受け入れを意味する。つまり日本の建前が、遣唐使を朝貢使節だと考えている唐側に知られてしまう危険があった。現に宝亀十年（七七九）に唐使が来日した時、天皇との会見について日本側は苦慮した〔坂上二〇〇一：第三章など〕。さらに唐の道士は高句麗に来た際、高句麗国内の情勢を探索した可能性が指摘されている。日本が道教を受け入れなかったのは当然である。また新羅でも唐の道教優遇策を知りながらこれを排除したことが指摘されている〔小幡二〇〇三〕。そして唐でも高宗が亡くなり則天武后が政治を行うようになると、一時的に仏教を優遇して道教の地位を下げた〔小幡二〇〇七〕。よって倭国が日本律令国家を構築する際に、唐の永徽律令を基に日本律令を編纂するにあたり、新羅の影響もあって道教を外し唐の道僧格の僧尼規定のみを大宝律令にとりこんだのであろう。また道教を意識して、これに代わる固有の国家祭祀（天皇の祖先祭祀）の確立のため神祇官を設置したと考えられる。

しかし一方で、道教がもつ治病法や服餌は魅力であった。また仏僧や渡来人の中にもこうした術法を駆使する者は大勢いた。これらを完全に否定することはできない。このため大宝僧尼令では、道術による治病は許可したのであろう（次節）。

だが留学僧が派遣され唐の事情を知ることで、日本の仏教界も新たな競争相手となり得る道教の導入には反対するようになる。九世紀になって唐に留学した円仁が、唐における廃仏と道教崇拝の風潮に強い反発を示したことが指摘されている［新川二〇〇二］。

三、律令国家における道教的術法の位置

律令国家の基本法である大宝律令のなかの僧尼令卜相吉凶条は、次のように復原される（『唐令拾遺補』による）。なお書き下しには筆者の解釈が入っている［細井二〇一五］。

（史料二）復旧大宝僧尼令卜相吉凶条

およそ僧尼、吉凶を卜相し、及び小道巫術もて病を療さば、皆還俗とす。其の仏法により呪を持して疾を救ふと、道術の符禁・湯薬により救ひ療すは、禁の限りに在らず。

実は道教の術法（道術）の使用を日本律令国家が禁止したのか、大宝僧尼令では認めたが長屋王の変を契機に禁止したのかについては研究者の間で議論があった。まず大宝僧尼令では僧尼が道術を治病に使うことが認められたのはほぼ間違いない。また長屋王の変後に呪禁師として活躍している韓国連広足の使う術を天平十年（七三八）頃に成立した古記（僧尼令集解同条引用）が「道士法」としており、道術が禁止されたとは言えない。養老律令

は養老二年（七一八）ころに編纂はされたが、修正を施した条文も多くは大宝律令と同趣旨だったとされる。養老令文では史料二の傍線部は削除されているが、道教を公認するかのような文言なので念のため削除しただけなのであろう。道術は一貫して認められていた。

むしろ大宝律令成立時に重要なのは、道教の要素である医方と、占い、呪術・祭祀の担い手が区分された点である。もともと七世紀段階では陰陽博士法蔵が仙薬とされる白朮を煮ている（『日本書紀』天武天皇十四年（六八五）十月庚辰条、持統天皇六年（六九二）二月丁未条）。つまり占いを担う陰陽師が、道教の主要な要素である医術も担っていた。ところが大宝律令で医は典薬寮・内薬司に、占いは陰陽寮に分けられ、さらに医も主に薬物を扱う医師と呪術を使う呪禁師に分けられた。唐の官制に由来するとはいえ、この分立にも注意する必要があるのではないか。

呪禁師については下出氏［下出一九七二：第四章第二節、一九九七：第二章第一節］、新村拓氏［新村一九八三］などの研究があり、陰陽師との関係が既に指摘されていたが、筆者は呪禁師が八世紀後半に陰陽寮に所属が変わり、後に陰陽師と合体していることを指摘した［細井二〇一七］。これにより呪術・祭祀・暦注は陰陽師の仕事（「陰陽の道」）となった。暦日は六朝の道教で重視されたとされ［佐々木二〇二三］、これは呪禁師が江南の道教の系譜を引くことと関わるのではないかと考えられる。なお陰陽道の祓は、年二回の大祓当日に内裏で東西文部が行った解除の系譜を引くとされ、これは道教経典『赤松子章暦』あるいは道教的疑偽仏典に基づくと考えられている［増尾二〇一七：Ⅰ第三章など］。唐の呪禁博士は「祓」を行ったので（『大唐六典』十四・太医署）、日本の呪禁師も治病や予防のために解除を行ったのだろう。

道教の術法は通常、清浄（老荘の清浄無為の思想）・煉養（内丹などの養生術）・服食（仙薬を服用して不老調整を図ること）・符籙（おふだを用いた呪術）・経典科教（仏教に対抗して作られた経典や儀礼のこと）の五種類だとされる［神塚二〇二〇：第一講］。日本の律令国家では符籙や経典科教の一部分に当たる祭祀・呪術は、疾病・不祥を予防・治療する呪禁師が職掌とした。医師は服食が該当する薬方を職掌としたが、平安時代の『医心方』を見ると符籙に当たる呪符も使っていたことがわかる。一方、陰陽師は、国家・個人（貴族官人）に関わる占術を職掌とした。そして八世紀末頃、呪禁師は陰陽師と統合され、さらに九世紀以降は国家的な祭祀・呪術も陰陽師が行うようになり、専門分野・専門家集団としての陰陽道が成立する［細井二〇一七］。医道はこれとは別の専門分野・専門家集団であった。

九世紀前半に成立した『日本霊異記』上巻第十三縁には、仙草を食べて昇天した女性の説話があり、仏教とは異なる神的救済（不老不死）が得られるという観念があったことがわかる。だが不老不死や尸解仙となって現在の生を超越する側面は陰陽道にはない。また陰陽師自身は現世利益や来世は仏教に頼った。その点で、陰陽道は仏教に対して完結的な信仰の体系は構築していない。

奈良時代の日本には方士がおり（『藤原武智麻呂伝』）、服食で不老不死となる観念も存在した。陰陽師が行う呪術・祭祀と医師の医術が統合され、そこに不老不死という最大の現世利益の実現が備われば、更に老荘思想がこれと結びつけば、日本でも「道教」が成立したかもしれない。だが道教の諸構成要素は、別々の専門分野に分散されたため、「道教」に該当する専門家集団が成立しなかったのである。

もっとも平安時代の国家の祭祀において、仏教と陰陽道は競合する場合があった。たとえば祭祀である。そこで陰陽師が道教系の祭祀を導入したのは、仏教との差別化のためだと言えよう。また道教教団の聖職者は、宋代以前に俗人の共同体に奉仕する聖職者集団に変わるとされる［クリーマン二〇〇九］。そうなると、道教由来の祭祀・儀礼を行う陰陽道・陰陽師は道教・道士に該当するとみることも可能なのかもしれない。

では死生観や倫理に関わる信仰としての道教は伝来しなかったのだろうか。実はこの点も留保が必要であろう。『日本後紀』天長三年（八二六）九月庚午条の安倍真勝や、『日本文徳天皇実録』仁寿三年（八五三）四月甲戌条の安倍吉人、和気貞臣のように老荘の思想を学び実践しようとする者がいた。彼らは『道徳経』などの書物や中国医学の知識から入り、「道家の徒」という自己認識を持ったと見なせよう。彼らは道士より法脈を継いだわけではないだろうが、実は仏教に関しても百済伝来の仏像を祭るに際して、蘇我馬子は還俗者である高麗恵便をえて島ら三人の女性を尼となし仏像を祭らせた（『日本書紀』敏達天皇十三年（五八四）是歳条）。恵便が還俗者である以上、法脈はつながっていない。ちなみに江戸時代末期、「キリシタン」が処罰された京坂キリシタン一件という事件がある（［山根一九八五］［林二〇一二］など）。この「キリシタン」も大航海時代に日本に布教されたカトリックに系譜を持つカクレキリシタンとは異なる、自称キリシタンであった。

吉備真備の『私教類聚』の目録に「仙道用ゐざるの事」があり、空海の『三教指帰』三巻は、儒者（「兎角公」「亀気先生」）・仏者（「仮名乞児」）と並んで道教の立場を取る「虚亡隠士」の主張に中巻一巻をあてる。同書は空海入唐以前の著作なので、唐で見知った道士がモデルではない。とすると道士・道観はないにしても、同書が示すような術を覚えて不老不死を目指す、儒教・仏教とは異なる実践をしていると自認する者が日本におり、それが虚妄隠士のモデルとなった可能性は高いだろう。

おわりに

個別の信仰や思想ならばそれを信ずる人の移動によって伝わるので、その意味では古代日本には道教が伝わった可能性が高い。道家と道教を峻別できないなら［横手二〇一五：序章］、道教を実践する者は存在したといえる。だが哲学・神学、また体系的な祭祀様式を備えもつ宗教として伝わるためには専門家による布教が必要であり、その契機として公伝が重要であった。だが道教は余りにも強く唐王朝の政治支配と結びついていた。従って日本は唐の道士の来日を徹底的に拒否した。このため日本においては伝来した道教の諸要素が、陰陽道を始めとする諸学術等にばらばらに受容された。また死後の安穏を与える役割は仏教だけが発展的に担うようになったと言えよう。

また次のようにも言える。仏教は六世紀に公伝したが、倭は国家が未熟であったため蘇我氏ら豪族レベルで受容されて氏族仏教（氏寺）が成立した。八世紀に中央集権的な律令国家が完成すると、仏教は国家仏教として国家に奉仕し保護されることによって完全に日本に定着した。そこから初期の行基のように国家仏教より逸脱する仏教者も現れ、国家の求心力が後退する中世になると、国家から相対的に自立した仏教教団が成立する。一方道教は公伝しなかったので氏族道教（氏観）は成立せず、律令国家期にも国家道教は成立せず、このためその後も道教教団が成立することはなかった。だが老荘や服餌などが禁止されたわけではなく、先進的な思想・学術として受容者・愛好者が存在した。この結果、中国とは異なり、日本では組織としての道教と個人が愛好する道家思想とは別のものと認識される傾向が生じたのである。

参考文献

大津透［二〇二四］「天皇号と日本国号」大津透編『日本史の現在2古代』山川出版社
小幡みちる［二〇〇三］「唐代の国際秩序と道教」『史滴』二五
小幡みちる［二〇〇七］「六世紀後半の日唐関係と道教」『史滴』二九
神塚淑子［二〇二〇］『道教思想10講』岩波新書
クリーマン、テリー（菊地章太訳）［二〇〇九］「「道」の境界を定める」田中文雄、テリー・クリーマン編『道教と共生思想』大河書房
河内春人［二〇一五］『日本古代君主号の研究』八木書店
窪徳忠［一九七七］『道教史』山川出版社
坂上康俊［二〇〇一］『律令国家の転換と「日本」』講談社
坂上康俊［二〇一三］「大宝律令制定前後における日中間の情報伝播」『唐法典と日本律令』吉川弘文館（初出は一九九七年）
坂出祥伸［一九九四］「『医心方』における医療と道教」山本信吉他『医心方の研究』オリエント出版社
佐々木聡［二〇一三］「初期道教経典に見える鬼神観再考」『東方宗教』一四一
下出積與［一九七二］『日本古代の神祇と道教』吉川弘文館
下出積與［一九九七］『日本古代の道教・陰陽道と神祇』吉川弘文館
新川登亀男［一九九九］『道教をめぐる攻防』大修館書店
新川登亀男［二〇〇二］「万葉集のなかの道教」大久間喜一郎編『家持の争点Ⅱ』高岡市万葉歴史館
新川登亀男［二〇〇五］「日本古代と道教」『アジア遊学』七三
新村拓［一九八三］「咒禁師と按摩師」『古代医療官人制の研究』法政大学出版局
高山繁［一九八七］「日本古代の道教」雄山閣出版編『古代史研究の最前線第3巻文化編〔上〕』雄山閣出版
津田左右吉［一九九六］「天皇考」野口鐵郎・酒井忠夫編『道教の伝播と古代国家』雄山閣出版（初出は一九二〇年）
津田徹英［一九九八］「禹歩・反閇と尊星王・六字明王の図像」『日本宗教文化史研究』二―二

土屋昌明［二〇一〇］「唐の道教をめぐる高句麗・新羅と入唐留学生の諸問題」『東アジア世界史研究センター年報』四
東野治之［一九七七］「天皇号の成立年代について」『正倉院文書と木簡の研究』塙書房
林淳［二〇一一］「天主教と女陰陽師」『愛知学院大学文学部紀要』四一
速水侑［一九八六］「仏教の伝来」『日本仏教史 古代』吉川弘文館
福永光司［一九八七］『道教と古代日本』人文書院
細井浩志［二〇一五］「七、八世紀における文化複合体としての日本仏教と僧尼令」新川登亀男編『仏教文明と世俗秩序』勉誠出版
細井浩志［二〇一七］「陰陽道成立についての試論」吉川真司・倉本一宏編『日本的時空観の形成』思文閣出版
増尾伸一郎［二〇一七］『道教と中国撰述仏典』汲古書院
松田智弘［一九九九］『古代日本の道教受容と仙人』岩田書院
八重樫直比古［二〇〇三］「「神仏習合のはじまり」の隣で」池田澄隆・斎藤英喜編『日本仏教の射程』人文書院
山下克明［二〇一五］『平安時代陰陽道史研究』思文閣出版
山根智代美［一九八五］「キリシタン禁制史における京坂切支丹一件の意義」『大塩研究』一九
横手裕［二〇一五］『道教の歴史』山川出版社
吉田一彦［二〇一二］「『日本書紀』仏教伝来記事と末法思想」『仏教伝来の研究』吉川弘文館
和田萃［一九九五］『日本古代の儀礼と祭祀・信仰』上中下、塙書房

補記　二〇二四年六月に、吉川弘文館より新川登亀男氏の遺著『創られた「天皇」号――君主号の古代史』が刊行された。その成果を本稿は反映していないことを読者にお詫びするとともに、新川氏の御冥福をお祈りしたい。
また本研究は日本学術振興会科学研究費基金（課題番号24K04237）の成果の一部である。

陰陽道の祭祀と道教

山下克明

はじめに

陰陽道は、古代律令制官庁の一つである陰陽寮の職務を中心として形成された、術数と呪術・祭祀を扱う宗教分野といえる。陰陽寮は隋唐官庁の太史局・太卜署に倣い設けられたもので、占術や天文占・暦・漏刻など陰陽五行説を背景とする術数部門の諸学術を担当したが、律令支配体制が動揺した平安時代前期、九世紀後半から朝廷や貴族支配層のために攘災・招福の祭祀活動を本格化させ、平安時代末までにその祭祀は四十種を上った。

そのような陰陽寮官人・陰陽師の宗教者化、呪術や祭祀執行の過程で、中国の陰陽・五行家説（以下五行家説とする）の影響とともに道教信仰も大きな関りを持った。道教との関係について、陰陽道を世襲した賀茂氏や安倍氏の陰陽道書を検討した中村璋八は、『陰陽雑書』（平安後期賀茂家栄撰）や『吉日考秘伝』（長禄二年〈一四五八〉賀茂在盛撰）を取り上げ、その日次禁忌、養生延命、呪術法などの部門に見える呪句、画符、さらに道教経典の引用などから、その分野における道教の具体的影響を明らかにした(1)。

ただそれとともに呪術的宗教としての陰陽道の成立を検討するさい、時代を遡り古代、とくに平安期の検討が不可欠になる。これに関して既に妻木直良は昭和八年（一九三三）発表の「日本に於ける道教思想」で、九世紀の入唐僧の請来目録から呪符・妙見鎮宅、太山府君関係の経典を上げ真言密教と道教との関係を考察し、平安期までに伝来した道教思想は密教の型に入り、陰陽道の名において民間に伝播普及したと述べている。(2)この観点を継承した増尾伸一郎は、日本の宗教文化を構成する諸要素の中で道教と最も関わるのがまず密教と陰陽道であり、陰陽道は密教と混融しながら道教を日本的に変容した宗教文化であるとし、かつ道教的要素の濃厚な『天地八陽経』『招魂経』等の中国撰述の疑偽経典に注目し、それらに基づき諸種の陰陽道祭祀や密教修法が形成されるなど、重層的な展開があったと指摘した。(3)本稿ではこれらの研究を引き継ぎながら、とくに陰陽道の祭祀に見る道教の神格や依拠した経籍、さらに道教の醮章・詞と陰陽道の祭文を比較検討することにより、新たに道教の影響の具体相を検討してみたいと思う。

一、道教文化の認識と道術の展開

古代日本では大陸・半島からの渡来人や派遣使節等を介して長期にわたり多様な中国文化を摂取したが、道教に関してはこれまでの研究史から知られるように、道士・道観の存在は確認されず体系的な受容はなかったものの、道教を構成した思想・哲学、経典、医薬・養生方、呪符・呪法などは人的交流、書物の受容・学習を通して定着し、日本の文化形成に少なからぬ影響を与えた。

そのような状況のなかで古代の知識人が道教をどのように理解していたか、まず空海の例が知られる。空海は延暦十六年（七九七）に『三教指帰』(4)を著して儒教・道教と仏教の三教の差違を論じ、仏法に依るべきことを宣言した。その巻中、虚亡隠士論で空海は、忠孝・立身など世間法に拘わる儒教に対し、道教は「太上」「天尊」の秘録・隠術により超俗・長生久存・昇天などを目的とし、手段として「内の痾《やまい》を除」く仙薬、「外の難を防ぐ」「蓬《よもぎ》の矢、葦《あし》の戟《ほこ》、神符、呪禁の族《たぐい》」を用い、仙人として俗世に縛られないもので、儒教に優る「霊宝の密術」であるとした。この道教が目的とする不老・長生・辟邪は、現世を生きる人々の本源的な願望であり、この後展開する陰陽道の存在目的と基底を共有するものであった。

そのような道教の諸要素、長生・辟邪のために病を除く仙薬、外難を防ぐ神符・呪禁の類などは、朝廷が関与する公的な経路だけでなく渡来系の人々などを介して社会に影響していた。『続日本紀』天平元年（七二九）四月癸亥条には、朝廷は長屋王左道事件に関連して、異端を学習し幻術・厭魅・呪咀し、「封印書符、合薬造毒」など万方に怪をなす者があるとしてこの種の書符＝呪符等を禁止し、宝亀十一年（七八〇）十二月甲辰条の勅には、権力の帰趨をめぐり政情不安であった平城京近辺で、無知の百姓が巫覡を構い合い「蒭狗之設、符書之類、百方作怪、塡溢街路」としてこれを禁断した。また実際に各地の古代遺跡から、鬼神・天罡・百怪・急々如律令、星宿図などを記したさまざまな呪符木簡が発掘されおり、『三教指帰』の「外の難を防ぐ」蓬矢・神符・呪禁の類が盛んであったことが知られる。

また朝廷でも道教系の呪術、道術が行われていた。典薬寮には医・針・按摩・呪禁博士などが所属したが、呪禁博士に学ぶ呪禁生について「医疾令」に「呪禁生、学呪禁・解忤・持禁之法」とある。大和国葛木山に住した役君小角の弟子で呪禁に通じ天平四年（七三二）に典薬頭に任じた韓国（辛国）広足は、「僧尼令」の「古記」（『令集解』所収）に「道術・符禁、謂道士法也。今辛国連行是」とあり、道術・符禁は「道士法」であると認識されていた。

そのような道術は呪禁博士等による治病のほかに、知られるように宮中で六月と十二月晦日に行われる大祓の儀でも行われている。『延喜式』巻八、神祇八祝詞の「東文忌寸部献二横刀一時呪」には、渡来氏族である東文忌寸部と西文部の官人は、「皇天上帝、三極大君、日月星辰、八方諸神、司命司籍、左に東王父、右に西王母、五方五帝、四時四気」などの道教の神々に請い、銀人（人形）や金刀（刀剣）を捧げて災禍から天皇を守護し、寿命延長を願い、国土安寧を祈願する呪を唱えた。

これらの呪法は、九・十世紀以降陰陽師が行う河臨祓《かりんのはらえ》・七瀬祓・反閇に共通して見えるものであった。反閇は天皇や貴族の出向・移徙などのさい陰陽師が邪鬼を祓う目的で行うが、若杉家文書『小反閇作法幷護身法』（京都府立京都学・歴彩館所蔵）によりその具体的内容が明らかである。[5] それによるとその行法は、⑴出向を玉女に申す、⑵五臓の五気を感じ（存思）、天鼓を打つ（歯を叩く）、臨目する（瞑目）、ついで⑶勧請呪、⑷天門・地戸呪、⑸玉女呪、ついで⑹刀禁呪を唱える。刀禁呪は、漢音で「吾、此天帝使者、所使執持金刀、令滅不祥、此刀非凡常之刀、百錬之鋼、此刀一下、何鬼不走、何病不癒、千殃万邪、皆伏死亡、吾今刀下、急々如天帝・太上老君律令」と読み上げ、陰陽師が天帝の使者となり、金刀を執って鬼神を追うもので、呪句末尾には天帝と老子を神格化した道教最高神の太上老君の名を唱えた。続いて⑺四縦五横呪と印、⑻禹歩を行い、最後に⑼禹歩立ち留まる呪を唱える、という重層的な次第であった。陰陽師の祓・反閇が道術の呪禁の法と密接な関係のもとに成立したことがわかる。

二、陰陽道祭祀の展開

（1）陰陽道の典拠

　五行家説や道教に関わる伝来文化の基盤のもと、九世紀後半から陰陽師の呪術や祭祀に関する職務展開により陰陽道は成立した。陰陽道の祭祀は九世紀代では高山祭・属星祭・鬼気祭など、さらに十世紀に入ると五龍祭・老人星祭・七献上章祭（泰山府君祭）などの多数の祭祀が行われ、朝廷・平安貴族の攘災や除病、招福祈願など生活の局面に対応した活動を展開し、宗教文化として定着した。

　成立期の陰陽道では官僚機構を基盤とした性格上、陰陽師の活動諸分野に渉り典拠（本書・本条と称した）の存在が重視された。『文徳天皇実録』仁寿三年（八五三）十二月甲子条には、陰陽寮の奏上により『陰陽書』（唐・呂才撰）の法に基づいて毎年の害気鎮めを行い、また『三代実録』貞観十九年（八七七）二月二十九日条では、陽成天皇の東宮より内裏仁寿殿への遷御にさいして、「用下陰陽家鎮二新居一之法上」と、中国の陰陽家の法が用いられた。さらに史料上で祭祀の典拠が明らかな例を見ると、同書貞観元年（八五九）八月三日条で陰陽権助兼陰陽博士滋岳川人らを大和国吉野郡高山に派遣して祭礼を修させたが、それは「董仲舒祭法云、螟螣賊二害五穀一之時、於二害食之州県内清浄処一、解レ之攘レ之、故用二此法一」とあり、『董仲舒祭法』により害虫の災を避け五穀豊穣を祈るもので、のちに祭場により高山祭と称した。貞観九年（八六七）正月には疫気を払う鬼気祭を行い、また十世紀に入り火災祭・代厄祭がみえるが、これも『董仲舒祭書』によるとされ[6]、漢代の著名な儒家にして陰陽家の董仲舒の名を冠した五行家説の祭祀書を典拠に、これらの攘災の祭祀が行われたことが知られる。

　陰陽道の祭祀は陰陽師が庭などの戸外で臨時に祭壇を設けて供物を並べ、夜中神々の来臨を請い祭文を読み上げ利益を願うもので、道教の醮の形式に近いものがある。個々の陰陽道祭祀については、十三種の中世の祭文をまとめた安倍氏の祭文集『祭文部類』などがあり、祭文で奉ずる神々の性格により次ぎのように分類することができる。

(1)五行五帝神系祭祀〈防解火災祭、土公祭、百怪祭、地鎮祭などで、東南西北・中央の五方五帝神を祀る。陰陽五行の論理による攘災型祭祀〉。

(2)道教神系祭祀〈泰山府君祭、天曹地府祭、本命祭などで、天官（天曹）・地官（地府）・司命・司禄・河伯水官等の、天地・自然を神格化した道教的な神、泰山府君などの冥官を祀る。個人の現世利益祈願型祭祀〉。

(3)道教星神系祭祀〈玄宮北極祭、属星祭、歳星祭などで、運勢を掌る星辰に除災延命を祈る。個人の現世利益祈願型祭祀〉。

陰陽道の祭祀はこのように、(1)五行の論理により災い・疫気を鎮め祓う攘災型、(2)(3)道教の自然・冥官神、および星神に息災延命を願う現世利益祈願型に大別できるが、攘災と道教系諸神への延命・招福祈願が陰陽道祭祀の主要な目的であり、貴族たちが陰陽道の信仰に求めたのもこの二つの機能であった。

(2) 陰陽道・密教の星辰祭供と道教

個人の延命・息災等、現世利益を祈願する道教系の祭祀も九世紀後半にはじまり、貞観六年（八六四）に陰陽師弓削是雄が近江介藤原有蔭のために属星祭を行っている（『政事要略』巻九十五所引『善家異記』）。これは人の生年十二支により北斗七星の一星を属星とする道教の北斗信仰に基づくものであり、本命日に延命・招福を祈願する本命祭も行われ、仁和四年（八八八）の紀長谷雄作の祭文（後掲）がある。延長五年（九二七）成立の『延喜式』巻十六陰陽寮では、天皇のため年六度の御本命祭や三元祭・庭火幷平野竈神祭の実施を規定している。三元祭は『大唐六典』巻四尚書礼部に道観ごとに三元斎を行うものとし、本命祭も本命醮として道教文献に多くみえるところで、これらが中国の道教系祭祀の影響を受けて成立したことは明らかであろう。

なかでも直接道教の関わりを示すのが玄宮北極祭であり、『諸祭文故実抄』（東京大学史料編纂所蔵謄写本）所収の長保四年（一〇〇二）七月の一条天皇の祭文には、「側聞二葛仙公祭法一、予推二帝王暦数一、若当二厄運災年一、須祈二北極之天帝一、以延二南面之遐齢一」とあり、『葛仙公祭法』に拠る祭祀であったことが知られる。この葛仙公は著名な呉の道士葛玄のことであり、道教の祭法を典拠としたものであった。

さらに陰陽道の星祭に遅れて十世紀中頃から密教の星宿法が盛んになる。本来密教ではインドの占星術と関わり七曜・二十七（八）宿を中心とした宿曜信仰が盛んで、北極・北斗の存在は希薄であったが、中晩唐期に道教の北斗七星・本命信仰と融合した『北斗七星念誦儀軌』『仏説北斗七星延命経』（大正蔵第二十一巻密教部所収）などの雑密経典・儀軌が作られ、九世紀に入唐僧により日本へ伝えられて、それらに依拠し北斗法や本命供などの密教星宿法が行われることになった。その一つで北極・北斗・本命信仰を説く一行禅師修述『梵天火羅九曜』（大正蔵第二十一巻所収、同図像部第七巻所収『火羅図』はこれを方曼荼羅化したもの）には、『葛仙公礼北斗法』を出典としてつぎのようにある。

鎮上玄九〔元〕北極・北斗、従二王侯一及二於士庶一、盡皆属二北斗七星一、常須二敬重一、当不レ逢二横禍凶悪之事一、遍救二世人之襄〔衰〕厄一。得二延年益算一無二諸災難一。幷本命元神至心供養、皆得称レ遂二人之命禄一、災害殃咎迷塞渋、皆由下不レ敬二星像一、不上知レ有レ犯。星辰黯黯而行、災難自然来至、攘レ之即大吉也。祭二本命元神一日、一年有二六日一。但至心本命日、用二好紙一剪二随レ年銭一、用二茶菓一三畳浄床一鋪、焚レ香虔心面視二北斗一。（下略）

ここにも葛仙公とあり、先の玄宮北極祭文の『葛仙公祭法』との関係が推測されるが、この『葛仙公礼北斗法』では北斗七星および本命元神に帰依することによる延命・攘災の利益を説き、祭日や紙銭・茶菓などの供物、さらにはその次第や神への告文を記している。この法が用いられたことは台密承澄の『阿娑縛抄』北斗法（大正蔵図像部第九巻所収）で「葛仙公礼北斗法、梵天火羅図」を北斗法の依拠経軌に挙げ、典拠として右の文章を引載していることからも明らかである。

（3）本命供と「黄帝玄女の祭説」

さらに『葛仙公礼北斗法』は陰陽道と密教僧の相論にも登場する。応和元年（九六一）に村上天皇のために修す本命供（本命属星・本命宿・当年属星を供す）をめぐり陰陽師・天文博士賀茂保憲と東密・東大寺僧法蔵との間で相論があった。論争の主題は本命供を行う本命日と、その時に供す本命宿の取り方を問題としたものであった。村上天皇は延長四年丙戌六月二日丁亥の誕生であるが、保憲は生年干支の丙戌を本命日とし、具注暦に記載する六月二日の宿（月が所在した二十七宿で『宿曜経』巻上の「月宿傍通暦」に拠る）の柳宿を本命宿とした。これに対して法蔵は、生日干支の丁亥を本命日、暦算により得られる星宿を本命宿した。これにより両者は勘文の提出を命じられその根拠を提示することになる。

この一件は台密・東密の諸修法書に引かれる著名な議論であったが、『白宝口抄』本命供（大正蔵図像部第七巻）によると、同年十月十九日に保憲が勘文を進め、本命日に関しては『火羅図』に引く『葛仙公礼北斗法』、『剣南婁益開五路謝冥官焼本命銭文』等の道教文献、『祭宿曜法』を引用して自説を展開して、

右件等文、以㆓生年之日㆒為㆓本命宿〔日〕㆒、所㆑指之文已以明矣。因㆑茲真言師修㆓元神供㆒、陰陽家行㆓本命祭㆒、幷

用二此説一、流二伝於世一行来已久、有二何説一哉。

と述べたとある。保憲はすでに生年干支を用いて密教僧が本命元神供を、陰陽師が本命祭を行ってそれが先例として定着していると指摘し、また本命宿については、「宿曜経云、皆以二所生日直一、為二命宿一、〈仮令有レ人二月五日生、属二畢宿一、即以レ畢為レ命、〉」と『宿曜経』上巻三九秘宿第三を典拠とした。

『小野類秘鈔』別巻（『真言宗全書』第三十六巻）によると、法蔵はこれに対して十月二十五日に勘文を提出し、まず『金剛大成就経』吉祥大成就品により、宿曜道では生日を用いるべきであると主張するとともに、『火羅図』を典拠とした保憲に対して五項目にわたり反駁した。そのうち第四条と第五条には、

第四難云、火羅図云レ祭二本命元神一、不レ云レ供二本命曜宿一。明知、彼図云二俗典祭礼一、非二真言之儀式一。第五難云、祭宿曜法者、是何人所レ述乎。宿曜道文書中未レ聞二見此文一、明知、時人依二陰陽道一注二元辰祭文一也。今宿曜道法、万事皆用二生日一、不レ用二生年一、何引二黄帝玄女之祭説一、定二申本命曜宿供日一乎。

とある。ここで法蔵は、『火羅図』『祭宿曜法』等に依拠して生年干支を本命日とし、その日に本命元神を祀ることが「真言の儀式」ではなく、「黄帝玄女の祭説」、即ち道教による陰陽道の祭儀であると断じた。ついで本命宿について、「以二月所レ臨宿一、可レ為二御本命宿一、以二傍通直宿一、不レ可レ為二御本命宿一」と、暦算によって決せられるべきものと主張した。「真言の儀式」＝正純密教の立場にある法蔵にとり道教の混入は容認し難いものであったが、その相論は吉野の日蔵が裁定を下し、本命日は保憲の説、本命宿は法蔵説が用いられることになる。この相論により陰陽道が道教文献に依拠したことが明らかとなるが、また密教の本命供も道教の斎日を取り込んだ儀礼として定着した。(7)

三、祭文と祭神の検討——本命祭と呪咀祭の例

陰陽道の本命・星辰祭祀は、このように伝来した道教祭法書を受け成立したものであったが、その祭儀の内容はどのようなものであったろうか。これについては既に六朝末から唐成立の『赤松子章暦』（『正統道蔵』第十八冊）、唐末・五代の道士杜光庭撰の『広成集』（『正統道蔵』第十八冊）所収の道教の醮章と陰陽道祭祀とを検討したことがあるが(8)、ここでは息災・延命を請う本命醮・本命祭と、他人からの呪詛の難を除こうとする解呪詛章と呪咀祭とを取り上げて比較検討してみたい。

(1) 本命醮と本命祭

本命醮は個人の生年干支の日、本命日に長寿と招福・除災を請うものであり、『広成集』には多数の本命醮詞が見え、道教でも主要な祭儀であったことが知られる。その巻十五「皇帝本命醮詞」を引用する。

太上無極大道玄元老君、五老上帝、天地水三官、天曹四司君、北斗七星君、高上玉皇、玄卿大帝、嶽瀆地府甲子衆神。伏以《おもんみるに》二気裁《たち》レ形、五行構レ象、稟《うけ》二大道生成之徳一、荷《になう》二元和亭育之恩一。至二於命籙興衰、禄祚豊薄、立身罪福、行運吉凶一、上自二天司一、旁資《もととし》二本命一、主張考校、巨細無レ遺。某夙《はやく》荷二洪休一、仰二承玄澤一、継レ天立レ極、応レ運撫レ時。慙二徳教之末孚《はぐくまざる》一レ、慮二賞刑之或失一。循レ懐《おもい》増レ懼《おそれ》、馭《ぎょし》レ朽兢《きそう》レ憂。惟仗《より》二神功一、以康二黎献《れいけん》一。是用二冥心宣室一、稽二首霊壇一。冀《ねがわくは》道力以二潛資一、佇《まち》二霊真而幽賛一、俾《しめよ》二五兵偃戢《やすめおさめ》、百穀滋豊、中外和寧、生霊舒レ泰。誓傾修奉、用副二玄慈一。不レ任二虔祝之至一。謹詞。

ここでは皇帝は自身の本命の斎日に、太上大道老君・五老上帝・天地水の三官・天曹四司君・北斗七星君、さ

らに高上玉皇・玄卿大帝・嶽瀆地府甲子衆神等の、道教最高神から生成と順調なる成長、寿命や行運を司る神々に対して、不徳の身ながら神功を蒙って、軍事を治め、百穀の豊饒と内外の和平、人々が安泰なることを祈願している。

陰陽道の本命祭も個人の本命日に長寿と招福等を請うものであるが、仁和四年（八八八）紀長谷男作の最古の「本命祭文」が『卅五文集』（『続群書類従』第十二輯上文筆部）に収められている。

維仁和四年歳次戊申二月己巳朔某日甲子、某姓名敬設二礼奠一。

謹請二天曹、地府、司命、司禄、河伯水官、掌籍、掌算之神一。夫倚伏不レ定、吉凶相交。慢《あなどれば》レ神者膺《うく》二其殃一、敬レ鬼者受二其福一。祭レ之為レ義、不二其然《しから》一乎。奉二為賢姑一、将レ盡二礼典一。人神合レ契、福禄何疑。況亦為レ祝二知命之年一、殊設二本命之祀一。雖レ欲レ無レ咎、神其舎諸《それこれやどる》。伏願諸神特降二祉福一、使下温順之徳、無レ窮二於家庭一、慈愛之仁、不上レ衰二於氏族一。不レ触二時之威一、敢申二転禍之誠一。尚《こいねがわくは》　饗《うけよ》。紀家

この祭文は藤原氏などある貴族のための本命祭文と考えられるが、その本命日に天曹・地府・司命・司禄・河伯水官・掌籍・掌算の神など、天地水の三官、生命・寿命の長短を掌る冥府の神々を祀り、賢姑（妻の父）の為にその五十の算を祝し、今後の家と氏の安泰、転禍招福を請うという内容である。

陰陽道の本命祭文には醮詞にみえる道教神たる太上老君・五老上帝等はなく、祈願の対象となる神名は必ずしも一致していないが、天地水の三官や司命神（醮の北斗七星君に代わり司命・司禄・掌籍・掌算の神）など性格は同様と言ってよい。明白な道教最高神太上老君等の登載は避けたと考えられるが、陰陽道成立期の祭祀であり何らかの経典に依拠したものと思われ、道教の本命醮の一展開形態であるとしてよいであろう。また、道教の詞、陰陽道の祭文は祈願者が自身で神に祈り奉る形式で同様であった。

（2）解呪詛章と呪咀祭文

陰陽道成立期の本命祭から、つぎに平安時代後期、陰陽道の展開期から所見する祭祀と道教章文を検討してみよう。平安後期、十二世紀から盛んに行われはじめる祭祀に百怪祭・呪咀祭・霊気祭等がある。貴族たちの身辺で起こる怪異現象や、他人の呪詛の恐れがある病気・産事に際して、それまで陰陽師たちは河臨祓や七瀬祓等を行ってきたが、陰陽道職務の社会的浸透と需要の広がりを受け、祭祀は多様化して行った。その一つが呪咀祭であり、安倍氏の『祭文部類』には天文二十一年（一五五二）の「呪咀之返祭文」がある。道教でも『赤松子暦』巻三に「解呪詛章」があり、ともに長文であるので一部を省略しながらそれぞれ章段毎に検討する。まず「解呪詛章」である。

(1)具二法位一上言。謹按二文書一、某即日口辭自列。「千載幸會、得レ奉二大道一。但以二愚鄙一、信向多違、招二延考気一。比者居止轗軻《かんか》、夢想紛紜、怪異妄生、妖祥屢起、四支沈重、顏色痿悴、精神浮散、不レ附二身形一。占筮推求云、「有二悪人一更相厭禱《ようとうし》、牽二引天地一、指レ鬼呼レ神、呪詛百端。（中略）恐有二百盟之鬼一、所レ見拘執。」莫レ知四何功可三以解釈、防二保身命一。唯用二丹心一、特齎二儀信一、上憑《たのまん》二大道一。」告二訴向レ臣求三乞章奏、翻二解呪詛一。

（法位を具し、上言する。某人が「この頃体の具合が悪く、夢想紛々で怪異・妖祥が起こり、精神はふらつき身体に従わない。そこで占筮に原因を求めると、悪人がまじない祈って鬼神に様々に呪詛していると言う。何を以て呪詛を解き身命を保つべきかわからない」と、臣〈道士〉に訴え呪詛を解く章の奏上を求めてきた。）

(2)謹為二伏レ地拜一、章上聞二天曹一。伏願太上老君、太上丈人、三師君夫人、門下典者、垂二神省一理二檢勅一。若是春三月寅卯辰呪詛厭二禱某身一、上請二東方九夷甲乙君一、為レ某翻《ひるがえって》而解レ之。若是夏三月巳午未呪詛厭二禱某身一者、上請㆓南方八蠻丙丁君㆒翻而解㆑之。若是秋三月申酉戌呪詛厭㆓禱某身㆒者、上請㆓西方六戎庚辛君㆒翻而解㆑之。若是冬三月亥子丑呪詛厭㆓禱某身㆒者、上請㆓北方五狄壬癸君翻而解㆑之。若是四季之月呪詛厭㆓禱某身㆒者、願中央三秦戊己君消而解㆑之。或二十八宿呪詛厭禱者、願随㆓方星宿君㆒翻而解㆑之。（中略）伏以《おもんみるに》太上清高、三天遐邈《かばく》、正気悠遠。邪気縦横、枉㆓害良民㆒、遭者非㆑一、某横罹無辜深恐、一旦奄㆓没鬼官㆒。乞丐《きっかいす》。

（そこで謹んで章を天曹に奉る。伏して願わくは太上老君・太上丈人・三師君夫人・門下典者は神省を垂れ、取り締まりの勅を定めてください。若しこの呪詛が春三月寅卯辰方の領域でまじない祈ったものは、上に請う東方九夷甲乙君が某人の為に解除することを。〈夏三月巳午未方、秋三月申酉戌方、冬三月亥子丑方、四季月（土用）も南西北中央君が同様に〉或いは二十八宿にまじない祈ったものは、その方の星宿君が消解してください。伏して思うに太上は清高にして、三天は遠く遥か、正気は悠遠です。邪気は縦横に良民を害し被害に遭うものは一人ではなく、某人は災難にあい罪はなく恐れており、一度に鬼官を滅没してください。）

⑶太上大道、太上老君、太上丈人、天師女師三師君夫人、門下典者五気真君、留㆓神省㆒念㆓或犯五盟七呪之罪㆒。伏請、太元兵士百万衆、又請翻倒君兵士十万人一合下、為㆑某放㆓遣三魂七魄㆒、不㆑得㆓留執㆒、還㆑魂制㆑魄、平和神気、分㆓解身中千邪万鬼㆒、永不㆓干乱㆒、一切邪神呪詛、悉乞㆓消蕩㆒、所㆑請天官依㆓臣言㆒、功遷挙、請㆓住宅至㆒。以為㆓效信恩㆒、惟太上分別云云。

（太上大道・太上老君・太上丈人・天師女師三師君夫人・門下典者五気真君は神省を留めて五盟七呪の罪を念じてください。伏して請う太元兵士百万衆と翻倒君兵士十万人は合して某人の為に三魂七魄を放ち、魂は還り魄は邪を制して平和にし、平和の神気は身中の邪鬼を分解し、一切の邪神・呪詛は悉く消滅することを願います。天官は臣の言によって功を挙げ、某人の居宅に至ることを請います。ここに太上の分別を請います。）

このように道教の解呪詛章は、呪詛を仕かけられた某人の依頼により道士が章を太上大道・太上老君・太上丈人等に奉り、その加護を仰ぎその監督のもとで春夏秋冬・四季土用の方位・時間、二十八宿のもとで行われたさまざまな呪詛を、各々五方十干君（五帝神）・星宿君が悉く解除することを請う、というものであった。

つぎは陰陽道安倍氏の「呪咀之返祭文」である。

⑴維日本国天文廿一年、歳次壬子三月九日辛酉吉日良辰、主人斎潔沐浴。謹遣二有司一奉二設礼奠一、敢昭告二于五方主呪咀君一。月来病痾苦辛、卜門明師以二呪咀・邪気一為レ言。

（主人〈祈祷依頼者本人〉は吉日に潔斎のうえ、礼奠を設け、五方主呪咀君に告げ申す。祭祀の理由は月来病苦があり、卜師の占いに呪詛・邪気が原因と指摘されたことによると申す。）

⑵謹請二東方主呪咀君一、謹請二南方主呪咀君一、
謹請二西方主呪咀君一、謹請二北方主呪咀君一、
謹請二中央主呪咀君一、謹請二四季主呪咀君一、
謹請二天上地上主呪咀君一、謹請二執法・収法・門法・推法・除法・散法・滅法・八部将軍、田地貴人一。
今請二明師一、謹以二吉日良辰一斎潔、奉二設清壇、百和名香、白色幣帛、肥堵甘塩香一、致二美酒生魚黍飯芳菓一、羞レ物豊潔、至誠奉レ請。礼経有レ云、黍穂非馨明徳惟香、惟以二神通之智力一、乗二自然之雲駕一、降二臨此座一、威光照見、廻レ轡留レ車、就二此清壇一、献上、尚享、謹啓。再拝

（謹んで東西南北・中央の五方呪詛君と四季・天・地呪詛君、諸法八部将軍・田地貴人等を勧請し、清壇を設けて名香・幣帛・美酒以下の供物を捧げ、呪詛君等の降臨を請います。）

⑶謹重啓、黄帝曾孫、主人、自心愚闇、不レ知レ為レ忌、或自家忿諍相呪咀、或他家有二口舌一相呪咀、或夫婦相

呪咀、(中略)呪咀不レ可二勝計一。仍以代レ命代レ病代レ罪代二呪咀一代二厄衰一、脯〔蒲〕人・鉄人・蘖人等之才用、奉二献七方主呪咀君、八部将軍等一。伏願主呪咀君、一々領納、消二滅祟咎一、除二癒所悩一、脯〔蒲〕人□〔度カ〕々届立、禁レ出二山野一、不レ迷二足走千里之道一、跡練二固巖上一、能事二生活一、夙夜有レ勤、以二此人俊芸一、替二某身命一。鉄人剛毅強立心、不レ変二改言一、有二義理一能堪レ決、此人以二強暴一、替二某病苦一。蘖人顔色美艶、宛如二黄金一、弁明二言語一、以当二万人一、以二此人容貌一、某替二罪過一。伏願分明領納メ、主人受レ福、病者平復、皆益算加壽、永得二天期一、如レ此之程、不レ可二稽留一、天知地知聖知凡知、速万々千々万々福々、謹啓。再拝、散供、

(謹んで重ねて啓す。黄帝の曾孫である私は、愚案で禁忌を知らないから、或いは自家の紛争による呪詛、他家との言い争いによる呪詛、夫婦間の呪詛など(中略)、呪詛の理由は数えきれない。そこで自分の命・病・罪・呪詛・衰厄に替えて蒲人・鉄人・蘖人等(の人形)を五方、天上地上の呪詛君、八部将軍らに献じ奉る。呪咀君らは領納して呪詛の祟りの咎を消滅し、私の所悩を除き癒して下さい。蒲人は私の命の替わり、鉄人は病の替わり、蘖人は罪の替わりとします。願わくは領納して、私の福壽と除病、益算長寿を願います。)

(4)謹重啓、五方主呪咀君、諸法八部将軍、主人謹設二厳礼一、解二謝呪咀之悪源一。諸神将軍幸垂二恩茄一、釈二散災咎一、永保二休吉一。但日影漸傾、三爵礼遍、請厳二車駕一、各還二本府一、今日以後永蒙二慶泰一、早除レ所レ脳、速掃二災患一、謹啓。再拝

(謹んで重ねて五方呪咀君、諸法八部将軍らに啓す。ここに厳かに儀礼を設け、身に降る呪詛の悪源を解謝しました。諸神の恩顧を戴き災いと咎を解き、永く幸いを保つことができるでしょう。但し日影が傾いてきたので諸神は本府に還られ、今日以後も永く安泰でありますように、謹啓。)

この陰陽道の呪咀祭文は、道士が自らの体内神を天曹へ赴かせ奉上する道教の章(9)とは違い、祭祀は陰陽師が行

う も祈願者本人が宣べる形式であるが、同様に呪詛遂却の目的で行われたものであり、両者の請ずる神格とその機能、特質を比較することは可能である。

道教の章文では、太上老君・太上丈人をはじめとする道教高位の神格を請じその監督・勅令のもと、東方九夷甲乙君など四方四季・中央土用を支配する五方君五帝、二十八宿の星宿君がそれぞれの管下で行われた呪詛・厭禱を解き、さらに配下の太元兵士百万衆等が身中に残る邪鬼を分解して呪詛を消滅させるという内容であった。それに対して陰陽道の祭文では、勅令を下す道教神は登場せず、直接的に五方と天上地上の「呪詛君」が呪詛の祟咎を解除させる。さらにその際に呪詛された本人の寿命、病気、罪過の身代わりとなる蒲人・鉄人・糵人の人形を呪詛君に献じて呪詛の祟りを消除するというもので、祓の機能が付加されていた。

陰陽道の呪咀祭の初見は、藤原忠実の日記『殿暦』長治二年（一一〇五）九月二十一日条で、室源師子の病の為に泰山府君祭・呪咀祭・七瀬祓を安倍泰長に修せしめたものであり、その後十四世紀前半まで貴族社会や鎌倉幕府で盛んに行われている。(10) それ以前では呪詛の恐れがある怪異や病気、産事の際には、人形を用いる河臨祓・七瀬祓を以て対処することが一般的であったが、呪咀祭は賀茂・安倍氏の陰陽師がそれまでの五行家・道教系の祭祀を参考に新たに構成し、実施したものと考えられる。また河臨祓を祭祀化した河臨祭も鎌倉時代までに成立し、そこでも五方呪咀君を請じ、呪咀代厄の人形を用いている。(11)

九世紀末の『日本国見在書目録』五行家には「赤松子玉暦」がみえ、章暦との関係性を窺わせるが、陰陽道の呪咀祭は解呪詛章と異なり、人形に呪詛の罪過を移す呪禁の要素を付加しており、ここに陰陽道展開期の祭祀例を見ることができる。なお祭文(3)の冒頭で、祈願者自身を「黄帝曾孫」と道教神の恩顧を蒙るべき子孫と表現しており、参考依拠した伝来道教祭祀文献との関りを垣間見せている。

おわりに

以上、本稿では道教の呪禁・詞章と陰陽道の呪法・祭祀との関係を検討した。九世紀後半に術数部門だけでなく道術・祭祀を大きく取り込み呪術宗教としての陰陽道は成立するが、その分野における道教の影響は多大であった。とくに密教の本命供をめぐる法蔵と賀茂保憲との相論で、陰陽師保憲が『葛仙公礼北斗法』『剣南婁益開五路謝冥官焼本命銭文』等の道教関係書を典拠とし、法蔵が「黄帝玄女の祭説」と批判したことは、直接成立期陰陽道の本命・北斗祭祀が道教文献を用い成立したことを明らかにし、かつ密教祭供にも影響していたことが知られ、また本命醮詞と本命祭文との関係からもそれを窺がうことができた。

五行家説と道教の流れを受けた陰陽道は、古代・中世前期においては貴族や武家のために長生・除病・招福を祈願し叶えようとするものであるが、道教の黄籙斎＝祖先祭祀は行わず超俗性と魂の救済なく、祭文でも道教最高神たる元始天尊・太上道君・太上老君の三清は祀らず、その点で道教との違いを意識していたものとみられる。中世では陰陽道祭祀は仏教の「内典」に対して「外典」と称されたが、その意味でも五行家説・道教を含め陰陽道は外典の宗教であったといえる。

注

（1）中村璋八「陰陽道における道教の受容」（野口鐵郎責任編集『選集　道教と日本』第二巻、雄山閣出版、一九九七年、初出は一九九〇年）。

（2）妻木直良「日本に於ける道教思想」（同『選集　道教と日本』第一巻雄山閣出版、一九九六年、初出は一九三三年）。
（3）増尾伸一郎「道教の日本的受容」（『アジア遊学』第一六号、二〇〇〇年）。また同『道教と中国撰述仏典』（汲古書院、二〇一七年）参照。
（4）渡邊照宏・宮坂宥勝校注『三教指歸　性霊集』（日本古典文学大系71、岩波書店、一九六五年）による。
（5）村山修一編著『陰陽道基礎史料集成』（東京美術、一九八五年）。
（6）山下克明「陰陽道の典拠」（同『平安時代の宗教文化と陰陽道』岩田書院、一九九六年、初出は一九八二年）参照。
（7）この相論とその宿曜道史上の意義については山下克明「宿曜道の形成と展開」（前掲注6山下著書、所収、初出は一九九〇年）参照。
（8）山下克明『陰陽道　術数と信仰の文化』（王朝の実像5　臨川書店、二〇二二年）第四章二節。
（9）松本浩一『中国の呪法』（大修館書店、二〇〇一年）、一五三頁以下、および本書座談会における松本氏の発言参照。
（10）赤澤春彦編著『陰陽道史料目録――院政期～鎌倉期編』（日本史史料研究会研究叢書6―1、日本史史料研究会、二〇一〇年）参照。
（11）若杉家文書『文肝抄』（前掲注5村山編著、所収）及び同『祭文部類』河臨祭祭文、参照。

日本における「盤法」と唐土「雷公式」

西岡芳文

はじめに

陰陽道研究が盛んになり、多方面からの学術的成果が蓄積されるとともに、さまざまなメディアを通じて陰陽道の知識が社会に普及するようになるまでにおよそ三十年の歳月を要した。国制における陰陽寮・陰陽師の位置づけと陰陽道の機能、天文・暦・卜占・祭祀などのさまざまな技術的な分野の解明、民間における陰陽師の活動とそれが日本宗教に与えた影響など、論点は多岐にわたっているが、最近では制度的な陰陽道と、在地社会における呪術や祭祀との関係に注目が集まっている。

筆者は陰陽道研究が本格化する頃から陰陽道の卜占に着目し、式占という陰陽道独自の卜占技術の展開と、軒廊御卜をはじめとする制度的な占法とその広がりについての考察を微力ながら進めてきた。そうした中で、平安時代末期から鎌倉時代にかけて、陰陽道の世界観が日本密教に取り込まれ、式占で用いられた式盤が密教修法の中で使われるようになったことを明らかにした。「盤法」と呼ばれるこうした修法は、卜占の目的をはずれて、式盤そのものを祭祀の対象とする特異な宗教技術として展開し、天皇の即位儀礼への取り込みや、ダキニ法と呼ばれる国家権力中枢部で密かに流行した天下掌握の技術となるいっぽう、中世後期以降、それが民間に下降して在地陰陽師・修験者らに受容されて生活呪術として展開し、江戸時代まで広く用いられたことが判明しつつある。

本稿では、陰陽道における式占から盤法が成立する経緯、その背景にあった中国本土における式盤呪術との関係について考えてみたい。

一、再発見された式占

平安〜鎌倉時代の陰陽師が用いた卜占が「式占」であったことは、近代の学問諸分野の中でほとんど忘れ去られていた。博覧強記で知られた法史学者の瀧川政次郎でさえも陰陽道の式占に言及しながら、式盤をルーレットのように回して占断したというような誤解をしており(1)、わずかに池田亀鑑が「占術は、申すまでもなく、日時の干支・八卦・天文などの関係から推して、式盤の上に現れた卦によって、その吉凶を占う法です。式神は、この式占のことをつかさどる神で、占者に使われるものです。また識神とも書きます。（中略）朝廷では天変地異のあるごとに、特に紫宸殿の軒廊で、神祇官と陰陽寮とに命じて、占わしめられるのが例ですが、これを軒廊の御卜と申します。(2)」と、概略的ながらほぼ正しい認識を持っていたのが珍しい程度であった。

これは、日本陰陽道が伝承していた式占の技術や知識が、室町時代にはほぼ失われ、戦国時代には足利学校を中心とする易占が流行したことによって、式占という占法が廃絶していたためである。『古事類苑』方技部には式占の項目が立てられているが、そこに引かれている典拠は明末の中国で編纂された『武備志』や、江戸時代の兵学家・加納直義が中国の典籍をもとにして六壬・太乙式占について編述した『二占要略』（文化十二年（一八一五）序）など、比較的新しい著作であり、古代中世の陰陽師が用いた式占の技術や文化的広がりについて体系的に記述できてはいなかった。

このような研究状況に変化が見られたのは一九八〇年代のことである。村山修一が日本陰陽道史についてのまとまった概説を公刊したのを皮切りに、関東では古暦研究の桃裕行の許で教えを受けた研究者グループが、陰陽道にかかわるさまざまな分野に特化した実証的研究を展開しはじめた。その中で、陰陽道の占術については、小坂眞二氏が独創的な研究を深化させ、謎のベールに包まれていた古代の式占の具体的技法を解明したのである。(3)(4)

ちょうどその頃、『鎌倉遺文』が刊行されはじめ、『勘仲記』（兼仲卿記）に収録された大量の占形《うらかた》が鎌倉時代の古文書と一緒に公開されたことも式占への興味を強める効果をもたらした。軒廊御卜などの際に神祇官・陰陽寮から奏上される占形と呼ばれる文書は、六壬式占の演算結果を同一の形式で記録したもので、陰陽道で主流だった式占の具体的内容を知りうる絶好の史料だったからである。安倍晴明が編纂したとされる『占事略決』が日本に残るほぼ唯一の六壬式占のマニュアルであったが、これを初めて紹介したのが村山修一の専著であり、その具体的な占法を解析して解明したのが小坂眞二氏であった。

占形で使われる語彙に興味をもった筆者は、こうした陰陽道の研究分野とは離れたところから式占の研究にたどりついたが、現存最古の六壬式占の唐鈔本である『卜筮書』(5)を保管する金沢文庫に着任するという機縁を得て、式占の具体的な姿を探究する道を進んだのである。古代以来、占形に類する史料や記録が数多く残っているにもかかわらず、式占の具体的なシステムについて記述した文献はきわめて少ない。式占に用いられる式盤という用具さえ、その実像を書き残した史料は伝わらず、中国や朝鮮の墳墓から出土した漢代の式盤の遺品をもとに想像するしかないという状況であった(6)。

陰陽道の式占については、小坂氏の研究をきっかけに全体像が解明され、さらに実践家によるプログラム(7)も開発され、明代以降の中国における変化まで視野に入れた占法の比較研究が可能となる段階まで発展している。

二、密教修法における「盤法」

そうした中で、筆者は金沢文庫に保管する称名寺聖教の中に式占・式盤につながる資料が存在することに気づいた(8)。『卜筮書』は唐代以前に唐土で書写された旧鈔本であるが、鎌倉時代の日本の僧侶たちは、式占に用いる式盤を応用した修法を創出し、密教儀礼の中で実際に使われていたことが明らかになってきた。

日本で使われた式盤は、山下克明氏が東寺観智院聖教の中から図像を発見し、その実像が明らかになったが(9)、それに類する式盤を用いた修法が数多く考案されたことが裏付けられる。確かな資料が残るものでは、吒枳尼天・歓喜天・都表如意輪・五大尊・多聞天（多聞吒枳尼）を主尊とする「盤法」という修法の存在が明らかになっている(10)。こうした修法は仏教伝来以前から存在する中国の天文観や五行思想によって構築された式占を母体にすることから「外法」と呼ばれ、やがては「邪法」とする見方が強まって室町時代には表舞台から姿を消す(11)。しかし在地社会で活動した陰陽師や修験者の間では、強い効能をもつ修法として形を変えて伝承され、呪術化して近世までその伝統は続いたらしい(12)。

陰陽道で用いられた式盤は、半球形の天盤と、正方形の地盤の二つから構成され、占いの対象となる事件・事案の発生した日時を基本データとして、その干支に応じて天盤を回転させ、向かい合う十二の神格の相生・相剋関係に基づいて四課三伝という組み合わせを算出し、吉凶を占断するものである。

それに対して密教修法における「盤法」は、天文学的な知識に基づく唐土の式占とはかけ離れた呪術的な宗教儀礼となっているのだが、効験は絶大なものであると信じられ、秘法として隠匿され、平安時代から鎌倉時代にかけて、一握りの権力者の間で試みられていたらしい。数ある盤法の中でも、ダキニ天を主尊とする「頓成悉地法」は、天下領掌の効験があると信じられ、院政期から鎌倉時代にかけて、権力者の間で密かに流行したとする伝説がある。いわゆる「ダキニ法」は、遅くとも鎌倉時代後期には天皇の即位儀礼に取り込まれ、江戸時代まで五摂家のうち二条家が独占的に伝承して新天皇に伝授する儀礼が行なわれていた。(13)

こうした盤法の起源については謎が多い。確実な年記をもつ最古の資料は仁和寺聖教にある『多聞吒枳尼経』一帖で、保延五年（一一三九）の奥書をもつ。(14)内題には「吒枳尼変現諸体経」とあり「三蔵法師法智訳」と記されている。このテキストは、目連尊者が一匹の狐（野干）に出会い、それが実は大日如来の化身で文殊師利菩薩であることを見抜いたところ、狐はたちまち頭は狐、身は毘沙門天の姿に変身し、眷属を従えて式盤の中に降臨したという由来を述べる。鎌倉時代の称名寺聖教に残る一連の「頓成悉地法」関係聖教においては、白狐に騎乗する女体のダキニ天が主尊として記述されるのに対して、多聞天の姿を借りているところに古い形を残しているようである。(15)

称名寺聖教には、頓成悉地法（ダキニ法）の系譜を伝える資料が二点ある。『頓成悉地口决問答』（三三七函一〇三号）によると、この法は真言六祖の金剛智から青龍寺の珍賀へ伝わり、空海と同船の入唐僧という円賀が日本にもたらし、観宿から如空・神護寺鑒教に伝えられたという。『吒枳尼血脈』（四〇一函二四号）では珍賀から空海へ継承されたとも伝える。その後は、還俗した高僧として名高い高向公輔や、三善清行・吉野山日蔵など、陰陽道に長じた人名が連ねられ、十二世紀初頭、白河法皇や鳥羽天皇の帰依を受けた仁和寺の寛助（悉地院）から覚鑁・基舜へと続くあたりから実在性が高くなるようである。[16]

最近、山下克明氏は称名寺聖教にある『真言問答随聞記』（一一七函一三号）の中に、盤法に関する古い記事があることを紹介された。[17] 称名寺本は寛治六年（一〇九二）の本奥書をもつ鎌倉時代写本であるが、法隆寺には同寺で一一二一年ごろ活動した住僧増覚が写し、弟子の覚仁に伝えた古写本が存するという。[18] 法隆寺本には「禅那金剛撰」とあるというが、他書に「定深随聞記」として引用されることから、[19] 本書は京都清水寺別当を勤め、『東山往来』の作者として知られる定深（一〇四六～一一一九）の撰述と推定される。

本書第三（称名寺本第四冊）には次のような記述がある。

師曰、臨末代人多酔狂才智甚浅、況正法漸凌遅、邪法弥顕現、是故以外法盤式作諸尊法、則如十二神卅六禽等写其聖支、是則准外法中通王都加等式也、而思内法教、随所愛楽受其報経云々、若有能讃如是徳即獲、如是諸功徳云々、則知愛楽仏必成仏果、果豈有唐捐哉、依是推般若帰敬暴悪神、寧不受其形哉、吉備大臣為成陰陽外法、受毘沙門盤法、則任外法儀式、造天地盤、請毘沙門及諸眷属、令住盤上而供養之、受学徒准之、作諸聖尊式而用外法、題下戴訳者三蔵而用和言、雖借用内法印明、而以敬鬼神為宗、符画厭禱、仰空齧歯称天鼓、向地拍手名地鼓、雖安本尊、先向玉女方作礼、与仏教異、是故耽文、有福祐勧、或修道、有障難、是故智者不可依此法也、今見八家各秘録、无此法、安然和尚集八家録及真言相応法、以写真言一家録亦不載、此外式盤法、加之本宗不用之、

この記述によると、当時（十一世紀末）、末代の人々は酔狂にして智恵が浅く、仏法は衰え、邪法がどんどん発展している。仏教とは無縁な「外法」の式盤に諸尊を勧請し、十二神や卅六禽を配置する修法が流行していた。

これは吉備真備が陰陽道の中に仏教を取り入れて毘沙門盤法を制定したのが始まりである。儀軌の作者として「三蔵」の名を記すけれどもテキストの文言は和言（日本漢文）である。仏教の印明を借りながら、鬼神を敬することを宗とし、呪符やまじないを交えているのは仏教とは言えない。これらは入唐した先師たちが請来した書物の目録にも見えないので、本宗では用いないのだ。という。

毘沙門天を主尊とする盤法は、仁和寺聖教の内容と一致することから、十一世紀後半以降、多聞吒枳尼の盤法がまず成立し、やがてダキニ天を初めとする多様な盤法が成立していった状況がうかがわれる。

三、「盤法」の実態

「盤法」なるものがいかなる実態をもつ修法であったのか、ここでは主に称名寺聖教に残るダキニ法を取り上げ、その具体像を探ってみたい。

鎌倉後期には体系化されていたダキニ法の伝授は、四日の日程で、最初に「祭祀法」を学び、次に「頓成悉地法」の次第、次に「盤法」、最後に「輪王灌頂」すなわち天皇即位の際に行なわれる「高御座作法」が伝授された。これは真言密教西院流の「別相伝」として行なわれたものという[20]。

「頓成悉地盤法次第」（三一六函二四号）によれば、この修法を習得している者は稀であり、簡単に他へ伝授してはいけないとする前書が置かれている。署名は梵字で基舜と読める。寛助・覚鑁・基舜と継承されたこの修法の血脈を裏付けており、基舜は長寛二年（一一六四）に入寂しているので、この奥書を疑う必要はないであろう[21]。

盤法の次第は、着座の後「玉女礼」「鬼門礼」を行ない、「月建を呑む」という作法がある。北斗七星・七曜・

九執・二十八宿・三十六禽が囲繞する中で、掌上に梵字のアとラを観じ、行者自らの身体の十二大骨が十二月建に変じる姿を観相しつつ掌上に仮想した梵字を呑み込む所作をするのである。修法の一連の流れは、密教における諸尊法の次第に準じるものだが、吒枳尼天（辰狐王菩薩）とその眷属、十二神・二十八宿・三十六禽など、式盤に召請される式神それぞれに印を結び真言を唱えるところに陰陽道の神格を取り入れた「外法」というべき要素で満ちている。

こうして式盤上に全ての神格を下ろした後に「封盤」の作法が行なわれる。これがこの修法の最も眼目とする秘法であるらしい。盤は天地人の三部構成からなり、天盤の吒枳尼天、人盤の天女子（四使者のうち）、地盤の米持神（八大童子のうち）を一列に配置し、盤の間に「地都羅延」「天巾」「天都羅延」「地巾」なる呪符を挟んで重ね、行者は左右の足の裏を合わせた上に盤を置いて、五色線を用いて十文字に結んで封じるのだという。最初に三つの盤を揃える作法は、増益・息災・敬愛・調伏それぞれの目的によって引き合わせる神格が異なるという。「盤建立最極秘々中書」（三三七函一〇九号）という物々しい標題の聖教には、盤についての秘伝が詳しく記されている。盤法に用いる式盤は二重から三・五・七・十二重まで多重の形式があり、上根上智の行者は二重ですむが、中下根の行者はさまざまな神を勧請しなければいけないので多重になるという。そしてその用材（御衣木）も息災は檜、増益は栢、敬愛は「アヒスキ」、調伏は「樒」「蘗」を用いる。「一日千人往反の橋木」とか「百年を経たる寺の柱」なども霊験があるという。さらに霊験を高めるため、内部に「相応物」を入れるのだが、「谷会ノ藤」「サクナキ（石楠花か）の風折」「烏の白羽」「鴛鴦の剣羽」が適当である。さらに仏舎利・霊骨を入れると利益速疾で、盤を人体に見立てて天盤には頭頂骨を、地盤には手足の骨を入れるべしと説く。巷説に言う左道密教的な髑髏崇拝に通じる修法が実際に行なわれていたのかも知れない。

「頓成悉地口伝集」（三三七函一〇一号）には、さらに式盤に関する詳しい秘伝が挿図入りで記録されている。盤を糸で封じる（からげる）には複雑な作法があり、桃の枝で本尊を打って驚かせる作法とか、行者が「神カツラ」「神エヒス」という植物の茎を口に含んで修法すると、やがて口から泡を吹きだすが、それは野干が常に口に泡を溜めている姿を写すのだという。野干の頭（狐の頭蓋骨）に漆を塗り、金箔を押したものを修法壇の下に置くとか、壇上に置く花瓶に天門冬という植物を挿すのが「相応物」である。これはキツネ草という別名を持つ植物で、狐が食するものだからだという。

元亨二年（一三二二）に湛睿がダキニ法の伝授を受けた時の聞書（諸法伝受記・金沢文庫文書二七三二）によれば、千葉介と千田太郎が千葉氏の嫡流をめぐる相論を起こした時、千葉介の依頼を受けた玄瑜（元瑜）が稲荷に七日間祈請し、沓形に供物を入れて野外に置いたところ、六夜目に野干がこれを食し、翌日勝訴の判決があったという。藁づとに供物を入れて稲荷に供える作法は現在も各地の民俗的な稲荷信仰で行なわれているが、ダキニの修法は動植物とのコミュニケーションを含む野性的な性格を含んでいたというのも興味深い事実である。

なお『真言問答随聞記』に言及される「天鼓」「地鼓」という作法は、ダキニ法の中には組み込まれていないが、聖天式法には取り入れられている（三九九函四二号「聖天式法口伝」仮題）。左の掌で左頬を打つのが天鼓、右手で右頬を打つのが地鼓とする説と、歯をかみ合わせて音を発するのを天鼓、微音で拍掌するのが地鼓とするなどの異説が記録されている。このような呪法は陰陽道にも道教にも共通する作法のようである。(22)

盤法の次第で眼目となるのは、式盤上に式神と呼ばれる諸神を降臨させ、式盤の間に呪符をはさみ、五色線によって式盤を緊縛して封じる一連の所作であったらしい。陰陽道の式占では、式盤は占いのための道具として用いられるだけで、式盤そのものを神格化して祭るような作法はそなわっていないようだが、密教における盤法は、占いの機能は無視されて、むしろ式盤を本尊として祭るという形式になっているところが大きな違いである。このような式盤を祭る修法が果たして平安時代の日本で独自に開発されたものか、あるいは唐土に原形となる儀礼があり、それが輸入されたものなのか、疑問は深まるのである。

四、雷公式と式盤祭祀

「三式」と総称される六壬・太一・遁甲の三つの式占は、それぞれ式盤の形状も異なり、占いの目的も違っている。太一は皇帝および貴族の一身上の運命を占うために用いられ、遁甲は兵占として軍事的な目的で使われることが多かったようである。それに対して六壬は世事万般に使用され、一般人民もこれを行なうことが許されていた。北宋の首都・開封の街並みを描いた「清明上河図」の中には、露店のようなところで式盤を前に置いた占い師が「神課」「看命」「決疑」という紙の看板を掲げて占いの商売をしていた情景が写されている。六壬神課と人相手相による運命占い(看命)、そして身辺に起こった怪異を占断して祟りの疑問を決すること(決疑)が大きな仕事であったことが分かる。

ここで想起されるのが、式占には三式のほかに「雷公式」と呼ばれるきわめて秘匿性が高く、皇帝に独占されていたものが存在していたということである。『唐六典』巻十四太常寺の項に記載される太卜署の説明は次の通りである。

凡式占辨三式之同異。一曰雷公式。二曰太一式。並禁私家畜。三曰六壬式。士庶通用之。凡用式之法。『周禮』「太史抱天時，與太師同車」。鄭司農云「抱式以知天時也」。今其局以楓木為天。棗心為地。刻十二神。

下布十二辰。以加占為常。以月将加卜時。視日辰陰陽以立四課。

これによれば、遁甲式を外して雷公式を頂点に位置づけ、太一式とともに私家に置くことを禁じて皇帝専用とする。六壬式のみ一般人（士庶）の利用が許されていた。これを継受した日本律においても、

凡玄象器物。天文。図書。讖書。兵書。七曜暦。太一雷公式。私家不得有。違者徒一年。私習・亦同。（中略）太一雷公式者。並是式名。以占吉凶者。私家皆不得有。違者徒一年。若将伝用。言渉不順者。自従造妖言之法。

と、太一式・雷公式の民用は厳しく禁じられていた。しかしかの地でこれだけ固く所有が禁じられている雷公式が、同時代の日本に輸入されるチャンスがあったかどうかについては疑問も残る。そもそも雷公式の実像が明らかではないからである。

歴代経籍志には『新唐書』芸文志に「雷公式経一巻」、『宋史』芸文志に「雷公式局一巻」「雷公印法三巻」「雷公撮殺律一巻」が見える。しかしこれらのテキストは後世に伝わっていない。そうした中で、陳夢家が雷公式に関わるテキストが『永楽大典』に収録されていることを指摘している(23)。

『永楽大典』巻一九七八二「局」字の項には、「小法局式」の見出しが付けられているものの、全体の書名が明らかではない雷公式のテキストが第四から第十二まで収録され、さらに「唐左僕射李靖編」と記される、これも書名不詳の雷公式に関するテキストの第一～第七、第十二が収録されている(24)。『新唐書』芸文志には、唐王朝創業の功臣であった李靖に「玉帳経」という雷公式に関する著作があったと記録されており、それに関わるテキストである可能性もある。

そこで雷公式の実像を探るため、まず「小法局式」のテキストを順に要約しながら紹介していくことにしよ

う。見出しの後に、式盤のサイズに関する記述が続く。

天広八分法之八卦。地広三寸法之三宮。人既尊卑有差。局制亦大小有異。好道之士。詳而用之。請曰凡造式。各有大小。依次用。不可越用。天式地局。此日可刻之。別有大法。書可天篆。不用俗字。金銀修。用不可交錯星辰之位。不得乱位。式局合時択日。而合天地之式。

天盤は八分、地盤は三寸が定めであるが、サイズは大小いろいろある。式盤を作るにあたっては日取りを選ぶ必要があるが、それは秘伝である。盤上の文字は篆書で、金銀で彩り、星辰の位置をずれないように正確に刻め、という。このテキストは、式盤の作り方、祭り方の記述に終始しており、式占の技法や占いの判断などについては全くふれていない。

続く「刻作雷式法章　第四」は、式盤を製作するする日取りと作法を記す。三日潔斎した後、式盤に文字を刻んだ後、清浄な室内に新しい薦を敷き、机の上に式盤を安置し、焼香し酒一盃を捧げ、次の祭文を唱えるという。

今日壬子宿、上合天倉、伏望教造此神式、惟願　天地神祇、保護〈某乙〉、使神将伏位、開導於〈某乙〉再拝

つぎに「醮啓雷法式章　第五」では、新しく作った式盤を祭る儀式（醮）について記す。式盤の刻字は壬子の日から癸亥の日まで（十二日間）に行い、翌日の甲子の日の朝に式盤を祭る。後に赤い袋に収納し、左腋に佩用して保持する。常には七月七日、あるいは月内の甲子日に式盤を祭る。この祭りが終わるまでは式盤を佩用してはいけない。祭に当たっては机を一面用意し、七つの盃に酒を入れ、脯（干肉）や菓などを供え、式盤を置いて祭祀する。その祭文は次の通り。

謹請北斗七星、貪狼・巨門・禄存・文曲・廉貞・武曲・破君輔星、六甲父母、登明・河魁・従魁・伝送・小吉・勝先・太一・天岡・太冲・功曹・大吉・神后、十二太師、二十八宿、仙人扶衛、玉女具降。〈臣〉案之清〈臣〉之恩大提法譟、以射四方、営救万姓、動労諸神、降臨下席、領〈臣〉供具、肥脯清酒・棗菓鮮新、伏惟尚饗。

「祭雷公式大醮章　第六」は、雷公式盤を本式に祭る方法を記す。まず清酒・鹿脯・乾棗・珍しい果物十二種を盤に並べ、塩と鼓を盃に一つずつ入れる。甲子日の夜半に焼香し、北斗の神を招く。平旦（明け方）になれば南に向き、晡時（日暮れ）には西に向かう。長く跪いて再拝し祭文を唱える

〈臣〉某〈乙〉謹請式父母、天一大一神式、雷神式、三十六式、諸神天地、天父地母北斗七星、仙姑織女、三合明符、青龍白虎、朱雀玄武、前之三時、後之五式、一百二十部星宿諸神等、子午卯酉、辰戌丑未、寅申巳亥、式上三部之神、神后・大吉・功曹・太冲・天岡・太一・勝先・小吉・伝送・従魁・河魁・登明、天厭地厭、日月時殺、天候地候、六甲陰陽、天地将神、四仲・四孟・四季・式下、以功曹諸神悉来就座、〈臣〉今日謹依師法、王相之方、天地開清、星宿分明、謹上酒・脯・塩・鼓・鮮果・甘棗、祭醮。式上請神〈某乙〉、願保護弟子之身、造式元帥、王子喬、赤松子、太乙神式十二神将、一百二十部諸神、遊弟子之身宮、用之日、所厭者伏、所誅者滅、所召者到、所求者得、所撃者死、所祈禱者降、所却者去、所攻者破、所期者尅、所言中、自蒙安楽、長命富貴、延昌福寿、所公称心、備受神式先陳覆善、謹請具悉再拝

「佩式懐儀加忌章　第七」は、式盤を携帯する作法。式盤は心臓と腋下につけるようにして持ち歩く。昼夜や時刻によって向ける方向が異なる。式盤を懐いて出行する時に次の祭文を唱える。

敢曰、式父式母、七星北斗、先陳後師、弟子〈某乙〉今日出行、避除五兵、千里之外往返利貞、天神之福、

地神之祥、扶将迎送、不逢災殃、運式而前法、安自心前、出門三歩、還返禹歩。呪曰、冠午履子、左卯右酉、遊渉四季、転祥求太冲、入天門、出地戸、使有当我者死、値我者亡、謀我者返受傷、道我者口不張、急急。

禹歩の時は左足を挙げ、右足を曳く。左の親指を右足の踝の内側につける。式を加える（回す）方法は、正しい姿勢で眼をはっきりと向け、左手で鬼門を執り、右手で天盤を左に旋回させる。正しい姿勢を保たなければ天地神祇の災禍がおよぶであろう。式を用いる時間によって向かう方向が異なる。また様々の忌むべき事柄があるので慎め。

「雷公式摂天一所治五行旺相休囚章　第八」は、日の十干による神将および五行の属性の差異を記す。

「雷公式設醮制儀章　第玖」は、式盤を造り終わった後、日を選んで雷公を祭る作法について。そもそも雷公というのは、軒轅の臣であり、常には六庚におり、出る時は六癸に、隠れる時は六戊に、行く時は六丁に、飛ぶ時は六甲に、遊避する時は六壬に、受ける時は六丙に行く。何故六丙翌星かと言うと、翌星は雷公の舎なのである。そこで雷公を祭る方式がある。印を用いて祭った後、白楊木の東南の枝三十六茎を取り、印を刻んで翌星の形で地に埋める。その時の呪文。

北斗之精、化而為翌星。天帝命我、刻汝之形、祇召佐我呼汝之名、雷公将軍、雷公将軍、如此三呼、急急如天帝律令。

こうして顔を回して辰地を顧みる。後に三日間斎戒する。明け方東に向かい、空に太陽がなく、雲気が当方より起これば、これが雷公が祈願を納受した証拠である。もし雲がなく太陽が出れば、また同じ方法で再び行う。左の掌に朱砂で翌星の字を、右手に墨で黒雲という字を書いて合掌し、東方に向かって歯を叩くこと三十六回、息を閉じ込めて次の呪文を七回唱える。

翌星之精、六庚之霊、作為黒雲、随風所生、雷師来往、我知其名、天帝召我、使返汝形、如我所召、出入太清。

再び別の呪文を念じる。

天帝来風、七命豊隆、没汝名字、令在掌中、把攬天地、此日護我、違我手勅、化汝為虫、急急如天帝律令。

そこで式盤を移動させ、五色の線で結んで辰地に置く。白絹に墨で黒雲十二重を描く。それでその式盤を覆って再び呪文を唱える。

太上老君、乗麒麟、有勅召我、簿風雲式、名曰天一、木号棗心、刻作四神、常護世人有令命我、以為賓主、今変化易、客為主身、天門開閉、作為四隣、所召郎得、莫隔天津、急急如律令勅

後七日、式盤を袋に入れ雷公を招いて祭る。なお突厥との征戦において戦果を挙げたことを述べ「大術は古の雷公式に過ぎず」とする。青龍の骨を取って翌星を刻み、北斗に向かって深さ五寸のところに埋めたところ、七日を経て黒雲が発生し、大いに敵を破ったとする。このあたりの記述は李靖の突厥征討の史実を踏まえたものであろう。

続く「請賢設祭雷公章　第十」は雷公を祭る日取りの吉凶について、「雷式祭天兵天符大法章　第十一」は兵占として雷公式盤を祭る方法、「雷公訣三十六神兵用法章　第十二」は三十六禽を用いる方法を詳細に記す。

このテキストを通覧する限り、雷公式というものは、基本は六壬の式盤をベースにしつつ、「醮」という道教的な祭儀を行って、式盤に聖性を付与し、霊験を増進させる儀礼であったと理解される。これに続く「唐左僕射李靖編」と記すテキストは、

・雷公序式章　第一

・造天地印篆法様章　第二
・造十印有干大法篆章　第三
・雷公式上部十二大印篆章　第四
・雷公式上部天印式章　第五
・雷公中部十二大印篆章　第六
・雷公訣三部秘十二印法章　第七
・雷公造諸符篆科章　第十二

という章立てになっており、雷公式で用いられる呪符が図入りで列挙されている。巻末に「三十代天師虚靖真君語録叙」と題する跋文が置かれ、洪武十五年（一三八二）三月の日付の後に「嗣漢四十三代孫〈寓初〉斎沐拝書」と記されている。ここにこの文章が収録されているのが不審だが、「雷法」の達人として知られる北宋時代の天師道の宗家・張虚靖（継先：一〇九二〜一一二七）が雷公式を伝えていたことを示すものであろうか。(25)

まとめ――雷公式と盤法

今回紹介した雷公式のテキストの中で、特に注目されるのが第九の「雷公式設醮制儀章」である。式盤が完成した後、数日かけて雷公を祭り、雲気が起これば雷公が納受した証拠となり、式盤を五色の線で結んで「辰地」に置き、十二重の黒雲を描いた白絹で覆って呪文を唱える、という呪法である。式盤に雷公を勧請するには少なくとも十日はかかる重要な儀礼であったようだが、式盤を五色の線で結ぶ（以五色線結置於辰地、以墨書白絹上、以浅至深，作黒雲十二重、以覆其式）次第が、日本の盤法における盤を封じる作法と共通するところに注目したい。

日本密教における「盤法」では、天都羅延・地都羅延・天巾・地巾という不思議な呪符を式盤の間にはさみ、五色線をもって十文字に緊縛して壇上に安置し、修法を行なったという。間に挟む呪符には、息災・調伏・敬愛など修法の対象とする人名を記入し、行者は「式王」に変じて、「式神」を使役して祈願主の目的を達しようとしたらしい。そこでは式盤の本来の用途である式占の機能は全く考慮されていないのである。こうした作法は卜占の道具としての式盤とは無関係であり、式盤を天地の星辰を凝縮した信仰物として扱った純粋に呪術的な儀礼としか見られない。

これに対して唐土「雷公式」の場合は、式盤に星辰や雷公を降臨させ、式盤の霊力を高めた上で、恐らく道士が通常の六壬式占を行なうために用いたものと考えられる。道士と式盤はあくまでもヒトとモノであり、両者が一体化することはない。それに対して日本密教の「盤法」は、式盤を封じ、式神を勧請するなど、唐土の雷公式にも似た呪法を取り入れるものの、天地を象った式盤を本尊とし、本尊と行者が一体化する密教の理念による観相を行なうことで、強力な霊験を発揮しようとしている。唐土において皇帝の占有物であった雷公式を何らかの形で参照したことから、盤法にもとづくダキニ法が中世の天皇即位儀礼に取り入れられ、王権守護の秘伝として近世まで継承されたのではなかったか、はるかな時空間の中で、想像はかけめぐるのである。

注

（1）瀧川政次郎「遁甲と式盤」（石田茂作古稀記念『日本歴史考古学論叢』吉川弘文館、一九六六年）。

（2）池田亀鑑『平安朝の生活と文学』第二十二章「女性と信仰」（角川文庫、一九六四年。初出、河出書房市民文庫、一九五二年）。
（3）村山修一『日本陰陽道史総説』（塙書房、一九八一年）。
（4）小坂眞二「陰陽道の六壬式占について（上中下）」（『古代文化』一九八六年七〜九月号、一九八六年）・『安倍晴明撰『占事略決』と陰陽道』（汲古書院、二〇〇四年）・「式占」（『別冊太陽』七三「占いとまじない」平凡社、一九九一年）など。
（5）西岡芳文「金沢文庫本（初唐鈔本）『卜筮書』について」（『三浦古文化』五四号、一九九四年）。
（6）厳敦傑「式盤綜述」（橋本敬造・坂出祥伸訳、『東洋の科学と技術（藪内清先生頌寿記念論文集）』一九八二年、同朋舎出版）および「跋六壬式盤」『文物参考資料』一九五八年七号、一九五八年）。
（7）松岡秀達『安倍晴明「占事略決」詳解』（岩田書院、二〇〇七年）。
（8）神奈川県立金沢文庫展示図録『陰陽道×密教』（西岡芳文編、二〇〇七年）にその全容を収録し、関連論考として次のものがある。「金沢文庫保管の式占関係資料について」（『金沢文庫研究』二八二号、一九八九年）・「式盤をまつる修法――聖天式法・頓成悉地法・ダキニ法」（『金沢文庫研究』三一八号、二〇〇七年）・「金沢称名寺における頓成悉地法――企画展「陰陽道×密教」補遺」（『金沢文庫研究』三二〇号、二〇〇八年）。
（9）山下克明『平安時代陰陽道史研究』（思文閣出版、二〇一五）第四章「密教修法と陰陽道」一三〇頁。
（10）西岡芳文「式盤を用いる密教修法の成立と展開」（福島金治編『生活と文化の歴史学』9「学芸と文芸」、竹林舎、二〇一六年）。
（11）「外法」という用語は、一見すると左道とか邪法の意味で受け取られやすいが、鎌倉時代の東大寺宗性の手許にあった「吒枳尼祭文」（注15参照）には「然則上古先師、或修外伝式法、累葉為宝玉、或行八教肝心終身為珍宝」というくだりがあり「外伝」すなわち仏教にかかわる「内典」との対比で漢学由来の「外伝」という意味で用いられていることに留意したい。
（12）西岡芳文「行法救呪（解説）」（松山由布子編『奥三河宗教文献資料集――陰陽道と民俗信仰』（広島大学森戸国際高等教育学院、科研費報告書JSPS:20K12944）。

(13) 西岡芳文「ダキニ法の成立と展開」(伏見稲荷大社『朱』五七号、二〇一四年)。
(14) 入江多美「輪王寺蔵『伊頭那(飯縄)曼荼羅図』と仁和寺蔵『多聞吒枳尼経』について」(『歴史と文化』一七号、栃木県歴史文化研究会、二〇〇八年)に仁和寺本の翻刻と解説が収録されている。なお同氏編になる展示図録『狐にまつわる神々』(長野市立博物館、二〇一五年)参照。
(15) 山口県下松市多聞院に伝来する鎌倉時代の式盤様木製品(山口県指定文化財「須弥山図」)が現存唯一の多聞吒枳尼を主尊とする修法用の式盤である可能性が高い。臼杵華臣他編『防長の美術と文化』(学研、一九八三年)に図版と解説が収録される。
(16) 東大寺宗性の手稿本である『春華秋月抄草』十三紙背文書(寛元四年(一二四六)頃、東大寺図書館所蔵)から見出された「吒枳尼祭文」には「晴明祭文也云々」という注記があり、安倍晴明作とする伝承が記録されているが、この祭文には式盤への言及がなく、吒枳尼天と眷属を祭るだけの陰陽道風の儀式に用いられたものらしい。盤法には安倍晴明に言及する資料は見当たらない。(堀池春峰編『東大寺遺文』第六、東大寺図書館、一九五三年所収)。
(17) 山下克明『陰陽道——術数と信仰の文化』(臨川書店「王朝時代の実像5」、二〇二二年)一六頁。
(18) 新谷尚紀「小さな竹片ながら——歴博所蔵の夾さんについて」(『歴博』一四八号、国立歴史民俗博物館、二〇〇八年)。
(19) 『大正新修大蔵経』六一巻二二四一号『理趣釈秘要鈔』六五七頁、同七七巻二四五三号『宝冊鈔』八〇二頁に「定深随聞記曰」という形で引用される(SAT:大正新修大蔵経テキストデータベース検索による)。
(20) 金沢文庫古文書「諸法伝受記」(刊本未収、西岡「金沢称名寺における頓成悉地法——企画展「陰陽道×密教」補遺」(『金沢文庫研究』三二〇号、二〇〇八年)に図版と翻刻を掲載。
(21) 頓成悉地法の相承については「頓成悉地法事」(一九六函二七号四)に次のように記されている。「相承ノ次第／高野ノ正覚房〈梵字:カクバン〉此ノ法ノ感応顕ス。鳥羽院御宇御帰依莫大ナリ。次ニ大義房〈基舜〉其ノ瀉瓶タリ。随分ニ證ヲ得テ世途豊饒ナリ」これ以後の相承者について実名は伏せられているが、「頓成悉地法口決問答」(三三七函一〇三号)の系譜によると、蓮顕・宏権(宏教か)と続くものであろう。

(22)「天鼓」「地鼓」については、田中勝裕「『小反閇幷護身法』の一考察――「天鼓」と「玉女」をめぐって」（『佛教大學大學院紀要』三三号、二〇〇五年）において叩歯との関連が考察されている。

(23)陳夢家「漢簡年暦表叙」（『漢簡綴述』中華書局（中国社会科学院考古研究所「考古学専刊・甲種第十五号」）、一九八〇年。初出「考古学報」一九六五年二期）二六八頁注2。

(24)『永楽大典』巻一九七八二「局字」（中華書局覆印版、第十八帙一七八冊、一九五九～六〇年）。

(25)二階堂善弘『明清期における武神と神仙の発展』（関西大学東西学術研究所叢刊、二〇〇九年）第八章「明代における天師張虚靖のイメージ」・第九章「張虚靖と地祇酆都法」。なおここに収録される洪武十五年三月の年記をもつ「三十代天師虚靖真君語録叙」は、『道蔵輯要』に収録される洪武二十八年の同題のテキストとは別文である。

道教の反閉と陰陽道の反閇

松本浩一

陰陽道の呪術儀礼に、道教由来のものがかなり入り込んでいたことは、早くから指摘されてきた。しかし陰陽道の呪術儀礼を記した文献で、容易に参照できるものはきわめて少ない。そのためもあってか、これまでの考察は、同様のもしくは類似の要素が存在していることに注目するものが多かったように見える。しかし研究を一歩先に進めるためには、道教と陰陽道に見られる類似の要素が置かれた、それぞれの呪術儀礼の全体の構造をふまえた上で、つまりそれらの要素が、どのような文脈に位置づけられているのかをふまえた上で、それぞれの要素について検討していくこと、さらにはその歴史的な変化を考慮しながら、影響関係を考察していくことが必要であろう。

陰陽道の呪術儀礼のうち、道教呪術の受容としてしばしば指摘されるものの一つに反閇（へんばい）があるが、中国の反閉（はんへい）とその陰陽道への影響については、すでに酒井忠夫氏の論考「反閉について」があり、これを記述している中国の文献について詳細な分析を行っている。[1] また小坂眞二氏は、陰陽道の反閇についてその具体的な作法を紹介し、『武備志』に見える中国の「玉女返閉局法」との相違点などについても指摘している。[2]

ここではそれらの成果に基づきながら、はじめに明代の成立である『遁甲演義』に見える「玉女反閉訣」を中心として、中国の玉女反閉局の儀礼を紹介し、次に陰陽道の反閇について「小反閇作法」の儀礼の順序をたどりながら、玉女反閉局との比較を行い、それぞれの特徴について考察していく。そして最後にこれらに共通して現れる要素とその目的とを共有している、現在の台湾の道士が醮という儀礼の中で行う禁壇という儀礼を紹介し、改めて反閉―反閇儀礼の性格について考察してみたい。なお道教研究・陰陽道研究の通例に従い、前者の儀礼は「反閉」、後者は「反閇」と表記する。

本書収録の座談会記録にもあるように、二〇〇二年に大阪府立大学を会場に行われた第五十三回日本道教学会大会で、「陰陽道と道教」と題するシンポジウムが行われた。このシンポジウムを踏まえ、故増尾伸一郎氏を編者として道教と陰陽道との関係をテーマとする本が刊行されることとなり、本稿はそのために執筆されたものである。しかし同書は諸般の事情により出版に至らなかった。その後、反閉・反閇については、大野裕司「玉女反閇局法について」（『北海道大学大学院文学研究科研究論集』六、二〇〇六年）、同『日書』における禹歩と五画地の再検討」（『東方宗教』一六八、二〇〇六年）、山下克明「若杉家文書『反閇作法幷作法』『反閇部類記』」（『東洋研究』一六四、二〇〇七年）、田中勝裕「反閇と地戸呪――若杉家文書『小反閇幷護身法』の解読から」（『仏教大学大学院紀要』三五、二〇〇七年）、田中史生「中原遺跡出土木簡とその周辺」（『木簡研究』二九、二〇〇七年）、野本覚成「道教と密教の習合事相――禹歩・反閉」（『東アジア文化環流』一―一、二〇〇八年）などの業績が出版された(3)。しかし本稿は道教の反閉と陰陽道の反閇を比較したものであるため、本書の企画に沿った試みとして、記録の意味もこめて、ほぼその時のままの形で掲載することとした。

一、中国の反閉

道教文献中に現れる反閉の例として、まず挙げられるのは、『太上六壬明鑑符陰経』巻四に見える「玉女反閉局」であろう。この文献の成立年代については、酒井忠夫氏がさきに紹介した論文において、「南宋時代～元代のものであろう」と推測されており(4)、さらに「玉女反閉局」の呪文の特色についても考察を加えている(5)。この他にも道蔵中には反閉に言及している儀礼書は数種類見られる。洞玄部・衆術類に収められた『黄帝太一八門入式秘訣』では、「玉女返閉局」という名で言及されており、そこに紹介されている儀礼は、『太上六壬明鑑符陰経』巻四に見えるものと大体同じ構成を持っている(6)。しかし太玄部に収められた『玄精碧匣霊宝聚玄経』において、「返閉之法」という名で紹介されているものは、内容が極めて簡略であり、その儀礼の内容は明確ではない(7)。また洞玄部・衆術類の『霊宝六丁秘法』に「六丁隠遁法局」として紹介されている儀礼は、六丁玉女に係わり、儀礼の構成も似通ってはいるが、反閉とは名付けられていない(8)。しかしこれに続いて紹介されている「隠遁十二時筭子法」では、以下に紹介する反閉で使用されるものとほぼ同様な呪文が用いられている。洞神部・方法類に収められた『秘蔵通玄変化六陰洞微遁甲真経』巻上において、「遁甲神経出処序」と名付けられた部分に、「身を隠し形を遁（かく）すには」として紹介されている儀礼も、極めて簡略に記されているのみであるが、やはり六丁玉女に係わり、局を布置するなど、反閉の特徴を備えている(9)。

酒井氏によれば、『隋書』経籍志の「五行」には、すでに『玉女反閉局法』三巻の名が見え、また『宋史』芸文志の「五行類」にも『遁甲玉女反閉局』一巻の名も見られるという(10)。一方で日本で作られた漢籍目録である『日本国見在書目録』では、その「五行家」の分類項目の下に、『玉女返閉』四巻、『玉女反閉局抄』一巻、『黄帝玉女返閉神林抄』一巻の名が載せられているが、これらの書と上記の文献との関係は明らかではない。しかしここまで出てきた書名によっても、中国における反閉が、道教というより六壬・遁甲など、いわゆる式占といわれる、主として方位や時間の吉凶を占う占法と、結びついていることは明らかである。そこでここでは、明代に成立した『遁甲演義』巻三「玉女反閉訣」に記されたものを中心に、中国の玉女反閉の内容を紹介していくことにしたい(11)。

この書物は、奇門遁甲という占術の集大成という性格を持っている。奇門遁甲は、時間と方位の吉凶を予測する占術であるが、その中で玉女反閉は、緊急の場合、すなわち方位の善し悪しを考慮している暇がないときに、この呪術儀礼を行えば適当な方角が得られることになっている。巻三「玉女反閉訣」には、次のように記されている。

陰陽二遁で、八方ふさがりで、出られる門がどこにもないときは、玉女反閉局によって出る。これは急がないときは門から出て、緊急の時は神から出るということである。およそ戦陣に出入りするとき、不意を襲って盗賊を捉えるとき、遠くに出かけるとき、貴い上官が赴任するのに見えるときなどは、天門を出て、地戸に入り、玉女に乗って行けば、人は皆な見えない。

（陰陽二遁、有閉塞八方、皆無門可出、即依玉女反閉局而出、此緩則従門、急則従神之謂　也、凡入陣掩捕、出入遠行、見貴上官赴任、即出天門、入地戸、乗玉女而行去、人皆不見）（『遁甲演義』巻三「玉女反閉訣」）

また明の茅元儀の輯になる、『武備志』巻一八一「景祐遁甲符応経纂」三に見える「釈玉女返閉局法」には次のようにある。

およそあらゆる出行や事を行うにあたって、吉の方位や時間が得られないときに、この法を行う。……これによって隠したり逃亡したりでき、あるいは難儀があるときに逃げ隠れれば、見る人はいない。それで帰忌日・往亡日（移動・出陣などを忌む日）や、陥り敗れること、そして一切の凶神の殺を避けることなく、売買で利益を求め、長吏に見え、仇に報い怨みを攻めることができる。よくよくこの方法を宝とすべきである。

（凡一切出行用事、無吉方吉時、可用此法、…可以隠匿逃亡、或有患難隠遁、人無見者、即不避歸忌・往亡・陥破・一切凶神殺、又可以市買求利、進見長吏、報仇攻怨、宜深寶此法）

ここでも良い方位が得られないときに用いることができること、そして追いつめられたときには逃げ隠れできること、方位や時間などに由来する忌みや凶神の祟りを、避けることができることなどの効用が説かれている。『遁甲演義』によれば、この儀礼は次のような順序に従って行われる。

（1）儀礼を行うにあたっての準備

この呪術儀礼を行う人は、右手で刀を持ち、息をもらさずに行う、地に局を布置するときは、部屋の中にあっては六尺、庭にあっては六歩、野外にあっては六丈、野にあっては二百四尋（を単位）とし、皆な六を数とする。数を定めたら、左手に六本の籌（棒）を持つ。籌は杜荊の草を用い、長さを一尺二寸にする。右手で刀を持ち、（その季節にあたる方角、たとえば春ならば東方）に向かい濁気を一口呼き、次に旺気を吸う。歯を十二回叩いて、願い事を祈り、その後は身の回りはみな旺気となる。

（用事之人、右手持刀、閉氣作法、畫地佈局、室内六尺爲式、在庭六歩爲式、門外六丈爲式、在野二百四尋爲止、並以六爲數、先定六數訖、先左手持六籌、各長一尺二寸、右手執刀、向旺方呼濁氣一口、次吹旺氣、默飲訖、叩齒十二通了、禱祝心下事、然後却回身皆旺氣）

はじめに右手で刀、左手で籌と呼ばれる棒を六本持ち、季節の方角の旺気を吸うことが述べられる。

（2）神々への上奏

そして次に神々に願文を奏上する。

この年月日時に、誰それは敢えてはっきりと天父・地母・六甲・六丁玉女・六戊蔵形の神に告げます。誰それは長生の術を好み楽しみ、行うのに日を選ばず、出かけるのに時を問いません。今某事を行おうとして、天地の神祇・丁甲の大神に謹んで申し上げ、謹んで天門を調べ、拝して六丁玉女真君を請い、地局を画します。天門を出て、地戸に入り、金関を閉じ、玉輅に乗り、玉女・青龍・白虎・朱雀・玄武・勾陳・螣蛇・六合・六甲・神王・神将が私を乗せて行きますように。某所に着いたら、左右を巡って防ぎ、行・止・臥・起に従って、盗賊を除き退け、鬼魅は消亡し、君子が私を見れば非常に喜び楽しみ、小人が私に逢えば喜んで躍り上がりながら恐れ慎み、男女が私を見れば酒を供えて侍り、百悪鬼賊が私を見れば亡びるように。

（維年月日時、某敢昭告於天父・地母・六甲・六丁玉女・六戊藏形之神、某好樂長生之術、行不擇日、出不問時、今欲爲某事、虔啓天地神祇丁甲大神、謹按天門、拝請六丁玉女真君、畫地局、出天門、入地戸、閉金關、乘玉輅、玉女・青龍・白虎・朱雀・玄武・勾陳・螣蛇・六合・六甲・神王・神將、乘我而行、行到某所、左右巡防、隨行隨止、隨臥隨起、辟除盜賊、鬼魅消亡、君子見我喜樂非常、小人逢我歡躍惶惶、男女見我供侍酒漿、百惡鬼賊見我者亡）

今日禹歩を行えば、上は天罡に応じて、玉女が傍らに侍し、下は不祥を退けて、万精が厭伏する。向かうところは災いなく、治療する病は癒え、供えるところは達し、撃つ所は破られ、求めるところは得られ、願うところは成就する。帝王・大臣・二千石の長吏は、私を見て赤子のように愛する。今日玉女真君を招請します。私を護って進むように。急急如九天玄女道母元君律令。

（今日禹歩、上應天罡、玉女侍傍、下辟不祥、萬精厭伏、所向無殃、所治病瘥、所供者達、所撃者破、所求者得、所愿者成、帝王大臣二千石長吏、見我愛如赤子、今日請召玉女眞君護我進、急急如九天玄女道母元君律令）

ここで言及される青龍・白虎・朱雀・玄武・勾陳・螣蛇・六合は、六壬などでいう十二天将の一部である。願いの内容は、玉女や青龍・白虎等をはじめとする神霊が守護して、盗賊・悪鬼は退けられ、君子に対しては好意が得られるように、というものになっている。さらに禹歩によって、北斗七星の罡を踏むことによって、北斗が上下左右に身を護るほか、三台星・五星・二十八宿も護衛して、さらに「邪道五害」が北斗の下に伏すようにという意味の呪文が続いている。

（3）局の布置

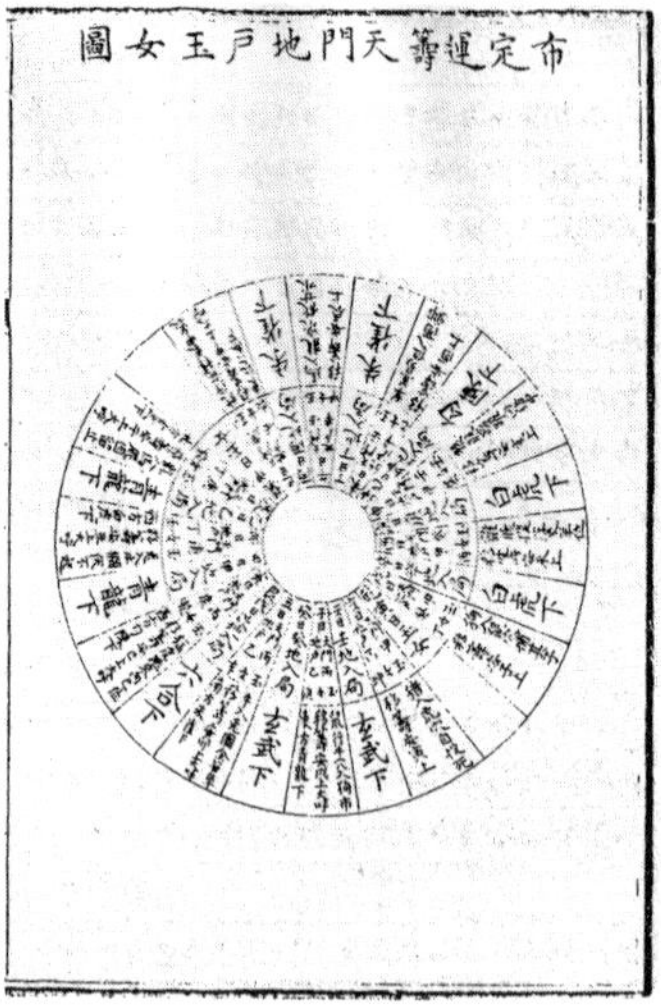

図1　布定運籌天門地戸玉女図

次に呪文が終わると、左手で籌を執り、右手で刀を執って、鬼門から左回りに一円を描き、四方（乾・艮・巽・坤のいわゆる四維）・八干（十干から戊・己が抜ける）・十二神位（十二支）（十二月将）を配置する（図1）。

（呪畢左手執籌、右手執刀、自鬼門起、左畫一圈、佈四方八干十二神位）

（4）入局

次にこの局に入る。その入り方は、甲の日には甲から局に入り、乙の日には乙から局に入るなど、以下はこれにならうが、戊と己は局にないので、戊の日は乾から、己の日は巽から入る。

（甲日便従甲地入局、乙日便従乙地入局、丙日便従丙地入局、丁日便従丁地入局、庚日便従庚地入局、辛日便従辛地入局、壬甲日便従壬地入局、癸日便従癸地入局、一説戊日只従乾入局、己日只従巽入局）

そして手に六籌をもって、次のように四方に禱り祝する。

（手持六籌、禱祝四方）

謹んで請う。東方の功曹・大衝・天罡・青帝甲乙大神よ、局所に降り、我が身を侍衛せんことを。

（謹請東方功曹・大衝・天罡・青帝甲乙大神、降于局所、侍衛我身）

謹んで請う。南方の太乙・勝光・小吉・赤帝丙丁大神よ、局所に降り、我が身を侍衛せんことを。

（謹請南方太乙・勝光・小吉・赤帝丙丁大神、降于局所、侍衛我身）

謹んで請う。西方の伝送・従魁・河魁・白帝庚辛大神よ、局所に降り、我が身を侍衛せんことを。

（謹請西方傳送・従魁・河魁・白帝庚辛大神、降于局所、侍衛我身）

謹んで請う。北方の登明・神后・大吉・黒帝壬癸大神よ、局所に降り、我が身を侍衛せんことを。

（謹請北方登明・神后・大吉・黒帝壬癸大神、降于局所、侍衛我身）

ここで来臨が請われる功曹・大衝・天罡等は、六壬でいう十二（支）神と呼ばれる神々である。

（5）籌を用いた儀式

これが終わって、次にその日の十二支に従って順番に籌を置いていく。

（右謹四方神訖、便従所求日辰上、安置籌法）

子の日であれば、子上に第一籌を、丑上に第二籌を、寅上に第三籌をという具合に行う。そして次に「鼠は行って穴を失い狗市に入る」と唱えて、子上の第一籌を戌上に移し、「東方の青龍よ下れ」と叫ぶ。「牛は兎の園に入って甘草を食べる」と唱えて、丑上の第二籌を卯上に移し、「南方の朱雀よ下れ」と叫ぶ。「猛虎逡巡して巳の位に入る」と唱えて、寅上の第三籌を巳上に移し、「西方の勾陳よ下れ」と叫ぶ。「兎は牛欄に入って伏して起きず」と唱えて、卯上の第四籌を丑上に移し、「西方の白虎よ下れ」と叫ぶ。「龍は馬の厩に入って因って上に留まる」と唱えて、辰上の第五籌を午上に移し、「北方の玄武よ下れ」と叫ぶ。「蛇は行くこと宛轉として申の裏に来る」と唱えて、巳上の第六籌を申上に移し、「東方の六合よ下れ」と叫ぶ。

（假令子日子上安第一籌、丑上第二籌、寅上第三籌、卯上第四籌、辰上第五籌、巳上第六籌、術曰、鼠行失穴入狗市（便移子上第一籌安戌上）大呼東方青龍下、牛入兎園食甘草（便移丑上第二籌安卯上）大呼南方朱雀下、猛虎逡巡入巳位（便移寅上第三籌安巳上）大呼西方勾陳下、兎入牛欄伏不起（便移卯上第四籌安丑上）大呼西方白虎下、龍入馬廄因留止（便移辰上第五籌安午上）大呼北方玄武下、蛇行宛轉來申裏（便移巳上第六籌安申上）大呼東方六合下）

午の日であれば、午上から第一籌を移していく。「馬は龍泉に入って甘水を飲む」と唱えて、午上の籌を辰上に置く。「羊羔は位を変えて酉郷に入る」と唱え、未上の籌を酉上に置く。「猿猴は踴躍として猪中に向かう」と唱え、申上の籌を亥上に置く。「鶏は飛び撲落ちて羊の位に来る」と唱え、酉上の籌を未上に置く。「狗は鼠の穴に入りその子を捕らえる」と唱え、戌上の籌を子上に置く。「猪は虎穴に入って自ら死に投ず」

と唱え、亥上の籌を寅上に置く。

（若午日、即従午上、命上第一籌、馬入龍泉飲甘水、便移午上籌安辰上、羊羔易位入酉郷、便移未上籌安酉上、猿猴踴躍向猪中、便移申上籌安亥上、鷄飛撲落來羊位、便移酉上籌　安未上、狗入鼠穴捕其子、便移戌上籌安子上、猪入虎穴自投死、便移亥上籌安寅上）

これが終わって、二つの支が一つの干を夾んでいるところの、先になるところを「天門」とし、後になるところを「地戸」とする。子の日の場合は、先に丑上の一籌を取って、天門（子の日は丙の方角）を掩って閉じ、次に申上の一籌を取って、地戸（乙の方角）に横たえて閉じ、庚上の玉女の方に向かい、百二十歩の外に去る。振り返ってはいけない。その時三回その日にあたる玉女を呼び、また玉女呪を唱える。あるいは再び三奇呪を唱えて去れば、大吉である。

（喝籌訖、但兩支夾一干、先成者天門、後成者爲地戸、如子日先取丑上一籌、掩閉天門、次取申上一籌、横閉地戸、向庚上玉女方而去、一百二十歩外、不可回顧、如事三呼本日玉女、幷念玉女呪、或再念三奇呪而去、大吉）

この籌を用いた儀礼の順序は、『太上六壬明鑑符陰経』巻四や、『武備志』巻一八一に見えるものと比べると、これらにおいては籌が筭となっているなど、多少の字句の違いを除いてほぼ一致する。

上記の説明文にあった玉女呪で、『遁甲演義』に見えるものは次のようなものである。

仁高は我を護り、丁丑は我を保ち、仁和は我を度し、丁酉は生を保ち、仁恭は魄を保ち、丁巳は神を養う。太陰（月）華蓋（星）、地戸・天門、吾禹歩を行い、玄女・真人、黙然として坐臥し、隠れ化して形を蔵せよ。急急如律令。

（仁高護我、丁丑保我、仁和度我、丁酉保生、仁恭保魄、丁巳養神、太陰華蓋、地戸天門、吾行禹歩、玄女眞人、黙然坐臥、

隠化蔵形、急急如律令）

『秘蔵通玄変化六陰洞微遁甲真経』や『太上六壬明鑑符陰経』によれば、玉女は天地の正神であり、六丁（丁卯、丁丑、丁亥、丁酉、丁未、丁巳）に対応していて、六丁玉女という。六丁玉女の字（あざな）は、それぞれ仁高、仁貴、仁和、仁修、仁恭、仁敬となっており、この呪文に一人おきに字で言及されている。

この局の布置と籌を置き換える儀礼は、陰陽道の反閇儀礼においては見られないが、これらが何を目的としているのかはよくわからない。あるいは天門、地戸を閉じて、守護してくれる玉女に向かって後を振り返らずに去る、ということから仮の吉方を設定し、それ以外の入り口は閉じて、悪影響が及ばないようにすることが目的なのであろうか。

(6) 目的別の呪文

もし遠くに旅をしたり、貴い上官が赴任したりするのに見えようと欲するならば、まさに地戸を出て左に行き、天門に入り次のように呪する。

（凡欲遠行見貴上官赴任者、即出地戸左行、入天門呪）

天門天門、今日惟だ良し、玉女我に侍し、左右傍らに遊び、行来・出入に、禍殃に逢わず、君子一見して、喜気常に倍し、求める所は如意、万事吉昌なれ、急急如律令。

（呪曰、天門天門、今日惟良、玉女侍我、左右遊傍、行來出入、不逢禍殃、君子一見、喜氣倍常、所求如意、萬事吉昌、急急如律令）

ここにあげられている例は、善いことに会うことを願う場合に唱える呪文とでもいえようか。

もし出陣したり隠れて捕らえようとしたりする時には、すなわち天門を出て右に行き、地戸に入り玉女に乗って去り、次の呪文を唱える。

（凡欲出陣掩捕時、即出天門右行、入地戸乗玉女去呪）

諾諾譯譯、行くに日を択ぶなく、斗の指すところに随い、神と具に出ず、天地番覆して、九道皆な塞がるも、中心（心中？）欲するところは、我をして自から得せしめよ。来たりて我を追うあらば、汝をして迷惑させ、東を以て西となし、南を以て北となさん。急急如律令。

（呪曰、諾諾譯譯、行無擇日、隨斗所指、與神具出、天番地覆、九道皆塞、中心所欲、令我自得、有來追我、使汝迷惑、以東爲西、以南爲北、急急如律令）

ここにあるのは上の例に対して、隠れて敵にわからないようにする場合に唱える呪文といえよう。

そして呪文が終わってから、金関を閉じて、玉女に乗り、その日所在の玉女に対し、呪文を三回唱える。子日の場合には庚上の玉女が対象となり、それ以外はこの例に倣う（呪訖閉金關、…乗玉女、即三呼所在玉女呪、如子日、三呼庚上玉女、餘倣此）。この時の呪文は次のようになる。

某上の玉女、某上の玉女、速く来たりて我を護り、我を保ち我を持せ。某が某方に到れば、杳杳冥冥として、その形を見ることなく、その声を聞くなし。我を愛する者は福、我を悪（にく）む者は災となる。百邪鬼賊、我に当たる者は滅び、我を阻む者は亡ぶ。千万人中、我を見る者は喜ぶ。急急如律令。

（呪曰、某上玉女、某上玉女、速來護我、保我持我、某到某方、杳杳冥冥、莫覩其形、莫聞其聲、愛我者福、惡我者殃、百邪鬼賊、當我者滅、阻我者亡、千萬人中、見我者喜、急急如律令）

この呪文は、玉女が守護することによって、善い影響が来たり、悪い影響は退けられたりすることを目的とし

図2　禹罡式

ているといえよう。

そして呪文を唱えながら九跡禹歩をなす。テキストに載せられた図（禹罡式）[12]は、北斗の形になっており（図2）、「左足から踏み出す」という注記がなされている。そして一歩ごとに、次の呪文の一句を唱えていく（呪訖再作九跡禹歩、毎移一歩、持呪一句、…已上禹罡、毎以左足先歩）。

禹歩は相い催して陽明に登り、白気は混沌として我が形に潅ぐ。天は廻り地は転じて七星を歩み、罡を躡み斗を履んで九霊を斉しくす。我歩みて我長生し、悪逆は摧かれ伏し蛇妖は驚く。我歩みて我長生し、衆くの災いは消滅し我独り存す。急急如律令。

（禹歩相催登陽明、白氣混沌灌我形、天迴地轉歩七星、躡罡履斗齊九靈、我歩我長生、惡逆摧伏蛇妖驚、我歩我長生、衆災消滅我獨存、急急如律令）

そして次の呪文を唱える。

（躡罡口念呪曰）

六甲・九章、天は円に地は方に、四時・五行、青・赤・白・黄、太乙師となり、日月光をなす。禹歩道を治め、蚩尤は兵を避ける。青龍は轂を夾み、白虎は衡を扶け、熒惑は前に引き、不祥を辟除する。北斗は誅罰し、凶殃を除去する。五神が我を導き、八方に周遊する。我に当たる者は死し、我に逆らう者は亡ぶ。社を左に稷を右にして、冦賊は隠れ潜む。見る者は喜び有り、留まる者は福有り。萬神我を護り、永く盗賊を除かんことを。急急如律令。

（六甲九章、天圓地方、四時五行、青赤白黄、太乙為師、日月為光、禹歩治道、蚩尤避兵、青龍夾轂、白虎扶衡、熒惑前引、辟除不祥、北斗誅罰、除去凶殃、五神導我、周遊八方、當我者死、逆我者亡、左社右稷、冦賊伏匿、見者有喜、留者有福、萬神護我、永除盗賊。急急如律令）

この呪文も、青龍・白虎などの神霊の守護により、悪影響を及ぼすものが退けられることを目的としている。『武備志』巻一八一では、九跡禹歩から上記の呪文までは、（6）の部分の前に記されている。呪文を唱え終わって、北斗に対応して七回叩歯し、右手で刀を持って、地に四縦五横を画していく。この時には次の呪文を唱える（呪訖、即叩齒七遍、上應北斗天罡、即次右手持刀畫地、四縦五横於地…呪曰）。

律令律令、四縦五横すれば、万鬼は形を潜ませる。吾千里に去る者を回らしめ、万里なる者を帰らしめん。吾を呵する者は死し、吾を悪む者は自ずからその災いを受ける。急急如律令。

（律令律令、四縦五横、萬鬼潛形、吾去千里者回、萬里者歸、呵吾者死、惡吾者自受其殃、急急如律令）

この呪文も、「万鬼は形を潜ませる」、「災いをもたらす者は災いを受ける」と上の呪文と同様の趣旨といえる。以上の部分も、『太上六壬明鑑符陰経』巻四に記されたところとほぼ同様であるが、ただ『太上六壬明鑑符陰経』には、このところに禹歩の規定がない。北斗の形と禹歩の時に唱える呪文は、局の布置について記した部分に挿入されているが、やはり禹歩については規定されていない。そして『太上六壬明鑑符陰経』には、四縦五横を画することについての規定もなく、ただ呪文については『遁甲演義』とほぼ同様のものが記されている。

このように玉女反閉局の目的は、吉方が得られないときの緊急の法ということであったが、儀礼の趣旨はこれから何かを行うにあたって、玉女が守護し、邪鬼が遠ざけられる事にあるように思われる。[13] そして用いられる呪文には、「門を閉じて去る（行く）」という文句がしばしば現れる。あるいはこれが「反閉」ということの本来の意味なのかもしれない。

二、陰陽道の小反閇作法

次に村山修一氏編の『陰陽道基礎史料集成』に収められた「小反閇作法幷護身法」と、[14] 小坂眞二氏の「陰陽道の反閇について」に記された解説に基づいて、陰陽道の反閇儀礼の構成をたどりながら、中国の反閉と比較してみることにしたい。

(1) 申事由

はじめに出るべき便門に向かって、この儀礼を行うに到った事由を玉女に告げる。

（先向可出之便門、申事由於玉女）

(2) 存思

五気を観じ、三度天鼓を打ち、次のように臨目思する。臨目思とはおそらく道教でいう存思にあたり、以下に記されたことが、実際に目の前に行われているかのように思い描くことであろう。肝臓中の青気が左耳から出で、それが青龍と化して左にいる。肺臓中の白気が右耳から出で、それが白虎と化して右にいる。心臓中の赤気が頭の頂上から出で、それが朱雀と化して前にいる。腎臓中の黒気が足の下から出で、それが玄武と化して後ろにいる。脾臓中の黄気が口の中から出で、それが黄龍と化して上にいる。

（次観五氣、三打天鼓、而臨目思
（木）肝中青氣、出自左耳、化爲青龍在左
（金）肺中白氣、出自右耳、化爲白虎在右
（火）心中赤氣、出自頂上、化爲朱雀在前
（水）腎中黒氣、出自足下、化爲玄武在後
（土）脾中黄氣、出自口中、化爲黄龍在上）

（3）勧請呪

そして次の勧請呪を唱える。

南無陰陽本師、龍樹菩薩、提婆菩薩、馬鳴菩薩、伏義、神農、黄帝、玄女、玉女、師曠、天老の伝うるところのこの法は益を蒙り、請うらくは天判じ地は理し、早く験貴を得んことを。急急如律令。

（南無陰陽本師、龍樹菩薩、提婆菩薩、馬鳴菩薩、伏羲、神農、黄帝、玄女、玉女、師曠、天老所傳、此法蒙益、乞匃天判地理、早得驗貴、急急如律令）

小坂氏が指摘するように、この呪文には仏教の菩薩と中国の神々が同居している。

（4）天門呪・地戸呪・玉女呪・刀禁呪・四縦五横呪

次に天門呪を唱える。

六甲・六丁、天門自ずから成り、六戊・六己、天門自ずから開く。六甲磐垣、天門近くに在り。急急如律令。

（六甲六丁、天門自成、六戊六己、天門自開、六甲磐垣、天門近在、急々如律令）

次に地戸呪を唱える。

九道は閉塞せよ、九道は閉塞せよ。来たりて我を追う者あらば、これより極まり棄てられ、車にて来る者は、その両軸を折り、騎馬にて来る者は、その目を暗くし、歩行にて来る者は、その足を腫らし、兵を揚げて来る者は、自ずから伏してあえて赴かざらしめ、明星・北斗は敵を万里に退け、我を追いて止まらず、牽牛・須女は、（銀河を）化して江海となさん。急々如律令。

（九道閉塞、九道閉塞、有來追我者、從此極棄、車來者、析其兩軸、騎馬來者、暗其目、歩行來者、腫其足、揚兵來者、令自伏、不敢赴、明星・北斗、却敵万里、追我不止、牽牛・須女、化成江海、急々如律令）

この呪文は、『太上六壬明鑑符陰経』巻四の「玉女返閉指南」に付された、毎日出門呪とされているものに似ている。毎日出門呪は以下のような呪文である。

天地反覆して、九道皆な塞ぐ。我を追う者有らば、ここに至りて迷惑し、東を以て西となし、南を以て北となす。車に乗りて来る者は、その両軸を折り、馬に乗りて来る者は、その両目を掩い、歩行にて来る者は、その両足を腫らし、兵を揚げて来る者は、それを令て自ら伏さしめん。明星・北斗、敵を万里に却け、我を追う者は亡び、我を覔める者は止まらん。牽牛・織女は、（銀河を）化して江海となさん。急急如律令。

（天地返覆、九道皆塞、有追我者、至此迷惑、以東爲西、以南爲北、乗車來者、折其兩軸、乗馬來者、掩其兩目、歩行來者、

腫其兩足、揚兵來者、令其自伏、明星北斗、却敵萬里、追我者亡、覔我者止、牽牛織女、化成江海、急急如律令）

呪文の目的は、敵の追求から逃れることであるように見える。

次に玉女呪を唱える。

甲上の玉女、甲上の玉女、来たりて我が身を護り、百鬼をして中傷せしむるなかれ、われ我を見る者をして束薪（鬼）となし、独り我が門を開き、自ら他人の門を閉じよ、急々如律令。

（甲上玉女、甲上玉女、來護我身、無令百鬼中傷、我見我者以爲束薪、獨開我門、自閇他人門、急々如律令）

この呪文も、『太上六壬明鑑符陰経』巻四に見える次の呪文に酷似している。

庚上の玉女、速く来たって我を護り、邪鬼をして我を侵さしむるなかれ。人我を見るなく、見る者は束柴となし、独り我が門を開き、他人の門を閉じよ。

（庚上玉女、速來護我、無令邪鬼侵我、人莫見我、見者以爲束柴、獨開我門而閉他人門）

これらの呪文には、両者ともに玉女が守護するというモチーフと、さらに門を閉じるというモチーフが見られる。

次に刀禁呪を唱える。

吾はこれ天帝の使者、使うところは金刀を執持し、不祥を滅せしむ。この刀は凡常にあらざるの刀、百練の剛、この刀がひとたび下れば、何の鬼ぞ走らざらん。何の病ぞ癒えざらん。千の災い万の邪は、みな伏して死亡す。吾今刀をば下さん。急急如天帝太上老君律令。

（吾此天帝使者、所使執持金刀、令滅不祥、此刀非凡常之刀、百練之鋥、此刀一下、何鬼不走、何病不愈、千殃万邪、皆伏死亡、吾今刀下、急々如天帝太上老君律令）

そして四縦五横呪を唱える。

四縦五横、禹はために道を除（はら）い、蚩尤は兵を避け、吾をして天下を周遍させ、故郷に帰還させる。吾に向かう者は死し、吾を留める者は亡ぶ。急々如律令。

（四縦五横、禹爲除道、蚩尤避兵、令吾周遍天下、歸還故郷、向吾者死、留吾者亡、急々如律令）

この四縦五横呪は、『北斗治法武威経』に見える次の呪文にほとんど一致する。

四縦五横、六甲六丁、禹王は道を治め、蚩尤は兵を辟く。天下を遍行して、曲戈（武器）は反復し、あらゆる一切の虎狼・賊盗・凶悪等は、みな吾が魁罡の下に赴き、道（い）うなく作（な）すなからしめん。急急如律令。

（四縦五横、六甲六丁、禹王治道、蚩尤辟兵、遍行天下、曲戈反復、所有一切、虎狼賊盗凶惡等、並赴吾魁罡之下、無道無作、急急如律令）

四縦五横呪は、玉女反閉局に見られた四縦五横の呪文と、「六甲・九章」で始まる呪文とが合体したような内容になっている。このあとに「四縦五横の図」が記載されているが、この二つの呪文には、はじめに刀の威力を宣言し、次に四縦五横を描くことによって、一切の邪をなす者を取り鎮め、行動を邪魔する者を追い払うという意図が見られる。

（5）禹歩

次に禹歩を行う。

謹請天逢（蓬）・天内（芮）・天衝・天輔・天禽・天心・天柱・天任・天英

これは奇門遁甲でいういわゆる九星である。『遁甲演義』にはこの形の禹歩は見られないが、『武備志』巻一八一には、九星を魔法陣の形に配置し、その形をなぞっていく方法が記されている。

（6）立ち止まって呪文

次に禹歩をして立ち留まり次の呪文を唱える。

南斗・北斗・三台・玉女、左の青龍は万兵を避け、右の白虎は不祥を避け、前の朱雀は口舌を避け、後の玄武は万鬼を避け、前後に輔翼せんことを。急々如律令。

（南斗・北斗・三台・玉女、左青龍避万兵、右白虎避不祥、前朱雀避口舌、後玄武避万鬼、前後輔翼、急々如律令）

小坂氏によれば、この呪文が常の反閇呪であり、出行の際などのものであろうという。

（7）「乾坤元亨利貞」と六歩歩む

同じく小坂氏によれば、この部分は秘説であるという。

中国の玉女反閉局と比較すると、陰陽道の反閇は、四方・八干・十二神位を配置した局を形成する部分と、それに続いて十二神を招請し、籌を安置していく部分を欠いている。玉女反閉局の目的は、緊急の場合で、しかもどこにも良い方位が得られないときに、これを行えば玉女の守護が得られ、しかも悪い影響が避けられるようにすることにある。その際に門を閉じて（封じて）悪い影響が進入してくるのを防ぐ、というモチーフが見られることもすでに指摘した。そして門を閉じ、悪・邪の影響から身を守るにあたって、最後には禹歩と四従五横を画することが、道教・陰陽道ともに共通している。この禹歩と四従五横を描くことによって、邪鬼を斥け神聖な場を守護するというモチーフは、現在の道士が行う醮祭の時の禁壇儀に通じるものがある。次にこの禁壇儀における禹歩と四従五横を描く場面を紹介し、反閉との共通性を探ってみたい。

三、台南の道士の禁壇

醮は道士の行う大規模な祭りで、ふつうのもので三日から五日・七日にわたるものが多い。その醮の中心をなす「早朝」、「午朝」、「晩朝」と呼ばれる儀礼において、道士は道教の最高神たちに人々の祈願を記した文書を届けるのであるが、それに先立ってそれらの儀礼が行われる壇を清め、結界する儀礼が禁壇儀である。この禁壇儀の内容は、北部の道士が行うものと、南部の道士が行うものとではかなり内容が異なるが、ここでは南部の道士の行うものを中心に紹介することにしたい[15]。

はじめに剣を持ち、水を吹き出すことで、四方・四維・上下の穢れを解き、また参列者には酢の蒸気を吸わせることで、体の穢れを除いていく。そして高功道士（儀礼を遂行する道士団の長）は、ここで現れた鬼と剣を振るって格闘した後、鬼門に鬼を追い込む。この場面は醮の儀礼の中でも珍しく劇的な場面である。これが終わると、高功はやはり剣と水の入った小さな碗を持って、東方から始めて東南、南方と順に結界していき、東北から中央にいたる。そして禹罡を踏んだあと（図3）、鬼門に至り、鬼門を封ずる。

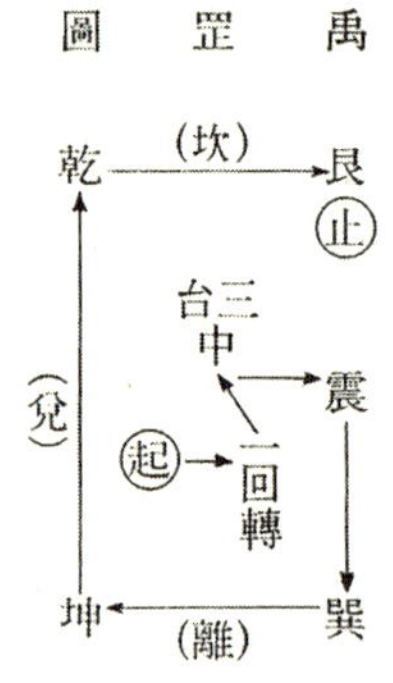

図3　禹罡圖（『中国人の宗教儀礼』）

その方法は、大淵忍爾氏の報告によれば次のようになる。まず鬼門に置かれた斗の中の米に剣で鬼字を書く。そして「もし邪魔の違犯する者があれば、剣下に捉え来たって微塵と化す」という内容の呪文を念じた後、密かに呪文を唱えながら、鬼字の上に五横四直（小の月には四直五横）を書く。そして再び「五横四直、六丁六甲、神剣一下、万鬼は形を滅す」という内容の密呪をし、剣で米の上に符を書きながら、同様の内容を持つ呪文を密呪して剣を米に突き刺す。そして再び密呪を行って、左の指のポジションを親指で点じながら呪文を念じ、最後に両手で印を結び、口に水を含んで、両手を印を解きながら前に差しだし、水を吹きだす。そして高功は線香を挿して終わる。(16)

この儀礼全体は、穢れを祓い、悪い影響をもたらす者が入り込まないように、壇を結界することを目的としているが、最後に鬼門を封ずるところで、罡を踏みまた五横四直を描いて、邪をなす者を滅ぼすという、反閉の場合と同じテーマが見られる。さらに最後の儀礼は鬼門を封ずることが目的であり、反閉すなわち門を閉じるということも共通しているといえよう。

おわりに

この論文では、『遁甲演義』等に見られる玉女反閉局という儀礼と、陰陽道で行われている反閇の実際のやり方をたどりながら、比較を行ってきた。そして二つの儀礼には、四縦五横の符形、歩罡、禹歩という呪術と、出発に当たって玉女が身を守護し、さらに門を閉じ（反閉）て害をなす者の動きを封ずる、という目的が共通していることがわかる。この禹歩によって歩罡を行い、四縦五横を描くこと、そして門を閉じ害をなす者の動きを封じるというテーマは、現在の道士が行う醮の儀礼に見える禁壇儀の中にも現れている。しかし玉女反閉局と陰陽道の反閇との大きな違いは、陰陽道の反閇には籌を用いた儀礼がないことと、姿をくらますというモチーフが見られないことであり、陰陽道の反閇においては、邪気を祓い神霊の守護を祈ることが主要な目的であったようにみえる。

このように中国の反閉と陰陽道の反閇には、似ている部分もあれば、かなり異なる部分も見られるが、それらはそれぞれの儀礼に要求されていたことが、異なっていたことを反映しているのであろう。今後はさらにその儀礼の位置づけも考慮しながら、広い関連の中で比較していくことが必要であろう。

注

（1）酒井忠夫「反閉について：日・中宗教文化交流史に関する一研究」（『立正史學』第六六号、一九八九年、一一一四頁）。

（2）小坂眞二「陰陽道の反閇について」（『陰陽道叢書』1、名著出版、一九九一年）。

（3）この段落の記述は、細井浩志氏、山下克明氏の教示によるものであるが、他にもいくつかの教示を賜った。記して感謝の意を表したい。また「小反閇作法幷護身法」を含む若杉家文書については、京都府立京都学・歴彩館のホームページでその写真を閲覧できるということである。

（4）酒井氏前掲、五―六頁。

（5）同上、八―九頁。

（6）洞玄部・衆術類には、『黄帝太一八門入式秘訣』の前に『黄帝太乙八門入式訣』三巻が収められており、巻中・巻下では「六丁玉女」関連の呪術儀礼が収められており、陰陽道の反閇を論じた部分の（4）で紹介した四縦五横呪に類似した呪文も見える。『道蔵提要』（中国社会科学出版社、一九九一年）によれば、この書は唐末五代の成立ではないかとしているが、『黄帝太一八門入式秘訣』もこの書と関連が深いものと思われる。

（7）『道蔵提要』によれば、この書は宋の仁宗以後に現れたものではないかという。

（8）『道蔵提要』では、この書は唐代に世に出たものではないかとしている。

（9）この部分の前には、「開宝四年七月初一日」の日付の付いた、「宋尚書右僕射趙普進経表」が収められている。

（10）酒井氏前掲、六頁。

（11）『遁甲演義』のテキストについては、『四庫全書』に収められたものを用い、劉道超、周栄益『奇門遁甲注評』（広西民族出版社、一九九三年）に、付録として収録された節録本を参考にした。またこの本の一七四―一七八頁には、奇門遁甲における神秘的な術の例として、玉女反閉が『遁甲演義』に基づいて詳しく紹介されている。

（12）道教では禹歩は、一般に左足あるいは右足から踏み出して、次にそれに右足あるいは左足をそろえる歩き方をいう。そしてその歩き方によって、北斗七星の形をなぞっていくことを歩罡と呼んでいる。しかしなぞっていく形は、北斗の形ばかりでなく、いわゆる魔法陣の形を一から順番に踏んでいく方法もある。

（13）現代中国の出版物で、奇門遁甲について解説してある書物では、奇門遁甲の中でも最も荒唐無稽なものとして、この玉女反閉局を批判してあるものが多い。たとえば『神秘方術面面観』（斉魯書社、二〇〇一年）二三二頁や、『中国命相研究』中巻（山西人民出版社、一九九二年）五三三―五三四頁などに見える記事は、この例である。

（14）村山修一編『陰陽道基礎史料集成』（東京美術、一九八七年）、「小反閇作法幷護身法」は一八〇―一八六頁に収められている。

（15）大淵忍爾『中国人の宗教儀礼』（福武書店、一九八三年）、第二篇「道教儀礼」Ⅰ「台湾の道教儀礼」第三章「醮の儀礼」九金籙宿啓師聖科儀全集（三）金籙宿啓玄壇科儀。このうち禁壇儀については、二八三―二八七頁に記されている。

（16）同上、二八六―二八七頁。

【コラム】
道教の方術

松本浩一

はじめに——方術の内容・定義

「方術」に関連する項目を、道教の研究では権威的な『中華道教大辞典』で調べてみると、「方術」、「方技」、「術数」の三つの項目があり、「方技」、「数術」は基本的に『漢書』芸文志に基づいて内容を紹介している。(1)『漢書』芸文志の「数術略」の細目は天文、暦譜、五行、蓍亀、雑占、形法からなるが、この事典の「数術」の項目では「後世では数理占卜の術を指すようになった」として、星占、卜筮、三式、相命、相地、擇日、拆字を挙げている。「方技」は、『漢書』芸文志の「方技略」によれば、医経、経方、房中、神仙からなる。「医経」には「黄帝内経」などが収められ、「経方」はほとんどの書物が滅びているが、小序によれば、薬方に関わる書物と考えられる。「房中」もすべて滅んでいる。「神仙」も同様であるが、司馬遷が「服餌修錬して軽挙（成仙）を求め、草石を錬して金銀となす」としているような書物、すなわち服餌や錬丹関係の書物と考えられる。『中華道教大辞典』の解説では、「方技」は次第に「方術」と混同されるようになったとしている。そして「方術」の項目では、古代の方術は以上の内容をふまえて、「一、預測術、二、長生術、三、雑術に分かれる」とし、「預測術」は占卜と星相、「長生術」は外丹、内丹、気功、服食、房中等を含むとされている。雑術については説明していないが、その他の医や巫、厭蠱、祝・符・術、禁などを含むと考えられる。

『隋書』経籍志において、道教に関して述べた記述は有名であり、研究者に引用されることも多い。そこには「其術業優者，行諸符禁，往往神驗。而金丹玉液，長生之事，歴代糜費，不可勝紀，竟無效焉（その術において業が優れた者は、様々な符禁を行い、往往にして霊妙な霊験がある。しかし金丹玉液（を服用して）長生を実現する事については、歴代に費用を糜《つい》やすことは、すべてを記すことはできないほどなのに、ついに効果はない）」という記事が見える。すなわち符や呪を用いた呪術では優れた者が行えば霊験あるものもあるが、金丹に関しては金を使っても効験はないと述べている。この他に子部・「五行」には、易占や「太一経一巻宋琨撰」などの太一、遯（遁）甲、「六壬式経雑占九巻」などの六壬、「九宮経三巻鄭玄注」などの九宮、占夢、風水、相など様々な占術が収められており、五行の小序には「是以聖人推其終始，以通神明之變，為卜筮以考其吉凶，占百事以觀於來物，觀形法以辨其貴賤（それで聖人はその終始を推察して、以て神明の変化に通じ、卜筮を行ってその吉凶を考え、百事を占って将来やってくる物を観て、形法を観てその貴賤を辨ずる）」と述べられている。また同じく子部の「医方」の書物は、「所以除疾病，保性命之術者也（疾病を除き、性命を保つための術である）」とされているが、ここには養生、引気、導引、房中などの書物が見えている。

さらに宋・太宗の勅によって編纂された類書である『太平御覧』では、「方術」の項目で次のような内容が扱われる。すなわち養生、医、卜、筮、相、占候、占星・占風・占雨・望氣、巫、厭蠱、祝・符・術、禁・幻である。やはり養生、占術、巫術、符呪という内容からなっていることがわかる。

八九一年ごろの成立とされる『日本国見在書目録』の五行類は、呪禁・符印・五行・六王（壬）・雷公・太一・易・遁甲・式・相・仙術の細目に分かれているが、そこに収録されている書物は、占術・呪術が主なものである。そして呪禁には『三五神禁治一切病存法』や『三五禁法』、『三五大禁呪禁決』などが収められ、最後の仙術には『赤松子玉（章？）暦』や『玉女返閉』、『沐浴書』など雑多な書物が収められているが、いわゆる服餌や金丹関係のものはない。そして次の医方類には、『黄帝素問』や『張仲景方（傷寒論・金匱要略にあたるか）』、『神農本草』などの医書の他、養生、『仙薬方』、『神仙服薬食方経』などの仙薬関係の書物の他、『調気道引方』、『道引法図』など行気・導引に関する書物も収められている。そして『三五禁方』、『三五神禁治病図』などの呪禁による病気治療の方法も収められているが、これらは『隋書』経籍志の「五行」や「医方」には見えない。あるいはこれらの書物は、すでに「道経」に入れられていたのかもしれない。呪禁の内容については、坂出祥伸教授が『千金翼方』の「禁経」などについて詳しく分析しているが、その著書の中で「呪術的医療」としている。(2)

一、道教の方術

道教の方術は、以上に掲げた内容のうち、錬丹術、方薬、符・呪などの分野を含むと考えられる。占術は、それを専門に扱った文献は明代の『道蔵』の中にはほとんど見出されないが、後述のように道士が呪術儀礼を行う際には占術との協力が欠かせない。また同じく呪術の使用には冥界と直接関わることのできる巫との協力も見られる。そこで占術・巫術については道士の呪術儀礼との関わりについてのみ触れることにする。しかし上述の目録や類書などにおいて、斎醮などの大規模な儀礼は方術の範囲には含まれていないので、ここでは取り上げない。そして錬丹術や方薬の分野に関しては、錬丹術の伝統を伝える文献は日本には存在せず、方薬については道教の範囲を超える部分が多いと考えられるので、ここでは符・呪やそれを含む小規模な呪術とその歴史、そして巫との協力、占術との関連の実際について紹介することにしたい。

符と呪

符は日本でも使用されているので、見たことのある人も多いだろう。これらは中国から伝わったもので、四世紀初めに成立した『抱朴子』巻十七に紹介されている、山林に入る時に用いる「老君黄庭中胎四十九真秘符」は、「甲寅の日に、白絹に朱を用いて書き、夜に机の上において北斗に向かって酒や干し肉を供えて祭り、自分の姓名を告げて再拝してからこれを取り、襟の中に入れておけば、山川の百鬼・万精・虎狼・虫毒を避けることができる」とされている。(3)

この場合は絹に書いているが、やはり紙それも黄色の紙に書かれることが多い。また書く時にも作法があり、民間で符や呪文の種本として広く用いられてきた『万法帰宗』には、次のように記されている。

符を書く時には朱砂を用いる。その時には、心を澄ませ、端座し、妄想をすべて排除してから、香を焚き、気を定める。筆を持つ時には「浄口呪」を七回心の中で唱え、「安神呪」「浄身呪」を三回唱える。おわって紙と筆に息を吹きかけ、水・紙・筆に呪文を唱える。また三台星（北斗七星の下にある六星で、二つずつ組になっている）が頭上を覆い、北斗と南斗が身を守っていると想像し、筆を香の上にかざし、黄金の光に照らされていると想像してから符を書く。(4)

また、劉曉明氏は符を構成する要素について、次のようなものをあげている。

①三清（道教の最高神である元始天尊・霊宝天尊・道徳天尊）を表す符号。

②符の神を表す符号。六丁六甲神や雷部の神などが多い。

③北斗星の符号。北斗は衆神を取り締まる立場にあるから。

④神気を示す符号。施術者が符に気を込めることによって、符は霊性を獲得するから。

⑤「鬼」字。いかなる災害・病気も鬼の祟りによって引き起こされるから、鬼を制圧するためにこの字を書く。(5)

受けた符については、たたんで身に着けている（身体を守る時など）、焼いて神々に送り届けたり灰を服用したりする、貼っておく（家や部屋など貼った場所の内部を守る時）、などの使用法がある。

また符を書くときには「浄口呪」「浄身呪」など必ず呪文を唱えることはすでに記したが、そのほかにも、お祓いをするとき、神将神兵を呼び出したり、彼らに命令を下したりするときなど様々な目的で呪文は唱えられる。この「浄口呪」「浄身呪」などについては、呪術儀礼のところで紹介する。

二、道士の呪術儀礼

このように呪文もそれと一緒に用いられる符も、その種類・用途はきわめて多様であるが、小規模な呪術儀礼（台湾ではこれらを法事と言っているので、以下ではこの言葉を使うことにする）の種類も極めて多い。現在の台湾の北部道士が行っている法事にも多くの種類があるが、台北の府城隍廟で毎日行われているのは三種類であり、「祭解」「補運」「超抜」と呼ばれる。このうち最も多くみられるのは「祭解」であり、依頼者がある程度集まると始められる。これは様々な関係で、トラブルを引き起こす可能性のある煞（殺）神を祭り、供え物をしてお引き取りを願うことがその目的となっている。これに対し「補運」は、三光すなわち日・月・星（北斗七星）の力によって、自らの生命力をパワーアップすることを目的として行われ、朝九時から行われる。「超抜」は原因のわからない身体の不調や不運などが続いたとき、霊能者に見てもらうと、依頼者と様々な因縁のある鬼（注：中国では死者のことを鬼と呼ぶ。死ぬことを「鬼籍に入る」というのも鬼の戸籍に入ることを意味する）の祟りによって引き起こされていることが明らかになった場合に、その鬼を救済することにより、身体の不調や不運から解放されることを目的として行われる。

（１）祭解の内容

はじめに依頼者は料金を払って、関と三牲（生臭物三種類、豚肉・魚・卵など）を受け取り、道士は関に依頼者の名前を書き、三牲とともにテーブルに並べる。関は中国風の廟門を象ったボール紙製のもので、縦三〇センチ横二〇センチ位の大きさになる。関は運の障害になるもので、車関・水関・火関・刀関・官符関などを表す。さらに関には五鬼・天狗・白虎などの煞神が描かれ、様々な紙銭が中に一緒に置かれる。儀礼の順序としては、はじめにいくつかの呪文を唱えたあと、神々の来臨を願って供え物を捧げ、「浄心神呪」「浄口神呪」「浄身神呪」そして「安土地神呪」を唱え、神々への祈願を記した疏文を読み上げる。そして様々な煞神に退いてくれるように願う文を読んでいき、願いが聞き入れられたかどうかをポエによって確かめ、依頼者は紙銭と疏文を焼きに行く。そして別の道士が身代わりの人形に点眼したあと、それに依頼者の災厄を引き受けてもらい、関で依頼者をお祓いして終了する、という順序で行われる。

来臨を願う神々は、「城隍老爺、城隍夫人、孚佑帝君、文昌帝君、左右の護法、両班の曹司、当年太歳、雷霆官将、福徳正神、座上の観音仏祖、地蔵王菩薩」の名前があげられ、「廟のすべての神々は、この真香によって、普く供養を受けるように、再び真香を運らせる」と述べられる。すなわちこの法事が行われる台北府城隍廟に祭られている神々が列挙されている。ここには道教、儒教、仏教そして民間の神々が列挙されていることがわかる。次にこの法事を行っている道士たちが属する基隆・広遠壇に祭られる神々が招請される。すなわち「三清上聖、十極高真、金天教主、萬法宗師」を始め、「保生大帝、観音仏祖、関聖帝君、南斗六司延寿星君、北斗九皇改厄星君、日宮太陽帝君、月府太陰星君、中壇元帥、上海城隍老爺、孚佑帝君、感天大帝、王母娘娘、財神老爺、福徳正神、雷霆官将、当年太歳、押煞仙官、天星・地曜・支干の煞将、道法二門の口教宗師、壇のすべての神々」が挙げられる。

「浄心神呪」「浄口神呪」「浄身神呪」「安土地神呪」は四神呪と呼ばれ、それぞれの呪文を唱えるとき、右手に花のついた小さな茎を持ち水を付けた後、それを胸の前、口、そして背中にあてて、心、口、身を清めることを示し、「安土地神呪」を唱えるときは、左右の地面に水を撒く。いずれの呪文も「急急如律令」から「浄口神呪」など呪文の名前の部分までは、節を付けて唱え、呪文の部分は読み上げられる。

(2) 浄心神呪

太上台星、應變無停、驅邪縛魅、保命護身、智慧明淨、心神安寧、三魂永久、魄無喪傾、急急如律令

（太上の（三）台星は、変に応じて停まることなく、邪を驅《か》り魅を縛り、命を保ち身を護る。智慧は明るく浄らかで、心神は安寧である。三魂は永久で、魄に喪《うしな》い傾くことなし。急急如律令）

(3) 浄口神呪

丹朱口神、吐穢除氛、舌神正倫、通命養神、羅千齒神、卻邪衛真、喉神虎賁、氣神引津、心神丹元、令我通真、思神練液、道氣長存、急急如律令

（丹朱は口神（の字《あざな》））（『老子中経』第二十二に見える）、穢を吐《は》き氛を除く。舌神は正倫、命に通じ神を養う。羅千は齒神（の字）（以上『黄庭内景経』）、邪を卻《しりぞ》け真を衛《まも》る。喉神は虎賁（『老子中経』第二十二）、

気神引津、心神は丹元（『黄庭内景経』）、私を真に通ぜさせる。神を（存）思し液を練れば、道気は長く存する。急急如律令）

（4）浄身神呪

靈寶天尊、按慰身形、弟子魂魄、五臓玄冥、青龍白虎、隊仗紛紜、朱雀玄武、侍衛我身、急急如律令

（霊宝天尊は、身形、弟子の魂魄、五臓玄冥（腎神）を按《しら》べ慰《なぐさ》める。青龍・白虎は、隊仗なすこと紛紜《さかん》である。朱雀・玄武は、我が身を侍衛する。急急如律令）

（5）安土地神呪

元始安鎮、普告萬靈、嶽瀆真官、土地祇靈、左社右稷、不得妄驚、回向正道、内外澄清、各安方位、備守壇庭、太上有命、捜捕邪精、護法神王、保衛誦經、皈依大道、元亨利貞、急急如律令

（元始は安らかに鎮まり、普く萬霊に告ぐ。岳瀆真官、土地祇霊、左社右稷は、妄りに驚かせてはいけない。正道に回り向いて、内外は澄清、各おのの方位に安んじ、壇庭を備え守る。太上に命あり、邪精を捜し捕えよ。護法の神王は、誦経を保ち衛《まも》るように。大道に皈依すれば、元亨利貞。急急如律令）

疏文は台北府城隍神と南北斗星君に対して発せられる。その祈願の内容は、はじめに「かたじけなくもこの世に生を受けたのに、近頃は星の巡りが悪く災いが連なり、煞神が煩いを起こしている」ことを報告し、そこで今「供え物を具して、斗星が転移し、元辰が振いおこって、吉に赴き幸運がもたらされるように」という内容になっている。

そして煞神を招くときには次のような文章が読み上げられる。「弟子である私はいま奏上すべき事がございます。もし事がなければあえて神威を冒瀆することはございません。いま疏文を奏上致します。爐下の信者たちは誠心にてこれを清め、本日の大吉の日に、道により恭しく台北府城隍爺の御前に就き、誠心につつしんで清香・時菓・福円・麵線・金帛財宝・保運銭などを具え奉ります。伏して城隍老爺にお祈り申し上げます。一に座にいらっしゃり、二にこれらを受領し、三に信者たちを守りお助け下さり（元辰が光り輝き、運勢がとおり通じ、家々が福を獲られ、戸々が平安で、一年通じて吉で四季とも平安

でありますように）。もし命宮のその年の運、大小の命運に、侵や帯、刑や冲、尅や害（即ち様々な障害）があれば、ことごとく解かれ消除されますように」。

「年が五鬼を犯していれば年の中から退き、月が五鬼を犯していれば月の中から消え、日が五鬼を犯していれば日の中から消え、時が五鬼を犯していれば時の中から消えるように。東方が青面五鬼を犯し、南方が赤面五鬼を、西方が白面五鬼を、北方が黒面五鬼を、中央が黄面五鬼を、五方十路の五鬼を（犯し）、五鬼が命に入り、五鬼が身に纏い、五鬼が災いをなしていれば、五鬼病符、五鬼官符、五鬼財関財劫、五鬼小人は解かれ消え除かれ、五鬼陰光、五鬼陰煞、五鬼陰病は、あなたから解かれ消え除かれ、解離されるように」。

五鬼は煞神の一種で、この他にも白虎、天狗、車関、火関、水関、歳破、大耗、空亡、桃花、喪門、病符、死符、官符など様々な煞神や関が言及され、それらがことごとく解消し除かれるように祈られる。内容は五鬼に関するものとほぼ同様である(6)。

（6）「超抜」の内容と呪術儀礼の意義

台湾北部の道士は、葬儀に携わることはない。普段はここに紹介するような小規模な呪術儀礼を行うことによって生計を立てており、数年に一回地域の大祭として行われる醮や、それより小規模な礼斗法会も担当する。中元節の時期には廟や団地、町内会、市場などを単位として各地で普度が行われるが、この時期には道士たちは毎日何カ所かの普度を分担して担当する。普度は施餓鬼の発展したもので、救済されない霊魂である孤魂（無縁佛）・厲鬼（怨霊）を慰めるために行われる。北部道士の行う普度には三種類あり、最も大規模なものは醮の時に行われ、中元節では二時間程度を要する中規模のものが普通であるが、超抜は最も小規模の普度と同様の内容を備えている。これが祟りを起こしている死者の供養のために、毎日午後四時ごろから行われている。

その基本的な筋立ては、（一）始めに道・経・師への帰依を唱え、その力によって孤魂の救済・天界への往生を願う。（二）救苦天尊へ来臨を請う。（三）孤魂を接引する五方童子を召請する。（四）香・花により、救苦天尊に孤魂を救い出すことを願う。（五）この儀礼を行うことによって、孤魂は超度され、生者には平安と福がもたらされるようにという願いが述べられる。（六）地獄より亡魂が解き放たれ、鬼門関を超え出てくるように宣せられ、亡魂を召請し法食の場へと導く。（七）冥衣を無量に化して亡魂に給する。（八）甘露水を撒いて喉を通じさせる。（九）三清（玉清・上清・太清）に祥光による超度の証明を願い、法橋を造って亡魂が渡れるようにして、救苦天尊に亡魂の超度を願う。（十）疏文を読み、願いが聞き届けられたかをポエで確かめる。（十一）供物を無量の法食と化して、この法食によって亡魂が救済され、仙界に遊び、無上道を得るように祝福する。（十二）亡魂が救済され、生者に平安がもたらされるように、そして各おのがそれぞれの道を行くように宣して終了する。

すなわち亡魂を地獄から救い出し、衣を着替えさせ、甘露食を給することによってこの世への執着を断って、天界へと導くという筋立てといえる。

ここで読まれる疏文には「霊宝大法師」で始まるものと、「伏以」で始まるものとの二種類があるが、前者は一般の済度に、後者は「冤親債主」（前世において恨みを受けたり、こちらが悪いことをしたりして負債を負っている霊魂をいう）に対して用いられる。ここでは前者を紹介しておく。

霊宝大法司は（人間に）托化し・超生するために、今、台湾省某市某路（街）某段某巷某弄某号某楼（の者が）、謹んで昭明廟に就き、壇を立て道を奉じて、斎を修めて済度し、福に乗じて薦抜し、この世の報恩をしようとしています。

誰それと一族の者たちは、伏して何年何月何日何時に生まれ、何年何月何日何時に亡くなった誰それの魂を痛み、切に魂が冥府に帰し、魄が南柯に入るように念じます。ここに本月某日の大吉に申して難を薦抜し往生できますよう、道によって謹んで昭明廟に就き、府城隍の案前に、正一超生済度法事を修設し、慈尊を招き奉ります。どうか広く済度を垂れ、功徳はあまねく行き渡り、証明書を給付し、牒文によって真司に取り次ぎ、太上の格別の恩に浴し、超生の妙果を獲て、永く苦海を辞し、人天に生まれ変わって、経を聞いて道を悟り、逍遥として仙界に登ることができますように。

そのために牒文を作り、以上を亡魂誰それのために給付して、往生を証明いたします。

天運某年某月某日に給付します。謹んで東宮慈父太乙救苦天尊が生方に接引下さいますようにお願いいたします。

先に触れたように、この法事を行ってもらう前には、霊能力者あるいは霊媒師である童乩による診断が先行することが多い。つまり依頼者に、医者に行っても原因のわからない身体の不調や不運が続いたりしたときに、彼らにその原因を探ってもらうと、前世で因縁のあった死者や祖先の不満があって、祟りを被っていると判明したというような過程が、法事を行ってもらう背景に存在するのである。また「祭解」の場合には、依頼者の中には易占の結果を持ってやってくる人もいる。彼らは計画していることがうまくいくかどうか、予め易占を行ってもらう。その結果として示された成功の確率を少しでも上げるために、この「祭解」を行ってもらいにやってくる。易占を行ってもらうと、その結果として依頼者へのアドバイスを示す詩句と、障碍になっている煞神の名前などが書かれた用紙が渡される。この障碍となっている煞神に退いてもらう方法が「祭解」なのであるが、占い師によれば、成功を勝ち取るには自己の努力と神明の力すなわち運気の両者が必要であり、「祭解」は成功を一〇〇パーセント保証するものではないが、六〇パーセントのものを八〇パーセントにすることはできるのだという。また「祭解」を有効にするには、何日何時に行うかということも重要で、下手な時間に行うと返って結果を悪くすることもあるという。このように法事には、運勢の判断や祟りの原因の究明など、見えない力の働きを診断する過程が先行しており、その診断の結果に基づいて障碍を除去し治療を行うのが法事だといえよう(7)。

三、二種類の呪術儀礼

宋代の呪術儀礼を説いた道教の書物には、祟りを行う存在には二種類があって、一方は取り締まるべきで、一方は憐れみをかけるべきだという主張がなされている。

祟りを治めるにあたっては、大祟は治め、小祟は哀れむべきである。大祟とは、神廟・山林・寺観の祠に巣くうようになった存在であり、彼らに対しては、その祟りの根は千里に連なり、四方に通じ、良民をいわれなくして害して、死んでからはその一味とする。歳月を重ねると、これらのよこしまな魂魄は、処かまわず占拠し、血食を求め、毒をまき散らして民を害する。これに対しては決して退いてはいけない。これに対し、小祟とは幽魂のことであり、あの世で哀れむべき生活をしている浮かばれない霊魂は、生まれ変われるようにすべきである。

（『無上三天玉堂大法』巻二十七）

六巻からなる『中国宗教制度』の著者デ・ホロートは、第二冊第六部「悪霊との戦い」の中で「駆邪は天の権威の下に、もしくは天の命令の下に、人を傷つけている悪霊に対しては、ほとんどもしくは全く役に立たない。……ただ一つの防御の方法は、功を積むことで罪を購うか、宗教者の助けを借りてもしくは自分で、懺悔・崇敬・供犠などの行為によって、許しを請うしかない。しかし一方では無数の無法者の悪霊がいて、根拠のない悪意で人を不当に傷つけ、人を脅して供物を強要する。彼らは原則として天に支持されていないから、駆邪の方法を知る者は、彼らに対して自由にこれらを使用してよい」と述べている[8]。

この後者の「無数の無法者の悪霊」は、まさに先の引用中の大祟にあたり「治めるべき」ものとなる。そしてこれに対して使用する「駆邪の方法」が考召法とよばれる呪術で、神将神兵を派遣して害をなす鬼神を捉え、罪をただし処罰する。この言葉について劉仲宇教授は「漢代ではこのような呪術を「召劾鬼神」と呼んでいた。召とは彼らを召し、形を現させることであり、劾は取り調べ処罰するという意味である。すなわち彼らの素性・経歴を明らかにした後、天の律によって処罰することである。考召という言葉も「召劾鬼神」と意味はほぼ同じで、考は功績と罪過を調べることであり、鬼神を呼び出して取り調べ処罰することを考召と名づけた[9]」と述べている。

宋代には雷法・天心法と呼ばれるこの種の呪術が成立したが、宋代の考召法は国家秩序と一体になっていることが特色である。次にこの考召法について、『上清天心正法』巻四の「治伏癲邪」に記された方法を紹介したい。

はじめに祟りを受けた患者の状況を具体的に報告させ、次に広く天羅地網を張り巡らせて神々に文書を発送する。道士は患者の家に行って、変神した後、上帝に黙朝し事情を上奏する。次に神将が守りを固めて祟っている鬼を捉え、固く門を閉じて祟鬼が逃げられないようにする。そして再び変神して将帥を呼び出し、病人に出てこさせた後、道士は左右の手に印を結び、罡（北斗星）の中を離れずに呪文を唱え、「神将は速やかに禍をなす鬼神を引き出し、すぐに来るように」と唱える。そして捉・縛・枷・拷すなわち祟鬼の正体を明らかにし、縛り上げ、枷をはめ、拷問を行うための四種の呪文を唱え、印を結ぶ。それでも祟気が従わないようなら、さらにいくつかの方法が記されている。そして「発遣鬼祟離体法呪」を唱えて鬼を病人から出ていかせる。この時に、その後も神将を派遣して病人の家を守らせ、回復した後、将兵をねぎらい、もどらせる。

この例からも、考召法が、役人が犯罪人を逮捕して取り調べる過程を模したものであることを見て取ることができよう。

一方で後者の「あの世で哀れむべき生活をしていて浮かばれない霊魂」とされた小祟とは、あの世で祭ってもらえない、あるいは恨みを抱いたまま次のステージに進めない霊魂であり、その苦しみを訴えるために祟りを起こしている存在である。彼らは「生まれ変われるように」救済することで対処するべきであるといっている。つまり彼らは先に紹介した「超抜」などの法事によって救済されるべき霊魂であるとされている。宋代には、すでに彼らを救済するための小規模な儀礼が成立していた。これが「祭錬」とよばれる儀礼で、鄭思肖『太極祭錬内法』によれば、これは亡魂を地獄から解放した後（破獄）、儀礼が行われる場所に招き（召魂）、穢れを除いて完全なものとし（沐浴）、甘露の食を給してこの世への執着から解放し（施食）、水と火によって冶錬を受けて（錬度）、最後に三宝に帰依し、九真妙戒を受け、「太上生天宝籙」を授けられて仙界へ上昇する（伝符授戒）、という過程を簡略な形で行うもので、様々な方法が知られていたことが鄭思肖や金允中の記述からわかる。(10)

おわりに

ここでは方術とはどのようなものを指すのかを考察した後、道教の方術について、法事と呼ばれる小規模な呪術儀礼ということに限って紹介してきた。この中にも呪文や符あるいは手印など様々な要素が含まれている。そしてそれらは長きにわたって、社会の大きな変化の中でも生命を保ってきたのである。しかし人々の要求の変化にこたえるために、必要のないものは滅び、新たに必要とされるものが生まれてきた。その変化を踏まえたうえで、日本と中国の社会の中でどのような呪術儀礼が必要とされてきたのかを、比較しながら研究することが今望まれているのではなかろうか。

注

（1）胡孚琛主編『中国道教大辞典』（中国社会科学出版社、一九九五年）。

（2）坂出祥伸「道教的方術の諸相（二）――呪術醫療」（『道家・道教の思想とその方術の研究』第二篇、汲古書院、二〇〇九年）。

（3）『抱朴子内篇』（『中華道蔵』巻二十五、華夏出版社）巻十七、七八頁。

（4）『増補秘伝万法帰宗』巻四（武陵出版、一九九八年）一九三―一九四頁。

（5）劉暁明『中国符呪文化大観』（百花洲文芸出版社、一九九五年）。また劉枝萬氏は台湾の法師が用いる符について、その構成と内容について詳しい考察を行っている。劉枝萬「符式簿の解読」（『台湾の法教――閭山教科儀本と符式簿の解読』後篇、風響社、二〇一九年）。

（6）拙著「台湾北部道士の祭解」（『中国思想における身体・自然・信仰』、東方書店、二〇〇四年）五〇五―五二二頁。

（7）拙稿「台湾北部紅頭道士の超抜」（『東京家政学院筑波女子大学紀要』第八集、二〇〇四年）六九―七八頁。

（8）De Groot, "The religious system of China", *BookII*, pp. 932-933（台湾・成文出版社復刻、一九七二年）。

（9）劉仲宇『道教法術』（中国・上海文化出版社、二〇〇二年）三七八頁。

（10）拙稿「《太極祭錬内法》與鄭思肖的宗教思想」（『道教與地方宗教――典範的重思國際研討會論文集』、漢學研究中心、二〇二〇年）三七―六六頁。

【座談会】

道教と陰陽道の関係をいかに研究するか

西岡芳文
山下克明
細井浩志
松本浩一
(司会)土屋昌明

土屋：日本の文化現象に道教的な要素がみられるという問題は、かつてはよく議論され、日本文化の特徴を考えるにおいて非常に興味深い刺激を与えてくれました。しかし、この二十年くらいは停滞気味となっているように思います。この間、道教研究も日本史研究も相当に進んできています。そこで今回、本書ではあらためてこの問題をとりあげてみました。

日本への道教流伝の状況をめぐって、同時代の中国道教を組織的に移転させたわけではなかった、という点については研究者のあいだですでに共通認識となっています。公伝があって政治権力により広範に普及させられた、というわけではなく、長期にわたって、道教の各種の観念や方術などを知っている人やそれを記した典籍が日本にもたらされた結果、道教の各種要素が日本文化に浸み込み、日本の伝統と結びついて溶け込んでいったわけです。これを分析しようとするとき、かなり厄介な問題があります。もともと雑多な内容を備えた「道教」、その要素がいろいろなルートで日本文化に入った。それを取り出して考察するとなると、どこからどこまでが「道教」なのかを判断するのがむずかしい、という問題です。一見して中国の道教文化に相似したものですら、それをどう判断するか、どう研究するか、という点は決して自明ではありません。

　日本において、そのような現象は非常に多く存在しました。中でも陰陽道の技術と実践は、道教でいえば「方術」にそっくりで、用語も流用されており、明らかに道教文化の影響を受けているようにみえます。そこで、本書では特に部立てを設けて論じていただきました。ここではその執筆者の方々にざっくばらんに討論をしていただき、さらに理解を進めたいと思います。

　相互に初対面のかたもいますので、まず簡単に自己紹介をお願いします。そのあと、各論文について、ご意見を伺っていきたいと思います。例えば道教と陰陽道では、「呪禁《じゅごん》」とか「方術」など、同じ用語が扱われますが、どうも考えていることが違う場合もあるようです。それは間違った使いかただとか、誤解にもとづくなどということではなくて、道教と陰陽道とでどういう概念なのかを確認する。そんな感じで進めたいと思います。西岡先生からよろしくお願いします。

西岡：西岡でございます。私は二十代の終わりから金澤文庫に勤めておりまして、定年退職後は上智大学で学芸員課程の教員をやっております。私が陰陽道的な世界に入ったのは、就職する前、二十代の後半です。ちょうど陰陽道というものに世間の注目が集まり始めた時期、必ずしも陰陽道をやろうと思っていたわけではないんですけれど、『鎌倉遺文』という鎌倉時代の古文書を集めた本に、卜形《うらかた》という占いの結果を報告した文書がたくさん収録されていて、そこに出てくる言葉を追究して行く中で、実はそれが六壬《りくじん》という式占のデータであるということに気がつきました。そこからスタートして、たまたま金澤文庫にある『卜筮書《ぼくぜいしょ》』という唐鈔本が、今まで本文内容について誰も説明できていなかったものですが、まさに六壬式占の原典のひとつであるということに気がついたのです。その後、はからずもそれを保管する金澤文庫に就職することになりまして、収蔵資料をいろいろ調べたところ、式盤に類するような図像なんかを見つけました。ちょうど金澤文庫の建物が改築されるところで、私もその要員のような形で入ったんですけど、新館がオープンして間もなく、陰陽道にかかわるテーマの展覧会を開きまして、それに合わせて連続講座を企画しました。そこで、山下克明先生とか小坂眞二先生とか、山本ひろ子先生とか、その方面に関わっておられるかたを十人ぐらいお招きしました。当時の陰陽道研究のまさに最前線の方々を集めてそういう企画を二回ぐらいやりました。その時にまとめて本にでもしておけば、後々大変役に立ったんじゃないかと思うんですが、特に小坂さんなどはあまり表に出ないかたでしたので、そういう研究者の講演記録が残っているのは貴重かなと思っています。

その当時はまだ式占というものに対する認識が浅くて、漢和辞典通りに「ちょくせん」と発音されておりました。金澤文庫の資料の中の「式経」のテキストを説明したくだりに、カタカナで「シキ」とルビがふってあるのを見つけて、中世の読み方が確認できました。そこで初めて式占《しきせん》、式盤《しきばん》、そして式神《しきがみ》、という関連用語がつながってきたんですね。その後、六壬式占に関しては小坂さんが精力的に解析を進められ、松岡秀達さんのようにプログラミングまでされる研究も出て、当時ちょっと金澤文庫の中でも陰陽道がブームになっておりました。永井晋さんとか福島金治さんとか、あるいは津田徹英さんなど、いろんな方面の専門家がこの分野に参入して意見を交換することができ、さまざまな情報が入って来たんです。

ただその時点では私も詳しい式占のあり方っていうのは認識していたわけではなかったのですが、金澤文庫の密教の資料の中で、陰陽道の式盤を取り入れた密教修法があることにだんだんと気がつきました。そこでかなりバラバラな形で埋もれていたのを復元して展覧会（陰陽道×密教）を開きました。テーマにしたのは、いわゆる「ダキニ法」と呼ばれる狐を祭る不思議な修法ですが、これは稲荷信仰に関わってくるもので、その延長で安倍晴明が狐の母から生まれたというような伝承にも脈絡がつくようになりました。しかもそのダキニ法というものが、天皇の即位儀礼にも関わっていて、単なる私的なまじないではなくて、国家的なものにつながっているという大きな展望が出てきたというのが、私が金澤文庫に三十年ちょっと在籍していた時の成果です。

大阪市立美術館で「道教の美術」展が開かれた時も、我々の成果を踏まえた資料が展示されたのですが、そこでの説明を見ると、陰陽道と道教の関係がはっきりと説明されているかという点についてはちょっと疑問が多かったんですね。私の経験で言うと、一回だけ中国出土資料学会に駆り出されたことがあって、式占・式盤の話をしたんです。その時に感じた違和感というのは、中国でそちら方面の研究をしているかたには、日本の陰陽道研究に対する違和感というか、反発というか、そういうものがあるということを感じました。当時、私はまだ式占・式盤の具体像について脈絡をもって説明できる状態ではなかったんですけど、たまたまその時に中村璋八先生が来ておられ、また、その会場に場違いな若い女性が何人かアシスタントを引き連れていらしていて、名刺を交換してはじめて岡野玲子さんだということを知りました。中村璋八先生はその後、道教学会で岡野さんと座談会をやるんだという話で、私がその時に持っていた発泡スチロールで拵えた式盤の模型を、それいいなあ、作ってくれないかと言われて、差し上げたことがあります。そんなわけで、現役プロパーの中国学者と出会ったのは、それがほとんど唯一の機会だったんです。

何しろ日本にある資料っていうのはせいぜい平安時代後期以降八〇〇年ぐらいのもの。一方、中国で扱われている式占・式盤の遺物は漢代のものが中心ですから、二〇〇〇年以上前のものなので、その辺のギャップもあるかと思うんですけれど、なかなか話が嚙み合うことがなかった。さらに道教という言葉が出てくると、こちらもちょっと引いてしまうところがあって、それは今も続いております。例えば『道蔵』という膨大なテキストがあることがわかっていても、その一つ一つの資料のテキストの来歴を追跡しないと、むげに古いものとして使うわけにもいかない。その辺の手段が簡単ではないものですから、まだ我々がそういうものにアクセスしながら論を進めていく段階には至っていないかなと思っています。

山下：山下克明と申します。今は、大東文化大学東洋研究所で兼任研究員をしております。私も大学院の頃から日本古代史で天文や暦などの中国関連文化に関心がありましたが、先輩から古記録の講読会に誘われ、そこで桃裕行先生にお会いすることができました。桃先生は『御堂関白記』や『小右記』とかの古記録の大家なので、集中的に古記録を読めるということで参加したのですが、先生は文系としたらおかしいくらい暦に詳しい方でして、暦の仕組みなどいろいろ教えて頂きました。また、先生の研究仲間には東京天文台（現国立天文台）のかたがたが多数いらして「天文年代学研究会」を組織されていました。そこにも雑用係で加わり、そんな関係で十年弱だったんですけど、先生についていって古記録や暦・天文・陰陽道関係の史料を含めていろいろ勉強させていただきました。

その頃ちょうど京都の若杉家（土御門家の家司の家柄）から安倍氏土御門家関係の貴重な資料がいろいろ出てきて、京都府立総合資料館（現府立京都学・歴彩館）に寄贈されたんです。そのおりも桃先生や年代学研究会の先生方と公開前に行って、村山修一先生からお話を伺ったり、天文書や祭文などの原史料を見て、こういう物を基盤として陰陽師が活動していたことを理解することができました。また、そのあとに陰陽道ブームがおこり、そこらあたりから陰陽道や陰陽師が一般の人にも知られるようになって、古代だけじゃなくて、中世や近世にわたっても、いろいろな研究が広く注目されるようになってきたと思います。

先ほども小坂さんのお話がでましたけれども、小坂さんとも桃先生のもとで一緒に勉強しておりました。小坂さんは、陰陽師の式占のことをものすごく突き詰めて研究されていたので、私はそこらあたりのことは小坂さんに追いつかないなと思いまして、ほかのところで私でも理解できるような、暦関係とか天文道関係とか、それから陰陽道の祭祀関係とか、そういう所を、陰陽道の周りを固めてからにしようということで、そちらの方面の文献を集め、また若杉家文書の古代・中世の史料を詳しく見ていくことで、いろいろな研究ができるようになったので、その後も続けてきたわけです。

最近は、私もそろそろ現役を退いてもおかしくない年代になりましたので、次の世代のかたがたも活躍しているということですから、最後のまとまった研究をとの思いで、『簠簋《ほき》内伝《ないでん》金烏《きんう》玉兎《ぎょくと》集《しゅう》』という中世の謎の暦書・陰陽道書といわれている最大の難物があるのですが、これについて見通しをつけて一仕事を終えようかなと思い、今はそれを集中的にやっています。

現在まではそのようなことですけれども、道教の話となると、やはり日本史をやっていますと道教は、道教学会の専門の先生方がいらっしゃいますし、正面から取り上げるということはやはり難しいですね。どう接し扱っていいか、道教の文献、とくに『道蔵』などをずっと読み続けられるわけでもないので、日本史側に出てくる、とくに陰陽道との関係ということなら、何か話はできると思いますが、それが道教からみてどういうもので、道教と本質的にどのように関わっているか、ということになってくると難しい。大形徹先生の大阪府立大学で行われた大会の時に開催されたシンポジウム「道教と陰陽道」で、私も増尾伸一郎さんから声をかけられて出て行きまして、道教学会デビューになったんですけれども、みずからはその後も道教との関係を追求していこうというところまで進まず、陰陽道の側面から道教を眺めていたと、そのような感じで今まで来ております。

細井：細井でございます。松本先生とはあまり接点がなかったかと思いますが、西岡さんと山下さんには――陰陽道研究者は互いに「先生」ではなく「さん」で呼びあうのが慣習なのでお許し頂きたいのですが、本当に前からいろいろ教えていただいております。私は、もともと日本史をやろうと思っていたんですけれども、大学に入って西洋科学史、ガリレオ・ガリレイについての授業を聞きまして、魔術的なもの、宗教的なものから科学が生まれたところに非常に関心を持ちました。でも、西洋科学に対する素養はありませんでしたので、日本史の中で科学史っぽいものは何かなと考えてみると陰陽道であったいうことになります。

最初、時代は中世をしようと思っていたんですけれども、中世を見ても陰陽道とは何なのかがあまりよくわからないんで、陰陽道ができた時期を研究すればわかるんじゃないかと思って、古代史を選んだという経緯があります。ここが私の場合、西岡さんとか山下さんとの違いで、周りに陰陽道を研究するにはこうやったらいいよって指導してくれる、そういう人がいませんでした。論文を投稿しても、陰陽道なんかやって、何やってんのっていう感じで。そもそも陰陽道の研究をするってどういうことかとか、それを研究して、日本史の方にどういうふうに成果を還元できるのかっていう、そういうことばかり意識させられたという経緯があります。

最初に陰陽道を研究しようと思った時のことですが、六国史（古代日本における『日本書紀』以下六種の史書）をみると、いろいろ関係の記事が載っています。それを山下さんはしっかり研究されて、いろいろな成果をすでに一九九〇年代にはまとめられていました。私はその中で、科学史っぽい天文現象に注目致しました。ところが、六国史の天文現象って、分布には時期にムラがあるんです。六国史は、政府が編纂した歴史書ですから、当然、何か作為がある可能性がある。六国史に出てくる星のデータというのはそのまま使えるのか、当時観測した天体現象の時期的な傾向と見なすことができるのか、それとも編纂した史料なので作為があるのか、というところを解明しなければ、そもそも研究できないという問題にあたりました。その時に、もう亡くなりましたが、むかしの東京天文台教授で、日本天文学会の代表もされた斉藤国治先生、退職後は古天文学（天文年代学）を提唱して、歴史上の天体現象を現在の宇宙物理学の計算で検証するということをずっとされたかたなんですけれども、その先生にお会いして、いろいろ伺ったんです。例えば日食現象は実際どんな風に見えるのかとか。それと、そのお弟子さんの峰崎綾一さんっていう、大学に勤める研究者ではないんですけれども、やはり斉藤先生にならった非常に優秀なかたで、私が知りたがっていたデータを計算して、こんな風になりますよって教えてくれたんですね。それをもとにして六国史の天文記録を見ていきました。すると六国史とはだいたいどういう史料なのか、どの辺が信頼できて、どの辺は欠けている、ということの見通しを得ることができて、これで学位論文を書きました。だから私の二〇〇七、八年ぐらいまでの研究は、陰陽道の研究そのものよりも、そういう陰陽道に関係ある、天文現象をもとにした六国史研究が主だったんです。それで見通しがついたので、山下さんや西岡さんがいろいろなことを解明されて史料も発見されているのでそれを勉強しよう、というかたちで徐々に陰陽道関係の論文も出すようになった、ということになります。私は新陰陽道叢書の古代の編者をさせていただいたんですが、これは、その前の陰陽道叢書が山下さん・小坂さんたちが主導して作られたもので、それからもう二十年も経ったんで、ちょっと違った人間がやってみるのもいいんじゃないか、恐らくそういうことでなったのだと理解しています。このシリーズでは、もちろん山下さんと西岡さんにも論文を寄稿していただいており、おかげさまで、なかなかいいものができたんじゃないかと思っております。

道教との関わりでは、道教と陰陽道は関係があるのはまちがいないんだけれども、どういう関係があるといえばいいのか、よくわからないんですね。道教は関係があるだろうから勉強しなきゃいけないなということで、私も増尾伸一郎さんの論文を読んだりしていました。そしたら、増尾さんの最初の本ですね、『万葉歌人と中国思想』の書評を書いてくれと言われまして、そのために、道教関係の論文や本を漁って読みました。それでいちおう書評を書いたんですが、その当時道教学会会長だった坂出祥伸先生のお名前を、何と、誤植してしまいました。それで、抜き刷りを送った時に、申し訳ありません、誤植しましたと言ったら、誤植は構わないけど、道教学会に入会してくれませんか、と言われて、それで道教学会に入ったんです。けれども、西岡さんがおっしゃるように、私も道教のことはよく分からないんですよね。そのようなわけで大会にもそんなに参加してなかったんですが、なぜか丸山（宏）先生が会長の時に理事になりなさいと言われて、何で私がと思ったんですけれども、そのままなってしまいました。今回、土屋先生から本を作るから協力しなさい、と言われたときに、普段理事としてあまりちゃんと仕事してないのに、ここでお断りするのはまたちょっと気がひけて、つい引き受けてしまった、という経緯です。

道教と日本史の関わりは、西岡さん、山下さんがおっしゃったように、なかなか難しいですね。陰陽道研究をする時に、確かに道教的要素はあるんですけれども、古くから言われているように、そもそもこの道教的要素は、仏教の一部として入ったのですね。これは山下さんが研究されていることなんですが、密教との関連でも入ってくるんです。ですから、実は日本の陰陽道を研究する時は、とりあえず仏教との関係をおさえておけば、いちおうできてしまうんですね。道教のことは横に置いておいても、とりあえずできる。仏教は無視できない。これが、陰陽道の研究と道教研究というものがなかなかリンクしない理由の一つではないか。ただ、道教の影響っぽいことは日本史の視点からもいろいろ見られるので、それをどういうふうに評価したらいいか。中世に関しては、道家思想を中世神道は取りいれていますので、高橋美由紀さんの研究とかあるんですけれども、古代の場合はどうしたらいいのかな、ということは、福永光司先生の本を読みながら考えたことがあります。今回、無理を承知で、古代の日本、陰陽道と道教の関係はこんな風に見てみたらどうだろうか、というのを文章にまとめました。ですから当然、日本古代史の研究、例えば天皇研究をされているかたからすれば、あるいは中国の道教研究をされているかたからすれば、こんなところがおかしいぞ、抜けているぞっていうのがいっぱいあると思うんですけれども、今のところの私の考え、見通しをまとめたものというふうにご理解頂ければと思います。

松本：松本です。僕は学生のころから道教に興味を持って、特に儀礼面について、儀式だとか呪術だとか、そういった方面に興味を持ちました。その頃、そういう研究はほとんどなかったものですから。ただ『道蔵』一組は筑波大に、まだこの時は東京教育大でしたが酒井忠夫先生の研究室に、自由に使っていいと言われた線装本があったから、最初は何をしていいかわからないので、それを書き写して勉強したりしていました。その後、修士の時ぐらいに宋代にできあがった雷法《らいほう》という呪術と、その頃に儀礼のための書物が編纂されるんですけれども、そのなかで黄籙斎《こうろくさい》という、最低三日間かかる儀礼があり、そういったものを分析したりしました。一方では、台湾で道士がやってる、やはり一時間ぐらいかかる呪術だとか、三日から七日間ぐらいかかる醮《しょう》という儀礼だとか、そういったことを調べていました。宋代がだいたい現在の伝統の出発点というふうに考えておりますので、その両方から研究を進めていってました。

陰陽道については、さきほどお話に出ていた、大阪府立大でシンポがあり、その時に山下先生といろいろなお話をさせていただいた記憶があります。その時に陰陽道の反閇と、奇門遁甲《きもんとんこう》の中に出てくる反閉を比較しながら考察するような論文を書いたんです。そのあとこの論文は未発表のまま、今回改訂して本書に載せていただきました。

奇門遁甲は、台湾に行きますと、そういった占いの本はたくさん出てるんです。どの本屋に行っても、一棚はだいたい占いの本で埋まっています。重慶南路という、日本で言ったら神保町みたいなところがあるんですけど、占い専門の本屋さんもあったりして、奇門遁甲と先ほど話に出ていた六壬などは、けっこう本があるんです。読んでも全然わからないんですが。あとで役に立てばと思って、何冊かは買ってきているんですけど。実際、僕が台湾でいろいろ学んでいる道士も、紫微斗数という占いは自分でやるんです。それで儀式をやってもらう人をみてやったり。それからそのお父さんにあたる道士のかたは、易占いをやっていて、その解決として儀式をやったりしています。ただ、奇門遁甲は占い屋さんを見ても看板に掲げているところは少ない。そこらあたりのところはどうなっているのか、僕もよく分からない。

今回をきっかけに、ぜひ陰陽道を専門に研究しておられる先生がたといろいろなお話ができたらいいなと思っております。

土屋：これまでの蓄積と継承を感じることができました。次に、各論についてみなさんのご意見をいただきます。本書の順番にそってみると、細井先生の議論は、道教がどういうふうに日本に入ってきたかというのを、従来の議論を踏まえてまとめて、その中から陰陽道が成立してくる見通しを出しています。山下先生は、陰陽道の中の道教的な用語とか考え方とかを文献的に調べています。白眉なのは、杜光庭の呪文と陰陽道の呪文を比較しているところです。これは比較というか、言語学でいう対照研究みたいに、考え方がどうなのか対照させて炙り出すという手法です。西岡先生は、式盤の話ですが、これがどうやら中国の皇帝の秘儀と関連があるらしい。そうすると問題が非常に複雑になってきて、皇帝の秘儀が道教とは別にあって、それが何らかのかたちで日本に伝わったのか。例えば、遣唐使を通して伝わったのか。それとも、そもそも道教はそういう中国の皇帝の秘儀の方法と何らかの関係があり、それが日本に伝わったのか、という問題が想定される。西岡先生の論文でも実証するところまでは行っていない。資料がないので、できないです。しかし、これは素晴らしい観点だと思います。松本先生の議論は、道教の方術についてと、今話に出た陰陽道の反閇と道教の比較です。では、細井先生の論文からみなさんの意見を伺いたいと思います。

山下：結局、いろいろな道教の捉え方がありますが、仏教が日本に入ってきたようなかたちでは道教は入って来られなかったということですね。道教を取り入れないような政治的な背景があって、道教の文化要素として、あるいは個人の信仰など、道教の個々の要素が次第に個人個人を捉えていき、その中の、例えば呪禁とか、そういうものが陰陽師と結合して、そこで陰陽道が生まれてくるという見通しを論じていると思いました。道教と日本の関係を大枠で捉えているというように拝読させていただきました。陰陽道との関係ということでは、道教を歴史的にどういうかたちで捉えるかということが主で、陰陽道の成立との関わりとなると、その説明はその呪禁博士と陰陽師がくっついて、陰陽道が成立するということを、細井さんは他の論文で述べられています。奈良時代での道教の捉え方としては、確かにそのように見て行くとスッキリするな、というふうに思いました。

土屋：細井先生の議論で、空海の『三教指帰』に道士か修行者みたいなイメージが出てくるから、それ以前にそのような実在の人物がいた投影があるんじゃないかという仮説が出ています。これについて、同じ『三教指帰』を扱った山下先生はどういうふうにお考えでしょうか？

山下：空海が唐に渡る前で、学生をやめた後の修行の段階、若い頃の話ですので、いろいろ道教に関して空海の認識を形成する情報のようなものがあったと思います。そのような道士的な人がいたかもしれませんが、空海は多くの書物を読んでいましたので、さまざまな知識を持っていて、その一つのイメージを作っていたのかなということですね。具体的にどういうふうに空海が道教のさまざまな呪術とか、あるいは符籙とか、そういうものを学んでいたか、というところまでは私自身も考えは及びませんでした。とはいえ『三教指帰』にあれだけ詳しく書いてあることは、やはり相当典拠はあったんだろうなとは思いますが、私自身は『三教指帰』解読に苦しんでいました。

西岡：土屋先生から初めて執筆の話をいただいた時に、新川登亀男さんの『道教をめぐる攻防』というお仕事の議論をどういうふうに位置付けるのか、というようなことを投げかけたことがありました。これは、文献的に証明するのはほぼ不可能だと思うんですけれども、日本の古代国家が始まった段階の時に、おそらく外来の、国家の支柱となるような思想として儒教と道教と仏教というものがあった。儒教は骨格を取り入れるにしても、道教的なものと仏教的なものを比べた時に、日本としては道教をなるべく避けたかたちで、逆にインド的なものを表に立てて中国に対抗するという根本政策が建てられたんじゃないかな、という見通しを持っていました。実際、空海が入唐して恵果阿闍梨から密教をまるごと持って来た、その時点が、言ってみれば中国密教の分水嶺で、その後、廃仏運動で密教はほとんど滅びてしまって日本で生き残ることになります。そのため日本の場合は中国で道教が果たしている役割を密教が果たしている。逆に言うと、中国の場合、ほんらい仏教由来の観音菩薩とか地蔵尊とか、様々な神仏が道教の方に取り込まれている。日本の場合は、密教の中に道教的な妙見菩薩・尊星王とか、閻魔大王・泰山府君のようなものが入ってくるという、そういう対照になっているのではないでしょうか。その中で日本古代における道教の受容という時には、まず新川説をどう位置付けるかという出発点が必要かと思います。

それから、先ほども出ました呪禁というものですが、これについて学術的にまとめられた仕事が少ないと思うのです。道教のさまざまな技術が呪禁というかたちで入っているというあたりが、この問題を取り扱う時の一つのポイントかなと思います。

時代が中世に入ってきますと、例えば宮中で五節供の儀式が行われるような時に、非常に道教的な要素があるわけです。それなのに道教の神様は日本にはあまり入ってきていない。例えば、鍾馗《しょうき》さまみたいなものは親しまれているけれど、神社やお寺で鍾馗を祭っているところはまずないわけです。庚申信仰があるにしても、道教的な要素を抜いたかたちで信仰されている。そのあたり、かなりバイアスがかかったかたちで、日本で取捨選択されて受けいれられている。

それからもう一つ、暦や占いという点だと、空海以前の密教の祖師たち、例えば、一行阿闍梨という真言八祖の中に入っている高僧は、中国では天文家とか暦学の大家として扱われております。真言密教のルーツの中には、一行阿闍梨が得意とした分野の知識が入り込んでいるんじゃないか、という点が気になります。恵果阿闍梨にしても、唐の皇帝の護持僧みたいなかたちで、法門寺の仏舎利供養をやっておりますので、中国の宮廷の中でおこなわれていた儀礼や修法などが、空海の持ち帰ったものの中に混ざっている可能性がある。それを具体的に示すのは難しいと思うんですけど。

あと、私は中世の陰陽道を考えた時に、いわゆる正統的な朝廷の陰陽寮に属する陰陽師たちが関知しないさまざまなものが入ってきてしまう現象に注目します。例えば、六曜という今の仏滅・大安というような日取りの吉凶の原型、それに関連して赤口・赤舌という凶難を避けるため、八月一日に門口にお札を貼って除災を祈る「天中節」という呪法が鎌倉時代以降に盛んにおこなわれております。『徒然草』には「陰陽道には沙汰無きこと」とあって、そういうかたちの民間レベルでの陰陽道的知識・技法の流入が時代を超えてあったのでしょう。そういうことを思いますと、なかなか一筋縄ではいかないのですが、細井先生の論では非常に根本的なところは押さえられていると思います。

松本：道教のひとつの核になっているのは、煉丹術、丹を錬るというところだと思います。その周辺のところはいろいろなかたちで伝わっている、というのは細井先生の論文でわかるんですが、道教の核になるような錬丹術というのは、日本に伝わっていたんでしょうか？　僕は、伝わっていなかったように思うのです。というのは、西洋の錬金術と一緒で、やはり秘密の教えなんです。だから、そういう秘密を伝えた人が日本に来ない限り伝わらないんじゃないかと。それで結果的に伝わったものが周辺のところになったんじゃないか、という気がしています。

それと、密教と道教との相互影響は、どう考えてもあると思う。密教と道教の関係は、今まであまり研究されてこなかったんですけれども、いまちょうど台湾や中国で盛んに研究するようになってきたところです。そういうものが仏教を通して入ってきたとなると、これまた非常に面白いテーマだと思いますので、ぜひ突っ込んでいただければと思います。

もうひとつは、下出積与先生の用語については、すでに批判されているものがあります。例えば、「教団道教」イコール権力者の道教という言い方がありますが、そんなことはないと思います。つまり、教団道教として一応かたちは整っていて、核になる経典もあるんだけれども、国家権力からは認められていない、という場合が結構あります。それから、道教だと自覚せずに、道教の集まりに出たり、道士に依頼しに行ったりする人はいっぱいいます。そこのアイデンティティの問題を議論する際には、下出先生の用語には気をつけた方がいいと思います。

細井：医学以上の意味で錬丹術が入っていたかどうかわからないんですけど、これは松本先生がおっしゃるように秘儀であれば、まさに専門職としての道士が来ないとダメだと思います。専門職の道士を送ってくるのは、道教の公伝ですから、やはりそうはならなかったのだと思います。

密教と道教の関係については、山下さんが本当に精力的に研究をされて、中世に関わっては西岡さんも研究されていますので、このお二方にお任せすれば、今回の自分の論文ではいいかなと思いました。権力者の道教というのは、唐において権力者の道教だったから日本には入れなかったんだ、という点で、新川先生や小幡みちるさんの論文を先行研究として引用させていただきました。

土屋：次に、山下先生の論についてです。

西岡：道教の祭式と陰陽道の祭式の比較というのは、これから研究が始まっていくような感じがしておりまして、山下さんが先鞭をつけているのはたいへんありがたいと思っています。特に「醮」という言葉は、日本の一般的な祭りでは使わない言葉で、これが出てくれば、道教につながるのだと思っています。そのことが今回、興味深く書かれているので、参考にさせていただきました。

松本：両者の祭文を比較しているところをたいへん面白く読ませていただきました。その違いを指摘していたところもたいへん面白いです。ひとつだけ、本命醮の「詞」は、依頼者が直接、自分でお願いする文章なので、本命祭の時の祭文は、それにあたるのかどうか、というところは、ちょっと触れていただくのがいいかなと思いました。それと、「解呪詛章」と「呪詛之返祭文」とを比較考察した部分は、本当に興味深く読ませていただきました。道教の場合、「章」は自分の体内にいる神さまを呼び出して、それに天に持って行かせる上奏の文章です。呪詛祭文は「祭文」となっているから、少し性格が違うので、その点も指摘していただいた方がよいと思います。このあたりの比較は、とても僕らでは無理で、最後の相互の違いの指摘など、非常に面白く読ませていただきました。

山下：ご指摘いただいたように、醮は、道教ではこのように使われていることは松本先生のご本（『中国の呪法』など）も読ませていただいておりましたが、私はまだ「醮」と「章」との違いをよく理解できていなかったですね。日本の祭文とどう違うのか、そのあたりのことは、自分でもまだ不足していて、その違いをつめるところまで徹底できていません。勉強しなおさないといけないと思っています。今回、祭文をいくつか挙げましたが、その引用のしかたもまちまちで統一が取れておりません。

土屋：西岡先生の論文について、細井先生いかがですか。

細井：式盤に関して精緻に論じられていて、勉強になりました。式盤の実態はまだまだわからないので、こういう論文が出るのはありがたいです。式占三式のひとつの雷公式は、専用の式盤を造るのではなく、六壬式盤に祭祀を施すことで雷公式盤になるという理解でよいですね？

式盤についての議論、大変興味深く思います。日本では天徳四年（九六〇）の内裏火災で仁寿殿にあった太一式盤が焼失します。その後の陰陽道では、本来重視されていた太一式が使われなくなり、重要な事項も簡易で誰でも使える六壬式で占われるようになるのは、私はこの火災が原因だと考えています。しかし細井説を疑う論者もいて、それは恐らく、太一式の形状は知られていたろうからまた造ればいいではないか、個人がこっそり所持していた、多分壊れた太一式盤も実は当時存在したので、それを修理して使えばいいではないか、という考えによるのではないかと思います。しかし、式盤はただの道具ではなく、西岡さんがおっしゃるように星辰神などを降臨させる厳密な修法が必要だとすると、話が違ってきます。日本の太一式盤は平将門が反乱を起こした時、山下さんが明らかにしたように、太一式祭を行って将門を呪詛した霊物であったことは間違いありません。天徳の大火の時に陰陽道の主導権を握っていたのは賀茂保憲で、その後は陰陽道の新興氏族で主に六壬式を使う賀茂氏と、保憲の弟子の安倍晴明やその子孫が主導権を握るようになります。保憲や晴明がライバルである従来の名門氏族が使っていた太一式盤を造り直すことには消極的で、それが主要な式占の交代につながった可能性が高いわけです。逆に、これも山下さんが明らかにしたことですが、天徳の大火で同じく焼失した天皇のための霊剣を造り直す際には、星辰神を降臨させるために三公五帝祭を保憲と晴明はおこなっています。

西岡：中国の場合は、式盤を純粋に道具として使っていますので、それ自体を何か信仰の対象にすることは見られないのです。日本の場合は、昔の陰陽道の達人が使った太一式盤を霊験のある遺物として祀った、というような記録が出てくるので、そのあたり中国と若干スタンスの違いがあると思われるのです。

山下：中国の方では物として扱うということですが、その前段階として、やはり祭祀をおこなって霊物として丁重に神を降ろすというような手順は必要なわけですね。日本でも太一式祭は、将門の乱の時におこなわれて、それも大極殿で国家の正式な祭祀としておこなったとあるので、式盤を祀り、それによって将門の反乱を鎮圧しようとした。それほど詳しい記録はなく、『将門記』に関連の記事が若干ある程度ですが、これなども遡って研究できるのではないかな、とは思っていました。ただ、密教との関係がいろいろわかってくると、陰陽道と密教の関りには相当深いものがあると感じられます。例えば、盤法に関する吉備真備の伝承なども両者をつなげているのですが、これなども十一世紀ごろの陰陽道と密教の接近を示しているのではないかなという印象を受けました。

西岡：私が陰陽道の研究を始めた頃には、漢籍の分類としては「術数」とよばれる分野にテキストがまとまっていたので、そこから着手したのですが、一方で遁甲式占のように軍事技術として占いが用いられることが多くて、遁甲・太一・六壬の三式と呼ばれる式占の文献は「兵家」に分類される書物の中にも多く含まれています。江戸時代になって兵学者・軍学者たちが『武備志』『武経総要』といった明末清初の中国で編集された兵書を通じて、中国の式占をもう一度日本に再輸入するというような流れがあります。そのあたり、日本の式占の重要性を考える時に、陰陽道の流れとは別系統としてとらえる必要があると思います。日本古代の軍団などが盛んだった時代は、律令軍制の中で前線地域に陰陽師も配置されており、兵学に属する式占の技術が当然あったんだろうと思われますので、そうした面も考える必要があるかと思います。

松本：西岡先生が論文で紹介されている雷公式、六壬式のところで、最後に「三十代天師虚靖真君語録叙」というのが置かれているということで、これは以前に僕も資料として使ったことがあるので、それの序文と一緒なのかなと思って、注をみたら、それとは別物であるって書いてあって、ちょっと機会があったら突き合わせてみたいと思いました。いまは見ることはできないのですか？

西岡：『永楽大典』の中に入ってますから。

松本：ああ、そうでしたか。

土屋：『永楽大典』のあの資料は、どうして気が付かれたのですか？　よく使われている資料なのですか？

西岡：私も以前に中国の論文で知ったのですが、出所を忘れていまして、今回かすかな記憶を頼りに再捜索したところ、陳夢家の『漢簡綴述』の注にさらっと書いてあるのを見つけたんです。

土屋：今まであまり使われていない資料のようですね。陳夢家は中国研究では有名なかたですが、やはり古い研究なので、今まで見落とされていたのかもしれませんね。ところで、鎌倉あたりだと具体的な式盤が出土している状況がありますが、これは何か関係するんでしょうか。

西岡：これは具体的な道具というより、まじないのために使われていたので、実際それで占えるというものではないです。ただ、そういう六壬式占由来のものが民間祭祀や民俗芸能の中で使われているというのが面白いところだと思います。

土屋：最後に、松本先生の論文についてです。

山下：台湾の道教儀礼が扱われていますが、これは大陸のものとはどのように違いがあるのでしょうか。

松本：台湾の道教はやはり台湾の伝統的なものを引き継いでいるわけです。たぶん中国に行けば、地方ごとにいろいろな伝統があって、そのひとつが台湾だと思います。いろいろある地方様式のひとつと考えてよいと思います。でも、福建とは似ているらしいです。僕が調査したわけではないからよくわかりませんが、台湾の学者のお話だと、やはり似ているらしい。台湾でも北と南の道士のやり方は全然違う。台湾みたいな小さな地域でも、違いがあるから、中国各地でいろいろなやり方があるのだと思います。

西岡：私も同じようなことを感じています。道教の具体的な祭りとかまじないとかの研究になると、台湾とか香港で伝承された南方道教が中心になり、大陸の道教は新中国の体制下で一度断絶しているように思われるのです。例えば、媽祖信仰などはどうみても南方系のもので、同じ中国といっても姿・形がだいぶ違う。それを考えた時、日本の陰陽道のルーツはどのあたりに想像すればいいのか、そんなことに興味が湧きます。

松本：仏教は南朝から日本に伝わったとされていて、それと同様に、道教も仏教といっしょに日本に来た可能性は否定できないと思います。

西岡：例えば、中国密教は会昌の廃仏（八四五年）で弾圧されて一度途絶えてしまうのですが、四川省の大足石刻や雲南省の大理国では密教の血脈が継承されたようで、密教的な神仏がその後も描かれたり刻まれたりして続いている。その中で、例えば大足石刻の中には仏教・儒教・道教の開祖を彫刻で表した「三教窟」があり、そういう文化遺産と日本のものとを対比的に考える必要があるのではないかと思っています。

土屋：今後の道教と日本文化の問題を考える時に、影響関係で伝わってきたかどうかという観点はもちろん研究しなければいけないのですが、今日の山下先生のような方法が参考になると思います。つまり対照研究です。いまの西岡先生のご指摘も、実際の影響関係の実証研究だけでなく、ある意味、対照研究の方向もあって面白いと思います。このあたりで「まとめ」とさせていただきます。本日はどうもありがとうございました。

（二〇二四年八月二十八日（オンライン））

第二部　神道と道教

中世神道における道教受容
——特に鎌倉時代の両部・伊勢神道書について

伊藤　聡

はじめに

これまでの研究によれば、中世神道における道教経典・思想の受容・摂取は、吉田神道（唯一神道）によって成されたとされる(1)。吉田神道の創唱者である吉田兼倶（一四三五～一五一一）は、自家の教説を構想する際に、道教経典のひとつである『北斗元霊経』（正式名『太上玄霊北斗本命延生真経』）及びその注釈の内容を踏まえて立説した。さらに同経に掲載されていた道教の霊符を「神道霊符」として一部改変を加えてまるごと取り入れることまでしている。また、『北斗元霊経』をもとにした修法（北斗七元神法）なども行ったことが知られる。かかる仕儀であったから、近世に入って多くの儒家神道家や国学者からの吉田神道批判が起こったとき、吉田神道は日本古来の道などではなく、道教の模倣であると指弾されることになるのである。

では両部神道や伊勢神道のような、吉田神道以前の中世神道において、道教との関係はどうだったのであろうか。ここで結論を先取りすれば、吉田神道におけるがごとき大々的なものではないが、両部・伊勢神道でも直接的・間接的な影響や摂取が認められるのである。本稿は、鎌倉時代の両部・伊勢神道の形成における、道家・道教文献との関係について、若干の考察を加えようとするものである。そしてこのことを通じて、日本中世の道教受容の問題を考えたい。

一、鎌倉時代における両部・伊勢神道書の出現

十一・十二世紀に全国的に広がった本地垂迹説は、平安末期に至って新たな段階を迎える。神祇についての教説、いわゆる〈中世神道説〉の登場である。それは最初、伊勢神宮周辺に始まるが、大きくは両部神道と伊勢神道に分けられる（双方とも後世の命名である）。両部神道は、伊勢神宮の神格・殿舎・社域、日本及び神宮の歴史・説話等を、主に密教の教理に基づいて説明したもので（実際には天台その他の教説なども使っている）、伊勢神宮周辺に進出した密教系の人びとによって作られた。その伝書の多くが空海や最澄などの祖師に仮託される。いっぽうの伊勢神道とは、両部神道書の影響を受けた外宮祠官度会氏が自分たちの先祖に仮託して作成した複数の伝書をいう。

両者の形成の経過について、現時点での通説的理解は以下の通りである。(2) まず、十二世紀末から十三世紀前半にかけて、外宮の御厨のあった志摩国吉津の仙宮院（仙宮神社の神宮寺）で、『中臣祓訓解』『三角柏伝記』『天地霊覚秘書』等、最初期の両部神道書が述作される（これらについては後ほどあらためて述べる）。十三世紀中葉ころ、これらの両部神道書の影響を受けた『宝基本紀』『倭姫命世記』など最初の伊勢神道書が現れる。その後、度会行忠（一二三六〜一三〇六）が出て、神宮三部書（『御鎮座伝記』『御鎮座本紀』『御鎮座次第紀』）などの根本伝書を作り出

す（この三部書に『宝基本紀』『倭姫命世記』を加えて「神道五部書」という）。十三世紀後半になると初期の両部神道書や、一連の伊勢神道書、さらに伊勢神宮の外部から来た『大和葛城宝山記』の影響を受けた、『麗気記』『両宮形文深釈』などの新たな両部神道書が、伊勢神宮周辺の寺院で作成された。鎌倉末期になると度会家行（一二五六～一三五二）が出て、伊勢神道と両部神道の教説を類聚・統合する試みを行う。その集大成が『類聚神祇本源』である。

十三世紀後半は、蒙古の襲来という未曾有の事件が起こった時期で、このころより醍醐三宝院流や叡尊（一二〇一～一二九〇）の西大寺流などの東密系の流派が本格的に神宮周辺に進出する。三宝院の通海（一二三四～一三〇五）は、伊勢祭主・大宮司を務める大中臣氏の出身であったことから、その俗縁を利用して両宮の脇に法楽舎を建立して、蒙古調伏のための祈禱場とした。同流は通海が居住した棚橋の蓮華寺（法楽寺）や外宮の傍にあった世義寺を拠点とした(3)。いっぽう西大寺流では弘安の役の前後に、内宮至近の楠部に弘正寺を建立した。これらの法流のなかから、『鼻帰書』や『天照大神口決』といったあらたな秘伝書が、鎌倉末期に生まれる(4)。その述作に関わったのが度会常良（一二六三～一三三九）で、彼は伊勢神宮の秘伝と密教との融合を、それまでの両部神道書とは違った形で行おうとした人物だった(5)。

このように、両部神道と伊勢神道とは、互いに深く関係し合いながら、伊勢神宮という〈場〉において形成されていったのである。

二、伊勢神道と道家文献

ただ、両部神道と伊勢神道とは、その担い手がいっぽうは僧徒、他方は祠官であったことに加えて、「仏法の息を屛す」と称する伊勢神宮の仏教忌避の伝統の存在もあって、完全に一体化するということはなかった。特に伊勢神道を紡ぎ出した外宮祠官たちは、その教説について先行する僧徒の言説（両部神道）との差別化を図る必要があった。そのときに見いだされたのが道家文献だったとされる。

一九七〇年代からの伊勢神道研究を領導してきた高橋美由紀氏によれば⑹、一連の伊勢神道書の制作者と目される度会行忠が、道家文献摂取の主導者だった。高橋氏は、まず度会行忠の著作である『伊勢二所太神宮神名秘書』（以下『神名秘書』と略称）と、行忠が執筆のための資料集として編んだと同氏が見なす『大元神一秘書』について検討し、『老子』の本文やその注釈である『河上公注』からの引用が多く見られることを指摘する。近年、高橋論文を踏まえて藤井隆氏は、特に『大元神一秘書』について、『老子』本文、『河上公注』のみならず、『易』繫辞篇、『春秋穀梁伝』等の引用の多くも、『老子述義』から引いてきているのではないかと考察している⑺。

さて高橋氏は、上記二書に加えて、神道五部書についても検討し、ここにも『河上公注』及び『老子述義』からの引用が各所に見えることを指摘する⑻。まず行忠の関与の可能性が高い神宮三部書（『御鎮座本紀』『御鎮座伝記』『御鎮座次第記』）を採り上げ、それらにおける『河上公注』『老子述義』からの引用の多くが『大元神一秘書』にも載せられていることから、行忠は三部書の述作において『大元神一秘書』を参照した可能性が濃厚だとする。

たとえば『大元神一秘書』の冒頭には、

老子述義序云、大象ハ無レ形独立二陰陽之首《ハジメ》一ヲ。玄功ハ不シテレ宰《サヒ》混成二天地之先一ニ。生二万物一ヲ而莫レシ測コト二其終一ヲ。妙ニシ二万物一ヲ而不レ知二其始一ヲ。希夷視聴之外、氤氳気象之中、虚而《ニシテ》有レ霊、一而《ニシテ》無レ体。⑼

と『老子述義』の序文が掲げられているが、『御鎮座本紀』の、天地開闢の原初の渾沌たる状態のなかから最初の神霊が出現する様子を描写したくだりは、ここから引かれている（傍線部引用者）。

蓋聞ク、天地未レ剖、陰陽不レ分以前、是名二混沌一。万物霊是封シテ名二虚空神一。亦曰二大元神一。亦国常立神。亦名二倶生神一。希夷視聴之外。氤氳気象之中、虚而有レ霊。一而無レ体。(10)

また、『御鎮座伝記』の伊勢神宮の祭祀について述べたくだりには、以下のようにある。

両宮者、天神地祇ノ大宗、君臣上下ノ元祖也。惟天下ノ大廟也。国家社稷也。故尊レ祖敬ハレ宗。礼教ヲ為レ先。……而化レ陰化レ陽、有二四時祭一。徳合二神明一、乃与二天地一通也。徳与二天地一通スレハ、則君道明ニシテ、而万民豊也。(11)

すなわち、天皇が祭祀を行うことで「徳が神明と合し、それによって徳と天地と通ずることとなる。このことで君の道が明らかとなり、結果として万民が豊かになる」とある。この部分は、『老子』十六章の「王乃天、天乃道、道乃久（王なれば乃ち天、天なれば乃ち道、道なれば乃ち久）」の『河上公注』「能王徳合神明与天子」「徳与天通、則与道合同也」「与道合同、乃能長久」に基づいていると指摘される。ここについても、『大元神一秘書』人皇に、

道経曰、**公ハ乃王**ナリ。謂公政ニ無レトキハ私則可レ為二天下王一。治レコト身ヲ正トキハ則形一ニシテ、神明千万共ニ湊《アツマル》二己身一也。**王タルハ乃天**ナリ。謂能王タルハ則徳合《カナフトキハ》二神明一乃与レ天通也。**天ハ乃道**ナリ、謂徳与レ天通スルトキハ則与レ道合同ス也。(12)

と見える（ゴシック体は『老子』本文）。細部に異同があるので、藤井氏の指摘に従うのならば、直接的にはここも『河上公注』ではなく、『老子述義』からの引用であるかもしれない。

高橋氏は、神宮三部書以外の『宝基本紀』『倭姫命世記』に関しても検討している。二書は行忠以前の著作であるが、このうち『倭姫命世記』については、『老子』及びその注釈書からの引用の形跡はないものの、『宝基本記』には『河上公注』を踏まえた形跡があるという。高橋氏はこの点について、現行の『宝基本記』には行忠に

よる付加があるのではないかと推定している。(13)

三、『天地霊覚秘書』と禅籍と道家文献

以上見てきたように高橋美由紀氏は、伊勢神道では両部神道との差別化を図るべく『老子』注釈書その他の道家文献等を選択的に摂取したのであり、それを行ったのが度会行忠であると見ている。『河上公注』『老子述義』共に、寛平三年（八九一）頃に成った藤原佐世の『日本国見在書目録』に「老子河上公註二巻……賈大隠述義 十巻」と見えている。(14) されば、行忠は国内にあった伝本を見いだし、それらを参考にしながら一連の神道書を述作したということに、一応はなろう。

しかしながら、近年の新しい研究によって、実は行忠が多くを負っている初期の両部神道書において、既に『老子』注釈書が使用されていること、それらは古くから日本にあった文献のみならず、日宋交易や禅僧などを介して入ってきた新来の文献が含まれていることが分かってきたのである。以下、このことについて紹介していこう。

前述したごとく、伊勢神宮における両部神道濫觴の地が仙宮院である。その地で作成されたと思しき両部神道書のひとつに『天地霊覚秘書』がある。(15) 本書は伊勢神宮に関する秘説を列挙したもので、一説には伝教大師作とされる（良遍『神代巻私見聞』「三大師参詣ノ時ノ書名ノ事」）。(16) 現在伝本として三本が確認できるが、そのひとつである真福寺本は鎌倉末～南北朝期の書写にかかる最古写本で、且つ他の二本の親本に当たる。

本書と行忠との関わりは、その識語に明瞭に示されている。

本記云、弘安九年二月十五日、奉遇明師於神祇官学之

後、四月八日行法、七月七日灌頂已畢。写大日印即神祇
冥道廿八宿召請印咒口伝
五宝各一分　五薬同　五香同　錦綾鏡八寸同八寸　置壇也。以五味供進之。
天童降臨者也。
弥重　在判
弟子　判
同十一年四月廿七日、自外宮三祢宜行忠神主之許申請之。
同日終写功了。　権祢宜度会神主雅見　判(17)

すなわち、弥重なる僧侶が、弘安九年（一二八六）に或る「明師」より灌頂の後に伝受されたのが本書で、次いで弘安十一年には度会行忠に伝わっていたことが分かる。

『天地霊覚秘書』の冒頭は、天地開闢についての叙述である。これを行忠は参照して、その著作『神名秘書』皇大神宮段の『日本書紀』天地開闢段の注記を作成している。以下に『天地霊覚秘書』の本文と、『神名秘書』の該当の文章を上下段対照して挙げておく（次頁）。その際共通する文に傍線部を引き、通し番号を引いておく。一見して分かるように、共通部分は十四箇所に及ぶ。

さらにここで注目すべきこととして、左の『天地霊覚秘書』の文章の大部分が、『老子』本文および『河上公注』によって構成されていることがある。そこで、その部分を太字にして示し、且つ〔　〕で『老子』本文と『河上公注』の章番号を付した(18)。なお、『神名秘書』独自の引用箇所についても、同様の措置を施した。

両者を比較して分かるのは、『神名秘書』の『老子』及び『河上公注』の引用は、独自のものもあるが、多くが『天地霊覚秘書』に拠っていることである。つまり、度会行忠がその神道説において道家文献（『老子』及びそ

天地霊覚秘書

①古天地未分、万物未形、代②湛然凝寂、本莫有一物。③於虚无之中、生大意之象、虚徹霊通。是為万化之本源、謂諸神之本地。本是非有、非無。④杳冥恍惚、莫測涯際。本是无所住、无相貌。而有物混成。先天地生〔25〕。名曰元気。化陽為魂、為魄。名曰精霊。在陽不焦、託陰不腐〔25河〕。天法道〔25〕⑤而精気自成焉。地法天而万物生長。惣道始、无形状而能為万物、設形象者也。故曰、道生陰陽、々々生和清濁、三気分為天地人、々々々生万物〔42河〕。若道散為神明、流為日月、分為五行、⑥万物之樸散、則為器用也〔28河〕。夫⑦無名天地始〔1〕、⑧有名万物母〔1〕。⑨故常無欲以観其妙、常有欲以観徼〔1〕。⑩以大道制情欲、不害精神〔28河〕。⑪治身正則形一、神明千万共、湊己身也〔16河〕。⑫能不知道之所常行、妄作巧詐、精神散亡。故發狂、失神明。故凶者也〔16河〕。君臣上下⑬能守五性、去六情、節志味〔12河〕清⑭五蔵則天降、神明往来於己。大道自帰己〔35河〕。珍重道生一、一生二、二生三、三生万物〔42〕(19)。

神名秘書

①古天地未分、神聖未形、②湛然凝寂為万化之本。謂之諸神之本地。④杳冥恍惚、莫測涯際。⑤天法道而精気自成焉。地法天而万物生長矣。惣道始無形狀而能為万物設形象。生③於虚無之中受大意之象者也。故曰、道生陰陽、々々生和清濁、三気分為天地人。々々々生万物。若道散為神明、流為日月、分為五行、⑥万物之樸散則為器用也。肆謂⑦無名則天地之始。或曰、無名者謂道。道無形。故不可名也。始者道、吐気布化。出於虚無為天地之本始也〔1河〕云々。⑧有名則万物之母。或曰、有名謂天地。々々有形位。有陰陽。有柔剛。是其名也。万物母者天地含気生万物。長大成熟如母之養子〔1河〕也云々。⑨故常無欲以観其妙、常有欲以観徼。⑩以大道制情欲、不害精神。⑪治身正則形一。神明千万共湊己身也。⑫能不知道之所常行、妄作巧詐、精神散亡。故發狂、失神明。故凶者也。人⑬能守五性去六情、節志味清五蔵。或曰、人能養神則不死也。神謂五蔵之神也。肝蔵魂、肺蔵魄、心蔵神、腎蔵精、脾蔵志、五蔵尽傷則五神去也〔6河〕云々。⑭清五蔵則天降神明往来於己、大道自帰己。或曰、大道也、天大地大王亦大也〔25〕。布気天地無所不通也云々。背之則凡也。順之則聖也。天神地祇為一大事出現(20)。

の注釈）を用いたのは、高橋美由紀氏が想定したような、両部神道と差別化するために自らが見いだしたのではなく、それどころか反対に、先行する両部神道書の影響を受けたものだったのである。従って、行忠が述作に関与していない『宝基本記』に『河上公注』を踏まえた表現が見られるのは、高橋氏が推定したような行忠による付加ではなく、同書の場合もまた先行する両部神道書の影響を受けてのことだったのである。

なお、『天地霊覚秘書』と『神名秘書』との共通箇所のうち①②③④は、『老子』関係の語句ではない。これらの典拠について、小川豊生氏[21]が北宋の禅僧である圜悟克勤（一〇六三～一一三五）の語録『仏果圜悟真覚心要』（圜悟心要）の文章に基づくことを指摘している。[22]同書に関して、ここで注目しておきたいのは、渡宋した禅僧によってもたらされた新来の書物が、伊勢神宮周辺の寺院における神道書の述作に使用されているという点である。両部神道書の内容は、以前から日本に伝わっていた知識だけではなく、新たにもたらされたばかりの教説・言説の影響を受けて作られたということが浮かび上がる。中世神道説の形成を導因したのは、奈良時代以来の神仏習合信仰の内的発展ではなく、新来の思想からのインパクトの所産だったのである。

四、『三角柏伝記』と新来の『老子』注釈書

『天地霊覚秘書』と同じく、仙宮院で作成されたと考えられている両部神道書に『三角柏伝記』がある。[23]本書は、仙宮院の由緒及び同院にまつわる秘説について記した書である。「三角柏（瑞柏）」とは神に捧げる供物の下に敷く樹葉のことだが、本書ではこれがインドより婆羅門僧正によってもたらされ、それが植えられたところが「吉津御厨」となり、そこに行基によって「公家祈禱所」として建立されたのが「大峯東禅仙宮寺所別院」（仙宮

院）であるとする。同院にはその後、空海・最澄・円仁などが院主を務めたことになっている（もちろん、そのような事実はない）。以上が第一段で、続く第二段として、院主である空海が、吉津御厨執行神主河継に神をめぐる秘説を説いた「伝記」が、最後に第三段として高野山奥院に入定した空海と神宮から遣わされた烏との問答が記される。

現存する最古写本である真福寺本の本奥書によれば、嘉応二年（一一七〇）に、外宮祠官の度会貞綱が、大中臣清麿の本を書写したことになっている。この年紀は疑わしいが（このことについては後述する）、慈円の『拾玉集』の中に、建暦二年（一二一二）に伊勢内宮祠官度会氏良が慈円に捧げた詠歌「しらせばやねかをみつのなかかしはなひくにみゆる神風の空」が収められ、その左注に「吉津島風土記曰」として、先の婆羅門僧正・行基の逸話が引かれているので、少なくとも鎌倉初期には本書あるいはその原態に当たる本が成立していたと見て差し支えない(24)。先に見た奥書にはさらに、「西河原二本也。永仁六年正月八日書写之。禰宜正四位度会神主」と続く。これは度会行忠のことと考えられ、本書も『天地霊覚秘書』と同じく、行忠が参看していたと確認できるのである。

さて、『三角柏伝記』第二段は、最初の「承和三年丙辰二月八日……」から「宜致如在之礼矣」までは、神の概念に関する記述で、ここは『中臣祓訓解』とほぼ同文であり、両書が密接な関係を持つことを示している。後半は『三角柏伝記』独自の部分で、その中に天地開闢についての次のような記述がある。

蓋天地開闢首《ハシメ》、水気之中、有二清濁一、変化為二陰陽一。々々変化生二天地人一。故神者道化之一気、乃無中之有也。尺氏以二虚神一謂二実相一。其不レ壊為レ義。肆則《カルカユヘニ》、伊勢両宮水火元神、天地大宗也。故曰二照皇天一。以二无相一為レ体、以二无住一為レ本、降二伏一切悪法一、以二清浄一為《シタマフナリ》二出世雄《オウ》一ト矣。感二真気一者《モノ》ハ為二清浄一、感二邪気一者為二不浄一。住二レハ此心一、即神明道徳也。正ニ垂二宝車一、直ニ至二本居一焉(25)。

「肆則《カルカユヘニ》」以下は伊勢両宮を水・火に配する記述だが、その前の文章は邵若愚『道徳真経直解』巻一「谷神不死、是謂玄牝」（第六章）の注からの引用なのである。(26)

谷以喩虚。虚者道也。神者道化之一気、乃無中之有也釈氏以虚神謂之実相、取其不壊為義。虚神無形、本自無生而亦無死、故云谷神不死。……(27)

『道徳真経直解』は紹興五年（一一三五）に著わされた道教色の濃い『老子』注釈書で、『道蔵』第三七二冊洞神部玉訣類に著録される。『道蔵』本の冒頭に掲げる「道徳真経直解叙事」によれば、その内容は「凡そ言徳は、事は孔子の門に渉り、言は其れ大道虚寂、理は仏乗の旨に准ず。儒釈二教を以て証と為し、道徳を撮りて一家と為す」(28)もので、『老子』を儒・仏二教の理を以て解釈する、三教一致的傾向の注釈である。(29)右の引用でも「虚神」を仏教の「実相」と同一としている。ともあれ、中国本土で撰述されたばかりの『老子』注釈が、それほど時を措かず伊勢神宮周辺に持ち込まれ、日本の神の説明のために用いられているのである。

『道徳真経直解』が日本に請来された時期については、仁治二年（一二四一）に宋より帰朝した円爾（一二〇二〜八〇）がいた東福寺普門院の典籍目録である『東福寺普門院経論章疏語録儒書等目録』に「直解道徳経」の名が見え、これが本書と目されるから、少なくともこのころには日本に入ってきていることになる。(30)ところが先述したように、『三角柏伝記』の本奥書には嘉応二年の年紀が見える。『道徳真経直解』が円爾以前に請来されていた可能性はあるが、それでも嘉応二年（一一七〇）以前にまで遡るとは考えられない。つまり、かの奥書は捏造である可能性が高いのである。さらに言えば、『道徳真経直解』が円爾によってはじめて請来されたとすれば、『三角柏伝記』の成立は、仁治二年以降のこととなる。

先に見た『天地霊覚秘書』の場合と同様、『三角柏伝記』の成立についても、禅僧（必ずしも円爾周辺とは断定できないが）が関わっていた、あるいはその制作者が禅籍や新しい『老子』注釈といった新来の舶載文献を参照できる立場にあったと考えられるのである。

この問題はさらに追究しなくてはならないが、それについては別稿を期し、ここでは『道徳真経直解』と度会行忠との関係について確認しておこう。彼の著作と目される『大元神一秘書』「国常立尊」に以下のような引用が見える。

道経曰、虚ハ者道也。神者道化之一気、乃無ノ中之有也。亦曰、道散シテ為二神明一ト。流為二日月一、分レテ為ル二五行一ト也。(31)

「道経曰」とあるが、傍線部が『道徳真経直解』の引用であることは明らかであろう（後半は『老子』二八章の河上公注の一節）。ここで注目すべきは、行忠の引用が『三角柏伝記』に拠るのではなく、『道徳真経直解』から直接来ていることである。そのことは右の引用が「道経曰」としていることに加え、『三角柏伝記』には引かれていない「虚者道也」の文が見えることからも明らかである。つまり、行忠は『河上公注』『老子述義』に加え、新来の『道徳真経直解』をも参照可能な環境にあったのである。しかしながら、度会行忠が道家文献を「発見」する前提として『天地霊覚秘書』『三角柏伝記』といった初期の両部神道書の存在があったことは間違いない。新来の『道徳真経直解』については勿論だが、旧来の『老子』注釈についても、先行する両部神道書を介してその可能性を見いだしたのではなかろうか。

同時代に進行した両部神道と伊勢神道の形成の動きは、影響し合いながらもそれぞれが独立していた別箇の流れではなく、伊勢神宮という〈場〉で、有機的に結びついて展開したひとつの思想運動だと考える方が、両者の関係をより説得的に捉えることができるのではなかろうか。

おわりに

以上、本稿では鎌倉時代の両部・伊勢神道等の中世神道説における道教の受容というテーマを掲げて、具体的に、『老子』注釈の摂取の様相を検討した。従来の研究においては、伊勢神道書における『河上公注』や『老子述義』の利用が、仏教系の両部神道との差別化を図ろうとする、外宮度会氏の意図に基づくものであることが強調されていた。しかし、近年の新しい研究によって、寧ろ仙宮院で撰述された初期の両部神道が、先行してそれらの注釈を使った神の理論化を行っていたこと、さらに旧来からの『河上公注』『老子述義』のみならず、十二世紀に新しく大陸で制作された道教系の注釈である『道徳真経直解』までもが使用されていたことが明らかになった。

この新来の『老子』注釈が、鎌倉初期という極めて早い時期に摂取できたことを考えると、これらを日本にもたらした禅僧が、神道書の作成に直接関わっていた可能性が濃厚である。先に円爾の名を挙げた。彼に参禅した円照（一二二〇～一二七七）や聖守（一二一九～一二九一）、あるいは無住（一二二六～一三一二）が伊勢神宮に参詣して神宮祠官との交流があったことは確かめられるものの(32)、円爾自身の伝記からはそのような形跡は窺えない。また彼の弟子である癡兀大慧（一二二九～一三一二）は、伊勢神宮に近い二見や斎宮に大福寺や安養寺を建立し、東密・台密・禅を兼修する安養寺流を開くが、これは鎌倉後期のことであって、今回採り上げた鎌倉前期の動向とは直接関わらない(33)。円爾が直接関与していないとしたら、ほかにどのような法脈・人脈によって、仙宮院という志摩の地方寺院において、このような神道書の述作が可能になったのだろうか。

以上のごとく、未だ解決出来ない課題が数多く残されている。ただ、中世神道における道教受容という問題に即していえば、中世神道説という神祇の理論化の運動の初発において、大陸からもたらされた道教系の『老子』注釈書が、一定の役割を果たしていたことは確かなようである。ただし、中世神道の本格的な道教受容という点では、やはり吉田神道の登場を待たねばならない。

注

（1）出村勝明「吉田神道における道教的要素について――「神祇道霊符印」を中心として」（『神道史研究』三七―四、一九八九年）、同「中世神道と道教――特に吉田神道の道教摂取について」（『講座道教 第六巻 アジア諸地域と道教』雄山閣、二〇〇一年）、坂出祥伸・増尾伸一郎「中世日本の神道と道教――吉田神道における『太上玄霊北斗本命延生真経』の受容」（『日本・中国の宗教文化の研究』平河出版社、一九九一年）、菅原信海「吉田兼倶と『北斗元霊経』」（『儒・仏・道三教思想論攷――牧尾良海博士喜寿記念』山喜房佛書林、一九九一年）↓『日本思想と神仏習合』（春秋社、一九九六年）、同「吉田神道と北斗信仰」（『東洋の思想と宗教』八、一九九一年）↓同右、西田長男「吉田神道における道教的要素」（『神道及び神道史』一〇、一九六九年）↓『日本神道史研究』第五巻（講談社、一九七八年）、松下道信「吉田神道における道教の影響について――『北斗経』と内丹説の関係を中心に」（『宋金元道教内丹思想研究』汲古書院、二〇一九年）、三浦國雄「若杉家本『北斗本命延生経』について」（『東方宗教』一二三、二〇一四年）、同「吉田神道と『北斗本命延生経』徐道齢注」（『洞天福地研究』八、二〇一八年）、同「吉田神道と『北斗本命延生経』」（『皇學館大学研究開発推進センター紀要』五、二〇一九年）、山極哲平「吉田神道の「神祇霊印」と「鎮札」「守」」（『国文学（関西大学国文学会）』九二、二〇〇八年）。

（2）伊藤聡「両部神道の形成――鎌倉時代を中心に」（智山学会編『鎌倉仏教――密教の視点から』大蔵出版、二〇二三年）、岡田莊司「『中臣祓訓解』及び『記解』の伝本」（『神道及び神道史』二七、一九七六年）、同「中世初期神道説の形成――『中臣祓訓解』・『記解』を中心に」（『日本思想史学』一〇、一九七八年）、同「両部神道の成立期」（安津素彦先生古稀記念祝賀会編『神道思想研究』同祝賀会、一九八三年）。

（3）小島鉦作『伊勢神宮史の研究』（吉川弘文館、一九八五年）、佐藤眞人「大中臣氏の造寺と通海」（藤波家文書研究会編『大中臣祭主家の歴史』続群書類従完成会、一九九三年）。
（4）伊藤聡『中世天照大神信仰の研究』（法藏館、二〇一一年）、久保田収「叡尊と両部神道」（『神道史の研究』皇学館大学出版部、一九七三年）。
（5）伊藤聡注4前掲書、神宮祠官勤皇顕彰会編『建武の中興と神宮祠官の勤王』（同顕彰会、一九三五年）。
（6）高橋美由紀「伊勢神道の形成と道家思想——神観を中心として」（東北大学文学部日本文化研究所編『神観念の比較文化論的研究』講談社、一九八一年）↓『伊勢神道の成立と展開』（大明堂、一九九四年）↓増補版（ぺりかん社、二〇一〇年）。
（7）藤井隆「伊勢神道撰述書『大元神一秘書』と『老子述義』」（『駒沢大学仏教学部研究紀要』七二、二〇一四年）。
（8）高橋論文の初出の段階でははっきりしていなかったが、近年、神道五部書のひとつである『御鎮座伝記（大田命訓伝）』の最古写本である真福寺本の軸木に「行忠」の墨書銘があることが確認されたことにより（岡田莊司「度会行忠自筆『御鎮座伝記』（大田命訓伝）の発見」『神道宗教』二〇二、二〇〇六年）、五部書のうち、少なくとも神宮三部書といわれる『御鎮座伝記』『御鎮座次第記』『御鎮座本紀』は、行忠の撰述であることが確定した。
（9）大神宮叢書『度会神道大成』前篇、二四九頁。
（10）同、三七頁。
（11）同、一六頁。
（12）同、二五五頁。
（13）高橋美由紀注6前掲書［増補版］、七九頁。
（14）古代における『河上公注』『老子述義』の日本受容については、武内義雄「日本に於ける老荘学」（武内義雄訳注『老子』岩波書店〈岩波文庫〉、一九三八年）、増尾伸一郎「日本古代の知識層と『老子』——〈河上公注〉の受容をめぐって」（『選集道教と日本 第二巻 古代文化の展開と道教』雄山閣出版、一九九七年）、山城喜憲「河上公章句『老子道徳経』古活字版本文系統の考察（上）」（『斯道文庫論集』三四、二〇〇〇年）等を参照。
（15）伊藤聡「『両部神道集解題』四、『天地霊覚秘書・伊勢大神宮瑞柏鎮守仙宮秘文』」国文学資料館編、真福寺善本叢刊『両部神道集』臨川書店、一九九九年)。
(16) 神道大系『天台神道(上)』五六五頁。
(17) 真福寺善本叢刊『両部神道集』、三九四—三九五頁。
(18) 本稿で参照した『河上公注』は、道教典籍選刊『老子道徳経河上公章句』(中華書局、一九九三年)である。
(19) 同、三八一頁。但し、送り仮名・振り仮名等は省略した。
(20) 大神宮叢書『度会神道大成』前篇、一八四頁。
(21) 小川豊生『中世日本の神話・文字・身体』(森話社、二〇一四年)一六五—一六八頁。
(22) 「人人脚跟下本有二此段大光明一、虚徹霊通、謂二之本地風光一」(巻上「示胡尚書悟性勧善」『国訳禅宗叢書』四、五五頁)、「此道幽邃、極下於天地未レ形、生仏未上レ分、湛然凝寂、為二万化之本一、初非二有無一、不レ落二塵縁一。煒煒煒煒莫レ測二涯際一」(巻下「黄示大尉鈴轄」同、六〇頁)、「空刧已前、渾沌未レ分、天地未二成立一、杳冥恍惚、不レ可レ窮、不レ可レ究、不レ可レ詰」(巻下「示英上人」同、七八頁)。
(23) 伊藤聡「『両部神道集解題』二、『三角柏伝記』」(前掲)。
(24) 岡田荘司「両部神道の成立期」(注2前掲論文)。
(25) 真福寺善本叢刊『両部神道集』三六六頁。
(26) 伊藤聡『神道の成立と中世神話』(吉川弘文館、二〇一六年)一五八—一五九頁。
(27) 四部叢刊注疏叢刊『老子　上』二九七頁(句読点私意)。
(28) 同、二九二頁(原漢文)。
(29) 『道蔵提要』(新華書店、一九九一年)四九二頁。
(30) 『昭和法宝総目録』第三巻、九九〇頁。詳しくは、王廸『日本における老荘思想の受容』(国書刊行会、二〇〇一年)一六一頁参照。
(31) 大神宮叢書『度会神道大成』前篇、二五〇頁。
(32) 伊藤聡『神道の成立と中世神話』(前掲)、稲葉伸道「鎌倉後期の戒壇院とその周辺」(ザ・グレイトブッダ論集6『日本仏教史における東大寺戒壇院』二〇〇八年)、近藤喜博「中世伊勢内宮と緇流の参宮——円照上人の

場合を中心として」（『國學院大學日本文化研究所紀要』四、一九五九年）、納富常天「円照上人撰『無二発心成仏論』」（『南都仏教』三九、一九七七年）、古田紹欽「円爾辨圓と実相房円照」（『南都仏教』三九、一九七七年）。

（33）　伊藤聡「安養寺流と真福寺の神道聖教」（中世禅籍叢刊『稀覯禅籍集　続』臨川書店、二〇一八年）、高木秀樹「聖一派大慈門派の伊勢への進出」（『禅学研究』七八、二〇〇〇年）、萩原龍夫「中世における禅密一致と伊勢神宮」（『日本仏教』一七、一九六三年）↓『神々と村落』（弘文堂、一九七八年）、樋口智之「願成寺所蔵癡兀大慧像考」（『美術史学』一七、一九九五年）。

付記　本稿は、ＪＳＰＳ科学研究費基盤研究（Ｂ）「両部神道の伝播と継承に関する総合的研究」課題番号23K20425による研究成果の一部である。

【コラム】

神道に残る道教文献
――『老子述義』『北斗経』『修真九転丹道図』を中心に

松下道信

はじめに

神道はもともと経典を持たなかった。しかし、時代が降るにつれ、やがて神道の内部に内省や自覚化がもたらされると、自らを言葉で表すロゴス化の必要性が生まれることとなった。この時、まずなされたのは、仏教や儒教をはじめとした周囲の典籍を借りることであった。そして、そこには道教文献も含まれていた。

この際、用いられた文献には、その時々の時代的な痕跡が残ることとなる。ここでは神道に残る幾つかの道教文献を取り上げ、神道における道教文献の受容の様子とそこから見えてくる当時の道教の姿に迫ることにしたい。

一、伊勢神道と『老子述義』

まず伊勢神道を取り上げよう。伊勢神道は、それまでの本地垂迹説に対して神道を中心とする教説を説き、外宮の祀官であった度会氏を中心に成立した。その重要な教典群に神道五部書がある。そこには『老子』の注釈書である『河上公注』と賈大隠『老子述義』を中心に、道家思想の積極的な受容があることが知られる。すなわち、仏教思想に代るものとして道家思想の説く道を取り入れ、「神明の道」を打ち立てようとしたのである。特に神道五部書と深い関係がある度会行忠が著したとされる『大元神一秘書』や度会家行による『類聚神祇本源』には、『河上公注』と『老子述義』の引用がまとまって見られる。

『河上公注』は、伝説では河上公という異人が前漢の文帝に授けたとされる『老子』の注釈書で、代表的な老子注の一つである。『老子述義』は『河上公注』に基づく義疏と見られる。唐代は『老子』の注釈の中でも『河上公注』が盛行していた時期とされ、このため『河上公注』の義疏が撰述されたものと思われる。また、著者の賈大隠は、初唐を代表する経学家賈公彦の子であり、『老子述義』も儒家的立場から著されたとされる。そこに見える生成論や『礼記』等を踏まえた解釈が、神道的な天地開闢説や祭式を説明するのに適していたのであろう。

このように伊勢神道の教説の建立に当たり、重要な働きを果たした『老子述義』だが、実は『老子述義』は現在残らない。

中国における記録としては、『旧唐書』経籍志及び『新唐書』芸文志に賈大隠『老子述義』十巻の名前が見え、また、南宋・鄭樵『通志』と高似孫『子略』巻二「老子注」にも同著が記されるものの、これ以降、目録等に『老子述義』の名は見えないようである。また、今のところ、中国で『老子述義』の引用文は見つかっていない。なお、五代の道士、杜光庭『道徳真経広聖義』序には、「吏部侍郎賈至作『述義』十一巻『金鈕』一巻」と見え、武内義雄は賈至を賈大隠のことだとした。ただし、『新唐書』賈大隠伝によれば、賈大隠が就いたのは吏部侍郎ではなく礼部侍郎であり、また巻数も十巻ではなく、十一巻とするなど違いもある。礼学を専門とする家に生まれた賈大隠は、父の賈公彦の影響の下、儒道一致を図るべく『老子述義』を著したと考えられている。しかし、これは当時の時代的要求に合わなかったようで、朱子学の勃興と共に忘れさられていったのであった。

日本では、九世紀末に藤原佐世により撰された『日本国見在書目録』の道家の部に賈大隠撰『老子述義』十巻が記されており、この頃には『老子述義』が日本にもたらされていたことが分かる。なお、『老子述義』の利用は、神道文献に限らない。例えば、具平親王『弘決外典鈔』をはじめ、日本で撰述された仏典の注釈書には、『老子述義』がしばしば引かれている。『弘決外典鈔』は唐・湛然『止観輔行伝弘決』に見える外典、すなわち儒道二教の典籍について注釈を加えたもので、正暦二年（九九一）に著された。一方、神道五部書は建治・弘安年間（一二七五〜八八）頃に成立した。また、『大元神一秘書』は文永・弘安年間（一二六四〜八八）中の撰述、『類聚神祇本源』は元応二年（一三二〇）の撰述である。その他、やや下って、足利学校遺蹟図書館に残る、室町中期の『老子経』二巻は清原家伝承本の『河上公注』で、ここにも『老子述義』の書き入れが見られると言う。すなわち、日本では、中国に残る記録とほぼ同時期か、やや遅れて『老子述義』が利用されていたことが分かる。

しかし、室町時代、禅林で朱子学が受容されるのに伴い、老子注は次第に南宋・林希逸『老子鬳斎口義』に取って代わられていく。林希逸は南宋の儒者で、道仏二教を異端とする朱子学の中にあって、儒者の立場から老荘列の三子に対して初めて全面的に注釈を加えた人物である。こうした朱子学と親和性のある注解の登場は、江戸時代になると、林羅山が『老子鬳斎口義』を刊行したことも手伝って『老子』注の中心を占めるに至る。かくして中国と同じく日本でも、賈大隠『老子述義』は散逸していくこととなったのであった。

二、吉田神道と北斗経

室町時代には、吉田兼倶（一四三五〜一五一一）による吉田神道が登場する。吉田神道は唯一元本神道とも呼ばれ、そこでは神道の純粋化が目指された。その一方で、その教説には仏教や道教をはじめとする様々な文献が多用されていることが知られる。

その中の一つに道教の北斗経がある。北斗経は、北極星及び北斗に祈りを捧げることで災厄から逃れることを願うもので、中国では北斗信仰は道教のみならず、仏教においても大きな支持を得た。吉田神道でも、教理書とも言える吉田兼倶の『唯一神道名法要集』に引用が見られるなど、非常に重視される。

吉田神道には独自の北斗経が伝えられており、正式な名称を『太上説北斗元霊本命延生妙経』と言う。これは『道蔵』に収められる元・徐道齢『太上玄霊北斗本命延生真経註』に基づく。ただし、両者には違いがあり、研究者の間では、吉田本北斗経は吉田兼倶が徐道齢の北斗経を改変したものと長らく考えられてきた。兼倶は、『唯一神道名法要集』を平安時代の遠祖卜部兼延に仮託するなど、様々な偽作を行ったことが指摘されることから、同様の改変がなされたのではないかと考えられたのである。

しかし、その後、土御門家に代々仕えた家司である若杉家に伝わる文書から、従来知られていなかった北斗経が見つかったことにより事態は展開する。見つかった北斗経は断簡であったが、そこには、従来知られていなかった、南宋・謝守灝による序文が残されていたのである（図1）。謝守灝は、『太上老君混元聖紀』などの老子伝を残す著名な南宋の道士である。序文の内容は、謝守灝が当時の北斗経の経文の乱れを嘆き、現在、『道蔵』に収められる形に改めたというものである。これにより、これまで北斗経の異本として等閑視されていた蔵外の北斗経、及び金朝の明昌二年（一一九一）の紀年を持つ北斗経碑文が、謝守灝による北斗経校正以前の旧本であるとしてにわかに脚光を浴びることとなった。

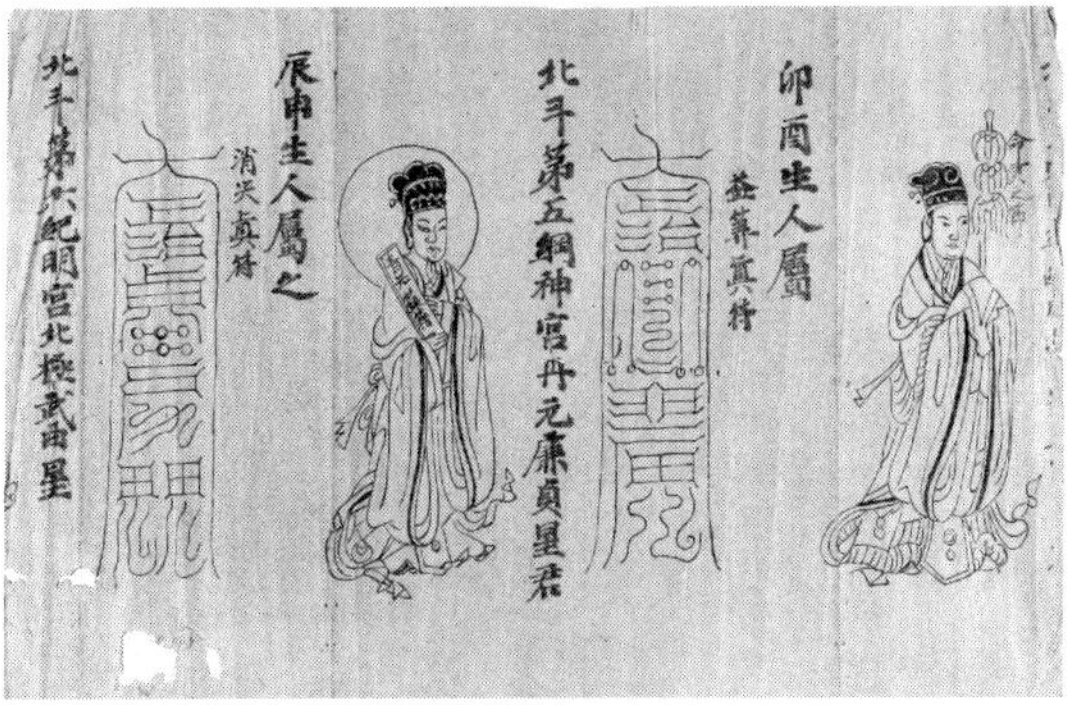

図1　「校正北斗本命延生経序」（京都府立京都学・歴彩館若杉家文書所蔵）
残欠の冒頭には謝守灝による序文が残る。図は北斗七星に配される神々とその霊符。『道蔵』に収められる北斗経の神々の姿とは持物等に違いが見られる。

それでは、吉田神道に伝わる北斗経と、これら北斗経の関係はどのようなものであったのか。北斗経諸版本の比較・分析から導き出された推論は、徐道齢はもともと旧本に注釈を施したのであり、当初の徐道齢の北斗経注は現在の『道蔵』に見えるものと大きくその姿を異にしたというものであった。この原《プロト》・徐道齢注北斗経は、その後、大きく二回の校訂が加えられて現在の形になった。そして、吉田本北斗経は、初回の校訂本の姿を伝えるものであると考えられる。

なお、最近、新たな資料として、明・宣徳帝自身による、宣徳九年（一四三四）の序文を持つ明刊本『太上説北斗元霊本命延生妙経』が存在することが明らかになった。これは、徐道齢の名前こそ付されないものの、吉田本北斗経とほぼ同一の内容と形式を持ち、かつ、吉田本に先行するもので、これにより吉田本北斗経は、兼倶による改変が加えられていないことが確実になった。すなわち、吉田神道に伝えられる吉田本北斗経は、従来知られていなかった古い徐注本の姿をとどめる版本なのであった。

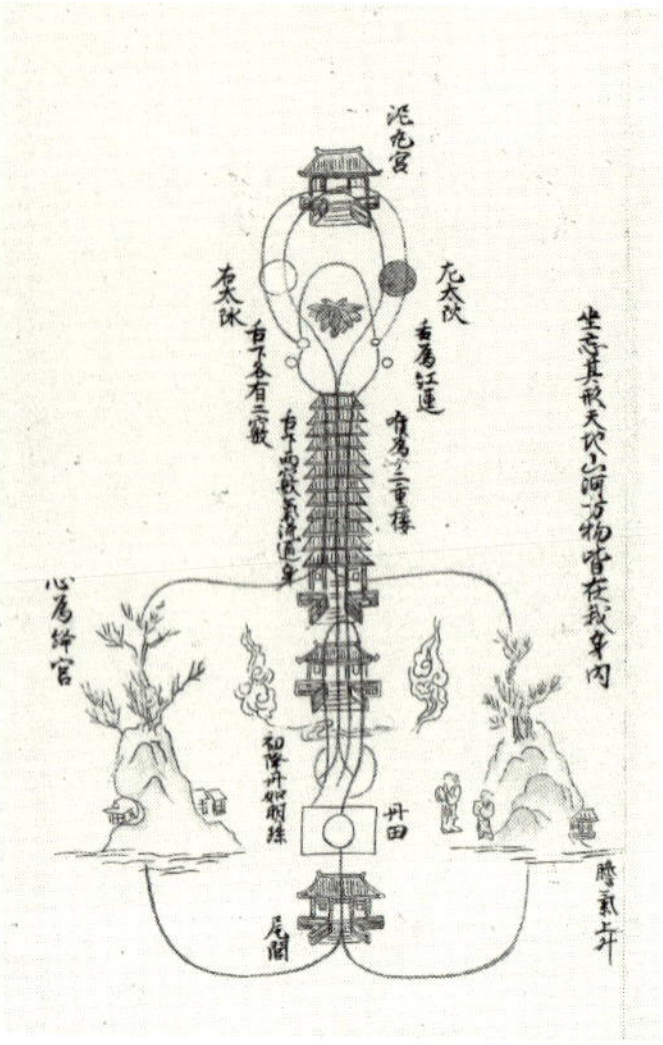

図2　『修真九転丹道図』第一転図（天理大学附属天理図書館吉田文庫所蔵『太上老君説常清静経』）
修行者の修行時の内景を彩色で描いたもの。気を巡らせる経絡が朱線で記される。『道蔵』に収められる『陳先生内丹訣』にはこうした図はない。

三、江戸時代の内丹文献

ところで、北斗経と並んで、吉田神道に伝えられてきた道教文献の一つに『清静経』がある。『清静経』は、正式名称を『太上老君説常清静経』と言う。これは、道教で重視された短い経典で、唐末までには成立していたと考えられている。注意されるのは、吉田神道に伝わる『清静経』は『清静経』単体ではなく、内丹文献である『修真九転丹道図』などを伴う複合的なものであるということである。更に興味深いのは、吉田神道に伝わる『清静経』には美麗な彩色図をふんだんに収める点である（図2）。

この『修真九転丹道図』についても、道教の内丹文献である陳朴『陳先生内丹訣』の古形をとどめるものであることが指摘されている。ただし、やはり両者の間には違いが見られ、現在『道蔵』に収められる『陳先生内丹訣』には図は残らない。『道蔵』は貴重な道教文献を多数収める重要な資料ではあるが、こうした『修真九転丹道図』との違いを目の当たりにするとき、我々は『道蔵』が当時の道教文献をそのまま反映したものではないことに気付かされる。おそらく、道士たちの間では、実際にはもっと彩色豊かな書物が流通していたのであろう。

気を付けなくてはならないのは、この『修真九転丹道図』に記される内丹法、すなわち、それは『陳先生内丹訣』の内丹法でもあるわけだが、それは、その後、中国で主流を占めた内丹法とは系統を異にするということである。『陳先生内丹訣』の内丹法は、修行者の胆臓に蔵される精気を練り上げて身中にめぐらせた上に、日月の精華を体内に取り込むことで修行者自身の凡体を消滅させてゆき、最終的に昇仙を目指すというものである。こうした胆臓の重視や錬成した内丹を巡らせる経絡、また、日月の精華の取り込みといった功法は、張伯端の『悟真篇』をはじめとする、中国近世以降、主流を占めることとなったいわゆる全真教南宗の内丹法などと比べるとかなり異質である。

ところで、『道蔵』に収められる陳朴『陳先生内丹訣』には二種類ある。単行本と、『修真十書』所収本である。そのうち、『修真十書』所収本は、著者・書名を泥丸先生陳朴『翠虚篇』に作り、混乱が見られる。すなわち、泥丸先生陳朴とは、本来の著者である陳朴と、全真教南宗の第四祖陳楠（字・泥丸）が入り交じったものであり、また、書名も陳楠の著『翠虚篇』と混同したものと思われる。『修真十書』は『鍾呂伝道集』や、いわゆる南宗の『悟真篇』など、当時、主流であった内丹文献を中心に集録していることを考えると、こうした混乱はどうやら陳朴の内丹法が南宗の内丹道へと接近していく過程を示しているものと言えよう。実際、『陳先生内丹訣』の序文をよく読むと、宋代頃から既に南宗に近づいていく痕跡を見ることができる。おそらく南宗の隆盛に伴い、系統の違う陳朴の内丹法が統合されるに至ったのだろう。

こうして南宗に取り込まれることとなった『修真九転丹道図』だが、やがて日本に将来され、吉田神道に定着したと思われる。江戸時代、吉田家の中で『修真九転丹道図』は度々書写され、熱心に研究された痕跡がある。

一方、中国の内丹道では、やはり陳朴の内丹法は主流ではなく、あくまでも傍流にとどまった。江戸時代、内丹書は複数伝来していたようで、かなり広範に受容されていたことが確認される。例えば、江戸中期には谷口一雲や大江文坡、大神貫道ら道教に関心を持った人々の活動が知られるが、彼らは『悟真篇』といった南宗の内丹書や『性命圭旨』など、当時の主流であった内丹文献に接していた。吉田神道においても蔵書目録からそうした内丹書を有していたことは確かめられるものの、しかし、書写の実態から見て、あくまで吉田神道で重視された内丹法は家伝の『修真九転丹道図』を中心にしていたと考えられる。内丹法の受容をめぐって、そこにはいわば中国とのずれが生じていたのである。

なお、江戸時代中期になると国学が勃興し、儒教や仏教伝来以前の日本のあり方を解明しようとした。当然その排除の対象には道教も含まれたが、しかし、本居宣長に私淑する平田篤胤に逆に道教文献が多用されることはよく知られている。

おわりに

日本は中国の周辺に位置し、長きにわたり様々な書籍を受容してきた。ここでは神道に残る幾つかの道教文献を取り上げたが、これら各時代に受容された文献には、その時代ごとの思潮が反映していただけでなく、また、その時々の道教の様相を残し、時に受容のあり方をめぐって本家の中国道教とのずれが見え隠れしている。そうした意味で神道に残る道教文献は、道教の本流から取り残された、歴史上の一つの残照とも言うべき存在なのかもしれない。ただし、それはその当時の息遣いを閉じ込めた、そして、時に、上で示した彩色図に見られるような、文字どおり、非常に色鮮やかな残照でもあるのである。

参考文献

石田秀実「陳朴内丹説資料覚書」（宮澤正順博士古希記念東洋比較文化論集刊行会編『東洋――比較文化論集――宮澤正順博士古稀記念』、青史出版、二〇〇四年）
古勝隆一『中国中古の学術』（研文出版、二〇〇六年）
高橋美由紀『伊勢神道の成立と展開』（大明堂、一九九四年）
武内義雄「老子の研究」（『武内義雄全集』第五巻、角川書店、一九七八年）
坂出祥伸『江戸期の道教崇拝者たち』（汲古書院、二〇一五年）

藤井　淳「伊勢神道撰述書『大元神一秘書』と『老子述義』」（『駒沢大学仏教学部研究紀要』第七二号、二〇一四年）
松下道信『宋金元道教内丹思想研究』（汲古書院、二〇一九年）
――「中世神道の道教受容――吉田神道所伝『太上説北斗元霊経』版本再論」（髙田宗平編『日本漢籍受容史――日本文化の基層』八木書店、二〇二二年）
――「吉田神道所伝北斗経と『神祇道霊符印』の成立について――新出資料・佛教大学本北斗経をもとに」（第七十回神道史学会大会研究発表報告、二〇二四年。未定稿）
三浦國雄「若杉家本『北斗本命延生経』について」（『東方宗教』第一二三号、日本道教学会、二〇一四年）

補記　なお、本稿は、ＪＳＰＳ科研費・基礎研究（Ｃ）「中国近世期における道教内丹道の書誌学的研究」（20K00063）の成果の一部である。

平安時代の蓍亀占について

奈良場勝

はじめに

天皇即位の大嘗祭に際して行われる「斎田定点の儀」の占いは亀卜である。伊勢の斎王も「卜定」によって選ばれてきたし、十五世紀頃まで続いた天皇の健康を占う「御体御卜《おおみまのみうら》」も亀卜であった。(1) また、怪異・災害時の「軒廊之御卜《こんろうのみうら》」では「卜筮」を行ったとされるが、十二世紀の『兵範記』には「式占」の用語が見えている。(2) 少なくとも平安後期の公的な「卜筮」は、亀卜と式占によって行われていたと言ってよいだろう。こうした宮廷内の占いに亀卜が継続して用いられたのに対して、「易占」はいつ頃、どのような形で行われていたのか殆どわかっていない。亀卜については伝世資料として『新撰亀相記』(3) が残されており、先行研究の層も比較的厚いと言えるだろう。(4) 一方の易はといえば、儒教経典としての『易経』の受容に重点が置かれ、占術面からの研究はあまり行われていないようだ。平安時代前期の資料を見る限り、公的な易占が単独で行われた事例を示すのは難しい。そのような占術体制にはなっていなかったと見てよい。その代わり、九世紀中頃の資料には、「蓍亀《しき》」や「亀筮《きぜい》」

の語が見える。これは陰陽寮が行う蓍《めどぎ》による筮占、神祇官が行う海亀による卜占を合わせた表現であろう。つまり「卜筮」と同義と見てよい。それが当時の公的占いの一形式であったと考えられる。ただし、卜筮という語がその後も長く用いられたのに対して、蓍亀・亀筮の語は時代と用例がある程度限定されているようだ。本稿ではこれらを便宜的に「蓍亀占《しきせん》」と総称し、当時の公的な占いについて考察するのを主な目的とする。

一、「蓍亀」「亀筮」について

(1) 中国古典に見える用語

『礼記』曲礼上に「龜を卜と爲し、筴《さく》を筮と爲す」とあり、鄭玄《じょうげん》（一二七～二〇〇）の注に「筴《さく》は或いは蓍に爲《つく》る」とある。亀による卜占、蓍による筮占をそれぞれ「亀卜」「蓍筮《しぜい》」と称した。すなわち厳密には蓍亀は占具であり、卜筮は占法なのである。しかし『史記』「亀策列伝」[5]第六十八に、

　王者の諸疑を決定するに、参ずるに卜筮を以てし、断ずるに蓍龜を以てす。

とあって、すでに修辞上の表現の違いだけになっているようだ。「卜筮」と「蓍亀」とは比較的早い時期に区別が曖昧になり、同じ占法体系を指す用語となっていったと考えてよいだろう。

「蓍亀」の語の古い出典については、『周易』（『易経』）繋辞上伝、第十章に、

　賾《おぎ》ろを探りて隠るるを索め、深きを鉤して遠きに致し、以て天下の吉凶を定め、天下の亹亹《びび》たるを成す者は、蓍龜より大なるは莫し。

とある。

占いの手順としては、『説苑《ぜいえん》』十三、「権謀」に、

　聖王の事を舉《あ》ぐるや、必ず先づ之を謀慮に諦《つまびらか》にし、而る後に之を蓍龜に考ふ。

とあるように、まず占いの前に人々が問題の解決案を検討しなければならなかった。これは『白虎通』「蓍龜」でも同様であり、

　先づ謀りて卿士に及す所以《ゆえん》は何ぞや。先づ人事を盡し、念じて得る能はず、思ひて知る能はざれば、然る後に蓍龜に問ふ。

とある。

本来なら検討段階で「人事」を尽くして人間界での解決を目指すべきなのである。しかし、『論衡《ろんこう》』「卜筮」第七十一には、

　俗卜筮を信じ、謂へらく、「卜者は天に問ひ、筮者は地に問ひ、蓍は神、龜は靈なれば、兆數報應す。故に人議を捨て卜筮に就き、可否を違《さ》けて吉凶を信ず」と。

とあって、徐々に占いへの依存が顕著になった状況がうかがえる。「人議を捨て卜筮に就き、可否を違《さ》けて吉凶を信ず。」という盲従状態はやはり問題視されていたようだ。

(2) 日本への導入

「蓍亀」の他に「亀筮」という語がある。和銅元年（七〇八年）二月の平城京造営の詔[6]の一節に（以下の傍線は筆者）、

　方《まさ》に今、平城の地は、四禽圖《と》に叶ひ、三山鎮を作《な》し、龜筮並び従ふ。宜しく都邑を建つべし。

とあるのはよく知られている。「龜筮並び從ふ」部分については、『尚書』（『書経』）洪範[7]に由来すると考えられる。

『尚書』洪範「稽疑」に、

時の人を立て卜筮を作《な》すに、三人占へば、則ち二人の言に從ふ。汝則《も》し大疑有れば、謀るに乃《なんじ》の心と及《とも》にし、謀るに卿士と及にし、謀るに庶人と及にし、謀るに卜筮と及にす。汝則ち從ひ、龜從ひ、筮從ひ、卿士從ひ、庶民從へば、是れを之れ大同と謂ふ。身其れ康彊にして、子孫其れ逢《おお》いなり。

とある。

やはり人間側の議論を尽くした上で占っていることがわかる。「汝」の原案に対して人間側でも意見の一致、不一致があり、亀と筮の占の組み合わせも「亀従ひ筮従ふ」だけではない。この後に「亀従ひ筮逆ふ」「亀筮共に人に違ふ」のふたつの組み合わせが述べられている。すべてが「従ふ」になった状態が理想の「大同」であるが、たとえ「亀筮共に人に違ふ」であっても完全に凶というわけではない。

『日本後紀』大同元年（八〇六）三月二十三日[8]に、

此の日、日は赤く光無し。大井、比叡、小野、栗栖野等の山共に焼く。煙灰四満す。京中晝《ひる》なほ昏《くら》し。上以爲《おも》へらく、山陵の地に定むる所、賀茂神に近し。疑ふらくは是れ神社災火を致すか、と。即ち卜筮に決するに、果して其の祟り有り。上曰く、「初め山陵を卜するに、筮從ひ龜從はざるなり。今災異頻《しき》りに來る。愼まざるべきか。」と。即ち自ら禱祈す。火災立《たちま》ち滅す。

とある。

延暦二十五年（八〇六）三月十七日に桓武天皇が崩御する。同日に平城天皇が践祚し、「大同」と改元した。都周辺の火災について、桓武天皇陵の予定地が賀茂神社に近いせいではないかと占った所、やはり神の祟りであるとの結果になった。実は最初に陵を選定する際に行った占いの結果は「筮従ひ亀従はず」だったのに強行したせいだというのである。この「筮従亀不従」は『尚書』の用語を指していると思われる。「筮従亀不従」は『尚書』では「筮従亀逆」に相当するはずであるが、『尚書』の本文に「筮従亀逆」の組み合わせだけが載っていないのである。「亀筮共に人に違ふ」であっても凶ではないが、『尚書』にない組み合わせは、占う側にとっては判断が難しい。平城天皇はその点を危惧しているのではないだろうか。

日本では公的占いの機構を整備するに当たり、中国古典の蓍亀占に倣い、「原案」を案出してから亀卜と蓍筮で可否を問う手順を導入したと見てよいだろう。平安中期以降の「軒廊《こんろう》之《の》御卜《みうら》」は、この形式を踏襲していると考えてよいと思うが、導入時から全く変わらずに継続していたかどうかはわからない。

二、阿蘇神霊池の異変

『日本三代実録』（以下は『三代実録』と略す。読み下しは武田祐吉・佐藤謙三による。）貞観六年（八六四）十二月二十六日(9)に、

> 大宰府言ふ、「肥後國阿蘇郡の正二位勳五等健磐龍命《たけいわたつのみこと》の神靈池、去る十月三日の夜、聲有りて震動し、池の水空中に沸騰し、東南に洒《そそ》ぎ落つ。其の東方に落つるは、布のごとくにして延び縵《ひろ》がり、廣さ十許町《じっちょうばかり》、水色漿のごとくにして草木に黏着《ねんちゃく》し、旬日を經ると雖も消解せず。又比賣神《ひめのかみ》の嶺、元來《もと》三つの石神有り。高さ四許丈《しじょうばかり》なり。同夜に二つの石神頽崩《くず》る。府司等之を龜筮に決するに『應《まさ》に水疫の災《わざわい》有るべし』と云ふ。」と。

とある。

肥後の国（熊本県）阿蘇郡に神霊池がある。「健磐龍命」は阿蘇神社の祭神である。大宰府の報告によると、十月三日の夜、大きな音とともに振動が起こり、池の水が空中に沸き上がった。広く飛び散った水は濁って粘り気があり、草木に降り注いで十日経っても落ちなかった。また比売神の嶺の三石神のうち、二つが崩れ落ちた。大宰府がこの異変を亀筮で占った所、「水疫（水害と疫病）」の兆があるという。

阿蘇の神霊池の異変はこれが初めてではない。過去には、延暦十五年(10)（七九六）、天長二年(11)（八二五）、承和七年(12)（八四〇）の記録が残っている。しかし、これまでの異変は、

肥後國阿蘇郡の山上に沼有り。其の名を神靈池と曰ふ。水旱年を經れども、未だ嘗て増減せず。而るに今、故無くして涸減すること二十餘丈なり。（延暦十五年）

といったように、いずれも池の水位が低くなったという内容のみであった。普通の池ならば水位の低下は珍しいことではない。しかし、大雨でも旱魃でも常に水位の変わらない池だからこそ異変なのである。六国史は編集方針によって記述内容に多寡があるが、共通しているのは異変報告の後に詔が発せられ、「鰥《こん》寡《か》孤独《こどく》」のような生活困難者に天皇の徳を示すために食料・生活用品を支給する「賑給」「振済」が行われる。租税の免除が行われることもあった。貞観六年の異変に対しても、これまでの前例が踏襲されている。

健磐龍命を祀る阿蘇神社は、この異変報告のたびに神階が上がったと言ってよい。承和十年（八四三）には神主に「把笏」が許されている。承和十年までに把笏の許された神社は、摂津の住吉坐神社、越前の気比神社、能登の気多神社、常陸の鹿島神宮、下総の香取神宮のみである。貞観六年時点で「正二位」という神階は異例とも言える高位なのである。これまでの神霊池の異変報告は、中央に対して阿蘇神社の神威を誇示するという面もあったと言えるだろう。

三、中国の災異記事との共通点

貞観六年の神霊池の異変はこれまでのものとは様子が異なるようだ。水位低下の問題ではなく、池の震動や水の沸騰、水質の変化、岩崩れなど多くの要素が盛り込まれている。これらは単なる自然災害の羅列表現なのだろうか、それとも何か別の意図が汲み取れるのであろうか。ここで次の資料を見てみよう。

『詩経』小雅「節南山之什」のうち「十月之交」第三節に、

燁燁震電　不寧不令　燁燁《ようよう》たる震電　寧《やす》からず令《よ》からず
百川沸騰　山冢崒崩　百川沸騰し　山冢崒《ことごと》く崩る
高岸爲谷　深谷爲陵　高岸谷と爲り　深谷陵と爲る
哀今之人　胡憯莫懲　哀し今の人　胡《なん》ぞ憯《かつ》て懲ること莫きや

とある。

「十月之交」の詩序には「大夫、幽王を刺《そし》るなり。」とある。周の幽王（在位、前七八一～前七七一）は笑わぬ妃・褒姒《ほうじ》を笑わせるために何度も烽火《のろし》を上げた西周最後の王である。この詩の第一節、第二節は日食の不吉を述べている。『詩経』の注釈である『毛詩鄭箋《もうしていせん》』には、第一節の末尾に「箋に云ふ、君臣道を失ふ。災害将《まさ》に起きんとす。故に下民亦《また》甚だ哀しむべし。」とあり、王の無道、政治の乱れを表しているとする。つまり「十月之交」の「百川沸騰」は自然災害としての噴火の様子を描写したものではなく、世の陰陽の均衡が崩れて陰が増長し、国が危うくなる前兆の不祥の表現なのである。さらに幽王についての別の資料も見てみよう。

『史記』周本紀に、

> 幽王二年、西周の三川、皆震す。伯陽甫曰く、「周将《まさ》に亡びんとす。夫れ天地の氣、其の序を失はず。若《も》し其の序を過つは、民之を亂せばなり。陽伏して出ずる能はず、陰迫りて蒸《のぼ》ること能はず、是に於て地震有り。今、三川實に震するは、是れ陽其の所を失ひて陰に塡《とざ》さるればなり。陽失ひて陰に在れば、原《もと》必ず塞がる。原塞がれば、國必ず亡ぶ。（中略）昔伊洛竭《つ》きて夏亡び、河竭きて商亡ぶ。（中略）山崩れ川竭くるは、亡國の徵なり。川竭くれば、必ず山崩る。若し國亡びば、十年に過ぎじ。數の紀なり。夫れ天の棄つる所、其の紀を過ぎじ。」と。是の歳や、三川竭き、岐山崩る。

とある。

西周の三川とは涇水・渭水・洛水を指す。かつて、伊水・洛水が涸れて夏が滅び、黄河が涸れて殷が亡んだという。その上、今度は岐山までも崩れた。涇・渭・洛の三川は岐山に発している。岐山は古公亶父による周創業の聖地である。このため伯陽甫は周はあと十年ももたないだろうと言った。その言葉通り、幽王十一年（前七七一）に周は申侯に滅ぼされ、平王元年に周の東遷が行われた。

この逸話は『漢書』五行志にも、

> 元延三年正月丙寅、蜀郡の岷山崩る。江を壅《ふさ》いで、江水は逆流し、三日にして乃ち通ず。劉向以爲《おも》へらく、周の時岐山崩れ、三川竭き、幽王亡ぶ。岐山は、周の興る所なり。

とある。

『漢書』五行志の記事については、『天地瑞祥志』第十六にも「劉向以爲へらく、亡國失地の象なり。」の記述がある(13)。川の水の異変と山崩れ、そしてそれが王朝の創業の地であるという点に注目してみると、阿蘇の神霊池の異変にも当てはまる可能性がある。

崩れ落ちた「比売神嶺」の「三石神」については、『三代実録』貞観九年（八六七）八月六日に、[14]

大宰府言ふ、肥後國阿蘇郡正二位勲五等健磐龍命神、正四位下姫神居る所の山嶺、去五月十一日夜、奇しき光照り耀《かがや》く。十二日朝、震動して乃ち崩ること、廣さ五十丈、長さ二百五十丈許《ばかり》なり。

とあり、同月八日に「大宰府に下知して、豊後國をして神山崩れの恠《おそれ》を鎮謝せしむ。」とある。この「姫神」は「阿蘇津姫命」を指していると考えられるが、阿蘇の嶺の崩壊なのに「豊後国」に鎮謝している点が重要である。「三石神」については、宇佐神宮の三石神の信仰を借用していると考えられる。現在の宇佐神宮の奥宮は大元神社と言い、宇佐神宮裏手の御許《おもと》山に鎮座する。御許山の山上には三つの巨石を中心とした磐座《いわくら》があり、神仏習合時代は「石体権現」と呼ばれることもあった。[15]宇佐神宮の祭神は、八幡大神（応神天皇）・比売《ひめ》大神・神功皇后であるが、八幡信仰以前には御許山に多岐津姫命《たきつひめ》・市杵嶋姫命《いちきしまひめ》・多紀理姫命《たきりひめ》の三神が降臨したとされる。三石神はこの三柱の比売神の象徴でもある。

宇佐神宮は天平九年（七三七）以降に八幡神が誉田皇子（応神天皇）霊と結びついて以降に大きく展開した。[16]貞観二年（八六〇）に京都の石清水八幡宮として勧進されて、都と皇室の守護神に位置づけられることになる。阿蘇神社については、祭神の健磐龍命《たけいわたつのみこと》が神武天皇の孫とされている。この点については、阿蘇国造が私営田領主として成長し、朝廷が地方豪族の懐柔を図る過程で健磐龍命が神武天皇の系図に組み込まれたのではないかとする研究がある。[17]つまり宇佐神宮も阿蘇神社も皇室の祖先神と見做し得るということである。

大宰府による神霊池の異変と比売神嶺の石神崩落の報告は、中国の災異記事を下地にしているのではないだろうか。さらに踏み込んで言えば、大宰府の陰陽師が『天地瑞祥志』等の記述をもとに作成した可能性もあると思う。『天地瑞祥志』は『日本国見在書目録』天文家に収められており、九世紀後半頃という時代的にも無理はないように思われる。

大宰府の神霊池の異変報告のすぐ後、翌貞観七年（八六五）正月四日(18)に、

去年陰陽寮奏す、「明年兵疫の災有るべし。」と。近日、天文博士奏す、「應に兵事を警《いまし》むべし。」と。

とある。

陰陽寮が「兵疫」の兆を奏上し、天文博士が「兵事」への警戒を奏上した。この兵乱は新羅を想定したものと捉えられているようだ(19)。天文博士も陰陽寮に属する官であるので、陰陽寮内で複数の占いが行われた結果と言えるだろう。これを承けて清和天皇の詔が発せられる。

貞観七年（八六五年）二月十日に、

詔して曰く、（中略）去冬、大宰府言上す、「肥後國阿蘇郡に在る神靈池は、淫雨を經れども増すこと無く、亢陽《こうよう》に在りても減らず。而るに今、故無くして沸騰し、他の縣に衍溢《えんいつ》す。龜筮告ぐる所、兵疫の凶《わざわい》を爲さん。」と。

とある。

大宰府が「水疫」とした占いの結果が「兵疫」に変わってしまっている。これは朝廷が大宰府の占いを退け、陰陽寮の占いを採ったためと考えられる。貞観六年（八六四）当時、大宰府には令の規定によって正規の陰陽師が置かれていた。つまり私的な占いではなく、官としての公的な占いを朝廷に提出したのである。それが曲げられたという点は重要である。つまり、大宰府の占いを改めて陰陽寮が占うという公的占いの二重構造がここにうかがえるのである。

四、蓍亀占の背景にあるもの

（1）神道と仏教の軋轢

神霊池の異変はたまたま起きた自然災害なのだろうか。あるいは何らかの時期的蓋然性があるのだろうか。その点を考えてみたい。

実はこの時期には、しばしば「神の祟り」が唱えられていた。

貞観五年（八六三）閏六月十九日に、[20]

暁に流星有り。西に行く。

とあり、

同年七月二日に、

勅して、参議正四位下行式部大輔兼播磨権守春澄朝臣善縄、従五位下行神祇少副大中臣朝臣豊雄をして、大極殿に於いて、伊勢大神に禱り奉らせしむ。去る月、流星有り。神祇官卜して云ふ、「天照大神祟りを成さん。」と。故に禱りて以て不祥を防ぐなり。

とある。

春澄善縄（七九七〜八七〇）、大中臣豊雄（生年不詳〜八七〇）が大極殿で伊勢大神に祈った。不吉な流星は天照大神の祟りだと神祇官が告げたからだという。

貞観六年（八六四）七月二十七日に、[21]

勅して曰く、「去年七月二十五日、五畿、并びに伊賀、伊勢、志摩、遠江、相摸、上総等の國に頒下して云ふ、『國家を鎮護し、災害を消伏するは、尤も是れ神祇を敬ひ、祭禮を欽《つつし》むの致す所なり。是を以て格制頻りに下り、警告慇懃なりき。今聞く、諸國の牧宰制旨を慎まずして、専ら神主禰宜祝《はふり》等に任せ、神社を破損し、祭禮を疎慢ならしむ。神明其れによりて祟りを發し、國家此れを以て災を招くと。今諸社をして一時に新たに華餝を加へしめんとす』と。而るに月を經、年を踰ゆれども、未だ修め造らず。宜しく早く修餝を加へ、重ねて怠を致すこと勿かるべし。」と。

とある。

近畿・東海・関東地方の国司たちに、国家の鎮護、災害の消伏には神祇を敬い、祭礼を篤く行うことが必要だと言ったのに、神社の破損、祭礼の疎慢が放置されている。そのために神々の祟りが現れているのだという。

神々の祟りや怒りについては他にも、

貞観八年（八六六）二月七日[22]に、

神祇官奏して言ふ、「信濃國水内郡の三和、神部の兩神、忿怒の心有り。兵疾の灾を致すべし。」と。勅して、國司講師をして虔誠潔齋して幣を奉り、幷せて金剛般若經千巻、般若心經万巻を轉讀せしめ、以て神の怒りに謝し、兼ねて兵疫を厭《はら》ひしめたまふ。

同年二月十四日に、

神祇官奏して言ふ、「肥後國阿蘇の大神怒氣を懷臧《いだ》き、是によりて、疫癘を發し、隣境の兵を憂ふべし。」と。勅して、國司は潔齋して、至誠奉幣し、幷せて金剛般若經千巻、般若心經万巻を轉讀し、大宰府司は城山の四王院に、金剛般若經三千巻、般若心經三万巻を轉讀し、以て神の心に謝し奉り、兵疫を消伏せよ、と。

とある。

信濃国の神の怒りについては、藤原良房（八〇四～八七二）による定額寺の強引な列格に起因すると見る研究がある。(23) 阿蘇の神の怒りについては神霊池の異変の形で繰り返し報告されている通りである。神祇官の卜占には原案があったはずである。その原案の案出に神道側の意向が働いていたとみるべきであろう。

それではこの頃、仏教側はどのような状況だったのだろうか。八世紀末から九世紀にかけては、最澄（七六六～八二二）や空海（七七四～八三五）、円仁（七九四～八六四）、円珍（八一四～八九一）といった名だたる宗祖が現れ、延暦寺・金剛峯寺・東寺・園城寺といった大寺院の開山・中興が続いた。九世紀には藤原良房らとの関係を深めて行ったことはよく知られている。

貞観六年（八六四）二月十六日に、(24)

故に是を以て大僧都傳燈大法師位の眞雅を法印大和尚位僧正に。

とある。

空海の弟・真雅は惟仁親王（清和天皇）の護持によって藤原良房の信任を得た。真雅が建立した寺院は、貞観四年（八六二）には貞観寺と改められ、東寺を上回る広大な伽藍と膨大な荘園を有していたという。真雅は僧綱内で名実ともに頂点に立っていたが、さらに法印大和尚位も授けられた。この法印大和尚位は僧綱の位階の改定によったもので、もともとの僧綱位であった満位・法師位・大法師位に追加して、法橋上人位・法眼和上位・法印大和尚位の三階を定めたものである。(25) この僧綱の改定は真雅の奏上によるものであったという。こうした真雅の栄華を眼前にし、仏教側の優位を感じた神道側の危機感は想像に難くない。阿蘇神社ら各国の神社も度々中央の神祇官に陳情し、神祇官は神道側の総意として災異の形で奏上したのではないだろうか。

ただし、こうした神祇官の奏上に対して、勅言では金剛般若経の転読が課せられていることから、仏教側も黙認していたわけではなさそうだ。金剛般若経は中国唐代に広く信仰され、わが国でも平安時代に広がりをみせた。金剛般若経の読誦には荒ぶる魂の浄化や厄払い（払除疾病）というかなり限定的な効果が期待されていたという(26)。

（2）兵乱の予兆

次に朝廷側に目を向けてみよう。大宰府の「水疫」の占いを「兵疫」に変えたことに、何か蓋然性があるのだろうか。

貞観八年（八六六）十一月十七日(27)に、

勅して曰く、廼者《このごろ》恠異頻りに見《あらわ》る。之を蓍龜に求むるに、新羅の賊兵常に間隙を窺ふ。灾變の發《おこ》るは唯だ斯の事に縁《よ》る。夫れ灾《わざわい》を未兆に攘ひ、賊の將に來たらんとするを遏《とど》むるは、唯だ是れ神明の冥助にして、豈《あ》に人力の爲す所と云はんや。宜しく能登、因幡、伯耆、出雲、石見、隠岐、長門、大宰等の國府をして、幣《みてぐら》を邑境の諸神に班《わか》ち、以て鎮護の殊効を祈らしむべし。

とある。

蓍亀占は明らかに新羅の脅威を伝えている。当時、内政問題で余裕のない新羅が日本に侵攻して来るのは現実的ではなかったとも言われているが(28)、九世紀の蓍亀占は概ね新羅の脅威に結びつける災異占であると言ってよいかも知れない。

実はもうひとつ、この頃の朝廷にとってたいへん気がかりなことがあった。それは左大臣・源《みなもとの》信《まこと》（八一〇〜八六九）と大納言・伴《ともの》善《よし》男《お》（八一一〜八六八）の対立である。これがやがて「応天門の変」に発展することになる。応天門の変は、伴善男が源信の追い落としを図ったとする事件である。伴善男はすでに貞観六年の冬には「投送書」によって源信・融《とおる》兄弟の謀反を朝廷に訴えており、朝廷内の不穏な空気はすでに多くの人の知る所であった。大宰府の異変報告と占いはこうした中で行われたものである。

貞観八年閏三月十日、御所内の応天門から出火した。伴善男の訴えにより源信に嫌疑がかけられた。しかし源信は無罪とされる。この騒ぎの中でも蓍亀占は行われている。

貞観八年四月十四日(29)に、

勅して、去る閏三月十日の夜、應天門及び東西の樓觀、忽ち火災有り。皆悉く灰燼す。之を蓍龜に求むるに、猶ほ火の氣見《あらわ》る。神助に非ざるよりは、灾何ぞ消伏せん。宜しく五畿七道をして境内の諸神に奉幣せしむべし。仍《よ》りて須らく長官は潔齋し、躬《みずか》ら社頭に向きて、敬《つつ》しみて以て奉進し、必ず在《いま》すがごときを致すべし、と。

とある。

蓍亀占の結果では「神助」がなければ災いは消し去れないという。この時点では「怪異」による出火とされていたようだ。

また、同年七月六日(30)に、

去る閏三月十日の夜、八省の應天門幷びに左右の樓に失火事有りき。茲《ここ》に因りて神祇陰陽等の官をして占《うら》へ求めしむるに、「今亦火の灾、兵の警《いましめ》、御病の事等有るべし。」と卜《うら》へ申せり。

とあり、神祇官と陰陽寮が兵乱や帝の病に言及している。さらに、この記事に続けて、

若《も》し狂人《たぶれびと》の國家《みかど》を亡さむと謀る事ならば、皇神達早く顯《あらわ》し出し給ひ、

とあり、応天門の火災は危険人物よる国家転覆を目論んだ事件との見込みも示されている。火災の原因は怪異で

はなく、人為的な犯罪であると朝廷が動き出した内情がうかがえる。そして、八月三日に大宅鷹取（生没年未詳）が伴善男、伴中庸《なかつね》らが応天門に火を点けたと訴え出た。七日には、

参議正四位下行左大弁兼勘解由長官南淵朝臣年名、参議正四位下行右衛門督兼讃岐守藤原朝臣良縄に勅して、勘解由使《かげゆし》の局に於いて、大納言正三位兼行民部卿太皇大后宮大夫伴宿祢善男を鞫問《きくもん》せしめたまふ。

とあって、勅命によって南淵年名《としな》（八〇八～八七七）と藤原良縄《よしただ》（八一四～八六八）が、伴善男に対して厳しい取り調べを行った。しかし、八月十八日には、

去る閏三月十日の夜、應天門及び東西の樓に火の災有りて、悉く焼け失せぬ。其の咎《とが》を卜《うら》へ求むれば、「掛けまくも畏《かしこ》き御陵を犯し穢《けが》せる事有り。又猶火の事有るべく、又疾の事も有るべし。」と卜へ申せり。

とあって、神祇官と陰陽寮は出火の原因は「御陵を穢した祟り」であると奏上していたことがわかる。怪異なのか犯罪なのかを巡って宮廷内に様々な思惑が交錯していたことがわかる。

その後、伴善男をはじめとする大伴氏、紀氏といった名門貴族たちが次々と流罪に処される。この事件を契機にして、病気療養中だった藤原良房が再び政権を掌握したとされている。

ここでもう一度、一年前の神霊池の異変直後の朝廷の対応を振り返ってみよう。

貞観七年（八六五）二月十七日には、(31)

勅して、参議従四位下守右大弁大枝朝臣音人、従四位下行中務大輔忠範王等を遣はして山階山陵に向《おもむ》き、告ぐるに神靈池の水の沸騰を以てし、預め災害を防がしめんとす。告文に云ふ、天皇が詔旨に坐せ、掛まくも畏き山階御陵の御陵に申し賜へと申さく、去年より今月に至るまで天變地灾止まず。加へて以て、肥後國阿蘇郡に在る神靈池故無くして沸き溢れたり。驚き乍《なが》ら卜へ求れば、兵疫の事有るべしと申せり。此により

て外にも物怪亦多し。此に依りて左右に念行すに、掛まくも畏き御陵の護り賜はんに依て、事無く有べしと思食《おぼしめ》して、去る正月に差使《つかい》を奉出《たてまだ》さむとしき。然るに忽に穢れ有るに依りて、奉出すこと得ずなりにき。今吉き日良き辰《とき》を撰び定めて、参議従四位下守右大弁大枝朝臣音人、従四位下行中務大輔忠範王等を差使《つかは》して奉出す。此の状を聞食《きこしめ》して、天下平きく、群臣忠心を懐き、上下序有り兵疫發せず、寶祚《あまつひつぎ》動くこと无く護り賜ひ、堅磐常磐に矜《めぐ》み幸《さきわ》へ賜へと、恐《かしこ》み恐みも申し賜はくと申す。参議正四位下行右衛門督兼讃岐守藤原朝臣良縄、従五位上行兵部少輔源朝臣直等は柏原山陵に向《おもむ》き、従三位守権大納言兼右近衛大将藤原朝臣氏宗、従五位上行民部少輔源朝臣潁等は嵯峨山陵に向き、大納言正三位兼行民部卿太皇大后宮大夫伴宿祢善男、散位従四位上茂世王等は深草山陵に向き、参議正四位下行左大弁兼勘解由長官南淵朝臣年名、従四位上行侍従利基王等は田邑山陵に向く。告文は一に山階山陵と同じかりき。

とある。

清和天皇は、大枝（大江）音人《おとんど》（八一一～八七七）、忠範王（生年不詳～八八〇）らを天智天皇陵に、藤原良縄《よしただ》、源直《すなお》（八三〇～九〇〇）らを桓武天皇陵に、藤原氏宗（八一〇～八七二）、源潁《ひいず》（生年不詳～八七九）らを嵯峨天皇陵に、伴善男、茂世王（生没年不詳）らを仁明天皇陵に、南淵年名、利基王（八二二～八六六）らを文徳天皇陵に遣わし、それぞれ「兵疫不発」「寶祚无動（皇室の安泰）」を祈願させた。貞観年間以前の神霊池の異変では、天武天皇陵に勅使を派遣した前例があるが、これほどたくさんの御陵に同時に勅使を派遣したことはなかった。そしてこの勅使に選ばれた人々が、その後の応天門の変で再び顔を合わせることになる。

応天門の出火の後、源信の邸宅は遣使に囲まれる。大枝（大江）音人、藤原氏宗は清和天皇の勅を受けて邸宅を囲んだ遣使を説得し、源信の嫌疑を晴らすことに成功している。南淵年名、藤原良縄は伴善男の尋問に当たっている。伴善男が流罪になった翌年、藤原氏宗は正三位に昇進、伴善男と同じく大納言となった。藤原良縄も伴善男が務めていた太皇太后宮大夫となった。当時の太皇太后宮は藤原順子（八五四〜八六四）である。藤原良房の妹であるが、伴善男の庇護者だったとも言われている。このように、勅使に選ばれた人物たちは応天門の変で明暗が分かれることになった。

大宰府の異変報告はこの大事件の前に「国家存亡の危機」を訴えたものとは言えないだろうか。当時の大宰府の実質的な責任者は大宰大弐《だいに》の藤原冬緒《ふゆお》（八〇八〜八九〇）である。右大臣の藤原良相《よしみ》（八一三〜八六七）にたいへん評価されていた能吏であった。冬緒は貞観三年より大宰大弐として赴任していた。貞観八年正月に禅正大弼となって帰京(32)、この直後の三月十日に応天門の変が起きている。大宰府から提出された異変報告の後、朝廷は「兵疫」の予兆という「原案」を案出したと見られる。これは新羅を想定したと同時に、当時の朝廷内の対立を危ぶんだものではなかっただろうか。朝廷の要人の多くが勅使として御陵に派遣されたのは、伴善男を牽制し、自重を促す意味もあったように思われる。藤原冬緒にとっては、そこまで見越した一連の動きなのかも知れない。結果から見れば、伴善男らの流罪で決着がつき、国家存亡の危機は回避されたということになるのであろうか。

五、蓍亀占のその後

蓍亀占の用例にはある程度の限定的条件がうかがえるように思われる。

貞観十一年（八六九）十二月五日に、(33)

是より先、大宰府言上す、（中略）今大鳥其の恠異を示す。龜筮告ぐるに兵寇を以てす。

とあり、十二月十七日に、

　去る夏、新羅の海賊貢綿を掠奪す。又大鳥有り。大宰府廰事幷びに門樓兵庫の上に集まる。神祇官陰陽寮云ふ、「當《まさ》に隣境の兵寇有るべし。」と。

とある。

　貞観十六年（八七四）七月二日に、(34)

　地震。大宰府言ふ、薩摩國従四位上開聞神山の頂に、火の自ら焼くる有り。煙薫《くすぶ》りて天に滿ち、灰沙雨のごとし。震動の聲百餘里に聞こゆ。社に近きに在る百姓は震へ恐れて精を失ふ。之を蓍亀に求むるに、「神封戸を願ひ、及び神社の汚穢《きたな》ければ、仍りて此の祟りを成す。」と。勅して二十戸を奉封す。

とある。

　元慶五年（八八一）八月十四日に、(35)

　加賀國言ふ（中略）。比日兵庫の鳴る有り。蓍龜告げて云ふ、「北境東垂に兵火有るべし。」と。

とある。

　貞観年間の後半以降になると、「蓍亀」に類する語を用いるのは、ほぼ大宰府関連の内容に限られ、他の地域でも日本海側の警戒を訴えるような兵事関連の内容となるようだ。

　これ以降の『三代実録』の記事には「蓍亀」に代わる占いの記述表現が見えてくる。

　仁和二年（八八六）五月二十六日に、(36)

　山城國石清水八幡大菩薩宮自ら鳴る。鼓を撃つ聲のごとし。南樓鳴る。風波相激しく聲と成るがごとし。數剋を經れども停まらず。神祇官卜して云ふ、「大菩薩の心願ふ所有り。」と。陰陽寮占ひて云ふ、「兵事を警《いましむ》むるべし。」と。

とある。

この記事では神祇官と陰陽寮がそれぞれ別に占っている様子がうかがえる。仁和年間（八八五〜八八九）以降からは「陰陽寮占云」というように、陰陽寮が単独で「占」を行う記事が多くなるようだ。その理由について現段階では明確にできないが、例えば神祇官と陰陽寮との距離感、陰陽寮内における「易占」から「式占」への占法の切り替えといった観点からも検討を加えることができるのではないだろうか。

おわりに

平安時代の蓍亀占は概ね災異占に用いられるものと言ってよいだろう。占法の手順としては、中国古典の蓍亀占の記述に倣って「原案」を案出する所から始めたのではないかと考えられる。宮廷内の公的な占いでは、重要な案件ほど多くの情報をもとにして、より具体性のある原案が案出される必要があったであろう。そこに政治的な思惑が働く可能性も否定できない。大宰府からの貞観六年の異変報告と蓍亀占については、偶発的な自然災害の報告ではなく、神道と仏教の軋轢、国内の治安や隣国との緊張関係といった社会問題について、朝廷に注意喚起を促す目的で行われた可能性もあるのではないだろうか。

そういった観点から歴史資料を再検討することによって、占術に期待された役割なども浮かび上がってくるように思われる。

注

（1）『延喜式』巻十一、太政官式、「御體卜」に「凡御體卜者、神祇官中臣率二卜部等一、六月、十二月一日始齋二卜之一、九日卜竟、十日奏レ之。」とある。
（2）平信範（一一一二～一一八七）の日記。『人車記』とも。仁安三年（一一六八）十二月二十九日の記述に見える。『増補史料大成　兵範記』（臨川書店）四、二七五頁。
（3）天長七年（八三〇）卜部遠継撰とされる。
（4）東アジア恠異学会編『亀卜　歴史の地層に秘められたうらないの技をほりおこす』（臨川書店、二〇〇六年）。巻末に詳細な「関係文献目録」が収められている。
（5）「亀策列伝」は褚少孫によって補筆された。内山直樹「褚少孫の『史記』補続」（筑波大学中国文化学会『中国文化　研究と教育』六十一号、二〇〇三年）。
（6）『続日本紀』巻第四、元明天皇の詔。
（7）『尚書』洪範は殷の遺臣・箕子が周の武王に語ったものとされる。
（8）『新訂増補　國史大系』（吉川弘文館）『日本後紀』巻十三、五五頁。
（9）『國史大系　日本三代實録』前編、巻九、一四三頁。
（10）『國史大系　日本後紀』巻五、三頁。
（11）『類聚国史』一七三、災異、七疾疫からの補遺。
（12）『國史大系　続日本後紀』一一〇頁。
（13）「『天地瑞祥志』翻刻・校注」第十六、水（名和敏光編『東アジア思想・文化の基層構造』汲古書院、二〇一九年所収）二二四頁。
（14）『日本三代實録』前編、二二〇頁。
（15）中山重記「弥勒寺末寺御許山正覚寺領」（大分県地方史研究会『大分縣地方史』一〇九号、一九八三年）「はじめに」の注1。
（16）高寛敏「八幡神の成立と展開」（大阪経済法科大学『東アジア研究』二十五号、一九九九年）。

(17) 村崎真知子『阿蘇神社祭祀の研究』（法政大学出版局、一九九三年）第三章一六頁。
(18)『日本三代實録』前編、一四五頁。
(19) 山崎雅稔「承和の変と大宰大弐藤原衛4条起請」（歴史学研究会編『歴史学研究』七五一号、二〇〇一年）。
(20)『日本三代實録』前編、一一四頁。
(21)『日本三代實録』前編、一三七頁。
(22)『日本三代實録』前編、一七六頁。
(23) 大江篤『日本古代の神と霊』（臨川書店、二〇〇七年）第一編、第二節、四五頁。
(24)『日本三代實録』前編、一三一頁。
(25)『日本三代實録』前編、一三一頁。
(26) 渡辺章悟「六国史にみる般若経」（東洋大学東洋学研究所『東洋学研究』四十九号、二〇一二年）。
(27)『日本三代實録』前編、二〇三頁。
(28) 西別府元日「日本古代における地方官僚集団の形成とその限界」（広島史学研究会『史學研究』二一二号、一九九六年）では、新羅対策は九州の各国司と大宰府との結びつきを強める政策の一部であったとする。
(29)『日本三代實録』前編、一八一頁。
(30)『日本三代實録』前編、一九〇頁。
(31)『日本三代實録』前編、一五〇頁。
(32) 冬緒は貞観十一年には大宰大弐に再任している。
(33)『日本三代實録』前編、二五三頁。
(34)『日本三代實録』後編、三四五頁。
(35)『日本三代實録』後編、五〇二頁。
(36)『日本三代實録』後編、六一〇頁。

附記　本稿の執筆に先立ち、京都大学人文科学研究所課題公募班（一般A班）「中国生活文化の思想史」（班長・名和敏光）の研究会に於いて口頭発表を行い、参加諸氏から多くの貴重なご意見を戴いた。特に班長の名和敏光氏からは『天地瑞祥志』との関連をご指摘戴いた。紙面を借りて感謝申し上げる。

【コラム】

陰陽五行説と中世神道論
――附・『東家秘伝』小考

原　克昭

はじめに

道教文化と神道をめぐる近年の研究は、中世の神道図像にみる道教典籍との影響の可能性、あるいは渡来した道教神と日本の神仏との男女尊の類比性など、より具象化した観点からの検証へと深化をみせている。(1) では、道教と神道論との連関性という超難題に対する視角として、宗教言説の形成過程の視座からアプローチすることはできないだろうか。その試行的な一方策として、小稿では陰陽五行説（および八卦説）に着目し、南北朝期に活躍した北畠親房（一二九三〜一三五四）の掌編『東家秘伝』(2) の中で援用された陰陽五行説の理解と神話言説との統辞の志向を見届けることにしたい。

特有の法則性と汎用性を兼ね備えた陰陽五行説が、東洋の思想・宗教をはじめ各種文芸や占術など諸領域で利活用されてきたことは論を俟たない。(3) 日本の中世神道においても例外ではない。もとより道教思想と中世神道論の直截的な影響関係に及ぶものではないが、陰陽五行説という共通の思想ツールを梃子に中世神道論を読み返すことで、道教と神道をきりむすぶ宗教言説の位相をめぐって、いわばパラレルな相互関係から捕捉するような将来的な議論の可能性を期した試みである。

一、『東家秘伝』にみる陰陽五行説と天神七代

『東家秘伝』は以下の全十条から構成される（〔　〕内の条番号は稿者）。

〔序文〕
〔第1条〕一、天地未レ剖、名二渾沌一也。
〔第2条〕一、渾沌之形、譬二之鶏子一也。
〔第3条〕一、陰陽初判、一物生レ中也。
〔第4条〕一、五行成数、各著二其徳一也。
〔第5条〕一、陰陽二神、産二生人物一也。
〔第6条〕一、変二易五行一、建二立八卦一。
〔第7条〕一、地神五代、応二五行運一也。
〔第8条〕一、相生・相刻、此為二順逆一。
〔第9条〕一、造化之端、皆是玄妙也。
〔第10条〕一、治世要道、神勅分明也。

〔序文〕によれば、本書の趣旨は『日本書紀』神代紀の神話言説から「天地造化之根元、神皇授受之因起」の「理」が「玄妙」である旨を提起するべく、四字句ごとの標題のもと「十ケ条」に記した「秘伝」にある。親房の主著として知られる『神皇正統記』『元元集』とは趣向を異にした本書の思想史的評価は、「渾沌」より天神七代・地神五代に至る「造化」から、〔第9条〕「神道玄妙」と〔第10条〕「三種宝物」「三神勅」を「剛・柔・正直ノ三徳」（『尚書』）、「智仁勇ノ達徳」（『中庸』）の表徴とし「治世要道」の要諦を説く点に見出されてきた[4]。南朝の正統論を展開した親房の眼目が最終〔第9・10条〕に集約されていることは紛れもない。だが、ここで改めて注目したいのは、〔第1〜8条〕の過程で「内典・密教」「漢朝説・儒典・儒書」「周易家・易家説」を識別し仏説と陰陽五行説・八卦説に対する理解を明示しつつ、神話言説との統辞を志向した点である。うち、「渾沌」と「太極」「理気」、「陰陽」と「五行」の生成論に関しては、『太極図説』および宋学との影響関係の有無や理解度からみた先学による精緻な論証が成されている[5]。そこで、以下では天神七代・地神五代との配当を叙述した条文を中心に、『東家秘伝』における陰陽五行説・八卦説の理解と援用の諸相を見届けておくことにする。

『東家秘伝』にみる陰陽五行説の特質性（先行する伊勢度会家の所説との相違）は、五行の数と順次と方角と

いう視点の獲得に見受けられる。まず〈第3条〉で仏説の「五大」（地水火風空）と「五位」（四方と中央）を「一往」した数（一～五）を「天地自然ノ数」「周易家ニハ小衍数」（一～五の合計＝十五）とする説を前提として、〈第4条〉では「五行出生」を「再往」（中央の「五」を附加）した「大衍数」（一～十の合計＝五十五）(6)の「秘説」から改めて「五位・五行」に対応させる。〈第5条〉では、「天地俱生神」（初代）を「和魂」、「中間五神」（二～六代の八神）を「五行徳」、「陰陽二神」（七代）を「荒魂」として、天神七代が「地水火風空〈若ハ土水火金木〉次第スルニ、上転義、陽神徳」、逆に「空風火水地〈若ハ木金火水土〉次第スレハ、下転義、陰神徳」という順次を立てる。この統辞的解釈を大まかに整理すると次のようになる。

国常立神（初代・天地俱生神）
　五大―五位―小衍―大衍―五行―中間五神
　水―北―天一―地六―水―国狭立（二代）
　火―南―地二―天七―火―豊国主（三代）
　空―東―天三―地八―木―埿土根・沙土根（四代）
　風―西―地四―天九―金―大富道・大富辺（五代）
　地―中央―天五―地十―土―面足・惶根（六代）

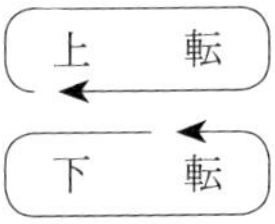

伊弉諾・伊弉冊尊（七代・陰陽二神）

天神七代を往還する思想は夙に度会家行『類聚神祇本源』神道玄義篇の「羅烈・含納」説にも認められるが、「秘説」とあるのみで詳細は知れない。(7)一方、『東家秘伝』では〈第1条〉に記した「下転・上転二用」が「次第・生起」し「無レ端コト如レ環、相摂コト如レ珠」という循環関係の主旨を、〈第5条〉で五大説・五行説に即して対応関係を明示しており、その分脈は通底しているといえる。

そして、続く〈第6条〉において五行説から「変易」した八卦説へと展開し、「中間五神」（二～六代の八神）を再配当したところに『東家秘伝』の特徴的な解釈が発揮されている。〈第6条〉は劈頭に「八卦者、☰乾☷坤☵坎☲離☳震☶艮☴巽☱兌」（八卦の順序は不審）を掲げ、「通二天地之道一、極二万物之理一、無レ善二於此八卦一矣」と認めつつも「我国説ニハ不レ見、然而其理ハ炳焉ナリ」と八卦と正象・八方の所説を開陳する。そのうえで、「我国神道ニ可二配当一、五行八神、其義ヲ可レ成也」として、以下の「中間五神」（二～六代の八神）の配当図を「五位」から「八位」への転換で解釈する。

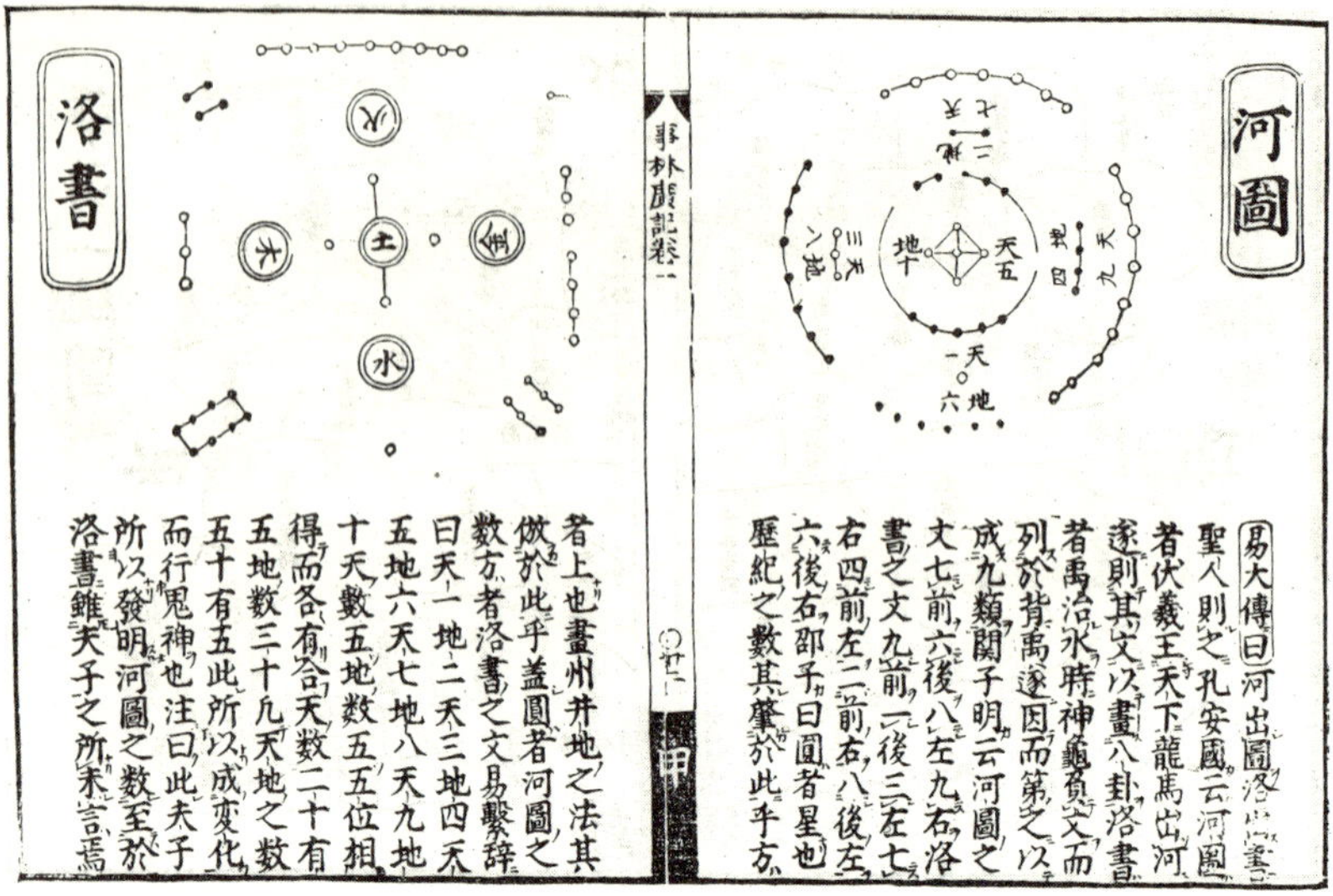

図1　『事林広記』所収「河図洛書図」

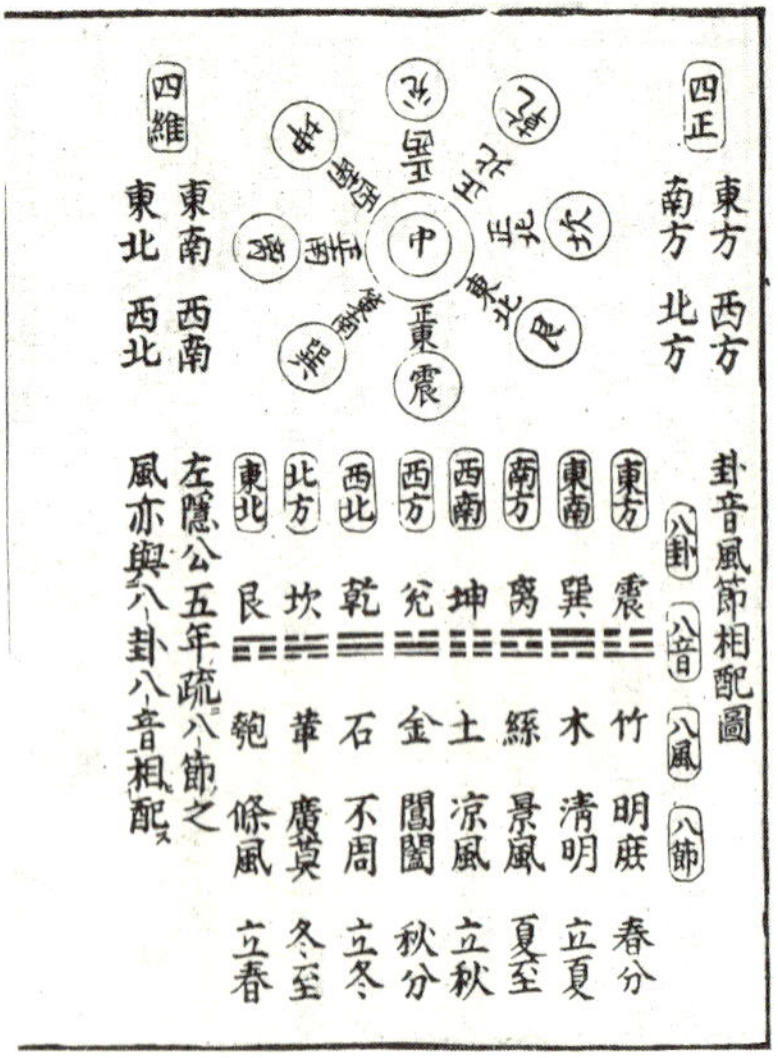

図2　『事林広記』所収「四正四維図」

所謂五徳者、　渥土根・沙土根木
国狭立水　面足・惶根土　豊国主火
大富道・大富辺金
八位者、　山渥土根　雷面足　風大富道
水沙土根　火大富辺
天国狭立　澤惶根　地豊国主

この「五方八卦配当」は「恐是今案也」と断りつつも「然而五行ヲ以テ推レ之、無二過失一也」との認識を示す通り、前者は先掲の通り五行・五位の配当と合致し、後者も八卦の正象と八方の対応に符合する。なお、本書では符合の根拠を『日本書紀』に頻出する「八」（八尋殿・大八洲国・八咫鏡・八坂瓊曲玉・八岐大蛇）に求めるが、それは中世神道論に特有なアナロジー的連想契機が働いているからであろう。

　そもそも、『東家秘伝』はどのようにして陰陽五行説・八卦説に接しえたのか。その典拠としては、すでに指摘のある通り『事林広記』のような漢籍類書の存在が考えられる。「太極図」と同様に、八卦を代数化し四方・八方に配した「河図洛書図」（図1）、および文王八卦方位（後天図）にもとづく「四正四維図」（図2）もまた『事林広記』[8]に掲載され、「博聞録」の引用として『類聚神祇本源』天地開闢篇に引用されている。

　しかし、このような模式図や類書の断片的注釈を目睹するだけでは、神話言説との統辞的着想には至らないだろう。その言説理解を促した文献として、『五行大義』が想定されている。それは、「五行相生・相尅」説を承けた地神五代の解釈をみると典拠の可能性が透視されてくる。

二、『東家秘伝』による陰陽五行説と地神五代

〔第7条〕における地神五代と陰陽五行説の配当は以下の通りである。

皇祖・大日孁尊（天照太神）―金
第二代・正哉吾勝々速日天忍穂耳尊―水
第三代・天津彦々火瓊々杵尊―木
第四代・彦火々出見尊―火
第五代・鸕鷀草葺不合尊―土

この次第によれば、「金↓水↓木↓火↓土」と五行相生の循環をとる。さらに、「若瓊々杵尊、天降給シヲ元祖」すなわち天孫降臨を基点とした場合、「木↓火↓土」そして「↓金」と循環することとなり、おのずと「辛酉年受禅」の世祖・神武天皇は「金」となる。かくして、「紹運主二相生道一」ことが「天下ヲ治」べき「自然理、無窮徳」となるという皇統紹運を意識した文脈が見て取れる。天神七代説で採用した『書経』洪範流の「水↓火↓木↓金↓土」の上下循環とは異なり、皇統譜に連なる地神五代では五行の「相承」を重視して採用された

のが〔第8条〕五行相生・相剋説であり、その順次の典拠として『五行大義』巻第二・第四論相生の所説からの影響が想定されている。(9)

そして、『五行大義』が本書の基盤となっていた可能性を示唆する箇所が、五行説を「人身上」の「五蔵」（肝心脾肺腎）と内の「五神」（魂神志魄精）・外の「五官」（眼舌口鼻耳）に配当し「養生ノ法」を説く章段にある。このうち、「口」「鼻」の割注中には次の「老子経」と「註」の引用が見出される。

> 老子経ニ、口ヲバ牝ト云、地ニ主ル。註ニハ、以二五味一従レ口入レテ、蔵二於胃一。府ノ名也。形骸骨肉ト血脈トニ成ト云ヘリ。（「口」の割注）
>
> 同経ニハ、五気ヲ従レ鼻入レテ、蔵二於心一。精神聡明ニシテ音声成ト云ヘリ。（「鼻」ノ割注）

「五蔵・五神・五官」の配当説ともども、ここに引く「老子経」「註」もまた『五行大義』巻第三・第四論配蔵府に散見する。当該所説は、『老子』成象第六の『老子河上公注』引用の観点から『五行大義』の道教思想享受の一斑として専門的な指摘もある。(10) その点では、まさしく道教思想と中世神道論のパラレルな関係性が見え隠れするところでもある。『五行大義』は伊勢神道書など諸書での引用が確認されており、(11)直截的な引用関係まで断案することはできないが、『東家秘伝』にみる陰陽五行説理解の基底に、『五行大義』に淵源する言説が介在していた蓋然性は高いといえよう。

もっとも、かつて和島芳男氏が前著で「親房が易に精通した」と書いた点を後著で「誤りである」と丁寧にも前言撤回した経緯(12)もあるように、如上の言説からでは陰陽五行説・八卦説を正確に熟知していたとは言い難いかもしれない（稿者も同様である）。だが、むしろそこに舶来漢籍を媒介とした当代の理解があり限度でもあったことを『東家秘伝』は如実に物語っている。たとえ生半可な認識であったにせよ、未熟だからこそ陰陽五行説・八卦説と神代紀の統辞の試みを促し、神話言説の宗教化を志向した中世神道論の一階梯として、本書の思想史的意義を見出したいところである。

三、『東家秘伝』をめぐる吉田神道相伝の軌跡

かくして、陰陽五行説に準拠して神話解釈を記した「秘説」としての『東家秘伝』だが、爾後に『神皇正統記』のごとく流布した形跡は見受けられない。ふたたび本書が中世神道書として再発見に至るには、天文十一年（一五四二）からの吉田兼右（一五一六〜一五七三）の山口下向[13]の機を俟つこととなる。天理図書館吉田文庫本『東家秘伝』奥書は次の通りである。

北畠准后述作也云々。
永享六年甲寅二月廿四日（本奥書）
天文十一十二四、以二長州二宮竹中兵庫頭興国之本一書写之了。此人体、予門弟子也。神道行事以下、相伝之斎服烏帽子色組懸等裁許了。（花押）

下向した天文十一年末に、吉田兼右が長州二宮の門弟・興国本『東家秘伝』を書写したことが知られる。本書が長州にもたらされた経緯は歴然としないが、同じく兼右の書写にかかる吉田文庫本『天地麗気府録』に記された本奥書がきわめて示唆的である。

永享六年甲寅正月十六日、於長州二宮、所神慮仰如件。
願主内蔵盛国、為本意達也。　勧進聖民部卿敬白

永享六年（一四三四）という書写時期および長州二宮という接点から、両部神道書である『天地麗気府録』とともに『東家秘伝』もまた当地に相伝されたものと推察される。その一方で、翌年に兼右は周防三宮宥任へ『中臣祓月舟聞書』と併せて『東家秘伝』を貸与した記録がある[14]。

吉田神道家の動態から、各種相伝の教宣活動の一環として『東家秘伝』が再定位された軌跡が俄かに浮かびあがってきた。かたや、山口下向と相前後して兼右は『五行大義』全巻の書写校合に勤しんだ最中にあった点も興味深い[15]。くしくも兼右の営為の中で、ふたたび『東家秘伝』と『五行大義』が交差するところとなったわけである。はたして、道教典籍に通じた吉田神道家の眼に『東家秘伝』の陰陽五行説はどのように映っただろうか。本書が吉田神道相伝の軌跡と接続したことにより、陰陽五行説と中世神道論をめぐって、さらなる難題が焙りだされてきたようである。

注

(1)　門屋温「馬に跨る女神はどこから来たか——神道図像と道教をめぐって」(齋藤龍一・鈴木健郎・土屋昌明編『道教美術の可能性』勉誠出版、二〇一〇年)、二階堂善弘「アジアと日本の神仏信仰」(上島享・吉田一彦編『日本宗教史2世界のなかの日本宗教』吉川弘文館、二〇二一年)。

(2)　『東家秘伝』は、神道大系『北畠親房(上)』(天理図書館吉田文庫本)に拠る。かつては擬撰説も存したが、現況では親房による『元元集』(一三三七)以後の著述とされる。

(3)　武田時昌編『陰陽五行のサイエンス 思想編』(京都大学人文科学研究所、二〇一一年)。

(4)　平田俊春『元元集の研究』(山一書房、一九四四年)、平泉澄「東家秘伝の識見」(『神道史研究』一—二、一九五三年)、宮井義雄『日本の中世思想』(成甲書房、一九八一年)など。同轍の評価指向は近世儒家神道家の山崎闇斎による本書の抜書からも窺い知れる。西岡和彦「山崎闇斎編著『東家秘伝美言』解説」(『神道史研究』四〇—四、一九九二年)。

(5)　土田健次郎「『神皇正統記』と宋学」「南北朝時代における『太極図説』の受容」「二つの太極図——「南北朝時代における『太極図説』の受容」補遺」(『大倉山論集』四二・四三・四五、一九九八〜二〇〇〇年)、下川玲子『北畠親房の儒学』(ぺりかん社、二〇〇一年)。

(6)　『易経』繋辞伝では「天地之数五十有五」「大衍之数五十」とある。「大衍」説については、堀池信夫「大衍小記——王弼の易解釈一斑」(『哲学・思想論集』九、一九八四年)を参照。

(7)　拙著『中世日本紀論考——註釈の思想史』(法藏館、二〇一二年)。

(8)　『事林広記』は、中華書局版影印本に拠る。

(9)　注5前掲の諸論考を参照。

(10)　楠山春樹『老子伝説の研究』(創文社、一九七九年)、中村璋八「五行大義と道教」(『駒澤大学外国語部研究紀要』六、一九七七年)、同「五行大義中の道教関係資料」(『東方宗教』四九、一九七七年)。

(11)　高橋美由紀『伊勢神道の成立と展開』(大明堂、一九九四年)、牟禮仁『中世神道説形成論考』(皇學館大学出版部、二〇〇〇年)。近年の研究により、さらなる『老子』注釈文献の介在が指摘されている。藤井淳「伊勢神道撰述書『大元神一秘書』と『老子述義』」(『駒澤大学仏教学部研究紀要』七二、二〇一四年)、伊藤聡『神道の形成と中世神話』(吉川弘文館、二〇一六年)。

(12)　和島芳男「中世における宋学の受容について」(『帝国学士院記事』五—二、一九四七年)、同「中世における周易の研究について――南朝宋学説批判」（『神戸女学院大学論集』五―一、一九五八年）。

(13) 米原正義『戦国武士と文芸の研究』（桜楓社、一九七六年）、伊藤聡「天文年間における吉田兼右の山口下向をめぐって」（『文学 隔月刊』一三―五、二〇一二年）。

(14) 『兼右卿記』天文十二年四月十五日条「当社宮寺神光寺宥任ニ東家秘伝幷中臣祓抄月舟聞書也。借遣了」。

(15) 兼右の『五行大義』書写校合活動は天文十年から同二十四年の期間に及ぶ。中村璋八『五行大義の基礎的研究』（明徳出版社、一九七六年）。

平田篤胤と道教の洞天思想

森　瑞枝
土屋昌明

江戸時代後期の神道家として有名な平田篤胤（一七七六〜一八四三）が、中国の道教からインスパイアを受けていたことはよく知られている。彼の考えでは、日本は諸外国の「もとつ国」であり、諸外国は日本の皇祖たちがあちらに渡って経営したものであるという。(1) 彼は、中国の古文献に日本の皇祖たちが経営した事跡を伝える文献＝「古説」を探るうちに、中国の道教文献に古説が多いことに気づいた。こうして、中国の文献に対する本居宣長流の国学による差別化を大きく乗り越えて、中国の文献を大量に扱うことが可能となった。

彼が扱った中国の文献のうちで、本稿では道教文献、特に道教の洞天思想に関わるものの影響を検討したい。道教の洞天とは、中国各地の名山の洞窟の奥に神仙世界「洞天」があり、地下の通路によって別の世界と通底している、という地理観念である。俗人からは地下と認識されるが、洞天は日月星辰がめぐっている別天地である。このような思想の生成の由来は、現在の道教研究においてもはっきりとは認識されていないが、おそらく漢代にその萌芽があった。そして、魏晋時期の道教に導入されたときには、すでにかなり体系的に考えられている。四世紀中ごろの神降ろしのお告げを伝える上清派道教の経典『真誥』には、洞天の構造や各地の洞天のことが詳しく記述されている。その後、八世紀に道士の司馬承禎（六四三〜七三五）が十大洞天・三十六小洞天・七十二福地を体系化し、『天地宮府図』にまとめた。『天地宮府図』は、北宋の道教アンソロジー『雲笈七籤』に載せられ、後世では単行せずに『雲笈七籤』の本が読まれた。また、唐末の道士の杜光庭（八五〇〜九三三）は『天地宮府図』を継承しつつ別の説を展開して『洞天福地岳瀆名山記』を著した。この本も単行本は伝わらず、明の『道蔵』に収められている。本稿では、以上の文献と篤胤の関連をみていくことになる。

一、道教文献の閲読

まず、篤胤がどのような道教文献を参考にしていたか、確認しておこう。

日本の二十世紀末の道教研究をリードした一人である楠山春樹氏は、篤胤の道教研究を高く評価し、篤胤は「(道教の）関係文献を徹底的に読破し、それを自家薬籠中のものとした」と指摘した。その一方で楠山氏は、篤胤が明の『道蔵』の存在を知りながら閲読する機会を得られなかったことから、道教文献として「ややまとまったものとしては『雲笈七籤』をあげるにとどまり、その他は、たまたま流伝していた単行の書を披見し得たにすぎなかった」と指摘した。(2)

また楠山氏は、『歴世真仙体道通鑑』が篤胤の「有力な参考書となっていた」とも指摘した。(3)『歴世真仙体道通鑑』は、明初の道士である趙道一の編に成る神仙伝記の総集で、上古の軒轅黄帝から元代までの神仙の伝記を九百人あまりも載せており、正編が五十三巻、続編が五巻、後集が六巻、合計六十一巻もある大部な本である。にもかかわらず楠山氏は、これを道教文献の「ややまとまったもの」の一つに取り上げなかった。これは、載せられた文章がすべて個人の伝記であり、道教の教義にあたる内容がないと判断されたからではないかと思われる。

従来の篤胤研究では、以上の楠山氏の指摘は広く支持されてきた。例えば、坂出祥伸氏の晩年の著書『江戸期の道教崇拝者たち』では「『神仙通鑑』は、貴重な証明資料だとされて引用されているようである。これは明・趙道一編『歴世真仙体道通鑑』を指している。『神仙通紀』という書名は点検したところでは誤記である」と述べている。(4)

私見では、篤胤は、楠山氏のいうように「たまたま流伝していた」文献を見たというより、以下に示すように、もっと積極的に道教文献を渉猟したように思われる。また、篤胤は『歴世真仙体道通鑑』を有力な参考書としたという楠山氏の説には、修正の余地がある。篤胤は『道蔵』を見ていなかったから、『道蔵』所収の『歴世真仙体道通鑑』を見ることはできなかった。篤胤が所蔵した可能性はどうだろうか。国立歴史民俗博物館が二〇〇七年に出した『平田篤胤関係資料目録』には『歴世真仙体道通鑑』は掲載されていない。また、本書の伝本について、北京図書館現蔵元刻本・明初刻本・明抄本、『道蔵』所収本、中央図書館本（台湾）などがあることを尾崎正治氏が調査されている。(5)この書はそれほど普及したわけではなく、篤胤が見たとしたら、どの本を閲読できたのか、どこで見たのか、不明である。

篤胤は『歴世真仙体道通鑑』らしき文章を引用する際に『神仙通鑑』という書名を掲げている。これは私見では、坂出祥伸氏がいうような「誤記」ではなく、清・薛大訓纂輯『古今列仙通紀』のことである。(6)この本は、当初『神仙通鑑』といったが、のちに『古今列仙通紀』と書名が変更されたのである。(7)『古今列仙通紀』は『歴世真仙体道通鑑』を増補した本であった。したがって、楠山氏が指摘した『歴世真仙体道通鑑』は、『歴世真仙体道通鑑』そのものではなく、『古今列仙通紀』に載せられた『歴世真仙体道通鑑』の文だったのである。同一の内容で書名も似ていたため、『歴世真仙体道通鑑』と取違が起こったのであった。篤胤のいくつかの著作にみえるそれらしい事例を紹介しておこう（全集ページ数は旧版による）。

・『大扶桑囶考』巻下「神仙通鑑の紫陽真人伝には、到棘林。登扶広山云々。とも見えたり」『平田篤胤全集』第七巻五六二頁下段。以下、『全集』。漢文の返り点送り仮名は便宜的に省略する。

・『黄帝伝記』巻中「余が蔵する十洲記は、漢魏叢書中より採りて、龍威秘書中に収むる本と神仙通鑑中に収むる本と二本なるが、互に文字の違へるも有のみにて同本なるを……」『全集』第七巻七九六頁下段。『道蔵』本『歴世真仙体道通鑑』に『十洲記』は登載されていない。薛大訓編『古今列仙通紀』には登載している。

・『黄帝伝記』巻中「この先生（鬼谷先生）がこと、列仙全伝、神仙通鑑などに……」『全集』第七巻八〇〇頁上段。

・『黄帝伝記』巻中「上件の要訣どもハ神仙通鑑なるを本に取り、仙翁の子書（『抱朴子』）に引きたるを校して記せり」『全集』第七巻八一三頁下段。

・『黄帝伝記』巻下「此皇人の事に就ては紛はしき説ども有り。其ハまづ通鑑なる本伝に……」『全集』第七巻八一三頁下段。

篤胤が引用する『古今列仙通紀』（以下、『列仙通紀』）の例をあげておこう。

・『赤県太古伝』巻二「此条は宋の杜光庭が集記せし、岳瀆名山記に取れり。此記を精くハ、洞天福地岳瀆名山記といふ。列仙通記に出たり。」『全集』第七巻四一四頁下段。同趣旨が『天柱五岳余論』にもみえる。『全集』第七巻七五〇頁。

・『赤県太古伝』巻二「余が引用ふる十洲記は、漢魏叢書、龍威秘書、列仙通紀、雲笈七籤などに収たる本ども、また諸書に引きたる文をも、校合せる本なり」『全集』第七巻四四一頁上段。同趣旨のコメントが同書巻三、四四五頁下段にもある。『十洲記』について、上述の『黄帝伝記』では『神仙通鑑』からの引用とし、ここでは『列仙通紀』からの引用としている。つまり『十洲記』のテキストとして『神仙通鑑』と『列仙通紀』という二つの書名を示していることがわかる。これは、本書の版心の表記の訂正が徹底していないため、ページによって版心が『神仙通鑑』となったり『列仙通紀』となったりしていたからである。おそらく篤胤は、引用書名を書くときに読んでいるページの版心を見て記したのだろう。また、篤胤は『十洲記』を重視したため、叢書などに載る複数のテキストを校合していることもわかる。この例からわかるように、篤胤は引用テキストについてある程度のテキスト・クリティークをしており、楠山氏がいうように「たまたま流伝していた」文献を見たという受け取り方はできないと思われる。

・『三神山余考』「この先生（鬼谷先生）がこと、神仙通紀、列仙全伝などに……」『全集』第七巻六〇一頁。書名を『神仙通紀』としているが、同じものである。

・『赤県太古伝』巻三「同書また列仙通紀に、大真王夫人者、王母之小女也……」『全集』第七巻四五六頁下段。

・『赤県太古伝』巻二に「また列仙通記の、太極真人杜沖伝には……」『全集』第七巻四二二頁下段。

・『三五本圀考』巻上「木公伝、金母伝ともに、薛大訓が列仙通紀に収たるを、皆甚く文を約めて引たるなり。」『全集』第七巻六七一頁。薛大訓の『列仙通紀』と明記している。

『古今列仙通紀』全六十巻は、明末清初の薛大訓の編になる神仙伝記集である。本書は『四庫全書』未収で、

『四庫全書総目提要』巻一四七「子部道家類存目」によれば、明の崇禎庚辰（一六四〇）刊行時は『神仙通鑑』といったが、清代の重刊時に現行の書名になったという。現在では、『四庫全書存目叢書』子部第二六〇～二六一冊（斉魯書社、一九九五年）および龔鵬程・陳廖安主編『中華続道蔵』初輯第二巻（新文豊出版、一九九九年）に収められており、両者は同一の清刻本を使っている。(8) 日本では、尊敬閣文庫に『歴代神仙通鑑』（明版）が所蔵されており、我々はその全文は徴してはいないが、損傷部分の比較から、上記の清刻本と同系統と判断する。『平田篤胤関係資料目録』に薛大訓輯『神仙通鑑』崇禎十三年（一六四〇）四月望日刊の記載があり、平田蔵書の印があるとのよしである。

以上から、篤胤が『古今列仙通紀』によって道教文献を閲読していたことがはっきりした。では、この本には、どのような道教文献が収められていたのか、以下に列挙しよう。

趙道一『歴世真仙体道通鑑』（部分的に趙道一のコメントも）『穆天子伝』『広黄帝本行記』『元始上真衆仙記』『老子史略』『漢武内伝』『漢武外伝』『唐葉真人伝』『申仙翁伝』『南岳小録』『文昌梓潼清河内伝』『文昌化書』『玄天上帝啓聖録』『金蓮正宗』『純陽神化妙道通紀』『六仙外伝』『桓真人昇仙記』『洞天福地名山記』『十洲記』『閣祖師伝』『呉許二真君伝』『群仙総会録』『地祇上将温太保伝』

これでわかるように、『古今列仙通紀』は個人の伝記を集めているだけでなく、二十種類以上の道教文献を収載している。篤胤が閲読した道教文献の「ややまとまったもの」を挙げるとすれば、この本を挙げなければならない。

この二十種類あまりの道教文献の中で、篤胤が特に重視したものを確認しておこう。

・『漢武内伝』『洞天福地名山記』（『洞天福地岳瀆名山記』）『十洲記』は篤胤の『赤県太古伝』と『天柱五岳余論』

で本文に使用されている。

・『広黄帝本行記』は篤胤の『黄帝伝記』で本文に使用されている。

・『赤県太古伝』巻三に「なほ諸仙の伝記どもを閲するに、方丈山に至ると云ること、計ふるに暇あらず。其は悉かの生籙を受むとて、来る事と聞ゆる中に、上真衆仙記、また総仙記などに、楽子長合家九人。得仙未昇天。並住方丈之神州。受太玄生籙以五芝為糧……」『全集』第七巻四四九頁上段。『上真衆仙記』は『列仙通紀』巻二に、『総仙記』は同じく巻二八の「楽子長伝」に引用されている。この「楽子長伝」は趙道一『歴世真仙体道通鑑』によっている。

・『三五本圀考』に引用の「金母伝」は『列仙通紀』によっている。

・『黄帝伝記』で篤胤は神仙の要訣を列挙しているが、『列仙通紀』巻四三の「無上元君伝」から転載したものである。

以上の例から、篤胤が閲読した道教文献は、『老子』『荘子』『列子』『抱朴子』『列仙伝』『神仙伝』など、単行本や一般的な漢籍の叢書に入っていた文献、『雲笈七籤』、そして『古今列仙通紀』によっていたことがわかった。そして、洞天に関する文献としては、『雲笈七籤』には司馬承禎の『天地宮府図』、『古今列仙通紀』には杜光庭の『洞天福地岳瀆名山記』が収載されている。

二、篤胤と洞天思想

篤胤が中国の「古説」を扱った著作として、『五岳真形図説』『黄帝伝記』『葛仙翁伝』『大扶桑圀考』『赤県太古伝』『三五本図考』『天柱五岳余論』『三神山余考』などがあるが、これらは文政七年（一八二三年）、篤胤が四十八歳ののち、五年の間にまとめて書かれた。

このうち『天柱五岳余論』では、世界を構成する五岳について論じており、篤胤の世界観をよく表現している。その冒頭で篤胤は、杜光庭の『洞天福地岳瀆名山記』に言及しながら、『天柱五岳余論』執筆の動機について、大略次のように述べている。

中国でいう天柱地軸ということが、『古事記』にみえる世界の初発のイザナギによる天御柱と国御柱に似通っているのは、同じ古説が中国にも伝わったものだ。そのことは、『列仙通紀』所収の『漢武帝内伝』および杜光庭『洞天福地岳瀆名山記』によってわかった。そこで、この二書の文を略記して考証を加えた、と。

『天柱五岳余論』の第七段までは『漢武帝内伝』を読みながら「五岳真形図」について論じている。そのあと第八段は『洞天福地岳瀆名山記』を本文としている。その部分は次のようである（原文は漢文に返り点送り仮名）。

東岳広桑山は東海中に在り。青帝の都する所。南岳長離山は南海中に在り。赤帝の都する所。西岳麗農山は西海中に在り。白帝の都する所。北岳広野山は北海中に在り。黒帝の都する所。中岳崑崙山は九海中に在り。天地の心為り。黄帝の都する所。四岳皆昆侖の四方、巨海の中に在り。此の五岳諸山は、皆神仙の居る所、五帝の理むる所。世人の到る所に非ず。

（東岳広桑山在東海中。青帝所都。南岳長離山在南海中。赤帝所都。西岳麗農山在西海中。白帝所都。北岳広野山在北海中。黒帝所都。中岳崑崙山在九海中。為天地心。黄帝所都。四岳皆在昆侖之四方。巨海之中。此五岳諸山。皆神仙所居。五帝所理。非世人之所到也。）

篤胤はこの文を古説と認定したので、『天柱五岳余論』の本文に使っている。(9)その注で次のように述べている。この『洞天福地岳瀆名山記』は『列仙通記』に出ており、『百川学海』が収めている『洞天福地記』とは違うものだ。このほかに『名山記』と題するものもあちこちにある。間違えないように注意せよ、と。

『百川学海』の『洞天福地記』は、天下の十大洞天と三十六小洞天と七十二福地を紹介している。『百川学海』は南宋の左圭（生卒年不詳）が一〇〇種類の本を編んだ叢書で、明清にたびたび刊本が印刷されている。『百川学海』の『洞天福地記』は撰者無名氏だが、同系統のテキストが『説郛』（一百二十巻本）にもみえ、(10)そちらでは「唐杜光庭」の撰となっている。しかし、洞天の説明は杜光庭の『洞天福地嶽瀆名山記』と異なっており、上記の篤胤が引用した部分はみられない。また、『名山記』という書は『太平御覧』などの類書に引用がみられ、やはり洞天に関する言及があるが、必ずしも杜光庭の作の逸文ではない。つまり篤胤は、『名山記』という名称の文献を複数調べて、相互に異なることを指摘しつつ、杜光庭の『洞天福地岳瀆名山記』だけによっているのである。

この一節の前段は『洞天福地岳瀆名山記』の地の文だが、杜光庭が何にもとづいて記述したのかわからない。篤胤もそう認識しているが、これを古説と判断した。後段は、杜光庭による説明文である。杜光庭の原文では、この前段のまえに玄都玉京山を主とする天上の山々を述べているが、篤胤は省略している。篤胤にとって関心があるのは、地球上のことなので省略したのだと思われる。また原文では、前段と後段のあいだに三島と十洲を述べた文があるが、それも省略している。篤胤は後段の原文の頭に「四岳」を付け足し、そのあとに「此五岳諸山皆」を付け足している。原文では以下のようになっている。

東岳広桑山在東海中、青帝所都。南岳長離山在南海中、赤帝所都。西岳麗農山在西海中、白帝所都。北岳広野山在北海中、黒帝所都。中岳崑崙山在九海中、千辰星為天地心。黄帝所都。方壺山在北海中…（三島、十洲、諸山に関する文、中略）…右十洲、三島、五岳諸山、四岳皆在昆侖之四方巨海之中、此五岳諸山。皆神仙所居、五帝所理、非世人之所到也。

原文にある「千辰星」を篤胤は省略している。「千辰星」は北極星のことだと思われるが、この語を省略することで、崑崙山が天地を通す枢軸であることが強調される。傍線部「黄帝所都」は篤胤が補った語で、青帝・赤帝・白帝・黒帝に続いて中央を表す「黄帝」とした。原文には「右十洲、三島、五岳諸山」とあったのを、篤胤は傍線部「四岳」に変更した。これにより、海上にあるもろもろの仙界のうち、五岳のうちの東西南北が際立たされると同時に、原文中に「四方」とあるのと呼応している。そして「此五岳諸山皆」を補って、原文の「五帝所理」に呼応させ、本来は十洲、三島、五岳諸山についての結論だった文を五岳の結論に書き替えている。

篤胤は、杜光庭の『洞天福地嶽瀆名山記』の冒頭に右のような加工をしたあと、ここにあがる五岳に対して、「関令尹喜伝」「西王母伝」「黄帝伝」「太極真人杜沖伝」など『列仙通記』にみえる道教文献、『抱朴子』『十洲記』『列仙伝』『淮南子』『山海経』などの漢籍、讖緯文献の逸文を集めた『古微書』に引かれたものなどを大量に動員しつつ、『古事記』にみえる神世の故事との相似を論じる。

篤胤によれば、『洞天福地嶽瀆名山記』の五岳は、中国大陸にある五岳ではなく、地球を構成している五岳である。この五岳の説は、日本の神典にある天御柱、国御柱の説が中国に伝わったものである。それゆえ、東岳は日本にあり、それはオノゴロシマであり、「淡路の国の属島にて、今の現に其の国の西北の浦に在りて、世にこれを絵島といふ」と述べている。絵島のような小さな島が東岳といえるのは、海中で地軸とつながった巨大な山岳が、氷山の一角のように海中から突き出ているからである。

ここでいう中岳崑崙山は、天柱のことであり、紫微宮直下にあるゆえに「中岳」という。そして、地球が球体であることにもとづき、本来は東西の相違はないが、天地開闢の初めに、立春の元気が発動した方向が東とされた。篤胤は、天空の北極星から地球をイメージした観点で四岳の東西南北を述べ、四岳の地球上での位置を推定している。つまり北岳は、日本からみて北極とされる場所のさらに向こう側にある。杜光庭の文に「四嶽皆在昆侖之四方」とあるから、西岳は東岳に相対し、北岳は南岳に相対するはずである。日本に東岳があることはすでに論証されたので、東岳である絵島と正対するところに西岳があるはずで、地球上では大西洋にある小島がそれだと篤胤は考える。これも、海中に山岳の本体がずっと続いており、その一角だけが海上に現れているだけである。この要領で南岳は地中海のあたりにあるはずであり、これと正対する北太平洋に北岳があるという。

篤胤がこのような世界観を構想するにあたり、杜光庭の『洞天福地嶽瀆名山記』にもとづいていることが理解できるだろう。

まとめ

篤胤は杜光庭の『洞天福地嶽瀆名山記』を参照していたが、十大洞天などの洞天説を直接的には利用していない。しかし、洞天思想からインスパイアを受けていたと想像される。

篤胤の考えでは、日本は諸外国の「もとつ国」であり、中国に残る古説は、日本の皇祖たちがあちらに渡って経営したからであった。彼は、イザナミが中国を経営した痕跡を探るうちに、イザナミが「もとつ国」からどのようにして中国に渡ったかについて着想した。『赤県太古伝』の「地」について説明する部分で、本文を次のように構成している。

地皇氏は十二頭、皆女面にして、相ひ類る。熊耳龍門等の山より興れり。号して地霊と曰ふ。

（地皇氏十二頭。皆女面。而相類。興於熊耳龍門等之山。号曰地霊）

この文は、天地初発のときの天皇氏に続いて、地皇氏の出現を説いている。篤胤の注によれば、『春秋命歴序』を訂正しつつ引用し、一部に『洛書霊准聴』を使っている。天皇氏はイザナギであり、地皇氏はイザナミである。

篤胤は「龍門山」について解釈し、六朝時代の伝説集である『王子年拾遺記』を引用している。

禹は龍闕の山を開削し、ここを龍門とよんだ。禹は「空巌」＝洞窟に至った。その深さ数十里まで入ったが、暗くてさらに行けなかった。そこで禹は松明をたいて進んだ。

（禹鑿龍闕之山。亦謂之龍門。至一空巌。深數十里。幽暗不可復行。禹乃負火而進云云）

この話は、禹が龍門の洞窟探検をしたことを記している。したがって、『春秋命歴序』の龍門には洞窟があるのだ。そうすると、これに並称された「熊耳山」にも洞窟があることになる。つまり、イザナミは地下の通路を渡って日本から中国に渡ったのである。このことについて、篤胤は次のように述べている。

かつ地皇氏のさる空巌の山より、出興せりといふも、神典に、伊邪那美命、その隠没したまふ時は、出雲国なるイフヤザカちふ空巌より、ヨミノ国へイデマせるアへば、彼の謂ゆる地門といふも、同じ類のイハヤにて、大地内のミチを通りてあるが故に、ソコに出興したまひしか。（『平田篤胤全集』第七巻四〇七頁）

この篤胤の意見では、讖緯書にある地皇氏が名山の洞窟から出現したという説は、日本の神典にイザナミが亡くなったときに出雲にあるイフヤザカという洞窟から黄泉の国に行ったという説と合致するので、中国でいう「地門」も洞窟のことであり、イザナミは地下の洞窟を通って、中国の熊耳山や龍門山に出現したのであろうという。右の引用に続いて疏の文で篤胤は次のように補っている。

大地内の空洞は、いづこまでもとほりてあること、前巻に出せる括地象に、地下の柱軸たがひに相牽制して、名山山川孔穴相通ずと有るにて知るべし。（同前四〇七頁）

大地内の空洞は、どこまでも通っていることについては、『河図括地象』に「地下の柱軸は相互につながっており、名山山川の洞窟は相通じている」とあることからわかるという。この記述を篤胤は『赤県太古伝』巻之一で本文に使っている。この『河図括地象』の逸文は『古微書』巻三十二にみえる。

篤胤が讖緯書を使うにあたって『古微書』を参照していたことは、上文でも言及した。その『古微書』に載る『河図絳象』の逸文に、林屋洞天の探索について詳しい話がみられる。これは、上引の『王子年拾遺記』にみえた禹王の洞窟探索がもとづいた説だと思われる。『河図絳象』には探索したのは「林屋洞天」であることが明記されている。この文章を篤胤は間違いなく読んだはずであり、『王子年拾遺記』と同工異曲であることにも気が付いたはずだ。しかし篤胤は、洞窟が地下で通じ合っている説を古説と認めながらも、『河図絳象』の「林屋洞天」の探索の話に触れなかった。それは、林屋洞天は司馬承禎の『天地宮府図』や杜光庭の『名山記』では「第九大洞天」とされていて、『河図絳象』には「林屋**洞天**」と記されていたからではなかろうか。これに似た話は『抱朴子』にもあるが、「洞天」という語は使われていない。彼は独特の洞察力で、讖緯書である『河図絳象』の林屋洞天の説は、後世の司馬承禎らの洞天説の混入であって、古説ではないと判断したのではなかろうか。

実は、林屋洞を探索した話は、古い道教文献である『太上霊宝五符序』巻上にもみえる。それによれば、戦国時代、呉王がこの洞窟のことを聞きつけ、洞庭山（別名は包山）に隠居する龍威丈人という者に洞窟探索を依頼する。龍威丈人はタイマツの火をたよりに、一七四日かけて洞窟の奥を巡る。洞窟の奥には巨大なホールがあり、そこにはドアのように無数の穴が集まっていた。その穴の先には、さらに道が続いている。そのホールは天上が見えないほど高く、太陽や月もある。そして宮殿楼閣が立っており、「天帝の后の別宮」「太陰の堂」などと看板がかかっていた。つまり、そこは神仙世界であり、彼はそこで、仙人になるための秘密の書物を入手する。

篤胤は『道蔵』をみていないので、この『太上霊宝五符序』の説は読んでいない。篤胤がもしこの説を読んでいたら、資源としてどう活用しただろうか。洞窟をめぐる彼の考察は、日本における洞天思想の影響を考える上で参考になるだけでなく、洞天思想の成立を考える上でも示唆的だと言えるだろう。

注

（1）この考え方は宣長にもみられ、篤胤はそこから継承していること、三木正太郎『平田篤胤の研究』（神道史学会、一九六九年）第四章、三七九頁以下に論じられている。
（2）楠山春樹「平田篤胤と道教」（仁戸田六三郎編『日本人の宗教意識の本質』教文館、一九七三年、のち『道家思想と道教』平河出版、一九九二年所収）。
（3）楠山春樹「平田篤胤と道教」前掲書。
（4）坂出祥伸「平田篤胤の道教理解と受容」（『江戸期の道教崇拝者たち』後篇第二節「神仙家葛洪への心酔――『葛仙翁伝』について」汲古書院、二〇一五年）。
（5）尾崎正治「『歴世真仙体道通鑑』のテキストについて」（『東方宗教』第八八号、一九九六年）三七―五四頁。
（6）坂出祥伸『江戸期の道教崇拝者たち』は、同書の第三節では意見を改めて、篤胤が『古今列仙通紀』を参照していたと書いている。
（7）尾崎氏が前掲の論文ですでにこの点を指摘している。
（8）ネット上に公開されているものは、

清版http://www.ctcwri.idv.tw/CT-DSXJ-tmp/CTDSXJ02神仙記傳類/古今列仙通紀/古今列仙通紀.htm
明版https://commons.wikimedia.org/wiki/File:NLC892-411999032529-226043_歴代神仙通鑒_第1冊.pdf
この件、山口大学の伊藤裕水氏がご教示くださった。記して謝意を表する。

（9）これ以前に『赤県太古伝』でも本文で使っている。『平田篤胤全集』第七巻、四一四頁。

（10）『説郛』（一百二十巻本）巻六十六（上海古籍出版社『説郛三種』一九九〇年）三〇八〇頁。

付記　本稿の「一、道教文献の閲読」は、土屋昌明「平田篤胤の幽冥観と道教・神仙思想」（『専修大学人文科学年報』第三四号、二〇〇四年三月、八九―一〇五頁）をもとに大幅に改稿した。「二、篤胤と洞天思想」は、森瑞枝「篤胤の玄学：ユニヴァーサルとパーソナル」（山下久夫・齋藤英喜『平田篤胤――狂信から共振へ』法藏館、二〇二三年二月）、「史学から神秘学へ：『赤県太古伝』私論」（『現代思想 臨時増刊号』五一―一六、総特集「平田篤胤」二〇二三年十二月）の関連の議論をもとに大幅に改稿した。

第三部　修験道と道教

道教と山岳信仰・修験道

鈴木正崇

一、道教の選択的受容

道教は定義をすることが難しい。福永光司は教理学の立場から、「道教とはシャーマニズム的呪術信仰を基盤とし、その上部に儒家の神道と祭祀の儀礼・思想、老荘道家の「玄」と「真」の形而上学、さらには仏教の業報輪廻と解脱、ないしは衆生済度の教理・儀礼などを重層的・複合的に採り入れ、隋唐の時代において宗教集団としての組織と儀礼と神学を一応完成するに至った、〝道の不滅〟と一体となることを究極の理想とする中国民族［漢民族］の土着的・伝統的な宗教(1)」とした。『正統道蔵《しょうとうどうぞう》』や『雲及七籤』などを原典とする「成立道教」の定義であるが、中国民族［漢民族］には問題が残る。窪徳忠の定義は、「民間信仰を基盤とし、神仙説を中心として、それに道家、易、陰陽、五行、緯書、医学、占星などの説や巫の信仰を加え、仏教の組織や体裁にならってまとめられた、不老長生を主な目的とする呪術宗教的傾向の強い、現世利益的な自然宗教(2)」である。民衆の側に立った理解で、「民間道教」「民衆道教」に近い。ただし、窪は「民衆道教」の概念を忌避している。本稿は、窪の定義を批判的に参照し、道教の選択的受容の実態を論じることとする。

道教の文献は、六世紀の仏教伝来後に、渡来人や留学僧などが齎したと推定されるが、体系的には受容されなかった。[3] 他方、福永は、日本には道士は渡来せず道観もなかったが、天皇、皇室、神道、神宮、神社、陵墓等の古代思想は道教の影響を受けたと説く。[4] 日本の山岳信仰や修験道に関しては、道教の影響が強いという見解が示され、小柳司氣太、[5] 窪徳忠、[6] 下出積與、[7] 宮家準、[8] 宮本袈裟雄[9] などの研究がある。先行研究を踏まえて、近年の成果を取り込みながら、従来の見解を再検討する。

二、神仙思想と吉野

宮家準[10]は、葛洪（二八九～三六三）の『抱朴子』内篇や『神仙伝』、劉向（前七七～六）の『列仙伝』の思想や実践の影響を検討した。具体的には、神仙思想、仙人譚、入山作法、呪法、符呪、仙薬、鉱物、薬草などである。特に神仙思想は古代では強い影響力を持っていた。神仙思想は、呪術（道術・道士法）と共に道家思想の根幹で、深山幽谷に入って修行を重ね、仙薬（丹薬）を服用して、不老不死の神仙を目指した。修行を重ねれば、神仙でも最高位の天仙となり、天空を自由に飛翔できるとされた。

吉野は古代には不老不死の仙人（遷人）が住む神仙境とされた。吉野川北岸の比蘇寺[11]や龍門山山麓の宮瀧付近が吉野で、平安時代以降は稜線部を吉野山と呼んだ。[12] 吉野は大和朝廷にとっては国栖《くず》や井光《いびか》などの異族が居住する異界であったが、道教の影響で神仙境に変わり天皇行幸の聖地になった。応神天皇や雄略天皇の狩猟の伝承も残るが、斉明天皇二年（六五六）に吉野宮が造営されて同五年に行幸が行われ本格化した。持統天皇（在位。

六九〇～六九七）と文武天皇（在位。六九七～七〇七）の御代には神仙境の観念が高揚し、持統天皇は三十二回の吉野行幸を行った。[13] 神仙思想は行幸を通じて宮中にも浸透したと推定される。

吉野宮とされる宮瀧からは青根ケ峯を遠望でき、吉野山口神社が近くに鎮座する。青根ケ峯は、象川《きさがわ》、音無川、秋野川、黒滝川の水源で、『万葉集』巻七の一一三〇に「み吉野の水分山《みくまりやま》」と歌われ、『続日本紀』文武二年四月十九日条には「芳野の水分峯の神」に祈雨を願ったとある。『万葉集』には吉野を神仙境とする歌が四十余首あり、吉野山の仙媛（仙女）の伝説も伝える（巻三―三八五～三八七）。柘《つみ》（山桑）の枝が美しい仙媛に化して、吉野川を流れ下って、川の畔に住む漁師の若者の味稲《うましね》と結ばれたという神婚譚で、『柘枝《しゃし》伝』（巻三―三八五の左註）という文献があったという。吉野山の女神が神仙思想で変貌して語られていた。

吉野山には鉱物伝承が伝わる。『日本霊異記』中巻第二十六話には、聖武天皇の御代に禅師広達が吉野の金の峯に入り樹下経行したと記す。吉野山は金御嶽《かねのみたけ》と呼ばれ金を産出する山とされていた。[14] 聖武天皇は東大寺大仏建立に際して、良弁を介して金峯の神に金を求めたが、金は弥勒下生の際に用いるとして断られたという（『三宝絵』下巻。永観二年・九八四）。水銀（辰砂）産出の伝承もある。吉野川に注ぐ丹生川の丹生は水と共に水銀の意味で、青根ケ峯から西流する秋野川沿いには黄金山や白銀山があり鉱物資源が豊かであったと思われる。吉野の東方の宇陀は、『本草集注』によれば、水銀の鉱床が豊富に存在し、水銀の産出で知られた。皇極天皇三年三月条には、菟田山（伊那佐山か）から、最上の仙薬とされた芝草が生じたとある。吉野山は不老不死の薬の原料の鉱物の産地であり、朝廷の人々は薬草や鉱物を仙薬の原料として用いたのであろう。水銀と水が結びつく神仙境が吉野であった。[15]

宮瀧から象川《きさがわ》沿いに青根ケ峯に登る道は、吉野山への古道である。[16] 金御嶽《かねのみたけ》（金峯山）は、平安時代中期には吉野山の奥山の山上ヶ岳を指すようになり、御嶽精進《みたけそうじ》と称して、上皇や貴族が精進潔斎の後に登拝した。藤原道長は寛弘四年（一〇〇七）に金峯山に経筒を埋納し浄土往生を願った。現在の山上ケ岳である。神仙境は吉野から熊野に至る大峯山に広がり、浄土思想や密教思想と融合して峯入り修行を根幹に据える修験道の揺籃の地となった。

三、神仙思想の展開

大きな転機は天武天皇の登場である。吉野に籠った大海人皇子は壬申の乱（六七二年）に勝利して飛鳥浄御原で天武天皇として即位し（在位。六七三～六八六）[17]、道家思想に由来する天皇の称号を使用し、『古事記』『日本書紀』『風土記』の編纂に取り組み、律令体制を整備した。陰陽寮の設置も天武四年（六七五）である。祈年祭が開始され、祝詞には、四所水分神として吉野・宇陀・都祁《つげ》・葛木《かずらき》が祀られ神仙境の吉野は筆頭であった。天武天皇には神仙境を希求する願いがあった。死後「天渟中原瀛真人天皇《あまのなかはらのおきのまひとのすめらみこと》」の諡号を贈られた[18]。

天平勝宝三年（七五一）に成立した現存最古の漢詩集、『懐風藻』に吉野を神仙境とする詩が十六首ほど収められている。天武天皇の孫の葛野王《かどのおう》と藤原不比等の五言絶句「龍門山に遊ぶ。一首」では、「駕《が》を命《おほ》せて山水に遊び、長く忘る冠冕《くわんべん》の情《こころ》。安《いずく》にか王喬が道を得て、鶴《たづ》を控《ひ》きて蓬瀛《ほうえい》に入らむ」[19]と詠じる。王喬は『列仙伝』に見える仙人で、白鶴に乗って空を飛んだという。詩の大意は「王子喬が白鶴に乗って蓬萊と瀛州に赴いたように、仙人の術を会得して、神仙の棲むところに行きたい」という。葛野王の没年は慶雲二年（七〇五）で（『続日本紀』）、持統・文武いずれかの吉野行幸に従駕して、詩を詠んだと推定されている[20]。後世の伝承だが『本朝神仙伝』には龍門山の岩窟に大伴、安曇、毛堅の仙人が居たと記す。『懐風藻』には吉野の拓枝や漆姫などの仙女譚、吉野を西王母が住む崑崙山に準えた詩文が載る。龍門山は宮瀧の北方に位置し、中腹には七世紀後半の白鳳時代に龍門寺が薬師寺式伽藍配置で建立された(21)。日本法相宗の開祖の義淵が飛鳥に龍蓋寺（岡寺）を創建し、龍門寺も開基したという伝承もある(22)。飛鳥池遺跡で発掘された寺名木簡（第八四次調査）に「龍門　吉野」とあり(23)、龍門寺と吉野寺（比蘇寺）を指す。神仙境は次第に仏教の山林修行の場に変貌していった。

神仙思想は、山岳から平地に展開し、王宮や宮都の成立に影響を与えた。飛鳥では宮都の近くの甘樫丘などをカムナビ（神奈備）として祀っていた。カムナビは神居ます所の意味で、山だけでなく川や丘も意味した。宮都が藤原京に移ると、カムナビに代わって周囲の山々が都を守護する思想に転換し、畝傍山・天香久山・耳成山が、三山鎮護の役割を果たした。三山鎮護は、神仙思想の「三神山」に由来する(24)。「三神山」は、渤海の中の東方に、蓬萊《ほうらい》、瀛洲《えいしゅう》、方丈《ほうじょう》(方壺)の三つの神山があり、仙人が住んで不老不死の薬があるとする説で、『列子』に遡り紀元前四世紀頃の発生と考えられる。秦の始皇帝の命を受けた方士の徐福が、三神山に不老不死の薬を求めて東方を目指し日本に来訪したという伝説を生み出し、佐賀の金立山《きんりゅうざん》や熊野新宮の蓬萊山をはじめ各地に上陸伝承地がある(25)。三山鎮護の思想は平城京に受け継がれ、奈良では春日山・奈良山・生駒山の三山が王城鎮護の山となった。三山思想は四方にも展開した。出雲の使者が国造交替の折に上京して天皇に奏上する『出雲国造神《いずものくにみやつこのかみ》賀詞《よごと》』（八世紀成立）(26)には、宮都を巡る大三輪、葛城の鴨、宇奈提《うなて》、明日香の四つの地に神霊が鎮座とある。平安京では四神相応（初見は『作庭記』十二世紀）の地に見立てられ、鬼門や裏鬼門が魔物の蠢く方位として意識化された。鬼門は古くは『山海経』に見える中国伝来の思想である。四方は仏教の四天王、陰陽道の四角四境祭、五方は陰陽五行、密教の五大尊、神楽の五大龍に展開した。神仙思想は日本的変容を遂げて王城鎮護や王権護持に取り込まれたのである。

四、仏教と道教

仏教は六世紀の仏教伝来以後、権力者は鎮護国家を意図して教義を徐々に受容した。道教も徐々に受容されていったと推定され、相互の接点は呪術と思われる。僧尼令十三条で「凡そ僧尼、吉凶を卜相し及び小道・巫術にて病を療さば、皆還俗せしめよ。それ仏法に依りて、呪を持し疾を救うは、禁制するにあらず」と定めて、僧尼の「卜相」と「小道・巫術」(27)による治病は厳禁し、仏法に基づく治病を容認した。(28)小道は悪魔祓いの札の厭符を使うこと、巫術は神降ろしである。(29)仏教の経呪（真言・陀羅尼）の祈禱は認め、道教の術である符による呪禁や、薬物薬湯の治療も許容されていた。仏教と道教も共に現世利益の効果が期待されたのである。呪禁師《じゅごんし》で従五位下の冠位を持つ韓国連廣足《からくにのむらじひろたり》が山岳修行者の役小角を師としていたという伝承（『続日本紀』文武天皇三年・六九九）はその実態を伝える。

僧侶の中には町やその周辺の寺に住み学問に専念する者と、山中で修行する者がいた。『続日本紀』養老二年（七一八）十月十日僧剛の条で、法門の師範に足る僧侶の顕彰を命じたが、当時の僧侶は寺で学問に励む者と、「意の赴くままに、山に入って、庵窟を造り」修行する者がいるとある。森林住はインド以来の伝統で、山の寂静の地で止観行の修行に専念した。養老令の注釈書『令義解《りょうぎのげ》』（天長十年・八三三）は、僧尼令禅行条の「山居僧尼」の実例として大和國の「在金嶺者」を挙げている。山中での修行の過程で六つの超能力（六神通）が得られるとされた。僧侶の「四依住」の一つの樹下住、山の洞窟や樹木の下で修行を行うことが理想形であったが、次第に修行場として山寺が建てられるようになった。(30) 僧尼に留まらず、私度僧、優婆塞・禅師などは、山を修行場として霊力を獲得して呪的活動を行ったと推定される。役小角はその一人であった。道教と密教は卜占・符呪などの呪術で融合した。寺院社会に止住する寺僧にとって、呪術の能力は基本的資質で必須の能力でもあった。

五、山居と服餌

僧侶の修行の規定は、養老僧尼令第十三条で定められた。国家から度牒を得た正式な僧尼が禅行修道を志し山林修行を行う時の規定には、「凡そ僧尼に禅行修道あり、意に寂静を楽い、俗に交わらずして山居を求め服餌を欲する者は、三綱連署し(31)」とある。「山居服餌《さんきょふくじ》」の山居とは山林に入って心静かに修道すること、服餌とは雑穀の食事を断ち仙薬を服用する。私度僧は規制したが、教義の勉学だけでなく、超人的な能力を獲得するために山居を求める僧尼を容認した。大宝令の僧尼令でもほぼ同じ内容を記す。制定に際して参考にしたのは唐の「永徽道僧格」（六五〇〜六五六）とされ、道教の道士・女冠を対象とする規定を修正して定め直した。(32) 道教的要素は取り除いたとされるが、「山居服餌」にその影響は残ったと見られる。服餌や辟穀は、後に山林修行者の木喰行に展開した。

山林修行者の古い記録は役小角で、『続日本紀』文武天皇三年（六九九）五月二十四日条に「はじめ小角、葛木山に住し、呪術を以て称せらる」とあり、妖惑の罪で伊豆に流され、後に放免されたと記す。『日本霊異記』上巻二十八「孔雀王の呪法を修持して験力を得、以て現に仙となりて天を飛びし縁」の話では在俗の優婆塞として葛木山に三十年住み、葛をかぶり松葉を服して修行し、孔雀王の呪法で験術を得意としたと伝え、「服餌」を実行していた。勧進僧として名高い行基は元興寺《がんごうじ》で学んだ後、慶雲元年（七〇四）の三十七歳まで「山林に棲息」し、慶雲四年（七〇七）には生馬仙房《いこませんぼう》、和銅三年（七一〇）から五年まで生馬草野仙房にて「麁服《あらたえ》（麻）を着、搏食を嘗す」とある（『行基菩薩伝』『行基年譜』）。行基は東大寺大仏造立（天平勝宝四年・七五二開眼）の勧進を行って民衆の教化に務めた。道鏡もまた、若年の頃、葛木山に籠って如意輪法を修し、「苦行、極りなし」とされ孔雀王呪経を誦習していた（『七大寺年表』）。久米仙人の話も名高い。『今昔物語集』（本朝仏法部第二十四）は、神仙境の龍門寺に住む久米仙人は空を飛んで葛木峯に向かう途中、吉野河の辺で衣を洗う若い女の脛を見て地に落ちたと記す(33)。ただし、『元亨釈書』巻十八によれば久米仙人は「深山に入りて仙法を学び、松葉を食して薜茘《へいれい》を服す」という山林修行者で、『万葉集』巻二の九六～九八が記す石川郎女に求婚した久米禅師がモデルともいう。古代の禅師とは「山林修行を基本とする実践仏教家で、禅（浄）行を修することで得られた験力によって、看病・滅罪・呪術などの要求に応えつつ民衆を教化する僧(34)」である。山林修行は「禅定」「浄行」であるが、修行の実践では禅師と仙人、仏教と道教を混淆させていた。

「山居」の修行では、山林寺院の「山寺」が大きな役割を果たした。初期の山寺には吉野寺とも称された比蘇寺(35)があり、白鳳時代に伽藍が建立され、当初は法起寺式、七世紀後半には薬師寺式伽藍配置であった。日本で最初の仏像が安置されたと伝え(36)、初期密教の虚空蔵求聞持法の修行場ともなった。虚空蔵菩薩を本尊として真言を念ずる修行で、無限の記憶と智慧を会得し仏力を増進する。書物の「学知」よりも体験による「生知」を求めて、「自然智《じねんち》」を得るとされ(37)、初期密教と山岳修行が結びついた。唐僧で元興寺の法相宗の神叡（?～七三七）は比蘇寺で二十年間修行して「自然智」を得て芳野僧都と呼ばれ（『延暦僧録』『扶桑略記』）、唐僧で東大寺大仏の開眼供養の咒願師《じゅがんし》を務めた華厳宗の道璿《どうせん》（七〇二～七六〇）も大安寺から比蘇寺に移って参籠した。唐僧の関与が顕著である。元興寺の法相宗の護命（七五〇～八三四）は、「年十五にして、（中略）吉野山に入りて苦行す。十七にして得度し、（中略）月の上半は深山に入りて虚空蔵法を修し、下半は本寺にありて宗旨を研鑽す」（『続日本後紀』承和元年九月戊午条。八三四年）という。深山は比蘇寺と推定される。南都諸大寺の僧侶には山林寂静の地での参籠が必須となった。寺院に常住する僧尼が寺外に修行の場を求め、多くの僧尼が山林で修行を行うことが常態化した。霊力を獲得するために、良弁、道鏡、空海も山林修行を行った。空海は一沙門の教えに従って南都での教義習得を止め、吉野の山中から四国に入って虚空蔵求聞持法を会得したと伝える（『三教指帰』）。空海の密教の呪法の基盤は山林修行にあった。神仙境とされた山は、山林修行の参籠道場に変貌し、神仙になる修行は仏教化され、山の峰々を駈ける山林抖擻《とそう》に展開していった。

六、役行者の伝承

初期の山林修行者である役《えんの》小角には道教の影響が色濃い。『続日本紀《しょくにほんぎ》』文武天皇三年（六九九）五月二十四日条によれば、「役君小角《えんのきみしょうかく》伊豆島に流さる。初め小角葛木山に住し呪術を以て称さる。外の従五位下韓国連廣足《からくにのむらじひろたり》を師と為す、後其の能を害《そね》み、讒《ざん》するに妖惑を以てす。故に遠島に配せらる。世に相い伝え言く。小角能く鬼神を役使し、水を汲み薪を採せ、若し命を用ふざれば即ち呪を以て之を縛す」とある。呪術で人を惑わすこと、伊豆島に配流されたこと、鬼神を使役したことが強調されている。実録と民間の風説を組み合わせて[38]方術を駆使する呪者の姿を描く。呪力の源泉は、山での修行で得た験力による。鬼神を使役して水を汲ませ薪を取らせる手法は、『抱朴子』の仙人の方術と類似する。役小角を師としたが裏切ったとされる韓国連広足は呪禁師であり（『武智麻呂伝』)、道教の術である符による呪禁は役小角の技法でもあったと見られる。韓国連広足は、『東大寺要録』巻二所収の「辛国説話」では道術・方術・符呪・呪禁にたけていたとされる。

『日本霊異記』(弘仁年間・八一〇~八二四、成立)上巻二十八話では、役優婆塞として半僧半俗の在家修行者として描かれ、仏教の影響が強まる。神仙修行の様相も顕著である。「役優婆塞は、賀茂役公《かものえのきみ》、今の高賀茂朝臣《たかかものあそん》といふ者なり。大和国葛木上郡茅原《ちはら》村の人なり。生《うまれながら》知り博学一なり。三宝を仰ぎ信《う》けて業とす。毎《つね》に庶《ねが》はくは、五色の雲に挂《かか》りて、仲虚《なかぞら》の外に飛び、仙宮の賓と携り、億載《おくさい》の庭に遊び、蘂蓋《すいがい》の苑に臥伏し、養性《ようじょう》の気を吸ひ、くらふことをねがふ。所以《ゆえ》に晩年四十余歳を以て、更に巌窟に居り、葛を被、松を飲み、清水の泉を沐み、欲界の垢を濯ぎ、孔雀王の咒法を修習し、奇異の験術を證し得たり。鬼神を駆使得ること自在なり」と記す。役優婆塞は、空中を飛翔し、五色の雲に乗って仙宮の賓となり、養生の気を吸い、巌窟に籠って葛を被り松を飲み、験術で鬼神を使役するなど仙人の様相を呈する。葛木山の地主神の一言主神《ひとことぬしのかみ》を使役して金峯山と葛木山の間の架橋を命じたので、一言主神は反抗し朝廷に讒言した。役小角は伊豆に配流されたが、夜は富士山に飛んで修行したという。三年後に許されて都に帰り、一言主神を呪縛した後、仙人になって大宝元年(七〇一)に母親と共に雲に乗って何処かへ飛び去ったとされる。その後、道昭(法相宗を請来)が新羅で五〇〇匹の虎の招きに応じて『法華経』を講じた際、その中に役優婆塞が居たという。役優婆塞は山林修行によって神仙になり空中飛翔の力を会得したことが示唆される。役小角が駆使した孔雀明王法は初期密教の行法で、雨乞いや疫病退散に効果を発揮するとされた。役小角は呪法を介して仏教の祈禱と神仙思想を融合させていた。

役優婆塞の修行場の葛木山も神仙境の様相がある。『日本書紀』雄略天皇紀四年条に天皇が狩猟に行き、丹谷を望見する処で蓬萊仙のような長人に会い、地主神の一言主神と名乗ったとある。丹谷は不死の国、蓬萊は東海の仙境である。[39]『続日本紀』は葛城山系の主峰金剛山は金剛砂（鑽）の産地であるとし、仙薬の原料の鉱物が得られる山でもあった。二上山近辺では石英、雲母などを産し鉱物との結びつきが強い。役優婆塞の使役霊の方術は、密教僧の験者が神霊や邪霊を憑坐《よりまし》に憑依させて障害を除去する憑物落としの「憑祈禱《よりぎとう》」の原型である。方術は憑ける・憑けられるの二者併存形式に変容し修験の法術として展開した。

役優婆塞は、奈良時代以降、伝説的存在となり、葛木山から金峯山へと修行を展開したとされる。平安時代の『三宝絵』（永観二年・九八四）では、聖徳太子、行基と共に日本仏法の礎を築いた在家者と評価されて宗派を越えた信仰対象になった。院政期（十一世紀末〜十二世紀）以降は、伝承では葛木山や大峯山に止まらず、日本各地に修行の山が広がり、各地で役行者と前鬼・後鬼が祀られた。『扶桑略記』『本朝神仙伝』『今昔物語集』『水鏡』『大峯縁起』等に事績が記されている。大江匡房『本朝神仙伝』（十一世紀末）では役優婆塞を初めとして、三十七人の仙人を記し、白山開山の泰澄、金峯山の陽勝仙人、熊野の浄蔵、出羽国の石窟仙、比良山の仙人、笙の窟参籠の道賢（日蔵）、窺詮、教待などを記す。窺詮は服餌・辟穀、陽勝も辟穀を行ったとある。辟穀とは穀物を断ち、松の実・茸・薬草を食する神仙術である。

役小角は、鎌倉時代には『源平盛衰記』『古今著聞集』『私聚百因縁集』『沙石集』『元亨釈書』、室町時代は『三国伝記』『修験修要秘訣集』等に描かれ、『役行者本記』（室町時代末期）に祖師伝が集約された。[40]鎌倉時代中後期になると、役小角は修験道の開祖とされ、「役行者」と尊称された。『役行者顚末秘蔵記』（室町時代）[41]は神仙を強調し、役小角の初生は迦葉、二世は老子、三世は役小角で、役小角は仙人となって諸山を飛行し、刃渡りを行い海上を歩き、死後は尸解したと記す。大峯山は修験道の中心地となり、役行者が開山或いは修行したと伝える山は、全国に拡大し、各地の中心となる山を「国御嶽《くにみたけ》」や「国峯」として写し霊場が作られていった。

七、開山伝承と諸山縁起

神仙思想は開山伝承に顕在化した。開山伝承とは、猟師などが熊・鷹・犬などに先導されて、聖域の山に分け入り、山中で神仏と遭遇し、狩猟の殺生を悔いて僧になって神仏に仕えたという伝承である。開山者は、俗人の猟師だけでなく、優婆塞や僧侶の場合もあり、仙人とも称された。開山は、禁断の不入の地の山に分け入り、山の聖性を開示して、霊力を身体に憑ける特別な行為で、始源の力を体現する。開山年代は白鳳時代から奈良時代とされることが多いが、実年代とは言い難く、開山者の多くは後世の仮託と推定される。開山者のうち神仙とされるのは、役行者、羽黒山の能除仙、石鎚山では寂仙、石仙、常仙、法仙などがいる。『筥根山縁起』には聖占仙人、利行丈人、玄利老人など多数の神仙が登場し、播磨国では法道仙人の開山を伝える山岳寺院が数多い。山岳信仰や修験道では神仙思想が重要な意味を持ち、開山者を神仙として修行者の理想像を描いているともみられる。鎌倉時代中後期以降、山岳修行を体系化した修験道が普及していくと、役小角の開山を説く山が増加し、各地の山で役行者像が造像された。現存最古の銘入り役行者像は甲斐の円楽寺蔵で胎内に延慶二年（一三〇九）の修理銘が残り、十二世紀に遡る造像という(42)。役行者は修験道の「祖師」として祀り上げられ、修験道の修行は役行者の事績や修行を反復することになった。

修験者は熊野と吉野を繋ぐ大峯山を中心に峯入り修行を行い、役行者を祖師とした。鎌倉時代初期の『諸山縁起』によれば、大峯山には一二〇の宿があり、三八〇人の仙人が住んでいて、地主仙・持経仙・竜角仙・如意仙・摩尼仙の五岳仙を上首とすると記し、神仙世界（洞天）の様相がある(43)。大峯山の中心は神仙岳で、三重の岩屋があり、下の重は阿弥陀曼荼羅、中の重は胎蔵界曼荼羅、上の重は金剛界曼荼羅で、各重に大壇が設けられていた。上の重の棚には二通の縁起を納めた箱が置かれ、一通には仙人集会の儀式の次第、他の一通には熊野権現の由来、金剛蔵王権現出現の由来、役行者の利生が書かれ、石壁には役小角の御影像が描かれていたという。役小角は大唐第三の仙人の北斗大師を講師に招き神仙で千塔供養を行ったと記す。神仙は現在の深仙《じんぜん》で、胎蔵界曼荼羅の中台とされ、修験の行法の峯中灌頂で即身成仏を遂げた。大峯山中の最も重要な聖地が神仙の集う所とされていた。

伝承では役小角は七度転生し、大峯山中には七生のうち三生までの骸骨があったという。役小角を唐国の四十人の仙人のうちの第三座とし、道昭が新羅の山寺で法華経を講じた時には役小角を始め神仙が集会して聴講したと記す。役行者は転生と飛行の術を持つとされた。役行者は山中で百済から来たという香蔵仙人に出会う。仙人は役行者に「熊野の本主は麁乱神《そらんしん》なり。人の生気を取り、善道を妨ぐる者なり」と説き、発心門《ほっしんもん》、瀧本《たきのもと》、切目《きりめ》の三ケ所では、檀香《だんこう》や大豆香《だいずこう》の粉《こ》を面に塗って難を逃れ、ナギの葉を笠につけ松の木に近づくなと細かく呪法を指示する。山中の神は障礙なす忿怒神で、荒ぶる神、荒神として意識されていた。『両峯問答秘鈔』巻五十八は麁乱神《そらんしん》は「祓殿発心門滝尻切目」にいて「大豆香ヲ目ニ入テ眼ヲクラマス」と記す。[44]『諸山縁起』の「瀧本」は「滝尻」の誤記の可能性が高い。滝尻は富田川と石船川の合流点で、「常行の地」として山岳行者の儀礼の場になっていた。発心門は熊野本宮の入口で杖を替える場、滝尻は熊野の霊域への入口、切目は紀州の西岸の重要な拝所で、境界の儀礼を行う重要な場所にあたる。熊野の山中修行をする役行者の師匠は仙人であり、秘事や儀礼を教示するなど重要な働きをしたとされる。

峯中の宿は、『金峯山本縁起』（長承二年・一一三三）によれば、一二〇宿のうち、苫蔔輪、仙行寺、神仙、十性仙、行仙、老仙、法浄仙、當就仙、戒經仙、王熟仙には仙人がいた。[45]葛木山の場合、神仙の住処は、国見丘の仙処、高山寺の仙人の石窟、仁照宿の仙窟、求仙《ぐせん》ヶ岳、神福山の北斗大師の石塔、石寺の久清仙人の瀧、二上嶽の寂能仙の塔、智助仙、八葉ヶ岳の仙宮、石命《しょくみょう》仙の石命山、火舎ガ岳の仙所であり、五角山（仙）は高山・大福・神福山・金剛・竜山で五仏の五智とする。[46] 葛木山も大峯山と同様に神仙世界であった。

八、神仙思想と熊野・彦山・羽黒山・富士山

修験道の隆盛に先立って熊野詣が院政期に盛んになった。伝説としては宇多法皇の延喜七年（九〇七）が最初とされるが、本格的には、寛治四年（一〇九〇）の白河上皇の熊野御幸から、先達を務めた増誉が熊野三山検校に補任された。二代目検校の浄蔵は、那智滝で塩酢を断ち、松果を食して、蔦や苔を衣とし、『法華経』を読誦し真言陀羅尼を唱え、護法を使役し、予兆力を得たとの話も伝わり、山林修行と神仙修行が重なる。十世紀以降は、熊野本宮が阿弥陀の浄土とされ、極楽往生を確証するための熊野詣が隆盛を極め現世利益も願われた。

熊野にも神仙世界の様相があった。最も古い縁起の「熊野権現御垂迹縁起」『長寛勘文』（長寛元年・一一六三）に拠れば、熊野権現は、中国天台山の地主神の王子信の故地から日本に飛来し、九州の彦山、四国の石鎚山、淡路の諭鶴羽山、紀州の切部山、新宮の神倉山、阿須賀を経て本宮の大湯原に到来して、三体の月としてイチイの下にいた猟師の千与定のもとに降臨し、熊野権現として祀られたと説く。[47] 王子晋は劉向の『列仙伝』には、周の霊王の子の王子喬で名を晋、夭折して仙人となったとあり、道士浮丘公に従って嵩高山に上り、仙道を修得し、白い鶴に乗って笙を吹きながら空中を飛翔したという。『懐風藻』（七五一）の葛野王の詩に詠われた王喬と同一人物である。成尋の『参天台五臺山記』（十一世紀末）は、天台山国清寺の地主神の山王元弼真君《さんのうげんひつしんくん》は元々は王子晋

であると伝える。(48) 比叡山延暦寺に護法神の山王権現として祀られた。(49) 熊野権現は遡れば神仙との縁が深い。『彦山流記』（建保元年・一二一三）(50) も熊野の根本縁起と同様に王子晋の故地からの彦山への来山を説き、最後に彦山に住んだと伝える。熊野・彦山は共に天台宗を基盤にした山岳信仰で、縁起では始源を大陸の道教神に関連づけた。

記紀神話の神も神仙思想の影響を受けた。国譲りで大国主命を助けた少彦名神は常世国に帰ったとされる。常世には神仙思想の影響があるが、具体的には伊勢・熊野の外海に想定された。十一世紀以降は本地垂迹思想が広まり、本宮・新宮・那智の熊野三山の神々は三所権現とされ、本地は阿弥陀、千手観音、薬師、三山は極楽浄土・補陀落浄土・瑠璃光浄土となった。那智からは海の彼方の観音の補陀落浄土を目指して渡海する僧侶も出現した。新宮には蓬莱山があり徐福が来住したと伝える。常世と海上他界観、神仙境と浄土が結合したのである。

東北の羽黒修験道の開山、能除太子も神仙の様相が色濃い。『拾塊集』（元亀年間。一五七〇～一五七五）が伝える伝承では、(51) 能除太子は阿久谷で、藤皮を衣とし松果を食して、般若心経の「能徐一切苦」の文を唱えて修行して観音に帰依して開山し、能徐仙と言われた。ある夜、蓬莱宮から貴人が宝珠を持って現れ鳥に姿を変えて月山山頂に導いた夢を見て、月山を開いた。舒明天皇十三年（六四一）に五色の雲に駕して月山に入ったという。

九州の彦山は西国の有力な修験道の山であるが、『鎮西彦山縁起』（一五七三）によれば、(52) 猟師の藤原恒雄が白鹿を追いかけて弓で射ると鷹が傷を治す奇瑞にあい、玉屋窟に導かれ北魏僧の善正に諭されて殺生を悔いて出家して忍辱となって仏に奉仕して開山したとある。善正は石窟で藤衣を着て、果蓏を食し石泉を飲み松柏を蔭として修行した。恒雄も葛の衣を着て塩穀を断って修行したという。開山伝承には、神仙修行と仏教修行が重なりあっている。

富士山には、中世にはかぐや姫が祭神となって祀られたという伝承が現れた。『竹取物語』（平安時代前期）では、かぐや姫は貴公子の求婚にも帝からの召出しにも応じず、富士山に登り八月の満月の夜に月の都へ帰る。これに対して、『神道集』「富士浅間大菩薩事」は、竹林から生誕した「赫野姫《かくやひめ》」は国司の娘として育つが、仙女と名乗り、仙宮に帰ると告げて富士山に登り、富士浅間大菩薩として垂迹した。富士山は、不尽（風土記）、福慈（万葉集）、富慈（三宝絵）、不死と呼ばれ不老長生の山で、美称や敬称では、蓬萊山、養老山、芙蓉峯《ふようのみね》、穀集山《こくしゅうさん》、八葉峯、尊勝峯、般若山と呼ばれた。富士山を神仙世界とする思考は継続した。

九、修験道への道教の影響

修験道とは何か。「山岳を仏法や神仙思想で意味付け、山の力を身体化する体系的実践」と定義してみたい。山岳信仰に基づいて山での修行を密教で体系化したことが特色で、鎌倉時代中後期に成立したと考えられている。修験道儀礼の中には道教の影響があり、幾つかは源流を『抱朴子』に遡ることが出来るが差異もある。『抱朴子』によれば、道士の入山の法は、山中の窟に籠り服餌・辟穀を守って修行し、仙薬を作って服用して不老長寿を目指した。修験は、木喰行を行い、五穀断や十穀断として修行に組み込む。『抱朴子』は個人による洞窟での参籠で不老不死を目指すが、修験道は集団での山林抖擻の峯入り修行で験力の獲得を目的とする。『抱朴子』のように不老長生は強調せず擬死再生を目指す。山中では薬を携行するが仙薬として服用するのではない。山中の峯入りは十界修行が基本で、地獄、餓鬼、畜生、修羅、人、天、声聞、縁覚、菩薩を経て仏に到る十界に、床堅、懺悔、業秤、水断、閼伽、相撲、延年、小木、穀断、正灌頂の十種の作法を充当して修行した。峯入りは中世後期に確立した。道教の影響は儀礼の各所にみられるが中核には浸透しない。修験道は山岳修行での験力の獲得と行使のために道教の術数を部分的に取り込んだが、体系的な受容は行わなかった。修験道は、道教の神を日本の神と共に祀って神仏習合を促進させた。

近世には在地社会に定着した里修験が加持祈禱を行い、道教由来の符呪を使い現世利益に応えた。雨乞い、病気直し、疫病除け、憑物落とし、占い、託宣を行い、護符や御札を配布し、祈願の成就を試みた。人生儀礼や小祠小堂の祭りを執行した。『修験深秘行法符呪集』(53)の符呪は災いを除き幸福を齎す文字と図形が書かれた札で、道教風であるが、不動明王や大日如来などの種子も描かれている。道教系の神は、当山派の『修験常用集』には、歩擲・大元師・焔魔天・水天・風天・地天・妙見・北斗七星・九執十二宮神・二十八宿・司命・五龍王(54)、神祭に使う『神祇講式』では、荒神・麁乱神・北斗七星・諸宿曜・行厄神・堅牢地神・焔魔法王・五道冥官・泰山府君・司命司録・倶生神・龍神、当山派の『修験最勝慧印三昧耶普通次第』の神分では、本命元辰・諸宿曜・焔魔法皇・太山府君・司命司録・冥官冥衆を祀る(55)。主尊や主神ではない。『彦山修験最秘印信口決集』が記す荒神・疫神・鬼神・地鎮・土公は道教系の神と親和性が高い(56)。庚申や竈神の荒神の祭りは民間に広く展開した。

修験の儀礼には、『抱朴子』が説く九字・禹歩などの行法や、急急如律令が取り込まれた。急急如律令は、中国の公文書の末尾に記す「法律の通り急ぎ行え」が原義であるが、まじない・魔除け・呪文として受容され、日月の変、星の変、火の変、病、風、旱魃、賊兵の七難を避け、鬼神を降伏する呪文とされた。『抱朴子』（十七登渉）の九字は、空中に横に四本縦に九本の線を引き、三十六回歯を叩いて九字を念じる。修験道の九字は、内縛印を結んで、「臨兵闘者皆陣列在前」と唱え、刀印で空中を縦四本、横五本に切る。九字護身法は魔物を駆逐して結界する行法で、特に瀧行には必須である。九字は密教の作法と合体し、各々の印に本地と垂迹が定められた。諸説あるが、九字の本地は毘沙門・十一面観音・如意輪観音・不動明王・愛染明王・聖観音・阿弥陀如来・弥勒菩薩・文殊菩薩とされる。『修験深秘行法符呪集』には二十種近くの九字が記されて増殖した。禹歩は呪術的歩行法で、陰陽道では出行や勝負事、邪気祓いの歩行の反閇に取り込まれた。反閇は修験道儀礼に使われ、羽黒山秋峯の固打木作法や柴燈護摩の火箸作法、冬峯の松例祭の国分《くにわけ》神事で用いられる。修験道の影響がある霜月神楽の奥三河の花祭では、鬼がヘンベ（反閇）を「盤古・大王・堅牢・地神・王」の五足に踏み、悪霊を踏み鎮めて大地の霊を呼び覚ます。東北の早池峯神楽・大乗神楽・法印神楽でも反閇を踏み、刀印や内縛印を結び、天地和合の舞を演じる。備後の比婆荒神神楽では、神がかりの前に五行思想に基づく王子舞で地霊を鎮める。舞は土公祭文に由来し、父盤古大王から東西南北・春夏秋冬の所務を均等に与えられた四人の王子、太郎・次郎・三郎・四郎に対して、父の死後に生まれた五郎が分け前を求めて争い、陰陽師の門前博士の調停で、四季の土用十八日ずつ総計七十二日が五郎に与えられ、中央に大地の神の土公として鎮め祀る。江戸時代前期までの神楽の担い手は法者で、修験道や陰陽道の影響を受け、暦を取り込み五行思想を読み替えた。(57) 元々は五龍王の舞でもあった。石見の大元《おおもと》神楽の主神である大元神は、吉田神道経由で受容された大元尊神《だいげんそんしん》に由来する可能性もある。

修験と民衆との接点には薬がある。「祈れ薬《くす》れ」という言葉の通り、祈禱と薬の処方は表裏一体であった。山岳霊場には、大峯山・吉野山の陀羅尼助丸、高野山の大師陀羅尼助、木曾御嶽山の百草丸、伊勢朝熊山の萬金丹、立山の反魂丹、富士山の蓬萊丹、伯耆大山の煉熊丸、石鎚山の陀羅尼丸、彦山・求菩提山の不老丹などの薬が伝わる。修験者は山中修行で薬草の知識を豊富に得た。薬は修行に携行するだけでなく、陀羅尼や護摩の力も加えて信者に配布した。原料は黄柏（キハダ）を使うことが多い。大峯山の洞川では役行者に教えられたとされ、弟子の後鬼の子孫と称して由来を誇る。修験道は、死者供養や先祖祭祀に特化した仏教寺院とは棲み分けて、民衆の現世利益に応える「野のカウンセラー」として活躍した。

十、近世の道教と修験道

近世には、道教を本格的に修験道と合体させる試みが起こった。享保十二年（一七二七）戸隠山五十五代別当となった乗因（一六八三～一七三九）の活動に顕著である。[58] 乗因は、比叡山で二十年に亘って修行し、宣存から山王一實神道の秘法と『山王要略記』を授かり、東叡山寛永寺に止住した後、戸隠に来山して戸隠修験道の再興を試みた。乗因の『戸隠山大権現縁起』（元文元年・一七三六）[59]によれば、役行者は太上老君（老子）と同体、本地は迦葉、戸隠開山の学門行者は張天師の再来と説き、学門行者を役行者の弟子とした。学門行者は役行者から神仙の法として長生法を学んで白日昇天したという。[60]『道徳経』を経典として重視し、『先代旧事本紀大成経』を取り込んで体系化を進め、「修験一實霊宗神道」を主張した。『戸隠山大權現縁起』[61]は、「一實霊宗」は老子の『道徳経』の「神得一以霊」（神は一を得るに、靈なるを以てす）を典拠とし、『先代旧事本紀』「神代本紀」の「天思兼命、又常世工夫《とこよのをもひがね》又天《あめの》八《や》意思兼《ごころおもいがね》命、這神傳霊宗道」の文言に基づくと説く。乗因は古代の神統譜に連なる阿智祝部の後裔と称し「一實道士」や「霊宗道士」と名乗った。始原を辿れば道教に行きつくので、道士と修験は同じだと主張した。乗因は老子、太上老君・玄元皇帝を拝する中国の道教と、日本の神道と修験を合体させたのである。[62]

乗因の『戸隠山三所大権現略縁起』によれば、南麓の御上《おがみ》にある瀧を那智の三重ノ瀧に見立て熊野権現を勧請し、上清宮を建立して「神国第一道観」と号して太上老君の金像を安置したという。現在でも尾上（御上）の畑中に石碑「戸隠別當阿知祝部一實道士祠」、少し離れて、『道徳経』が説く三宝に因み「慈倹後」と刻まれた平石があり乗因自筆と推定されている。[63] 中国の五嶽にならい、日本の東嶽を羽黒山、南嶽を金峯山、西嶽を彦山、北嶽を白山、中嶽を戸隠山として、[64] 戸隠山は皇帝が封禅の儀礼を行う泰山に擬した。戸隠こそ日本の山岳霊場の最高位を占めるという誇りと自負があった。インドに止まらず、中国の道教の権威を借りて、日本の修験道を同等の地位に向上させて教義と実践の正統化を図った。しかし、修験道と道教を一体化する「修験一實霊宗神道」は異端とされ受け入れられなかった。乗因は元文三年（一七三八）八月、法度に違背した罪に問われ、元文四年（一七三九）二月に裁許、九月に遠島の船が江戸を出て、十月二十九日大島で死去した。享年五十八歳。乗因の試みは挫折したが、地元の戸隠では現在も慕われ、修験道を信頼する民衆の共感は残り続けた。

十一、結論

道教が日本の山岳信仰や修験道に及ぼした影響に関して様々な観点から考察を試みてきた。結論から言うと、教義・教団・儀礼から構成される成立道教は日本には根付かず、山岳信仰や修験道の中に道教由来の習俗として影響を与え続けたといえる。時期的には三期に分けられ、第一期は古代で神仙思想が山の意味付けや開山伝承に濃厚に顕れ始源の語りの権威化に寄与した。第二期は中世で鎌倉時代中後期以降に生成された修験道が、験力の獲得と駆使の手段として道教の要素を儀礼に個別に取り込んで神仏習合を推進した。第三期は近世で里修験として民衆の暮らしの中に溶け込んで日常生活を営む中で、加持祈禱による病気直し、占い、豊穣多産の願いに応える「野のカウンセラー」の技法の中に溶け込んだ。総じて、道教の思想や儀礼は、日本では「民衆的神仙道教」(65)を基調にして、選択的受容と分散的適用によって混淆し定着して、独自の再解釈で日本的展開を遂げてきたと言える。

注

（1）福永光司『道教と日本文化』（人文書院、一九八二年）二四六頁。
（2）窪徳忠『道教入門』（南斗書房、一九八三年）八〇頁。
（3）『大唐和上東征伝』（七七九）に玄宗が道士の日本への同行を要請したが、藤原清河が日本では道教が信奉されていないとことわり、鑑真を密航で渡来させたとある。葛井《ふじい》廣成や吉備真備も道教に対しては批判的立場をとった。
（4）前掲注1福永著書、八—九頁。
（5）小柳司氣太「道教と眞言密教の関係を論じて修験道に及ぶ」（『哲学雑誌』四五〇号、一九二四年）。
（6）窪徳忠「道教と修験道」（『宗教研究』第三六巻二号、一九六二年）二五—四八頁。
（7）下出積與『道教と日本人』（講談社、一九七五年）。
（8）宮家準「修験道と道教」（『東方宗教』第八一号、一九九二年）二二—四二頁。
（9）宮本袈裟雄「修験道と神仙思想——役小角伝説を中心として」（『里修験の研究』吉川弘文館、一九八四年）二三九—二五五頁。
（10）前掲注8宮家論文、二五頁。
（11）別称は吉野寺や現光寺や放光寺、江戸時代に世尊寺として再興、比曾寺の表記も使う。
（12）足利健亮「吉野という地名の流転」（『考証・日本古代の空間』大明堂、一九九五年）二七〇—二八六頁。
（13）和田萃「古代の吉野」（『増補　吉野町史』吉野町、二〇〇四年）一〇〇—一〇一頁。行幸は聖武天皇の天平八年（七三六）まで続く。
（14）吉野の地主神の金精大明神（現・金峯神社）は金山彦神と金山姫神を祀る。
（15）吉野水分神社（上宮《かみのみや》。子守明神）と勝手神社（下宮《しものみや》。勝手明神）は水神を祀る。
（16）吉野水分神社の元の社は青根ケ峯から少し下った広野で祀られていた。
（17）直木孝次郎『壬申の乱』（塙書房、一九六一年）。
（18）和田萃『飛鳥——歴史と風土を歩く』（岩波書店、二〇〇三年）一八〇頁。

(19)『懐風藻、文華秀麗集、本朝文粋』(『日本古典文学大系』第六九巻、岩波書店、一九六四年)。

(20)前掲注18和田著書「古代の吉野」、一〇二頁。

(21)堀池春峰「竜門寺についての一考察」(『南都仏教の研究』下巻、法藏館、一九八二年)。

(22)大西貫夫「宮都と周辺の山寺――飛鳥・奈良時代を中心に」(久保智康編『日本の古代山寺』高志書院、二〇一六年)一一二頁。醍醐寺本『諸寺縁起集』を引用。

(23)前掲注18和田著書「古代の吉野」、一〇二頁。

(24)上野誠『大和三山の古代』(講談社、二〇〇八年)。

(25)加茂禎一郎監修『大古のロマン徐福伝説』(佐賀市、一九九四年)。史実としては否定される。鶴間和幸「秦始皇帝と徐福伝説」(『東アジア史の展開と日本』山川出版社、二〇〇〇年)一三九―一六一頁。

(26)初見は『延喜式』(延長五年・九二七)だが、現物は八世紀に遡ると見られる。

(27)吉田靖雄『行基と律令国家』(吉川弘文館、一九八六年)一〇八頁。

(28)正倉院文書の「優婆塞貢進解」には「読・誦」とあり、法華経の「読」と併せて「千手陀羅尼」の「誦」の能力が重視されて、社会的需要に応えた。

(29)前掲注27吉田靖雄著書、一〇八頁。

(30)古い山寺遺構は大津市の崇福寺跡で志賀山寺に比定される。近くの梵釈寺も古い。

(31)三綱とは仏教寺院を管理・運営し僧尼を統括する上座・寺主・都維那の総称である。

(32)吉田一彦『日本古代社会と仏教』(吉川弘文館、一九九五年)三一頁。

(33)『本朝神仙伝』は、龍門山の岩窟に住む毛堅仙人、『和州久米寺流記』も毛堅仙と記す。

(34)船岡誠『日本禅宗の成立』(吉川弘文館、一九八七年)八―二九頁。

(35)逵日出典『奈良朝山岳寺院の研究』(名著出版、一九九一年)七―三九頁。

(36)『日本書紀』舒明天皇十三年(五五二)十月条に百済から仏教が伝来し、同十四年正月条には溝辺《みぞべ》直《のあたい》が茅渟《ちぬ》の海で得た樟木《くすのき》を舒明天皇に献じた。樟で作った仏像二体は、「今、吉野寺に光を放ちます樟の像也」とある。吉野寺は比蘇寺と考えられている。

(37) 薗田香融「古代仏教における山林修行とその意義——特に自然智宗をめぐって」（『南都仏教』四号、一九五七年）四五—六〇頁。
(38) 中国の方術は天文・医術・暦算・占卜など多様であった。
(39) 『日本書紀』斉明天皇元年（六五五）五月条に、青い油の笠を被った唐人らしき人が葛木峰から生駒、住吉の松峰に龍に乗って飛んで行ったという。
(40) 『修験道章疏』第三巻（日本大蔵経編纂会、一九一九年）二四五—二五七頁。
(41) 前掲注40書、二五九—二六七頁。
(42) 西川新次「中道町円楽寺の役行者像」（川崎剛志・時枝務・徳永誓子・長谷川賢二編『修験道の文化史』［論集修験道の歴史三］岩田書院、二〇二三年）二七一—二八九頁。
(43) 『寺社縁起』（『日本思想大系』第二〇巻、岩波書店、一九七五年）一三二頁。
(44) 『修験道章疏』第二巻（日本大蔵経編纂会、一九一九年）所収。
(45) 五来重編『修験道史料集［Ⅱ］西日本篇』（『山岳宗教研究史叢書』第一八巻、名著出版、一九八四年）一二〇—一二一頁。
(46) 前掲注43書、一三五—一三六頁。
(47) 鈴木正崇『熊野と神楽——聖地の根源的力を求めて』（平凡社、二〇一八年）四九—五一頁。
(48) 森公章「参天台五臺山記一」（『史料纂集』八木書店、二〇二三年）。
(49) 円仁請来の赤山明神は山門派、円珍請来の新羅明神は寺門派の護法神とされ、共に山東半島の道教神で画像や彫像は唐風である。赤山明神は泰山府君と同体、新羅明神像は役行者像と類似するという。
(50) 前掲注45五来編書、四六三—四七四頁。
(51) 『神道大系』神社編三二、出羽三山（神道大系編纂会、一九八二年）三二一—三三三頁。
(52) 前掲注45五来編書、四七六頁。
(53) 前掲注43書、所収。
(54) 前掲注8宮家論文、三四—三五頁。

(55) 前掲注8宮家論文、三五頁。
(56) 前掲注44書、所収。
(57) 鈴木正崇『神と仏の民俗』(吉川弘文館、二〇〇一年) 六九―七七頁。
(58) 曾根原理『徳川時代の異端的宗教――戸隠山別当乗因の挑戦と挫折』(岩田書院、二〇一八年)。
(59) 『續・神道大系』神社編、戸隠 (二) (神道大系編纂会、二〇〇一年) 一九九―二〇〇頁。
(60) 前掲注59書、二一二頁。『役行者顚末秘蔵記』(室町時代) も釈迦・老子・役行者を同体とする。乗因の縁起の種本と見られる。
(61) 前掲注59書、一九二頁。
(62) 鈴木正崇『日本の山の精神史――開山伝承と縁起の世界』(青土社、二〇二四年)。
(63) 小林健三「近世佛教神道と日本精神」『日本神道史の研究』(至文堂、一九三四年) 一八二―二五九頁。
(64) 前掲注59書、二〇二頁。
(65) 松浦史子「『山海経』と神仙思想」(『道教の美術』読売新聞大阪本社／大阪市立博物館、二〇〇九年) 二八頁。

修験道と道教
――英彦山修験にみられる道教的要素の分析から

須永　敬

はじめに

修験道と道教との深い関係性については、これまで多くの先人たちが折に触れ述べている。道教が日本にもたらした影響を論じた文章のなかに「修験道も、亦密教及び道教を日本化した者」[1]、「修験道は道教の日本版、あるいは日本の道教」[2]といった言葉を目にしたことがある方も多いであろう。

修験道と道教の関係性という問題に取り組もうとするとき、誰もが頭を抱えるのが、「道教とは何か」、そして「修験道とは何か」、という難問である。いずれも、明瞭な輪郭を描くことのできぬ、なにか茫漠としたイメージとして浮かんでくるのであり、その安易な言語化、対象化が阻まれている。定義しようとしたとたんに、するりとその手から抜け落ちていく[3]。道教と修験道とは、そんなところまで似ているような気になってくる。

たとえば、道教についていえば、「道家」と「道教」、「成立道教」と「民衆道教」とを分けて論じるべきという主張がある[4]。その一方で「道家（老荘）」は哲学、「道教」は宗教という振り分けは、西洋の「宗教（religion）」

概念の流入を承けた近代の枠組に基づく分け方であり、伝統的な「道教」と近代以降の「道教」理解との間に内容的なずれを生じさせている、という指摘もある。「道家」と「道教」、「成立道教」と「民衆道教」のような区分け論は適切に機能していないという主張である。(5)

また、日本では体系的かつ組織的な道教受容がなかったとされているが、道教そのものではなくても、道教的な要素は早くから受容されており、それが日本文化の展開と無関係でなかったということは、多くの研究者の一致した見解と思われる。(6)

そこで本稿では「道教とは何か」、「修験道とは何か」、という問いは一旦留保した上で、ある一つの修験霊山の歴史と文化のなかに、どのような道教的要素や中国との関連性が認められるのか、ということを先ず列挙し、そこから両者の関係について逆算的に考えてみたいのである。

そのフィールドとして設定したのは、北部九州の福岡県と大分県の県境に位置する英彦山《ひこさん》である。(7)英彦山は、近世までは日本三大修験霊山の一つに数えられ、近代以降、修験道の廃止にともない神道化が進められるまでは、西日本における山岳宗教の一大中心地であった。この英彦山を事例として選んだのは、九州という東アジアとの接続領域に位置する最大の修験霊山であるとともに、後述するように、これまでも多くの研究者によって中国・朝鮮との関係性が指摘されてきたことから、今回の問題設定に最も相応しい霊山と考えたためである。

修験道と道教の関係性について述べた論考は多くあれど、一つの霊山の事例から、両者にどのような関係性が認められるのかを論じたものは管見の限り知らない。英彦山という山の信仰のなかに、一体どのような道教的・中国的な要素が抽出できるのであろうか。本稿では、①縁起、②通交、③実践、④修辞、⑤思想、の五点から、その実態を探っていきたい。

一、英彦山の縁起と道教

英彦山には、『彦山流記』、『鎮西彦山縁起』という二つの中世縁起が伝わっている。その記述のなかから、道教的要素や中国との関連を物語る事例を挙げてみたい。

まず、『彦山流記』（建保元年・一二一三）には、彦山三所権現が、最初は摩訶提国に現れ、その後、震旦国（中国）の天台山、九州の香春《かわら》明神を経て彦山に降り立ったと記されている。また、彦山権現が降り立った般若窟（玉屋窟。現・玉屋神社）については、「龍泉が流れ出て、一滴を得て万病を治し、白髪を息し、紅顔を増す」と、病気平癒や若返りに利益があり、四海の道俗が帰依してこの神泉の水を求める、と記されている。縁起中には「峰有三千ノ仙人（以下、資料中の傍点は筆者による）」「祈三皇五帝之遐算ヲ」といった記載もみられ、道教の影響を見ることができる。なお、同書にある「彦山四十九窟」は、御正体を分け、権現と守護天童を安置した四十九の窟の総称であり、英彦山はこの洞窟聖地を重視する信仰を有していたことが知られている。これは、日本の山岳宗教のなかでもユニークな特徴であり、道教の「洞天福地」思想[8]との類似を思わせ興味深い。

また、『鎮西彦山縁起』（元亀三年・一五七二）には、役小角が大唐国に飛び去って崑崙山に登り、西王母の石室に入って久しく唐土に居した、などとあり、ここでも中国との関係や崑崙山・西王母といった道教的要素が認められる。先述の玉屋窟の清泉についても、軀澆して病消え、腹飲して齢を延ばすと、やはり病気平癒・延命の利益が説かれている。また、宇佐八幡の僧であり、彦山三所権現より如意宝珠を奪い去ったとされる法蓮和尚についても、方薬を精し、よく衆病を治す。炎帝神農百草を選ぶ、といった調薬・医術に関する記載がみられる。また彦山の名について述べた箇所では、弘仁十年（八一九）、法蓮が内廷に入り嵯峨天皇の玉体加持を修したところ、たちどころに平癒したため、天皇が「嘗テ聴。法蓮ハ邦家ノ彦、亦是僧中の仙也ト。」と法蓮を賞し、「日子山」を「彦山」に、「霊山」を「霊仙」にそれぞれ改め、以後、彦山霊仙寺《りょうぜんじ》と称することになったと記す。

また、英彦山を開山したのは北魏の僧善正であり、開山の年も継体天皇二十五年（五三一）と、仏教公伝よりも早く設定されている。英彦山には中央より早く仏教が伝わっていたと主張しているのである。この善正を英彦山に案内したのは、日田の猟師藤原恒雄であり、彼は後に殺生の罪を深く恥じ入り、出家して忍辱と名乗った。この「恒雄」については、朝鮮半島の檀君神話に登場する天帝の子「桓雄」との近似を指摘する説もある。(9)

ところで、古代朝鮮半島の「花郎」は、元は「源花」という二人の女性が選ばれる女巫的な存在であったが、弊害が生じたため美貌の男子を粧飾して「花郎」とし、青年集団を組織して歌舞・軍役そして山岳修行などにあたらせたという(10)。この花郎は弥勒の化身とされるとともに、「国仙」や「仙郎」とも称された。「弥勒仙花」といった表現について、増尾伸一郎は、新羅の花郎には弥勒信仰と道教の影響が認められると指摘する(11)。この花郎と修験との共通性を指摘したのは中野幡能で、山の信仰と弥勒信仰との結合は北部九州の山々、特に彦山で特別に強くみられると主張する(12)。『彦山流記』にも「法蓮和尚者弥勒化身也」という記載がみられる。英彦山と道教について考えるうえでは、朝鮮半島の山岳宗教や道教についても目を配る必要がある。

二、英彦山と中国・朝鮮・琉球との通交

一般に、修験道に対する道教の影響と言った場合、その時代は古代に比定され、かつ一回的なものとして語られることが多い。しかし、本当にそうであろうか。日本と中国、さらには東アジア世界との交流史が非常に多彩

で豊かなものであったことは、近年の東アジア交流史研究の成果からも窺い知れる通りであり、また、英彦山の歴史や伝承からもそのことが確認できるのである。道教が英彦山に与えた直接的な影響を示す明確な資料はなくとも、中国文化の一環として、道教的要素が歴史を通じて伝来していた可能性を棄てきることはできないだろう。以下、英彦山と東アジア世界との交流に関する事例を列挙していきたい。

英彦山には、中岳・南岳・北岳という三つのピークがある。そのうち北岳からは、興味深い渡来遺物が出土している。一つは、統一新羅の銅製「如来立像」であり八世紀の作と考えられている。もう一つは、同じく北岳から出土した銅製経筒（平安時代・十二世紀）である。その底面には墨書で「王七郎」という宋人名が記されており、英彦山での経筒の埋納に宋人が関与していた事実を確認することができる。(13)その他、英彦山の周辺には中国仏も伝わっており、大日ヶ岳出土の「如来形坐像」（元から明代ヵ）、北坂本地区の「菩薩形坐像」（明代ヵ）などの例が挙げられる。

このような渡来仏や経筒埋納の背景には、彦山修験と東アジア世界との実世界における関係があったと考えられ、実際に朝鮮に渡った彦山修験が記録されている。朝鮮・申叔舟の『海東諸国記』（成宗二年・一四七一）は、彦山修験の来朝について次のように記す。

戊子年、遣使来朝す。書に、豊前州彦山座主黒川院藤原朝臣俊幸と称す。宗貞国の請を以て接待す。大友殿の管下なり。彦山に居し、武才有り。(14)

同記事について、近世の彦山修験が記した『塵壺集』には、次のように解説されている。

黒川院藤原俊幸朝臣と云ふは頼有僧都の事なり。百四代土御門院応仁戊子二年に大明国の純宗皇帝に好を通せんとて日本の武士の如くに仮に俗名を以て使者に妙観坊連信、富松坊儀慶、対州梅本坊（加賀坊とも云ふ）

学存の三人を遣はされ対州太守宗貞国之を接待す。此時九州兵乱の時なる故に武を以て其不慮に備ふるものならん。(15)

応仁二年（一四六八）に朝鮮に使者を使わしたのは、彦山座主頼有であり、その使者は彦山の妙観坊・富松坊、対馬の末派修験梅本坊であったこと、その遣使の目的が明国の皇帝と好を結ぶことに置かれていたことが記されている。また、彦山修験について「武才有り」としていることは、当時の修験の性格や社会的役割を知る上でも興味深い。

また、彦山修験と琉球との関係を窺わせる記録もある。袋中の『琉球神道記』巻五（万暦三十三年・一六〇五）には、琉球には大社七処があり、うち六つは倭の熊野権現、一つは八幡大菩薩、とある。つまり大社七処のほとんどが熊野権現を勧請したもの、すなわち修験の影響を受けたものであった。その筆頭に挙げられる波上権現護国寺の本社（現：波上宮）後に祀られる霊石について「本地ノ熊野ハ八角ノ水精石也。宛符合ス。」とされているが、(16)先述の英彦山四十九窟の第一窟にあたる玉屋窟も、やはり「八角ノ水精ノ石躰」を権現垂迹の神体としており（『彦山流記』）、両者の関連を予想させる。実際、近世の英彦山修験は琉球にも檀那を有していたようであり、寛永九年（一六三二）に琉球の檀那を尊了坊から亀石坊へ譲与した記録も残っている。(17)

このような彦山修験と東アジア世界との実際の交流が影響しているのであろうか。筑紫箏の発祥を、英彦山に住む唐人に求める伝承が広く知られていた。伝説では、平安中期に命婦（一説には英彦山の巫女）の石川色子が、英彦山に住む唐人から箏の秘曲を学び、これを帝に奏上したのが筑紫箏の始まりと伝わっている。そして、この箏の名手の唐人が住んでいたのが、英彦山の「唐《がら》ヶ《が》谷《だに》」とされる。また、近隣の赤村にある「琴引の滝」は、色子が都に上るときに、唐人や多くの僧たちが名残を惜しんでこの地まで送り、滝近くの岩上で箏を弾じたところ、滝の音と箏の音とが和したのでこの名が起こったと伝えている[18]。

箏とその奏法が、英彦山の唐人によってもたらされたこと、そしてその伝承者が英彦山の命婦とされていることに着目したい。この命婦について『筑紫箏秘録口訣』（享保十一年・一七二六）には、英彦山の山伏の話として次のように記す。

山伏ノ云、上古ハ彦山ニ命婦アリ。中比命婦淫乱ニシテ、不義ヲホキ故ニ一山検議シテ命婦ヲ廃シタリ。然レトモ往古ヨリ命婦ノ勤来リシ神事アリ。是ヲ欠クニ不忍、今ハ男子ヲ髪長クハヤサセ、女ノコトクニシテ彦命婦坊ト名ツケ、神事ヲツトムト云フ。彦山ニ命婦有シコト明ナリ[19]。

この命婦の役を行う命婦坊という山伏は、ひょっとすると英彦山の祭礼、松会に登場していた彦一坊のことではないだろうか。彦一坊とは、女装して巫女役を勤める修験者で、神幸祭の際などに神輿の前で旋回して巫女舞を舞うと「観想」を受けるという、シャーマン的な役割を担っていた[20]。「彦一」は「彦山の市《いち》（市は九州ではシャーマンの呼称）」の意味であり、その職制を示すものであったろう。このような山内から女性宗教者を廃した伝承は、前述の新羅花郎の伝説、すなわち女仙源花の廃止による男性花郎の誕生を彷彿とさせ興味深い。

話を再び箏に戻そう。筑紫箏が英彦山の唐人から伝習されたとする話は、前述の記録はもちろんのこと、室町初期の『源氏物語』注釈書である『河海抄』にまで記されるほどの通説となっていた。これを歴史的事実とする証拠はないのであるが、このような唐人居住伝承が信憑性をもって伝えられるほど、英彦山と東アジア世界とが近い関係にあるという認識が、人々に共有されていたことは確かである。

三、英彦山修験の宗教実践と道教的要素

それでは、彦山修験の宗教実践のなかに、どのような道教的要素が認められるのであろうか。修験道一般に与えた道教の影響といえば、一般に、入山等に際して「九字」（臨・兵・闘・者・皆・陣・列・在・前）を切ること、「禹歩」を踏むといった作法が見られること、呪符に記す「急急如律令」の文言などが挙げられるが、[21]本稿では、それら以外に英彦山に確認できる道教的要素について紹介してみたい。

先ずは庚申信仰である。庚申信仰は道教における三尸説やその信仰が日本人に受け容れられ、日本の信仰と習合し、埋没したよい例とされ、[22]一般の民俗にも確認できる習俗であるが、修験者自身、その信仰の担い手でもあり、祈願する側でもあった。村上龍生の調査[23]によれば、英彦山内最古の庚申碑は万治四年（一六六一）の別所庚申碑（檀原神社境内）であり、安政二年（一八五五）の北坂本童子社の事例まで、計二十七例の庚申碑が存在する。碑の造立者名のうち山伏名が三五坊確認できる。延宝頃の庚申碑願文には現世安穏・後生極楽の二世安楽に加えて悉地成就（覚り祈願）が記されている。庚申会の際に、長寿祈願や現世安穏ばかりでなく、覚りの祈願が行なわれていたことは修験集落としてのユニークな点と言えよう。

また、英彦山では製薬が盛んに行なわれており、これも道教における仙薬の調製と共通するところである。もっとも有名なのは「不老円」という薬であり、山で採取されるオオバコなどを原料として、修験者の坊において調製され、檀家回りの際にお札などと共に頒布されていた。そのほか疵薬などもあった。このような修験者達の製薬業は、明治初年に修験道が廃止された後も続けられており、旧修験者たちの生活の糧になるとともに、旧檀那の人々との関係を維持する上でも重要なものであった。[24]また、英彦山では茶の栽培も行なわれていた。栄西

の『喫茶養生記』冒頭に「茶也養生之仙薬也、延齢之妙術也」とあるとおり、茶は寿命を延ばす効果がある仙薬ととらえられていた。修験者達は、それぞれの檀那に薬効を説いて前述の薬と共に普及させたと考えられる。英彦山近隣の霊山、求菩提山でもやはり霊茶が栽培されていた。

ところで、近世彦山修験の記した『塵壺集』には「四邪命」を禁じるとする一文がある。

四邪命とは、下口食は種殖売薬等とて薬種を殖て売て食を、仰口食は仰観星宿等とて天文などを考て活命とす、方口食とは通使四方曲媚権勢とて四方に馳せ廻りて権勢なる人にこびへつらひ衣食を求め又活命の謀をなすなり、維口食とは呪術卜算等とて占をし或は符を出し禁厭をしなどするを四邪命食と云ふ。五邪命とは（中略）。此四邪命、五邪命を離て正法堅固に檀度を修して衣食を得るを正命と云ふなり。是故此山にて卜筮呪術を禁ずるなり、況や外法と云ふ名目の修法は聞も怖ろしき誤なり。(25)

このように、「四邪命」、すなわち売薬・占星・曲媚権勢・符札・呪術を禁じるというのは現実の修験者達の宗教実践との矛盾をはらんでいる。これは一体どうしたことであろうか。実は、一言で修験者と言ってもその実態は多様なものであった。英彦山の修験には大きく分けて、惣方（神事等担当）・行者方（峯入等担当）・衆徒方（法会等担当）の三派があった。長野覺は、『塵壺集』の作者にとって「行者方」は、左道とされた道教的宗教行為を多く包含した輩であり、その行為を卑下していたのではないか、としている。(26) 修験の中には道教的要素のある呪的行為を行なうものもいたが、それをよく思わない修験もまたいたということがこの資料からわかる。

また、英彦山最大の祭礼である松会のなかの勅宣延年祭（陰暦二月八日）では、西王母の謡が謡われていた。近世の祭礼の様子が記された『官幣中社英彦山神社古来伝来之祭典旧儀幷音楽、神楽等書上記』には次のようにある。

一勅宣延年祭　仝（陰暦二月—引用者注）八日
従前両輪神官高薦出仕伶人合計五十人
（中略）
次図形ノ中ニ笛太鼓一四終ルト西王母ノ謡ヲ始
音おもしろや　同おもしろやかゝる殿前龍五之来臨なれは数々の孔雀鳳凰迦陵頻伽飛廻り声々に立舞ふや袖の羽風天津空の衣ならむ天の羽衣成るらむ　　終
（中略）
風流は中古能ト云フ事起リテ祭礼ニ用ユ筑前国宗像郡亀石太夫ト甘木ノ梅津太夫ト隔年ニ来リテ神事ノ能ヲ勤メシ由物換リ星移リテ永禄元亀ノ比ヨリ中絶ス其終能ニハ必ス西王母ノ能ヲ執行セシカ謡ノミ其故実ヲ失ハス維新ノ際迄執行セリ(27)

ここには、宗像・甘木方面から隔年でやってくる芸能民によって行なわれていた神事能が、永禄・元亀の頃（一五五八～一五七三）に絶え、修験者が伶人となって西王母の謡を謡うようになった経緯が記されている。不老長寿の桃を持つという西王母は、延年祭に相応しい芸能として奉納されていたのであろう。

彦山修験の教義面ではどうであろうか。中世彦山の阿吸坊即伝（一五〇九～一五五八）がまとめた『修験道秘決灌頂巻』の「第十三役優婆塞出生之事」(28)には、役行者の応化は天竺霊山の迦葉尊者であり、行者は三国に分身（西天竺・鶏足山・震旦国・本朝）し、このうち鶏足山には慈学仙人迦葉尊者、震旦国には好積仙人と名づけた、とある。役行者の分身が「仙人」と名づけられたことは、修験の開祖とされる行者が道教の仙人と互換可能な存在とみなされていたことを示している。

また、戸隠山の乗因（一六八二〜一七三九）は、修験を道教化しようとした異端の修験者として知られる。神国五嶽の中嶽を信州戸隠山とみなし、道士を山伏と言った。また、役行者は太上老君の再来で、その本地を迦葉尊者と位置付けるとともに、戸隠山に上清宮を建立して神国第一道観と号し、異朝伝来の太上老君の金像を祀った(29)。この乗因の異端的思想の背景には、前述の即伝の影響があったとも考えられている。即伝は彦山で修験教義をまとめると戸隠山に移って修行をしており、戸隠山と彦山は「通用の法流」とされていた。即伝と乗因とは、活躍した時代が離れているものの、乗因の思想的立場の変化（山王一実神道から修験一実の思想へ）に彦山の即伝が影響を与えていたのではないかとも考えられている(30)。近世の異端修験とされる乗因も、突然変異的にあらわれたように見えるが、その根底には彦山で培われた即伝の教義が影響していたのかもしれない。

四、英彦山修験の文学修辞と道教的要素

これまで、道教が修験に与えた影響を論じる際に、あまり触れられてこなかった事柄として、道家思想、および漢文学における修辞表現のなかの道家・道教的要素がある。本稿では、英彦山にみられる上記の要素についても紹介することにより、道教が修験に与えた多面的な影響について理解を深めたい。先ず始めに、英彦山における文学修辞にみられる道教的要素を挙げてみる。

英彦山には、麓から順に銅《かね》の鳥居・石の鳥居・木の鳥居、という三つの鳥居があり、この鳥居によって「四土結界」に基づく四つの世界に山内が区分されている。このうち石の鳥居は、霊仙寺講堂（現・英彦山神宮奉幣殿）の脇にあり、菩薩界と行者界の境界となっている。寛文三年（一六六三）に佐賀藩二代藩主・鍋島光茂が奉納し

たものであるが、鳥居の脚に刻まれた銘文には「諸難退散　家門吉利　子孫栄達　衆病消除　準壽筭於恒沙之影置身宮於泰嶽之安者也」と記され[31]、英彦山を泰岳、すなわち中国の泰山になぞらえたような修辞をみることができる。

また、「日本八天狗」の一つとされる豊前坊天狗で有名な彦山豊前坊は、彦山四十九窟の豊前窟のことであり、窟の入口を宝殿で覆った形で祀られている。近代の神道化後は高住神社と名を変えているが、信者には今も「豊前坊」と呼ばれて信仰されており、とりわけ牛馬の守り神として広域の信仰圏を有している。この豊前坊には「竹臺洞天」という別称があり、『彦山勝景詩集』[32]（正徳四年刊・一七一四）にも「竹臺洞天」の題で詠まれた漢詩が収録されている。この「洞天」の語は、先述した道教の「洞天福地」思想に倣った修辞であることは間違いない。その漢詩の一部を紹介しよう。

三十六天外有天　竹臺権現号豊前

（宇都宮由的「竹臺洞天」『彦山勝境詩』元禄八年（一六九五）『彦山勝景詩集』巻三所収）

竹臺霊徳洞天明　一禱応声諸願成

（啓天巌「竹臺洞天」『彦山勝景詩集』巻五）

仙洞有仙客　積陰常翳気

（月卯堂「竹臺洞天」『彦山勝景詩集』巻五）

特に、最初の詩にある「三十六天の外に天有り」は中国道教の三十六洞天に関する知識がなければ詠めない詩である。

英彦山は、漢詩詩作の際の舞台ともなっているのであるが、その漢詩のなかには、道教的な表現を多く確認することができる。たとえば、漢詩のなかにおいて、英彦山の修験者たちは「道士」あるいは「道人」と表現されることがままある。

絶頂有神廟、霊応不測、福祐黎民、中有道士数千人、構精廬於林麓

（兀山「彦山二十景序」（元禄三年・一六九〇）『彦山勝景詩集』巻五所収）

道人遺跡在嵓房　松竹曽経幾星霜

（兀山「雪舟仮山」『彦山二十景』（元禄三年・一六九〇）『彦山勝景詩集』巻五所収）

老杉堆落影　道人栖何辺

（釈包含「登彦山」『宜園百家詩』（天保十二年・一八四一））

法螺吹起一声長　道士導我攀羊腸

（村上仏山「登彦山」『仏山堂詩鈔』初編（嘉永五年・一八五二））

また、英彦山を詠んだ漢詩のなかには、「仙人」「仙丹」「仙境」といった語も確認でき、英彦山を神仙の世界になぞらえた表現が確認できる。

仙丹煉玉羅浮骨

（荻野隆亮「掛笈紅梅」『彦山勝境詩』（元禄八年・一六九五）『彦山勝景詩集』巻三所収）

踏断白雲登竹臺　神仙窟宅絶塵埃

（百拙「竹臺洞天」『彦山勝景詩集』巻五）

峯頂仙人嘯　雪中樵子歌

（長三洲「登彦山」（嘉永六年・一八五三）『三洲居士集』巻一所収）

このようにみていくと、漢詩を詠む際に、修験道・修験者を道教・道士に、修験霊山を神仙の世界になぞらえて詠むことは、もはや表現上の通例であったと考えて良いのではないだろうか。漢詩を詠むうえでは、中国の漢詩が手本とされていたのであり、そこにみられる道教的修辞が倣われるのは、いわば当然のことである。修験道と道教とは、文学修辞の上では互換可能なものと認識されていたのである。

五、英彦山修験の学問と老荘思想

近世中期以降、日本の思想や文学の分野において老荘思想の流行をみたことについては早くから指摘がある。

近世の官学である朱子学に対し、あくまでも老荘は異端の学であったが、荻生徂徠は老荘思想を「先王の道」と位置付けた。また、賀茂真淵は、「異朝の道は方、皇朝の道は円也」と説き、周孔の道は作り物、老荘の道は天地自然の道で日本の古道・神道とも等しくよろしいと評価した。さらに進んだ本居宣長は、老荘の無為自然も又作為と批判し、漢意の排除と国学を説いた。(33) 道教思想を学んだのはもちろん国学者だけではない。谷口一雲(医師カ)・大江文坡(戯作者)・大神貫道(神職)・中山城山(儒者)などが道教を「仙教」などと称して深く心酔し、内丹術の修煉をしていたことが知られている。(34) それでは、英彦山修験と老荘思想との接点はあるのだろうか。

英彦山の南、天領日田には、儒学者広瀬淡窓(一七八二〜一八五六)の開いた私塾咸宜園があった。淡窓は老荘学者としての側面を持っていた。淡窓の思想として「天」をめぐる思索が有名であるが、そこには自身の疾病体験を通じた「生きている私」から「天により生かされている私」への転換があったとされる。淡窓の代表作『析玄』は老子思想に共鳴した著作であり、「数(定められた運命)」は人の努力によって制することができることを説き、(35)『老子摘解』のような解説書も著している。また、日常生活においても、道教の『功過格』にもとづく『万善簿』十巻を著し、生活の実践規範としたことが知られている。(36)

淡窓の自叙伝『懐旧楼筆記』第九巻(37)には、十九から二十歳の頃のこととして、病気療養生活のなかで『老子国字解』数編を読み、以来老子の学を好むようになったと記している。また、淡窓には儒学者らしからぬ霊的体験があった。二十一歳の時に遊学していた博多で病に倒れた際、夢の中で出会った人から「病平癒ヲ欲セハ、彦山ノ神ニ祈ルヘシ」と言われ、夢がさめてから英彦山の神に祈ったところ無事回復。文化七年(一八一〇)九月には、お礼参りの英彦山登山をし、漢詩を残している。(38) その際には、僧海乗・大乗・大寂その他が随行し、投宿した宿を英彦山修験の役敬仲(「役」の字を修験者の氏にあてている)が訪れている。

この淡窓門下からは高野長英・大村益次郎・上野彦馬・長三洲といった著名人が多数出ているが、英彦山修験も淡窓門下に多く入門している。咸宜園（一八一七年）に先行する桂林園時代の文化八年（一八一一）、すでに英彦山玉屋谷の寛蔵坊清延が入門しており、同十年（一八一三）には常楽坊・顕揚坊・賢勝坊・集寂坊・正応坊、と立て続けに五名の英彦山修験が入門している。その後四代目塾主の広瀬林外の時代まで含めると、計二十一名もの修験者が入門している。また、林外の時代には、英彦山座主が日田の広瀬家を訪問するなど、英彦山と淡窓・咸宜園との間には深い結びつきがあった(39)。

咸宜園での老荘思想教育はどのようなものであったのか。淡窓の講義録には『読老子』（万延元年写）があり、老子の極意について講義していることが分かる(40)。また、四代目林外時代の資料に「学則」の「消権種目」の表がある。「消権」とは、仮の及第を示す「権」の字を消すために各級で身につけるべき種目のことで、一〜九級の順に難化する。このうち、「八級下」の項に「八大事　資治通鑑前半　荘子」とあり、「九級下」の項に「伝習録　近思録　管子　墨子　淡窓六種」とある(41)。「淡窓六種」とは淡窓の六つの著作であり、先述の『析玄』も含まれていた。このようにみると、老荘に関わる講義は上級者を中心に行なわれていたようである。

さらに、英彦山内にも淡窓門下生による私塾が開かれていた。長梅外は、英彦山座主の祐筆として召し抱えられるとともに山内に私塾を開き、天保八年から嘉永四年（一八三七〜一八五一）まで十五年間にわたって彦山修験に経史詩文を講じている(42)。梅外の子、長三洲は英彦山に生まれ、その後尊皇攘夷運動に参加し、長州の奇兵隊に加わるなど、維新の志士として活躍した。これは英彦山修験の近代化・神道化を考えるうえでも重要と考える。

最後に、天保六年（一八三五）にまとめられた広瀬淡窓の漢詩集『遠思楼詩鈔』に収められた吟詠のうち、「秋夜懐彦山役敬中」を紹介したい。

巌下松扉暮不扃　月明誰誦老君経　芙蓉独結幽人佩
河漢空懸処士星　草長麏麚鳴後院　雲生魑魅語前庭
市楼高枕遙相憶　一夜仙山入夢青

ここに詠まれている「老君経」は単なる修辞でなく、本当に『老子道徳経』ではないか、とまで思ってしまいそうであるが、いかがであろうか。

おわりに

以上のように、英彦山修験にみる道教的要素についてみてきた。修験道の道教受容については多くの論者によって論じられているが、一つの山に絞って、その具体像を描き出そうとする試みは本稿が初めてではないだろうか。「あれも道教、これも道教」と、何でも道教と結びつけて論じすぎだという批判も受けるかもしれない。しかし、本稿の試みによって、英彦山という日本の一つの霊山にどのような道教要素を認めることができるのかを、通時的かつ多面的に論じることができたと考える。最後に順を追って簡単に振り返りたい。

先ず①縁起にみられる道教的要素については、すでに仏教の教義中に包含されていた神仙思想を始めとする道教的要素が英彦山に受容されたものと考える。また、英彦山には四十九窟という洞窟聖地を中軸とした信仰や、朝鮮半島との関係など、さらに道教との結びつきを論じる余地が残されている。また、②東アジアとの通交について見ると九州という地の利が目立つ。中国・朝鮮・琉球との直接交渉関係を有する霊山の事例は稀であり、英彦山の大きな特色となっている。③宗教実践については、製薬・呪符・芸能などに道教との共通点やその要素が認められるが、一方で四邪命にみられるように、修験のなかで道教的呪術が周縁に位置付けられていた可能性も伺えた。この点は修験道における道教受容のあり方を考えるうえでも重要な点と考えられる。続いて④漢詩・漢文作成の修辞としての道家・道教について言えば、修験道・修験者を道教・道士に、山岳聖地を仙境に、それぞれなぞらえることは、中国漢詩に倣った表現としてもはや通例となっていたのではないかと思われる。最後に、⑤英彦山修験の学問・思想における老荘思想についてもみてみたが、老荘の知識が広瀬淡窓やその門下生長梅外の私塾を通して、英彦山の修験たちに広まっていた可能性が認められた。

このように本稿を振り返ってみると、前近代における英彦山修験にとって、道教的要素がいかに豊富に、かつ身近に存在していたのかを実感することができる。その関係の深さは、近代以降の英彦山――あるいは近・現代日本の山岳宗教――における道教的要素の希薄さとは到底比べ物にならない。それでは、なぜこうなってしまったのであろうか。

それはやはり明治初年の修験廃止に求められるであろう。神仏分離・廃仏毀釈のなかでこれまで仏教あるいは呪的行為のなかで保たれていたアジア的共通性が一旦絶たれてしまった。その後、近代的・西洋的ならぬ知識や技術、生活世界は――「民俗」に代表されるように――ナショナルなものとして再定義されることになるが、その中で修験道は「日本」の「固有信仰」あるいは「民族宗教」と位置付けられ、国民国家の枠のなかに押し込められてしまった。その辺りの事情はおそらく道教も同じで有ろう。

かくして、日本の「修験道」、中国の「道教」、と別個のものとして位置付けられた結果、「道教が修験道に及ぼした影響」あるいは「修験道の道教受容のありかた」といった二項対立の問いの立て方がなされるようになったのである。

しかし、今回の英彦山の事例考察からわかったことがある。それは、修験道と道教とは「共にあった」ということである。修験者たちが「それ」を道教と認識していたかどうかは問題ではない。無意識・無自覚のうちに「共にあった」のである。

このことを考えるうえで、葛兆光の「交錯の文化史」をめぐる一連の議論は大きな示唆を与えてくれる。[43] 葛は「道教の影響」論の問題点として、東アジア古代には相似したイマジネーションが存在していたわけで、それは必ずしも道教の影響に由来するのではないとし、それがいつの時代に、どんな経路で東アジアに共用された信仰を形成したかを史料にもとづいて考察すべきであると言う。[44] さらに葛は、国家／王朝の境域を超えた宗教史研究の必要性を説き、その「交錯」と「積み重なり」の証明を通じて、中国・韓国・日本のほぼ似たような文化伝統、そして血統の似た東アジアの信仰世界における宗教の流動と伝播がどう発生し、いかなる影響を生んだかを明らかにすべきと主張している。[45]

「修験・日本」と「道教・中国」との二項対立論や、安易な比較研究は、両者の差異を際立たせることはあっても、かえってその実態を捉えにくくしてしまうのではないか。その陥穽を免れるためには、先ずは研究対象が置かれていた「交錯」した宗教状況——葛の言を借りれば「流動と伝播が生んだ結果」——をそのまま捉えることから始めなければならない。そのことが、東アジアの山岳宗教研究を新たなステージへ引き上げることにつながると考えるのである。

注

（1）小柳司気太『老荘の思想と道教』（関書院、一九三五年）二〇四頁。
（2）窪徳忠『道教入門』（南斗書房、一九八三年）二二八頁。
（3）このことを考えるうえでヒントになりそうなのは、関一敏による「残余カテゴリー」という概念である。宗教や科学は比較的はっきりした輪郭をもち、自己定義の強い社会領域であるのに対し、呪術はつねに名づけられるがわにあり、「残余カテゴリー」として位置づけられてしまう。この事情は、慣習や習俗といった生活世界（あるいは民俗世界）と同じであり、いざ方法的にこれを対象化しようとすると、するりと抜け出してしまう厄介さがあった、と関は述べる。関一敏「ことばの民俗学は可能か」（同編『民俗のことば』朝倉書店、一九九八年）一五頁、同「呪者の肖像のほうへ」（川田牧人ほか編『呪者の肖像』臨川書店、二〇一九年）二六五頁。
（4）下出積與『道教と日本人』（講談社現代新書、一九七五年）、窪徳忠『道教史』（山川出版社、一九七七年）など。
（5）横手裕『中国道教の展開』（山川出版社、二〇〇八年）八三頁、同『道教の歴史』（山川出版社、二〇一五年）一一一―一一二頁。
（6）増尾伸一郎「道教の日本的変容」（『東アジアの道教と民間信仰』アジア遊学一六、勉誠出版、二〇〇〇年）一一七頁、神尾淑子『道教思想10講』（岩波新書、二〇二〇年）一頁、など。
（7）「英彦山」の表記は、享保十四年（一七二九）に霊元法皇より「英彦山」の名が下賜されて以降用いられるようになる。本稿では山名など一般的な事項については「英彦山」と表記するが、固有名詞や原資料の表記等により、必要に応じて「彦山」を用いる。
（8）一般に、道教の修行を行ない、不老不死という道教の宗教的目的を達するのに条件が優れている場所が「洞天福地」とされる。土屋昌明「『洞天福地』の研究について――序論にかえて」（『洞天福地研究』一、二〇一一年）六―八頁。
（9）中野幡能「英彦山と九州の修験道」（中野幡能編『英彦山と九州の修験道』名著出版、一九七七年）二二一―二三頁、長野覺・朴成壽編『韓国・檀君神話と英彦山開山伝承の謎』（海鳥社、一九九六年）。

(10)『三国史記』巻第四（新羅本紀第四・眞興王三七年〈五七六〉記事）、『三国遺事』巻第三（弥勒仙花記事）。三品彰英『新羅花郎の研究』（平凡社、一九七四年）。
(11) 増尾伸一郎「『三国遺事』にみる道教と花郎国仙」（袴田光康・許敬震編『『三国遺事』の新たな地平』アジア遊学一六九、勉誠出版、二〇一三年）九一頁。
(12) 中野幡能『八幡信仰と修験道』（吉川弘文館、一九九八年）二一七頁。
(13) 九州歴史資料館編『霊峰英彦山――神仏と人と自然と』（二〇一七年）四五頁。
(14)『海東諸国記』（田中健夫訳注、岩波文庫、一九九一年）一七四頁。
(15)『塵壺集』（有吉憲彰編『福岡県郷土叢書（合本）』（文献出版、一九七五年、初出は一九三七年）九頁。
(16)『琉球神道記』（横山重編『琉球神道記　弁蓮社袋中集』角川書店、一九七〇年）七〇頁。
(17) 長野覺『英彦山修験道の歴史地理学的研究』（名著出版、一九八七年）三〇二、三二九頁。
(18) 宮永駿逸「箏と剣――彦山に於ける筑紫箏及び彦山鍛冶の伝承について」（田川郷土研究会編『増補英彦山』葦書房、一九七八年）五三六―五三七頁、宮﨑まゆみ『筑紫箏音楽史の研究』（同成社、二〇〇三年）二一―四六頁。
(19)『筑紫箏秘録口訣』（佐賀県立図書館所蔵、享保十一年・一七二六）。
(20) 須永敬「英彦山の祭礼今昔――巫女・芸能者・翁」（前掲注13九州歴史資料館編書）一五四―一五五頁。
(21) 修験道における道教受容については多くの研究者が論及しているが、代表的なものとして、宮家準「修験道と道教」（野口鐵郎・中村璋八編『選集道教と日本第二巻　古代文化の展開と道教』雄山閣、一九九七年、初出は一九九三年）を挙げておきたい。
(22) 窪徳忠『道教史』（山川出版社、一九七七年）四一三頁。
(23) 村上龍生『願心荘厳――英彦山の石造物』（私家版、一九八七年）八九―一二四頁。
(24) 前掲注17長野著書、三七三頁。
(25) 前掲注15書、五頁。
(26) 前掲注17長野著書、三七五頁。

（27）『官幣中社英彦山神社古来伝来之祭典旧儀幷音楽、神楽等書上記』（日本祭礼行事集成刊行会編『日本祭礼行事集成』一、平凡社、一九六七年）二四七―二四八頁。
（28）『修験道秘決灌頂巻』（神道大系編纂会編『神道大系』神社編五〇、神道大系編纂会、一九八七年）六〇頁。
（29）曽根原理『徳川時代の異端的宗教――戸隠山別当乗因の挑戦と挫折』（岩田書院、二〇一八年）二三―二五頁。
（30）前掲注29曽根原著書、九一頁。
（31）「奉幣殿前石鳥居銘」（小林健三『英彦山神社小史』官幣中社英彦山神社社務所、一九四四年）一九二頁。
（32）『彦山勝景詩集』（正徳四年刊・一七一四）は、彦山座主相有の求めに応じ、東西の公家・武家・僧侶・学者らが彦山の名勝二十景を詠んだ漢詩を集めて公刊された詩集である。必ずしも英彦山で詠まれた詩とは限らず、題詠として詠まれた詩も含まれている。
（33）中野三敏「談義本研究（一）――近世中期に於ける老荘思想流行の実体」（『国文学研究』三一、一九六五年）六六―八一頁。
（34）坂出祥伸『江戸期の道教崇拝者たち』汲古書院、二〇一五年）三―四頁
（35）小島康敬「廣瀬淡窓」（石田一良・石毛忠編『日本思想史事典』東京堂出版、二〇一三年）三八五頁。
（36）前掲注4下出著書、一八五―一八六頁。
（37）『懐旧楼筆記』第九巻（日田郡教育会編『淡窓全集』上、一九二五年）一一二頁。
（38）『懐旧楼筆記』第一三巻（日田郡教育会編『淡窓全集』上、一九二五年）一六五―一六六頁。
（39）井上義巳『広瀬淡窓』（吉川弘文館、一九八七年）二三〇―二三一頁。
（40）高橋昌彦『廣瀬淡窓』（思文閣出版、二〇一六年）二一七頁。
（41）前掲注40高橋著書、五七頁。
（42）瓜生敏一「英彦山文学史資料（古典編）」（田川郷土研究会編『増補英彦山』葦書房、一九七八年）一〇四六頁。
（43）葛兆光（永田小絵訳）『中国再考――その領域・民族・文化』（岩波現代文庫、二〇一四年）、同（土屋昌明訳）「橘と枳の相違――東アジア道教の概念、方法と立場についての再考（上）」（『洞天福地研究』一〇、二〇二〇年、初出は二〇一四年）、同（土屋昌明訳）「橘と枳の相違――東アジア道教の概念、方法と立場についての再考

（下）」（『洞天福地研究』一一、二〇二三年、初出は二〇一四年）。
(44) 前掲注43葛著書（二〇二三）、一八—二〇頁。
(45) 前掲注43葛著書（二〇二三）、二三—二四頁。なお葛は、なぜ中国道教の影響であるとかないとかを弁別しなければならないのか？「このような二者択一の論争の背景には、率直にいって、民族的・国家的・文化的自尊心が作用している場合が多い。」とまで踏み込んだ見解を示している。傾聴すべきである。

謝辞　本研究はJSPS科研費JP23K0082の助成を受けたものである。

山岳修験遺跡に見る道教思想の影響

山本義孝

はじめに

修験道は「山岳信仰を基盤として仏教や道教、陰陽道、巫術（シャーマニズム）などを取り入れて展開し、権現信仰を中核に神仏習合を維持してきた」(1)と説明される。このうち道教思想、なかでも特に神仙思想が修験道を形作る重要な要素であることは良く知られている。ところが、実際に現役の山中行場や遺跡化してしまった信仰の空間において神仙思想を反映したものを具体的に見出すことは意外と難しく、しかも明治初期の神仏分離、修験道廃止により中世からの系譜をひく修験道は廃絶し、明治後期から大正にかけて復活したかに見える「修験道」の山中修行と現行の行場の多くが直接的には繋がらない。

修験道は近年の研究の進展により、仏教の一部として扱われていた段階から十五世紀代に宗教体系が整い教団が成立し自立した中世の宗教と認識されるようになった。原型は奈良時代の山岳行者に始まり、平安初期に密教の影響を強く受け、平安後期には大峰山脈を中心にして発展し、鎌倉時代には役小角を開祖に祀り上げて験力を得る修行形態を示す「修験」から宗教体系を表す「修験道」へと展開する。このため教団成立以前を示す用語として私は、「山岳修験」を用いており、遺跡化した山中遺跡から山岳修験の実態を探ろうと試みている。

本稿は最初に山岳修験・修験道における最も重要で体系化された山中修行の「峰入り」にみる神仙思想と、この影響を受けた山名が集中する伯耆国峰を紹介し、次に道教の洞天福地思想の影響を受けたと類推する東九州の英彦山(2)から山国川流域、国東半島北半さらにカルスト台地の平尾台という特異な地質と景観からなる岩屋群(3)を概観する。

一、入峰遺跡と神仙思想

連続する山並を神仏常住の金剛界・胎蔵世界という両部の立体曼荼羅に見立て、その中に修行者が集団を作って身をゆだね、参籠、行道、回峰という静と動の修行を組み合わせながら集団抖擻《とそう》を行うのが峰入り修行であり、修験道独自で最大の山中修行でもある。これを実践するための組織が修験道組織といっても過言ではないくらい、修行路（峰中路）・各行場・参籠施設の維持管理などに多くの労力を必要とした。この峰入り修行が確立したのが紀伊半島中央部に位置する大峰山脈とされる。

峰入りの「峰」とは大峰を指し「大いなる峰」という意味から特に「大峯」とも記される。大峰山脈は熊野本宮旧社地の大斎原と熊野川を挟んで向き合う備崎から北方向に向かって山並が途切れることなく吉野川まで延々と八〇キロにわたって続き、その途中には玉置山（一〇七五メートル）―釈迦ヶ岳（一八〇〇メートル）―八経ヶ岳（一九一五メートル）―弥山（一八九五メートル）―大普賢岳（一七八〇メートル）―山上ヶ岳（一七一九メートル）―青根ヶ峰

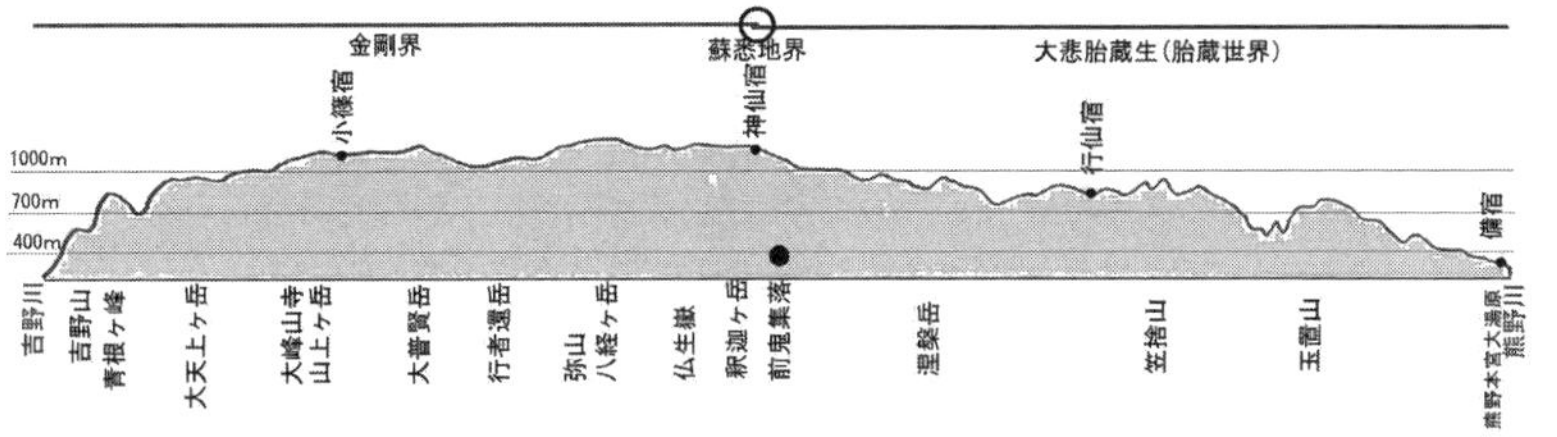

図1　両部の曼荼羅に見立てた大峰山脈の構造
80kmにわたり連なる山並を両部の立体曼荼羅に見立てる。天台系修験では中間に神仙郷の蘇悉地界を設けるが真言系修験は両部のみで灌頂道場は金剛界の小篠宿である。

写真1　英彦山 小石原神仙宿（左）、石殿基礎から出土した和鏡（右）
金剛童子石殿・柴燈護摩壇・役行者（灌頂）堂がセットで現存する。

（八五八メートル）という主要な霊山が連なる。山中修行は南の熊野本宮側の山並と、北の吉野側の山並とで別々に行われていたものが十二世紀に結び付き、十三世紀には山中での修行形式と思想的な意味づけが確立する。金胎両部の曼荼羅観が持ち込まれると山々には曼荼羅を構成する諸尊が観念上配置され立体曼荼羅に見立てられた。北側の吉野は金剛界、南側の熊野は胎蔵世界としてそれぞれが位置づけられ、真言系修験では両者の境界に自然のままの両部分けの拝所が設けられている。これに対し天台系修験では両部に加え完全なる世界として蘇悉地界を加えて神仙郷に見立て、それが釈迦岳南側の稜線東斜面に設けられた深仙宿（神仙である（図1参照）。ここでは十四世紀以降に聖護院門跡によって役小角の伝法血脈を嗣ぐ正灌頂が行われ、それを行い維持するための灌頂堂、柴燈護摩炉、参籠所（大宿）等が設けられ、灌頂に用いる香精水の水源と共に現在もその遺構が標高一五〇〇メートル前後の高所に残されている。

彦山における入峰修行は春峰・夏峰・秋峰の三季入峰が存在し十四世紀代前半には行われたと考えている。胎蔵世界英彦山と金剛界宝満山を往復する約一三〇キロの春峰・夏峰と、金剛界福智山とを往復する約一三〇キロの秋峰からなるが、秋峰入峰が金胎両部から成り立つのに対し、宝満山への春峰・夏峰では両部に加え天台密教の蘇悉地界を設定しているので峰入り道の途中には金剛界と胎蔵世界が接合する聖地（神仙郷）として大峰山深仙宿と同じ、大先達となる正灌頂道場として深山（神仙）宿を設けているのが特徴である。彦山の神仙宿は現在の福岡県朝倉郡東峰村小石原に所在する。宿は豊前国と筑前国の国境に跨って設定され、杉の植林と護持が行われた結果、杉の大木が林立する結界の杜が形成され、その中には灌頂の聖水である香精水の水源があり、山中修行者を守る金剛童子の石殿、切石作りの柴燈護摩壇、役行者（灌頂）堂、大宿（参籠所）、柴宿（度衆の詰所）細工場が設けられ、現在も参籠施設以外が残されている。二〇〇五年に石殿基礎の改修工事が行われ、石殿を支える地中の基礎石直下から鏡面を下にした地鎮の和鏡（室町時代）と背面上からは紐に通された古銭十七枚が重なった状態で発見され、現在見る神仙宿景観の上限を知ることができる。

旧国単位で両部の曼荼羅観を主に国境の山並に導入し、峰入り修行を行ったのが「国峰」と呼ばれるもので、平安末から鎌倉期にかけて各国に最低一組が存在したと考えられている。近年明らかになったのが伯耆国峰で、金剛界大仙（大山）から胎蔵世界美徳間を美作国境の山並を経由し往来するものであるが、伯耆大山は「大いなる神仙郷」という意味の大仙に由来し、ここから連続する山並には船（仙）上山―勝田ヶ仙―甲ヶ仙―矢筈ヶ仙―

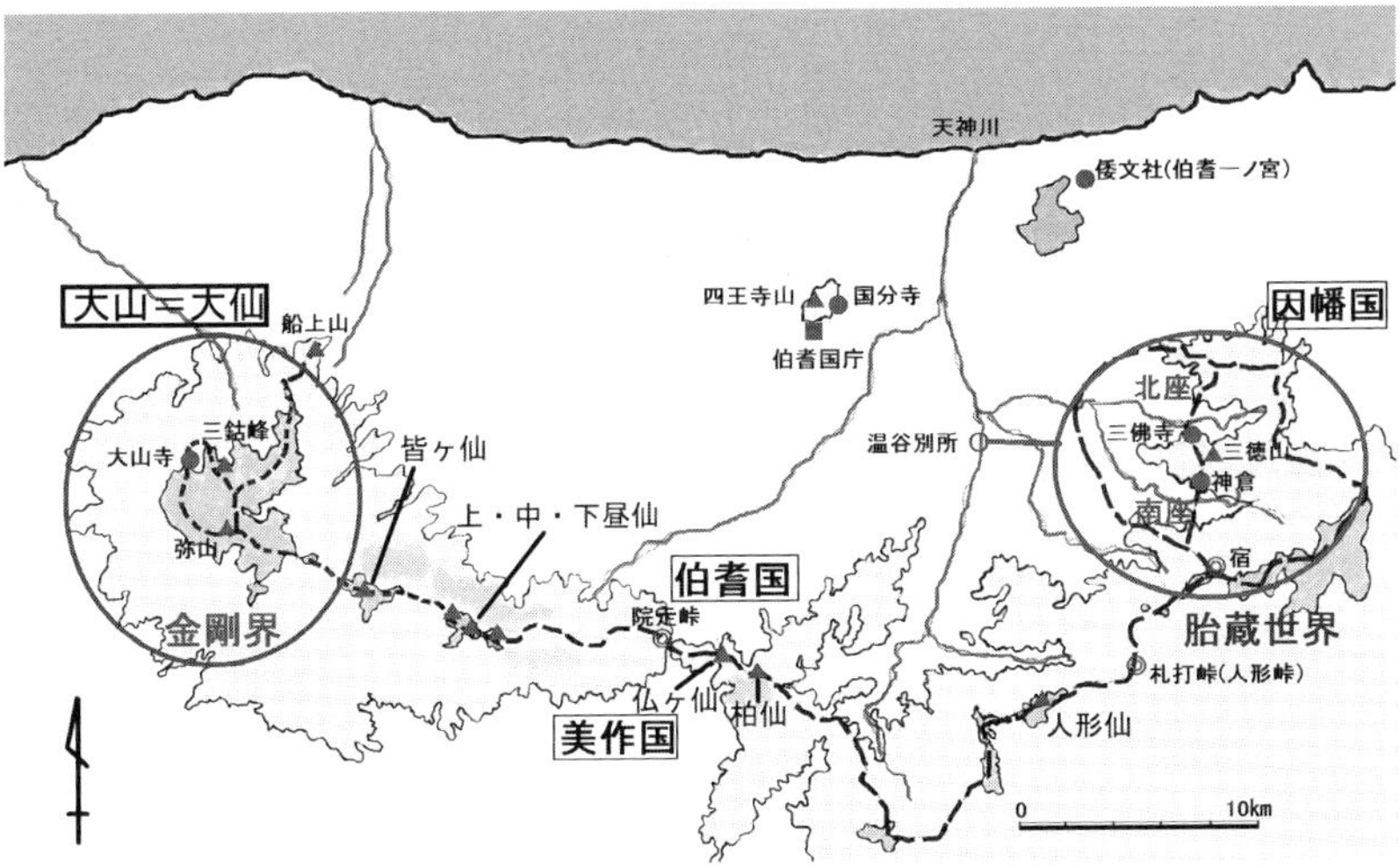

図2　伯耆国峰を構成する金胎両部の峰々
大山周辺では山を「仙」と称するピークが集中している。

烏ヶ仙—野田ヶ仙—皆ヶ仙—上・中・下昼仙—仏ヶ仙—柏仙—人形仙と、「仙」という字が充てられる山並が集中している（図2）。現在は「山」表記に改められたものもあるが、全国的にみてもこれだけ集中するところは無く、伯耆国峰を構成する峰々には道教の神仙思想の影響が強いことが指摘できそうである。日本海に臨んだ大山山麓にはラグーンが発達し、高麗（韓山）山、弥生の妻木晩田遺跡、飛鳥時代の上淀廃寺（国内最古級の壁画出土）など韓半島や大陸との交渉を伺わせる遺跡が集中している。

二、岩屋遺跡と神仙思想

（1）洞天福地の思想とその特徴

中国の洞窟信仰は山岳と結びついていて、名山の山中には神が居住する空間があり、洞窟は神がその空間と外部を行き来する通路の一つと認識していた。名山に対する神の信仰は漢代には封禅や神仙思想として解釈され、東晋になるとその空間は、上は天界と通じ、下は他の名山へ地下道により通じていると認識されるようになる。やがて名山の洞窟内にある神仙世界を「洞天」と称するようになり、この語には「通天」の意味も含まれていた。

「福地」とは山神が棲む清浄な土地であることが前提にあり、四世紀初頭の葛洪『抱朴子』には疫疾や災害を避け、神が人々を保護する土地であり、神仙となるための仙薬を調合するにふさわしい土地として記される。福地は洞天と一対の関係となり「洞天福地」と称され神仙となるための修行地で現実に所在し中国各地に散在すると信じられていた。

唐代に活躍した茅山派道教の第十二代宗師である司馬承禎（六四七〜七三五）の作といわれる『天地宮府図』において道教的聖地として統合され「十大洞天、三十六小洞天、七十二福地」というように一一八箇所の聖地がランク付けを行って分別され、各々の名称、所在地、統治者の名称が記され、それは名山と称される山岳の胎内と認識された。

実際には山脈の連なりや水脈の繋がり、山中に所在する洞窟の広がりという地理的条件と神秘的景観に基づく山岳信仰が根底に存在し、洞天があるとされる山岳には道観や寺院が建立され宗教者の修行場、国家的儀礼や祭祀の場となっている。

福地の具体的特徴については山田利明氏が整理(4)していて、それによると七十二福地の過半までが江南から江西にかけての地域に分布している。そこは温暖湿潤な気候で、各福地に共通するのが奇岩・奇景が存在する景勝であることに加え森林が発達し清流が存在することである。地形的特徴は、例えば江西省に所在する第三十二福地の龍虎山はカルスト台地であり、そこには石灰岩が赤褐色化した岩肌を露出し、水は澄んでいて奇岩が多い。安徽省の第五十七福地の天柱山は、その名前の通り山頂の森の中から巨大な岩が突出している。

福地を構成する奇景のうち特に取り上げたいのが「石井橋」と呼ばれる天然石橋と「天坑」である。天然石橋は浙江省天台山巡礼のハイライトとされた石梁瀑布が著名である。そこは生身の五百羅漢が示現する聖地とされ、仙人が通るとされる天然石橋の下を流れる滝と石橋の組み合わさった景観で知られる。日本からは天台僧の成尋（一〇一一～八一）や泉涌寺開山の俊芿（一一六六～一二二七）がこの地を訪れ、五百羅漢に対し茶を献じている。「天坑」はカール状の窪地が洞窟と組み合った地形からなり、天井部の空いた洞窟内からの景観が、あたかも天空に抜けるように感じさせる地形であり天界との交感の地として重要視される。

福地の岩質の多くが花崗岩で、その組成は石英・正長石・雲母が主成分であり、これは仙薬の材料となる。麓の森からは芝菌類を始めとする植物薬を得ることができ、神仙への修行場としての条件を備えている。このような福地思想の根底には山神との感応と加護が存在し、その景観は人為ではなく神のみが創り得る創造物として理解された。

中国の洞天福地思想に基づく福地に通じる景観を日本で見ることができるのが、西日本最大の山岳修験霊場の英彦山南面から山国川流域を経て国東半島にかけての地域と、北九州市南区から京都郡苅田町・行橋市にかけて広がるカルスト台地の平尾台である。特に豊前国は「大宝二年（七〇二）豊前国戸籍断簡」（「正倉院文書」）に記されるように山国川左岸から行橋・京都郡にかけての範囲に多くの渡来系氏族が集住し、豊前市からは朝鮮半島で特徴的な床下暖房の構造を持つ竪穴住居跡がまとまって確認されるなど、道教の色彩が濃厚な八幡信仰を生む土壌が形成され、その後の宇佐宮の創建へと繋がっている。次節からは地質と地形的特徴を踏まえ、それぞれの「福地」を概観してみよう。

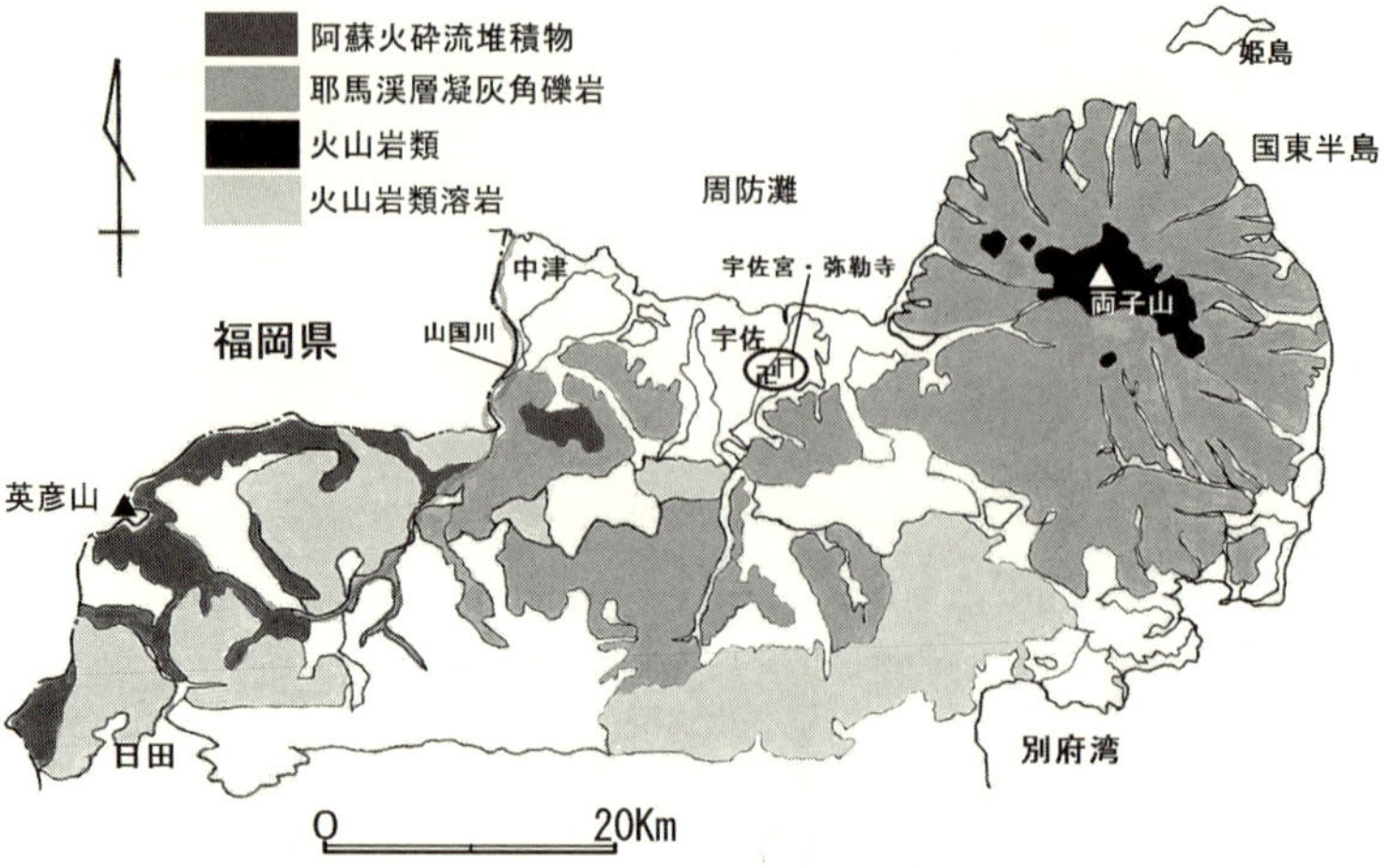

図3　彦山・山国川流域・国東半島の地質
英彦山周辺から国東半島にかけての範囲に火山岩類が分布していて奇岩・石柱・洞窟という独特の岩石景観を生み出し、その中央部には宇佐宮・弥勒神宮寺が存在している。

（2）彦山・山国川流域・国東半島の地質と岩屋群

山岳霊場の英彦山（標高一一九九メートル）から、山国川流域を経て大分県国東半島に至る範囲には新第三紀から更新世にかけての火山岩類がひろく分布している（図3）。英彦山山頂付近には筑紫溶岩とも呼ばれる硬い安山岩が堆積し、頂上部では三つの頂にこの岩塊からなる磐座がある。その下層には耶馬渓層と呼ばれる軟らかい溶岩層が堆積するため浸食を受けやすく、これが山腹一帯を西南部中心に覆い、奇岩・怪峰・洞窟を生み出し、山中修行の場となり、そこには「彦山四十九窟」と呼ばれる主要な岩屋の殆どが所在する。

山国川流域には耶馬渓層が広く堆積する。これは凝灰岩、凝灰角礫岩、火山礫岩などが水中堆積したもので、層理を有し礫の部分よりも凝灰岩の部分がより強く浸食されることから、礫の部分が取り残され急崖、石柱、奇峰、石門、洞窟というような岩石景観の「耶馬渓式景観」を造っている。この景観は山国川の本流、本耶馬渓だけではなく、多くの支流にわたって広くみられ、本稿で紹介する跡田川流域の「古羅漢の景」などの奇峰群を中心とする羅漢寺耶馬渓はその代表的な事例である。

国東半島は豊後水道に突き出た円形の半島で、中央部には両子火山群の火山帯から構成されるピーク（標高五〇〇～七〇〇メートル）がある。半島中心部から山麓に向けては多数の解析谷が放射状に伸びていて、そこには急崖・岩柱などの「耶馬渓式景観」の地形がみられ、急崖地を背後に控える岩屋を中心とした国東六郷山と呼ばれる寺院群と、背後には連続性の良い解析谷沿いの岩尾根上の行場が分布する。このように火山岩類の地質が広り、独特な景観を造り出す範囲の中心部に位置しているのが八幡信仰の総本宮である宇佐宮と弥勒神宮寺である。つまり、西方の英彦山を中心とした山岳修験世界と、東方の国東半島を中心とした山岳密教世界は共通する土壌の上に形成されていたのである。

（3）彦山四十九窟とその分布

彦山四十九窟というのは山麓を含めて英彦山域全体に弥勒浄土の曼荼羅を描き、山内外に散在する岩窟を兜率天内院の四十九院に擬したもので、これに関する最古の史料は建保元年（一二一三）七月八日の奥付を持つ『彦山流記』（以下『流記』と記す）である。『流記』には彦山権現垂迹の由来、修行窟と僧侶の修行譚、彦山権現の霊験等について多くの紙幅を割き、末尾に四至及び社殿・堂塔・仏具・経典・什物の現況と山内年中神事を記し、鎌倉期彦山の実態を知ることができる基本史料である。『流記』には四十九窟全ての窟名と守護神がそれぞれ記されているが、第一般若窟から第八今熊野窟までは宝殿規模を始め各窟の霊験譚など詳細な記述がみられるのに対し、第九天上窟から後は急に簡略な記載となり、第十一鷹窟から後は窟名、守護神が示される程度で、例えば山外に所在する窟に対しては「第十二千佛窟 守護神制多加童子 豊前京都郡有之」と地名表記が見られるものの、特に山内のものには窟名と守護神が記されるのみで、三分の一程が所在不明となっている。

各窟には彦山三所権現、守護神の彦山大行事、地主神の北山三御前、山神の白山権現が祀られ、これらに加え窟毎の守護神が配置される。四十九窟における「窟」（石屋・岩屋）の空間認識は個別の洞窟を指すのではなく、『流記』記載第四大南窟では「大南ノ内有五箇ノ廊一、西窟三間内窟三間牛窟三間也、（略）重テ造此窟一ヲ云云」。第五、五窟では「凡此廊内ニ有五箇ノ霊窟一、経ノ窟三間、鷲窟、龍窟各三間、門窟三間、加大行事一ヲ云五ノ窟一ト」他に第六鷹栖窟、第七智室窟でも同様の記載があり、「五箇ノ廊」「此廊内」「廊内」とある。これらを現地で検討すると、「窟」と同義語として使われる「廊」の範囲は第四大南窟では岩山の南面に連続する洞窟を核とする谷地形、五窟では連続して並ぶ四本の石柱を核とする範囲、第六鷹栖窟では一ノ鷹巣山・二ノ鷹巣山・三ノ鷹巣山というビュート（差別浸食によって形成された独立峰）が三連に連なる特異な地形全体を指しており、洞窟を含んだ一纏まりとなる聖性地形に対する概念として「窟」が用いられていることが読み取れる。

窟宝殿内全面に対し発掘調査を実施したのが第二宝珠山窟である。ここからは八～十世紀に至る遺物が出土したのちに空白期があり、十三～十五世紀にかけて再び遺物が伴うようになり、十五世紀代には前面に土留石積を伴う宝殿を設けるなど大規模造成が行われる実態から、窟利用には八世紀からの一期と十三世紀からの二期という二時期が存在することが判明し、洞窟群を弥勒浄土の四十九院に例える独特の思想は二期に形成されたものと考えられる。

その分布は英彦山内に主要な窟の殆どが集中しており、『流記』が主張する四至内に例外を除き収まっている（図４）。福岡県みやこ町犀川に所在する四十九窟第二の蔵持山窟は北方の四至結界をなし、福岡県東峰村宝珠山に所在する宝珠山窟は、大分県日田市の壁野窟と共に英彦山南方の守護で結界となっている。山外で四十九窟が最も集中するのが中津市山国町域で、『流記』に「上毛郡山国有之」「山国在之」と記された窟が四箇所存在する。例外というのは北方結界の蔵持山よりさらに北側で、英彦山からは約三〇キロに所在する第十二千仏窟の存在である。千仏窟は「彦山六峰(5)」と称し中世期の彦山を中心とした山中修行を共有する一山組織の一つ、普智山が管理する主要な参籠行場である。その聖域はカルスト台地平尾台の広域に及んでいて大規模な鍾乳洞や擂鉢状窪地が形成されており、その規模に加え景観が中国の福地を偲ばせており、豊前に拠点を置く宗教者にとって、欠くことのできない修行空間であったと考えられる。

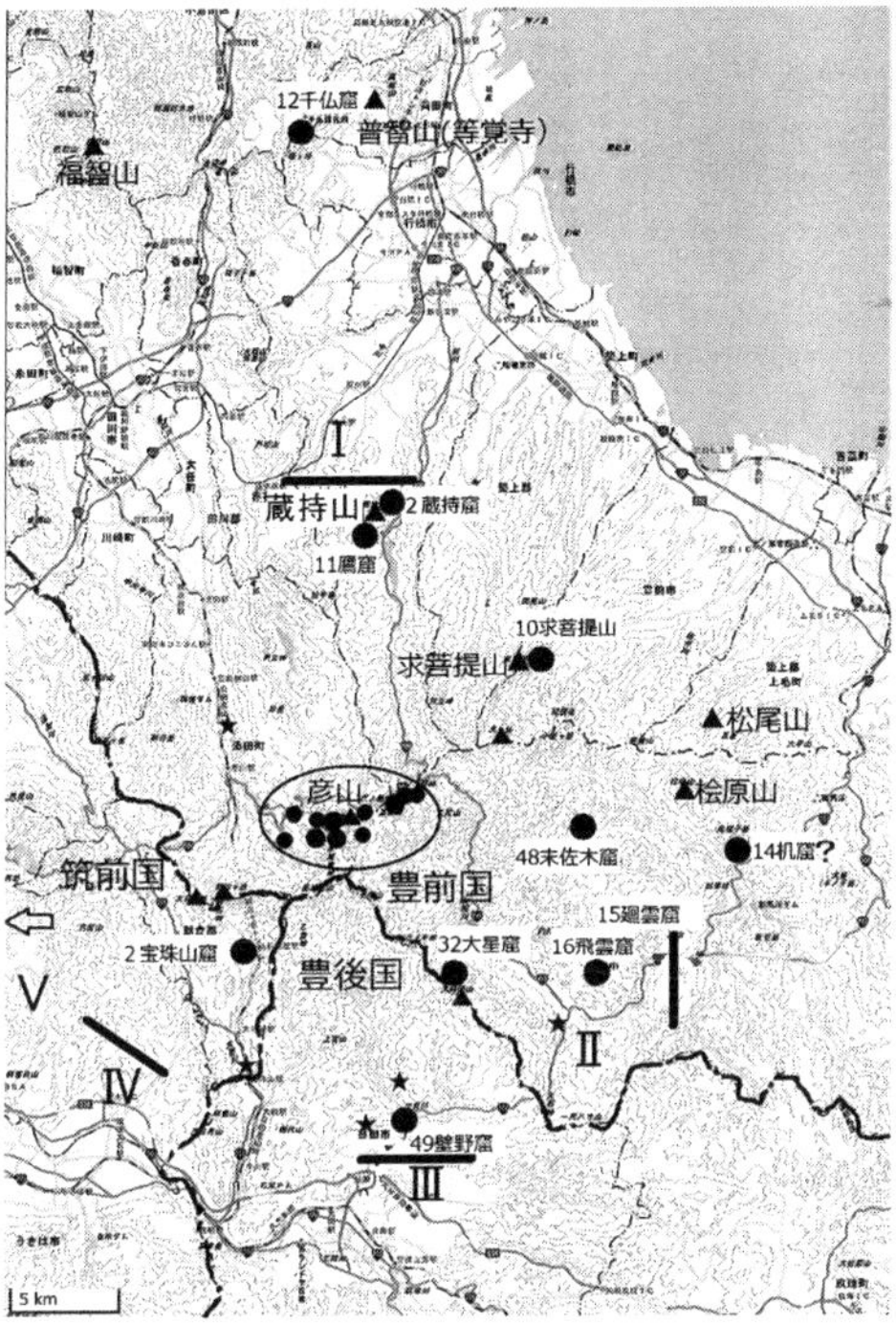

図4　彦山四十九窟の分布

四十九窟は『彦山流記』が主張する四至に概ね収まるが、六峰の一つ普智山の行場である第十二千仏窟は北の結界を超えて含まれており、彦山と普智山との密接な関係を暗示している。

【『彦山流記』が主張する四至結界】
Ⅰ蔵持山
Ⅱ大井出口
Ⅲ壁野
Ⅳ杷木山
Ⅴ江川（尻懸岩）

【彦山六峰】
福智山　普智山
蔵持山　求菩提山
松尾山　桧原山

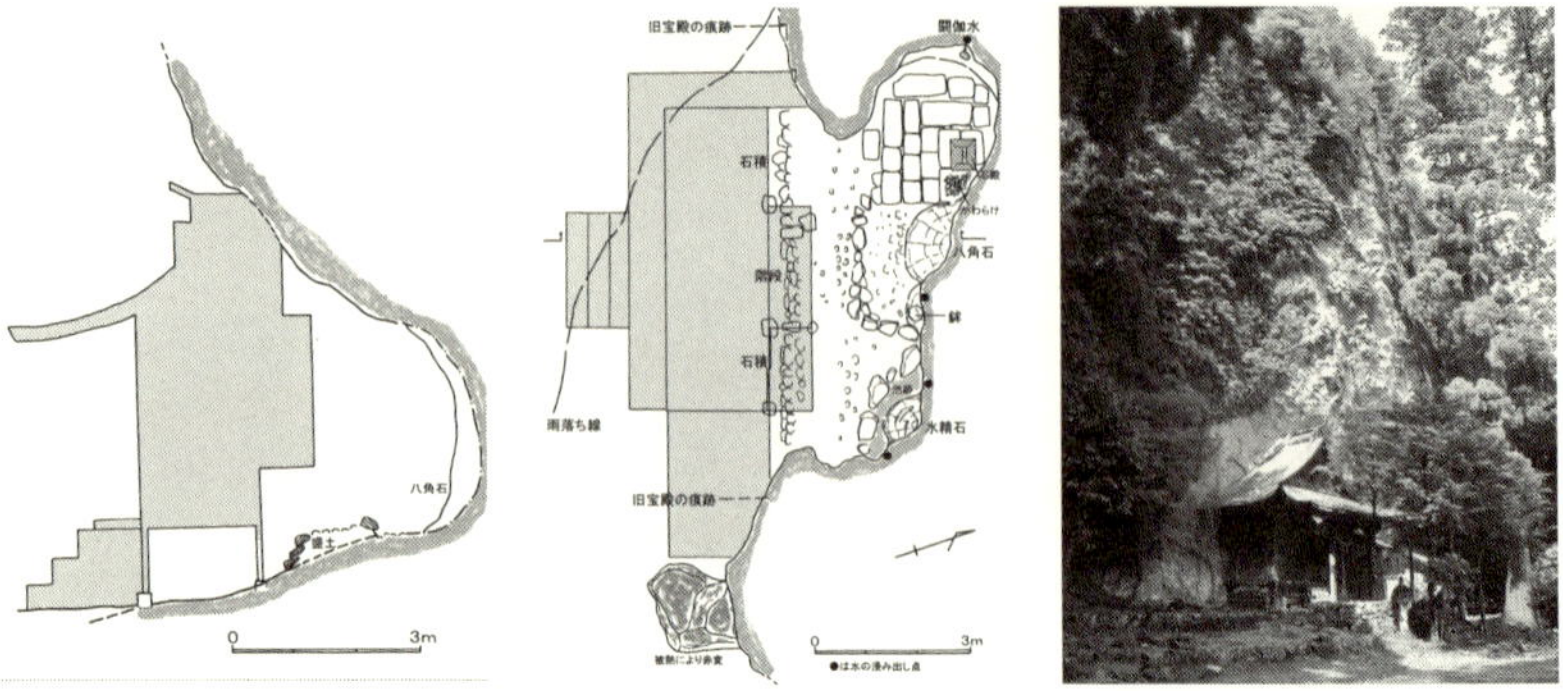

図5　第一 般若（玉屋）窟の岩屋構造（山内）
現在も唯一の秘窟で洞窟を密閉する形で宝殿が覆う。しかし本体は断崖上に存在している。

（４）主な彦山四十九窟

山内所在の第一般若窟は『流記』及び『八幡宇佐宮御託宣集』に記載される。英彦山中興で『続日本紀』に登場する宇佐宮弥勒寺初代別当の僧法蓮が参籠の結果、如意宝珠を獲得し、これを八幡神が譲り受けるという言説が記され、如意宝珠出現の故事により玉屋窟と称されるようになった。『熊野権現御垂迹縁起』には「日本国鎮西日子乃山峰雨降給。其体八角奈留水精乃石」と権現が最初に垂迹した霊地とする岩屋でもある。その形状と特徴は、屏風岩と呼ばれる三〇メートル規模の断崖裾に所在する洞窟に奥壁むき出しの宝殿（図5参照）を設け奥壁が神仏界に直接繋がると認識する点にある。奥壁中央には権現垂迹の依代、八角石がせり出し傍らには如意宝珠湧出の聖水が染み出し裾部は神泉となっている。般若窟というと一般には宝殿部だけと理解されているが、それはほんの一部に過ぎず断崖直上には神界へ祈りを捧げる狼煙の柴燈護摩壇が設けられ、さらに奥へ約五〇メートル地点には権現垂迹の岩塊（磐座）が存在しており、般若窟の「廊」空間は立体的かつ広範囲に広がる。

山内所在の第五、五窟は彦山一山の中核をなす大講堂（現奉幣殿）南側に隣接した谷奥南斜面に位置する。「廊」空間は根元に洞窟を伴

図6　第五 五窟の空間構成（山内）
Ｉ～IIIの石柱と図範囲外石柱の計4本の石柱からなりIIの惣大行事窟は豊富な水量の湧水を信仰の根元とする。

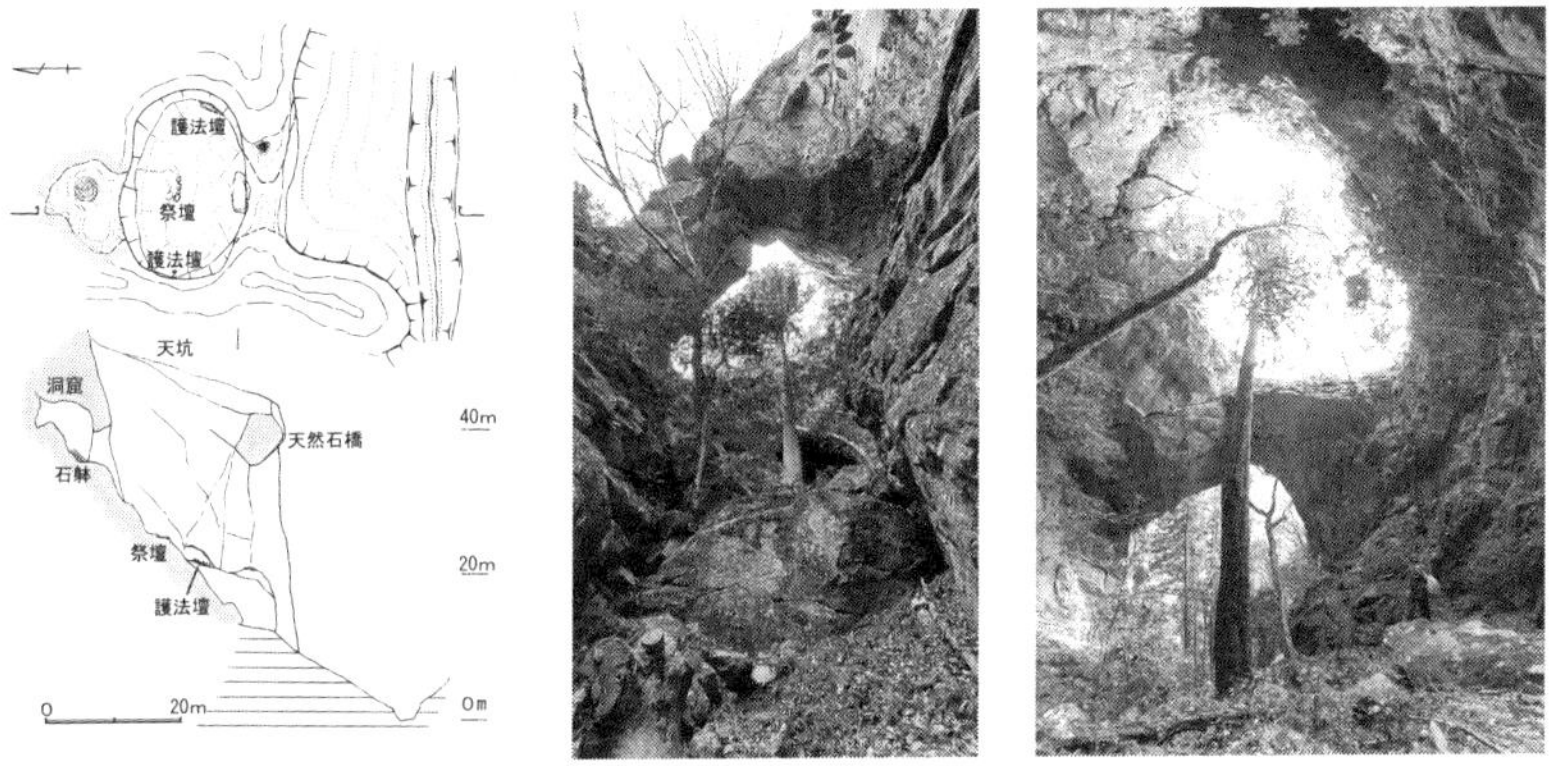

図7　「仙人峡岩屋」の空間構造
その大規模なことに加え「天然石橋」「天坑」を併せ持ち、洞窟入口には人工の祭壇、左右に守護神依代の護法壇を伴っている。

う四本の石柱群（陽石）から構成され（図6参照）、先述の『流記』記載では五箇の霊窟が「廊」内に存在するので五窟と称する。このうち中央石柱根元の洞窟には最大規模となる五間の宝殿が設けられ、窟内右側壁からは多量の聖水が湧き出し水源祭祀の場でもある。前面には盛土を施し、平場を造成して石積基壇の広前を設け、斜面側には最大五段にわたり高さ一メートル前後の土留め石垣を施して法面には礫を貼り、裾には祭祀に用いられた十五世紀代を中心とする土師器坏、かわらけが散在する。

中津市山国町中摩には仙人岩と名付けられた筑紫溶岩の岩峰群が存在し、「天の岩戸」「豊前坊」と呼ばれる洞窟と共に天然石橋の「西京橋（仙人梁）」が所在する。これらは一つの「廊」と認識すべきもので「仙人峡岩屋」と仮称する。その構造は前庭部―天然石橋（西京橋）―「天坑」―洞窟（豊前坊）となっており、洞天福地を構成する「天然石橋」と「天坑」という二つの奇景を持つ唯一の洞窟である（図7参照）。同谷入口には英彦山内有力坊の一つ亀石坊庭園（室町期）に類似する立石を複数据え、経岩という岩峰を借景にした室町期の庭園を備えた房跡も存在しており、洞窟群を含めた谷筋が四十九窟を構成する岩屋の一つと考えるべき空間である。

（5）カルスト台地平尾台の岩屋

平尾台は標高三〇〇～七〇〇メートル、南北六キロ、東西二キロにわたり石灰岩が広がり、これが浸食して形成された二〇〇程の鍾乳洞が確認されている。この中で最も規模が大きい洞窟が英彦山六峰の一つ普智山等覚寺の奥之院、青龍窟である。その規模は判明している部分だけで長さ一七八五メートル以上、高度差六五メートルに及び、上部のS字状に蛇行した長さ一三〇メートル、高度差三五メートルの洞口ホール（東洞口、西洞口があり貫通する）と下部の地下川の二階建て構造となっている。鍾乳洞上の地表面は大理石と花崗閃緑岩との境界にできた南北一キロ、東西〇・五キロ、深さ五〇～一五〇メートルの谷となり、そこを流れる小川は擂鉢状窪地に落ちて滝となり青龍窟奥から地中に潜り下部の地下川となって洞窟内を流れ、上部洞窟ホール東洞口の下から再び地上に噴き出し小川となる。

岩屋としての青龍窟の特徴は、その呼称が示すように洞窟本体及び地表の景観も含めて全域を「龍体」に見立て水源祭祀を行っていることである。龍に変化した神霊は擂鉢状窪地を通って洞窟内に潜り、傍らには背鰭にあ

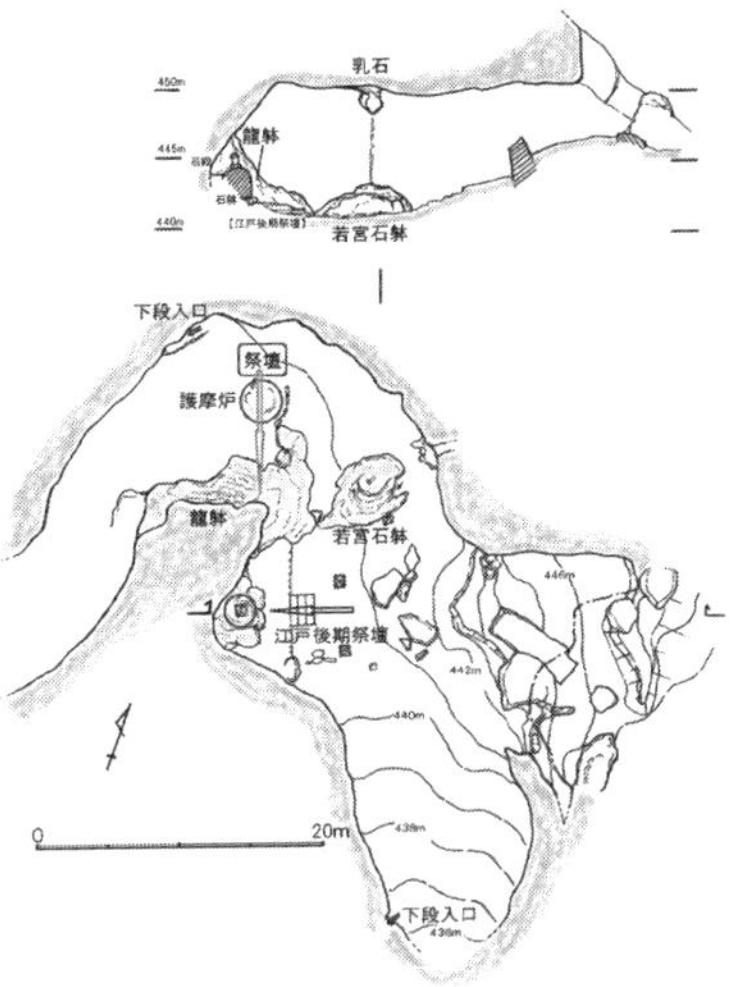

この図は二階建て構造の青龍窟のうち、上部の洞口ホール東洞口付近の実測図である。図中央上の「龍石」が神霊依代の石躰で、その傍らには天井から聖水が垂れ落ちる蓮口石とこれを受ける鍾乳石の組合せが存在する。

石躰の「龍石」

龍の背鰭「鬼の唐手岩」

図8　普智山奥之院 青龍窟
青龍窟はこれまで洞口ホール東入口付近だけが岩屋と認識されていたが「廊」の視点で地表の景観まで含めて再認識する必要があり、壮大な規模の「福地」を構成している。

写真2　国東半島の霊場（右）夷石屋、（左）千燈石屋西不動行場
史料の上からも最も早くに登場する岩屋が所在する岩峰群で中世の景観が良好に保全されている。

たる「鬼の唐手岩」（アプライト岩脈）があり、かつて岩上を廻る行道が行われていた。洞口ホール東入口付近は現在も境内地であり図8はその実測図である。ホール中央部には天井までの比高差二〇メートル、裾部の幅約一三メートルに及ぶ表面鱗状の巨大な石柱「龍石」が存在していて、これが神霊依代の石躰と考えられる。天井部の蓮口石からは滝のように水が流れ落ち、下の石筍鍾乳石に注いでいる。蓮口を乳房とすると、受け手の鍾乳石は若宮の依代と見立てることができそうである。窟内からは十三〜十五世紀の土師器坏・皿と土師質土器鍋、土製地蔵菩薩坐像が出土している。

（6）国東六郷山の石屋

国東半島独特の地形と景観によって育まれたのが六郷山の仏教文化である。その始まりは養老二年（七一八）に八幡神の化身、仁聞菩薩が山中修行道場を開いたことにあると伝え、宇佐宮と深い繋がりを持つ。成立に関する最古の史料、長承四年（一一三五）「夷住僧行源解状案」には夷石屋、千燈石屋などという複数の岩屋が記され、これらを拠点にして十二世紀中葉には徐々に寺院の形を整えていった様子を知ることができる。当初は弥勒寺を中心とする僧侶が山中修行の行場としてスタートしたわけだが、九州への本格的な天台宗の流入により山間部の開発を前提とした天台宗寺院として自立を遂げ、鎌倉時代には本

写真3　古羅漢全景
耶馬渓層の集塊岩が隆起した独立峰で羅漢寺が置かれる羅漢寺山とは小川を挟んで向き合う位置関係にある。最高点が「飛来峰」中央部に「天人橋」、左端（北）に巌上直置きの国東型宝塔がある。

山・中山・末山という六郷山の三山組織が整備される。

天を劈き、谷を分かつように聳える奇岩や岩峰群は、当初悪魔の棲む「大魔所」と恐れられていたが、修行僧たちによる開発の結果彼らが山中修行を行う「仙境」と呼ばれるように変化し、その拠点となるのが岩屋であった。国東六郷山とはこうした状況を窺うことができる、かけがえのない霊場なのである。

(7) 山国川流域の神仙郷

洞窟と組み合う天然石橋を伴う典型的な事例が中津市耶馬渓町に所在する羅漢寺及び古羅漢である。羅漢寺は応安四年（一三七一）の『豊州羅漢窟記』[6]によると中国天台山に良く似た場所を選び、これを再現することを目的に建立したことを記し、羅漢寺前身の安心庵住持の円龕が暦応元年（一三三八）巌屋に十六羅漢図を安置して岩下に庵を構えた事、正平十四年（一三五九）に円龕の元を訪れた逆流建順と共に岩窟に五百羅漢石像他の造立を志し、翌年完成して博多聖福寺住持の月堂宗規により慶賛供養が行われたことを記す。

羅漢寺が営まれる羅漢山とは小川を隔てて独立する古羅漢は全域が集塊岩の露頭で最高地点の岩峰を飛来峰と呼び、西面断崖裾は延々と

写真4　磐座から湧出する岩戸寺の国東型宝塔
鬼会の中心空間となる講堂入口に所在する磐座に据えられる点に重要なメッセージが込められている。

写真5　岩上から湧出する古羅漢の国東型宝塔
開山の円龕住房跡から望む姿が最も優れている。

図9　大徳寺五百羅漢卵塔湧出図（トレース）
同形式の中国塔（薩摩塔）は平戸島南端の海上守護神で貿易港であった志々伎社沖津宮頂上部に据えられ現在も部材が現存する。

続く岩陰・洞窟となっていて、天人橋と呼ばれる天然石橋が存在する。最大規模の岩陰内には正平十七年（一三六二）銘のある光明真言を納めた石造観音菩薩像が祀られ、天人橋下の東壁には室町期の磨崖毘沙門天像が刻まれている。稜線北側の巌上には十四世紀中葉の国東型宝塔が据えられ円龕住房からの眺望が特に優れている(7)。この巌上直据置宝塔の構図は、日本での五百羅漢図の発祥ともいえる大徳寺本『五百羅漢図』(8)のうち「卵塔涌出」（図９）に見ることができる。この羅漢図の影響を受けた最初の事例が六郷山岩戸寺の弘安六年（一二八三）銘を持つ最古の国東型宝塔である。これは磐座から法華経納経宝塔が湧出するさまを表したものと見ることができ、八幡信仰を基盤とする六郷山の天台仏教圏でこのような思想を背景とした宝塔が出現したことは興味深いものがある。

おわりに

山岳修験や修験道遺跡にみる道教思想は、天台系修験において峰中での最重要地点を神仙郷に見立てる事例や神仙世界に見立てる山名呼称において見ることができるが顕著なものではない。これに対し、豊前平野を取り巻く山中や国東半島には、「岩屋」という山中の洞窟に籠り廻る修行を中心とした独特な信仰形態の拠点が濃厚に分布しており、それは彦山四十九窟という弥勒浄土に例えられた聖地群で顕著に見ることができる。これらは洞窟を核にしながら周辺に広がる奇岩・石柱・怪峰などの岩石景観と濃厚な自然林とが一体となった「廊」という聖地を形成する。四十九窟は四十九という聖数に当てはめられ、お互いが共通の祭神で結びつき、洞窟奥壁を神仏の世界へと通じる通路と理解したのは洞天福地の思想と共通する点であり、その成立にあたり影響を受けた可能性は十分に考えて良いと思う。

豊前や国東六郷山における岩屋の信仰は道教思想の影響を強く受けて成立した八幡信仰という土壌が存在し、その上に、日本有数のカルスト台地、火山岩類を基盤とする特異な岩石景観が広範に広がるという条件が重なったからこそ醸成されたものである。しかも、それは単独で伝わったものではなく、特に人的、物的交流が盛んとなる南宋時代から元にかけての禅律文化が流入する中で、色濃く影響を受けたものとして評価すべき事例である。地政学的に大陸に隣接する中世北部九州の宗教史を考える上で禅律文化との関りは欠かすことができない視点である。

注

（1）鈴木正崇『山岳信仰』（中公新書、二〇一五年）。
（2）彦山は享保十四年（一七二九）に霊元法皇の院宣により英の一字を賜り「英彦山」と称する。それ以前の歴史的呼称を「彦山」、以後を「英彦山」と使い分けるのでこれに従っている。山そのものを表す場合には地名としての「英彦山」を用いる。
（3）宗教活動が行われた浸食洞窟や花崗岩の岩陰を総称して「岩屋」と呼んでいる。彦山四十九窟や国東六郷山の岩屋の多くが凝灰岩質の浸食洞窟のため英彦山では『流記』以来洞窟を表す「窟」の字が用いられる。
（4）山田敏明「理想の大地――福地の思想」（東洋大学『エコ・フィロソフィ』研究、第七号、二〇一八年）。
（5）彦山六峰を構成する一山組織は豊前国に所在する福智山（彦山秋峰金剛界の峰）、普智山（京都郡苅田町）、蔵持山（京都郡みやこ町）、求菩提山（豊前市）、松尾山（築上郡上毛町）、桧原山（中津市）の六峰。
（6）羅漢寺に伝わった史料とされるが原本は所在不明で東京大学史料編纂所に明治二十年書写の謄写本が存在し三谷紘平「豊前羅漢寺の成立とその歴史的背景」（『史学論叢』第四〇号、別府大学、二〇一〇年）に全文翻刻されている。
（7）中津市歴史博物館 三谷紘平氏ご教示により現地で実見し写真5を撮影。
（8）もと南宋の孝宗淳熙年間に明州鄞県の恵庵院に施入された絹本着色図で、一幅に五人の羅漢を描く計百幅の大作で、日本には一二四六年渡日の禅僧蘭渓道隆が関わった可能性が指摘されている。元来、鎌倉の寿福寺ないし建長寺にあったものが後北条氏に移り、豊臣秀吉の手に渡り、秀吉が創建した大徳寺塔頭に施入された。

【コラム】

中国の山岳信仰

――名山への巡礼と峰への遊行

土屋昌明

『現代思想』二〇二一年五月臨時増刊号『陰陽道・修験道を考える』（青土社）に掲載の「修験道とは何か」という座談会で、修験道と海外の山岳信仰との比較に関する見方を話し合っている。座談者三人のうち長谷川賢二氏は、鳥居龍蔵がかつて北東アジアのシャーマニズムに注目していたことから、そこに「修験道と対比できる宗教文化が見出せるかもしれない」と述べている。これは、「修験道みたいなもの」というレベルでの文化比較でも、歴史的経緯をふまえるという条件付きで、ある程度の学術的な意味を認める観点である。それに対して鈴木正崇氏は、比較研究の魅力を認めつつも、「修験道と比較する対象は海外にはなかなか見つかりません」という。鈴木氏は、修験道との相似性がよくいわれる中国の道教をとりあげ、「中国の道教は神仙思想を説き不老不死を求めて山に登りましたが、参篭や瞑想が中心です。これに対して修験の修行の根幹は峰入りで、縦走によって峰々を何日もかけて修行しながらたどっていくのです。強力なサポート隊がなければできません。修験だけではなくて里人や山人の協力のうえに山中で何日もかけて修行し、ほとんど半死半生の状態で歩く。こういう修行をなぜ成立させたのか。これは他と比べようもない」と述べている。これは、修験道の特徴を強調して、この点の比較を重視する立場だと感じられる。

私は、いちおう山岳修験学会の会員ではあるが、定期的な研究成果などを眺める程度である。修験の山を散策したことはあるが、駈けた経験は無い。修験道では山中を駈け巡る行があることは聞いている。中でも「千日回峰行」といわれる実践は、険しい山中を一日約五〇キロ、四か月歩く実践を九年かけておこなって千日間歩き続ける荒行だとのこと。荒天などは問題ではなく、たとえ病気や怪我でも、途中で辞めることは許されず、彼らが白装束なのは死を覚悟している意味らしい。一日五〇キロ歩いて一二〇日間だと六〇〇〇キロになる。つまり万里の長城を歩き通す距離だ。これを毎年一回、計九回おこなう。さすがに、これは修験道でも特殊なレベルだろうが、「歩く」という行為が人を山の高みばかりか、霊的な高みにもあげてくれると強く考えられていることがわかる。しかも「千日回峰行」では「歩く」というより「駈ける」ことが信条であろう。

座談会の話に戻ると、修験道における「サポート隊」の存在という特徴をうけて、林淳氏は「修験道と山岳信仰は重なる面もあるけれども違う」という。そして、鈴木氏がいう「サポート隊」すなわち「横の組織化」が十四世紀くらいから意識されたと指摘する。この点こそが、修験道と山岳信仰の違いだと示唆されているように読めた。つまり、峰を駈ける修行とそれをサポートする組織が修験道に顕著な特徴であり、海外の山岳信仰との比較をするとすれば、この点に着目する必要があるのだ。長谷川氏が後文で「古来の山岳信仰から説き起こす修験道史ではなく、山の宗教の分枝として修験道が出てくる」と指摘するように、ここに修験道を歴史的に考察する場合のカギがあるのだろう。

以上をふまえると、修験道と道教の比較は、今のところ、長谷川氏のいうような「修験道みたいなもの」という観点から入って、修験道の修行の特徴と「横の組織化」を視野に入れながら考察を進めることになるだろう。道教における峰をめぐる修行と「横の組織化」の実態研究がもっと必要である。それらがおこなわれたとすれば、いつごろから、どのように成立し、どのような機能を有していたのか、その社会史的な考察がおこなわれてしかるべきである。中国史でそうした研究が可能なのは、史料が増える宋代以降の時代になるだろう。宋代以前の関連文献はそれほど多くなく、具体像を明らかにすることはできそうにない。管見では、明清の道教史において研究が進みつつあるようだが、まだまとまった研究はないように思われる。

本稿ではとりあえず、宋代以前、特に道教が非常に重視された唐代において、山岳をめぐる道士の移動の事例を若干とりあげて、宋代以降に対する研究の足掛かりとしつつ、修験道と道教の対照研究の一例としたい。

一、道教における名山の巡礼

道教でも峰々を巡る行為はおこなわれていたようである。それを考える前に、名山への巡礼について見ておきたい。名山への巡礼は修験道とは異なるが、山を巡る点では山岳信仰でもある。特に日本では、聖なる山を巡礼する行為が古くからおこなわれてきた。名山を巡るのは、遠距離を歩いて移動する行為である。中国の場合、いわゆる名山は、一つの名前で呼ばれていても、一座の山ではなく、連峰になっているのが普通で、その峰々を歩いて回るということになる。

唐代における名山を巡る例としては、唐の玄宗が師と仰いだ道士の司馬承禎（六四三～七三五）が、名山を遍歴した経験を持つ。司馬承禎が昇天した（亡くなった）際に玄宗が官職を与えた「贈司馬承禎銀青光禄大夫制」に「王屋山道士の司馬子微は、心は道勝に依り、理は玄遠を会す。名山に遍遊し、仙洞に密契せり」という。[1]名山を遍歴して「仙洞」つまり仙人の住む洞天で秘訣を授かって昇仙の約束をもらっていることが、「銀青光禄大夫」を授ける理由になっている。

ところで、司馬承禎の著作『天地宮府図』には、天下にある十大洞天・三十六小洞天・七十二福地の大きさ、場所、主宰の神仙の名などが提示されている。そこで司馬承禎は「銀青光禄大夫」とされているから、この著作は玄宗の「制」が出てから編集されたとひとまず考えられる。したがって、「制」でいう「仙洞」とは、『天地宮府図』で示された十大洞天・三十六小洞天をさしていると考えてよい。

「洞天」とは、名山の山中に存在する神仙の棲む別天地で、相互に地下道で通じているとされていた。このことは、四世紀中頃の神の託宣を伝える『真誥』にみえ、司馬承禎の『天地宮府図』はそれを継承している。彼が提示する十大洞天・三十六小洞天は、中国の河南、江南、陝西、広東、四川などに散在している。彼はそのすべてを巡礼したのだろうか。それはわからないが、とにかく洞天のある名山を巡ったことが彼の仙道の優れた点とされていたのである。

『天地宮府図』では、十大洞天は第一から第十まで、三十六小洞天は第一から第三十六まで、それぞれ番号がついている。この番号は、巡礼の順番を示しているのだろうか。各洞天の大きさが示されており、番号はそれに準じているようであるから、巡礼の順番ではなかろう。もし番号の順番に巡ったなら、第一大洞天は河南省の王屋山、第二大洞天は浙江省の委羽山、第三大洞天は陝西省の西城山というように、移動に便利な配置になっていない。第二大洞天で浙江省に行き、そこから離れて第三大洞天に行き、そのあと、第六大洞天の赤城山で再び浙江省に戻らねばならない。つまり、十大洞天を順次にもとづいて巡礼するのは、現実的ではない。おそらく、洞天の巡礼は順次に沿って移動したのではないと思われる。

それでは、どのように巡ったのか。唐末の許碏という人の話が伝わっている。

> 許碏は自称、高陽の人という。若くして進士となろうとしたが、何度受験しても合格しなかった。歳をとってから王屋山で道を学び、五岳名山の洞府を周遊した。のちに峨眉山より西京を経て、さらに襄・汴より江・淮に至り、茅山・天台・四明・仙都・委羽・武夷・霍桐・羅浮、遍歴しないところはなかった。[2]

「五岳名山の洞府を周遊」の「洞府」とは洞天のことである。彼が道を学んだ王屋山は、第一大洞天である。それまでは科挙の受験をしていたが、儒生から道士に転向したのである。まず五岳および名山を巡った。そこで伝記の文脈がいったん切れて、そののちの巡礼地には五岳が含まれていないから、前後二回の巡礼をしたことがわかる。ということは、五岳名山を巡ったことで、何らかの道士のレベルに至ったのであろう。一回目の巡礼のあと峨嵋山に移り、そこを起点とした二回目の巡礼に出かけた。[3]それ以下は、おそらく巡った順に記述されているのだろう。四川の第七小洞天の峨眉山から、長安の南にそびえる第三大洞天とおぼしき終南山、そこから襄（湖北）を通って汴（開封）に行った。黄河近辺から長江沿岸に南下し、第八大洞天の茅山、さらに南下して天台山へ入った。天台山には第六大洞天の赤城山がある。そのあと第九小洞天の四明山は天台山の北にある。茅山から歩いて天台山に行った場合、四明山は途中にあるから、そこに天台山のあとで行ったということは、おそらく茅山から長江に出て船で先に天台まで行ったのだろう。そのあと、第二十九小洞天の仙都山、第二大洞天の委羽山、第六小洞天の武夷山は相互に比較的近い位置で、第一小洞天の霍桐山はさらに南、そして第七大洞天の羅浮山は西南の広東となる。ここで挙っている山名はすべて洞天である。

もう一つの例。「謝自然」の伝記とあるが、実は焦真静という女性道士の話である。

謝自然（焦真静）は、蜀の華陽の女真（女性道士）である。幼くして道に入り、老師が黄帝・老子の仙経を学ぶように示すと、一回読んだだけで以前から読んでいたかのようで、再度読むと暗唱してしまった……中略……年四十に及んで遠遊した。青城・大面・峨嵋・三十六靖廬・二十四治に往き、そのあと蜀を離れて京・洛をへて、江・淮に至った。およそ名山洞府霊跡の所があると、辛勤して歴覧しないところは無かった。のちに天台山道士の司馬承禎が玉霄峰におり、道を備えて高潔であると聞いて、そこへ至った。(4)

「青城」は第五大洞天の青城山、「大面」は第五十福地、おそらく青城山の後背の山であろう。唐末の道士である杜光庭（八五〇～九三三）の『青城山記』に「岷山は峰を連ね岫を接し、千里も絶えず続く。青城はその第一峰である。この山は、前は青城といい、後は大面山という」とある。(5)「峨嵋」は前出。「三十六精廬」「二十四治」は天師道の聖地である。杜光庭の『洞天福地岳瀆名山記』に三十六精廬が示されており、それによれば、湖北・湖南・江西・四川・陝西など広い地域に「廬」がある。「廬」は各地の「山」や名人の「宅」「壇」や「観」（道観）に設置されていた。これを巡るとすれば、旅程の途上で近くの「廬」に立ち寄る（宿泊する）ことになるのだろう。「二十四治」は四川に集中している。唐代は二十四治の信仰が復興した時代とされている。(6)二十四治には道観が、少なくとも一部には建てられていたと考えられる。こうした「廬」や「治」で巡礼のサポートが得られたのであろう。道教における「横の組織化」の一つではなかろうか。

彼女の場合、四川から終南山を越えて長安に入り、そのあと長安の東から洛陽に行き、そこから南に下って淮河と長江のあたりに至ったことがわかる。基本的態度について「およそ名山洞府霊跡の所があると、辛勤して歴覧しないところは無かった」というから、旅程の近くに洞天や昇仙の奇跡がおこった場所があると聞けば、迂回して巡ったのである。

私の個人的な経験を記させていただくが、一九八七年に西安郊外の香積寺を自転車で訪れた途上、数人のチベット僧の一団に出会って話したことがある。彼らは（うち一名女性もいた）山西省の五台山まで歩いて行くという。この道の先に寺があると聞いて向かっているとのことだった。つまり、徒歩の旅路にいちおう目的地はあるが、計画性はあまり無く、適宜迂回しながら歩くのであった。

焦真静の巡礼もそのようだったのだろう。このルートには多くの洞天があり、「歴覧した」とすれば、道すがら洞天を巡礼したものと思われる。そうだとすると、青城・西玄・西城・句曲・林屋・赤城といった六箇所の大洞天を巡り、峨嵋・太白・華山・鍾山・良常・天目・四明・会稽・金庭といった九箇所の小洞天を巡ることができる。

「辛勤」とあるのは、この巡礼が苦行とされていたことを示している。苦行を重ねることで、それが報われて神仙となる成果を得ることができるのであろう。洞天には神仙が棲んでいるから、なるべく多くの洞天に参詣し、洞天に棲む神におのれの苦行と昇天の願いを認めてもらわなければならない、という考え方があったのではなかろうか。

この「苦行」は、長距離の旅程の苦労をいっているのだろう。最もたいへんなのは宿泊だと思われる。野宿すると、夜露や風雨を防げないし、禽獣や不逞の輩から襲われる危険もある。女性の例として、次のような話がある。

花姑という者は、女道士の黄霊微のことである…（中略）…唐初より江（江蘇）・浙（浙江）・湖（湖南）・嶺（広東）の間に来往し、名山霊洞はすべて参詣した。跋渉したところで、野宿したときは神霊が現れて彼女を守った。そのおかげで、不正の念を持つような者が強姦しようとすると、立ちどころにぶっ倒れてしまった。周囲の者は遠きも近きも彼女

を敬って、神明に奉事するかのごとくだった。(7)

黄霊微がまわった「霊洞」は洞天であり、彼女が巡った江蘇・浙江・湖南・広東には洞天が多くある。野宿の危険さと彼女の霊力（神霊に守られている）が特記されている。「神明に奉事するかのごとく」とあり、彼女は行く先ざきで人々から布施をもらったのであろう。次も同様な例である。

徐仙姑という者は、隋の僕射たる徐之才のむすめであった。…中略…禁呪の術を善くしたので、一人で天下を周遊し、三江・五嶽、天台・四明、羅浮・括蒼といった名山の勝跡をすべて巡った。いつも岩屋や林窟の中に宿した。あるとき僧院に泊まったところ、豪僧数人にからかわれたため、罵倒しかえしたので、僧たちは激怒した。…中略…彼女は笑ってこう答えた。「私は女子ではあるが家を棄て「雲水」をしている。蛇や蛟や虎・狼も避けない。おまえらのような鼠がごとき輩を怖れるわけがないだろう」といった。そして衣を解いて臥し、すぐに部屋の明かりを消してしまった。僧たちは喜んで思いを果たせると思った。(8)

徐仙姑は、天台山・四明山・羅浮山・括蒼山（第十大洞天）などを跋渉した。禁呪の術ができたため、禽獣を避けることができ、崖の麓や林中の石窟で眠っても平気であったという。道士でありながら仏寺に泊まることもあったことがわかる。僧たちは、彼女を暴行しようとしたが、結果、禁呪の術で動けなくなったのである。「雲水」という語は、敦煌変文に用例が多いほか、禅僧に多く使われる。道士にも使われたのは、仏僧と道士の巡礼行為が相似していたことを示していると思われる。

以上、若干の例ではあるが、唐代の道士は男女とも、国土の広範囲に散在する洞天を巡る実践をおこなっていたことがわかる。それは道を得るために必要な苦行だった。洞天の道観には高道の修行者がいて、その者から道法を授かるために訪ねた。また、洞天には神がおり、その神にみずからの苦行と祈願を認めてもらおうと洞天のある名山に登ったのである。修行者は岩屋や森林で野宿したほか、道観（天師道の「廬」や「治」なども含む）や仏寺などに宿泊した。禁呪のための方術は、山中の魑魅魍魎や物の怪に備えるためだけでなく、宿泊の際の暴力などを避けるためにも必要だった。俗人はそうした修行者を崇敬し、布施をしていた。

二、李白の峰への遊行

峰々を巡る実践の例として李白を挙げたい。李白は若くして道教に関心を持ち、二十代で司馬承禎に教えを請い、多くの名山を尋ね、道教の法籙も取得した。

彼の作「嵩山の焦煉師に贈る、并びに序（贈嵩山焦煉師并序）」[9]で「私は少室山に「道」を求めて、三十六峰をすべて登った。そこで、焦煉師の霊力が高いという話を聞いたので、お教えをいただきたく、筆を執って書状をしたためた」と述べている。

「少室山」は嵩山の二つの山塊のうちの一つである。「三十六峰」の三十六は、道教では「三十六天」や「三十六洞天」などと使われ、一種の定数だから、登るべき峰のすべてに登ったということを意味する。それを自慢げに語っているところからすれば、三十六峰を登ったことで、何らかのレベルに達していることが証明され、だからこそ高道の老師にあらためて教えを乞うことができる、ということなのであろう。

この焦煉師は、前述、四川から司馬承禎のいる天台山まで旅した焦真静のことである。当時、焦真静は司馬承禎の弟子として高名で、玄宗の妹の玉真公主も師事していたほか、王維など複数の官僚が彼女のことを詩に書いている。

李白が三十六峰を何日かけて巡ったのか、もとより知る由もない。焦真静が住持した道観は少室山のどのあたりにあったのかも不明である。ただ、少室山のとなりに続く、よく似た山貌の太室山を観察することから類推が可能かもしれない。

太室山の南麓はなだらかな坂となっており、現在はそこに嵩陽書院がある。ここは唐代には嵩陽観という道観であった。院内には「大唐嵩陽観紀聖徳感応頌碑」という巨大な碑が立っている。玄宗のときの宰相・李林甫撰、徐浩書の隷書碑である。内容は、玄宗が道士の孫太沖に昇仙のための金丹を作らせたことを述べている。この碑の存在から、この道観が嵩山で修行する道教のセンターだったことが理解できる。

そこから、太室山の方になだからな坂を上って一時間ほどで崇唐観につく。太室山に登る山道が始まる麓にある。北側の太室山のピークから左右に伸びた峰々に囲まれているような景観である。太室山の連峰の東側には、連峰が断絶している場所があり、その断絶した崖のあいだから東の空が見える。崇唐観の東脇には、太室山の東よりの山から大量の湧水が流れ込んで渓流となって流れている。この渓流の源あたりは断絶した崖の奥から大きな滝になっている。崇唐観あたりまでは山道の傾斜が緩やかである。崇唐観は、唐の高宗を教えた道士の潘師正が嵩陽観に住持したときに勅命で建設された。潘師正は司馬承禎の老師である。ここには「潘師正碑」および唐代の道教造像が残留している。唐代からこの場所にあったのだろう。山上で修行するには、麓から物資を運び上げる必要があるから、崇唐観は物資を運んできてストックする役割があったと想像される。崇唐観から東側の峰を越えるのに五～六時間だと地元の人からは聞いたが、私の脚力ではその時間では無理だった。

司馬承禎の弟子とされた焦真静の少室山の道観は、この太室山の崇唐観に相当する建築だったのではなかろうか。この点から憶測すると、太室山と崇唐観の関係と同じように、焦真静の道観も、山からなだらかに坂がひろがる少室山の南東側にあったのではなかろうか。現在、少室山に登るためには西側の登山道を上がるが、西側は断崖絶壁が続き、東の太陽光線を重視する道教の修行には向いていないように思われる。少室闕という後漢の石造遺跡も少室山の東側にあり、こちらが山の正面だったのであろう。李白の書きぶりからすると、彼が少室山の三十六峰を巡る際には、山の重鎮だった焦真静の道観は敷居が高かったようだ。

峰を巡る別の例を見てみよう。李白の詩には、山中を歩いているときの情景を歌ったものがある。「遊太山」は、天宝元年（七四二）に泰山に登った経験を歌っている。(10)「その一」は次のようである。

四月、太山に上った。かつて天子が登るために開いた道の敷石が平坦になっていた。そのむかし天子の車はよろずの谷を過ぎ、谷川が行くにつれて左右を往来したことだろう。馬蹄の跡は緑の峰をめぐって、今でも青苔のあいだにたくさん残っている。飛流が高い峰から流れ落ちていて、水勢が急で松に吹きつけた風の音が悲しげだ。北の方をのぞむと屏風のような山が味わい深く、傾いた断崖は東に倒れ掛かるようだ。洞門は石の扉が閉じていて入れないが、地の底から雲が湧き雷が響くような音がする。高いところに登って蓬萊・瀛洲の東方を望みつつ、仙境の金籙を発行する台を想念する。天門にむかって一たび長嘯すると、万里の彼方から清い風が吹いて来た。そして玉女が四五人、ふわりふわりと天から舞いおりてきた。笑みを含んだ表情で白い手をさしのべ、私に「流霞」を盛った盃をくれた。こうべを地につけ再拝していただいたが、我ながら仙人の素質の無いことが恥ずかしい。しかしこうなれば、心は広々として宇宙は小さいと感じ、俗世を捨てて悠々とした気分になった。

（四月上太山、石平御道開。六龍過万壑、澗谷随縈廻。飛流灑絶巘、水急松声哀。北眺崿嶂奇、傾崖向東摧。洞門閉石扇、地底興雲雷。登高望蓬瀛、想象金籙台。天門一長嘯、万里清風来。玉女四五人、飄揺下九垓。含笑引素手、遺我流霞杯。稽首再拝之、自愧非仙才。曠然小宇宙、棄世何悠哉）

泰山は第二小洞天であり、「洞門」とはその洞天の入口である。それは閉じられている。おそらく、洞窟の入口に建築物があり、その扉が閉じられていたのだろう。

現在の中国の山岳には、洞窟の前に社殿を建て、そこに神像や拝礼の法具を設置するところが多くみられる。私が調査したところでも、陝西省薬王山の薬王廟には、普段は隠されて知られていないが、廟の神像の背後に深い洞窟がある。洞天の一つである終南山にある老子墓の洞窟は、やはり建築物の内部にあり、直下に続くため梯子が無ければ入れない。四川の第五大洞天の青城山にある天師洞も建築物の中にある。唐代のそうした建築は一つも残存していないが、自然の洞窟の入口が開いたり閉じたりすると考えるより（山崩れなどで閉じることはあるが）、道観の社殿が洞窟と一体になっていると考えるべきであろう。つまり、道観そのものが洞天であり、その道観建築の内部に洞窟があって、その奥に神仙の洞天がある。参詣者は、洞窟の内部に立ち入るのは失礼であるから、洞天に見立てた道観建築の中で祈禱・礼拝するのである。

李白は洞天に入ることはできなかったが、高きに登って蓬萊瀛州を望む。つまり、その道観近辺の高い峰に登って、峰の上で瞑想した。こうした峰と道観の位置は関連性がある。私が調査した終南山の天壇という遺跡は、高さ一〇〇メートル以上ある屹立した峰で、そこから天に昇ることができると考えられた。唐末に新羅から来た金可記という人がそこから昇天したとされる。二〇一一年の調査時には、そのふもとに道観があり、そこがベースキャンプとなって周辺の峰々に修行者が入り込んでいた。その数は一〇〇人以上とのこと。李白の実践もこれに似ていたのではなかろうか。

李白は、天から玉女が降臨するさまをありありと見た。玉女は手に「流霞」の盃を持っており、それを李白は叩頭しながらいただいた。つまり李白は、実際に玉女を前にして地べたに頭をぶつける行為をしたのであり、単にそうした様子を想念しただけではない。日本の修験者でも、神が実際に自分の目の前に立つという人がいるが、そのようなリアリティである。李白の場合、この実践は道教経典によっている。(11)例えば「流霞」は古い上清経典である『皇天上清金闕帝君霊書紫文』にみられ、(12)東からの太陽光線の精華をいっている。やはり古い上清経典である『洞真上清青要紫書金根衆経』巻下に次のようにある。

上清金闕宮は三元宮の北に在り、相去ること五万里である……台の外に四つの門があり、門には二つの闕がある。一つの闕は金で、もう一つの闕は玉である……内には清精玉芝流霞の泉がある。……玉童玉女それぞれ三百人がおり、そこに香を散じている。闕の上には九層の金台がある。(13)

そのような様子を瞑想せよという意である。李白は、道教の最高神の一人である金闕帝君の棲む上清金闕宮の庭園に湧く「流霞」を、金闕帝君から遣られた玉女の手からもらって、感謝極まって叩頭したのである。こうした精神状態は山岳での修行の結果もたらされたのであろう。あるいは激しい山岳修行、薬物の摂取などが具体的な誘因としてあったのかもしれない。

この当時、玄宗は開元十三年（七二五）に泰山に登って封禅を挙行したが、その後、司馬承禎の建議を受け入れて、開元十九年（七三一）から開元二十年（七三二）にかけて、五岳に上清経典にもとづく真君祠を建立し、青城山には丈人祠を、廬山には九天使者廟を建立した。(14)したがって、天宝元年（七四二）に李白が泰山に登ってこの詩を詠んだ時には、泰山ではすでに真君祠が存在して祭祀がおこなわれていた。李白がこの詩でいう洞天の門とは、泰山真君祠の建築のことであろう。

まとめ

以上、道教における名山の巡礼と峰々を巡遊する行為について、唐代の例をごくわずかにとりあげてみた。名山の巡礼は、司馬承禎が提示した洞天という場所への巡礼、そこに棲む神々への祈願、良き老師との出会いといった目的があるが、巡礼は苦行であり、それゆえに神によって報われるという考えがあったようだ。峰での巡遊は、道教の瞑想術の実践に関わっているように思われる。とはいえ、事例はあまり多くなく、もっと多様な史料を探る必要がある。本論のテーマをよりクリアにするためには、宋代以降の事例を広く収集すべきであろう。

注

（1）『全唐文』巻二二一（上海古籍出版社、一九九〇年）一〇八頁。

（2）『続仙伝』「許碏伝」、『道蔵』文物出版社ほか影印版、第五冊、八〇頁。

（3）『洞天福地研究』第七号（二〇一六年三月）の拙稿「唐代洞天巡礼行程初探」も参照のこと。

（4）『続仙伝』「謝自然伝」、『道蔵』第五冊所収。本論の事例は、拙稿「女性道士焦真静の巡礼」（『東方宗教』一三二号、二〇二〇年）で論じたことがある。

（5）杜光庭『青城山記』、『図書編』巻六六所引、『文淵閣四庫全書』台湾商務印書館影印、第九七〇冊、七七三頁。

（6）Franciscus Verellen, “The Twenty-four dioceses and Zhang Daoling : spatio-liturgical organization in early Heavenly Master Taoism”, in Ph. Granoff and Koichi Shinohara, ed., *Pilgrims and Place : Localizing Sanctity in Asian Religions*, Vancouver, University of British Columbia Press, 2003, pp. 15-67.

（7）『墉城集仙録』巻七、『雲笈七籤』巻一一五所収。

（8）『墉城集仙録』巻七、『雲笈七籤』巻一一五所収。

（9）王琦注『李太白全集』巻九（中華書局、一九七七年）五〇八頁。

（10）『李太白全集』巻二十、九二一頁。王琦注に「一作」として天宝元年四月作の説を挙げる。

（11）Paul W. KROLL, Verses from on High: the Ascent of T’ai Shan, *T’oung Pao*, 69, 4-5, 1983.

（12）Paul W. KROLL, LiPo’s Transcendent Diction, *Journal*

of the American Oriental Society, Vol.1. 106-1, 1986, pp. 99-117.

（13）『道蔵』第三十三冊、四三五頁。

（14）雷聞『郊廟之外——隋唐国家祭祀与宗教』（北京三聯書店、二〇〇九年）。

第四部　混淆する道教文化

唐代密教史における道教的要素が存在する経典の成立背景について

岩崎日出男

はじめに

中国密教史における密教と道教の関係の諸相については、吉岡義豊・長部和雄・三崎良周といった先学に多くの論考が残されており、これらの学術的成果は現在も広く密教と道教の関係を考察するための必読の研究とされている。

さて、筆者はかつて上記の先学の研究成果の一部を参考に「道教と密教」（『講座道教』第四巻　道教と中国思想、雄山閣出版、二〇〇〇年）と題し、特に唐代における道教と密教の関係について論じたが、そこで先ず指摘したことは現在の認識における「密教」と呼ばれる仏教が中国の人々によって認知されたのは金剛智三蔵の来唐（開元七年・七一九）以降のことであることと、次に歴史上に確認される道教と密教の交渉は代宗皇帝の時代・不空三蔵在世の折、安国寺沙門崇恵と太清宮道士の史華による角法（大暦三年・七六八）が行われた一例のみであること、また小説などにみられる道教と密教の交渉の説話の分析を通して、密教にとって符が道教の呪術を象徴するものであったこと、最後に符などが説かれる道教の影響が認められる密教経典は、そのほとんどが中国で偽撰された雑密経典であり、金剛智三蔵や不空三蔵が翻訳・布教した密教とは遠く隔たる内容のものであることを指摘した(1)。

そこでこの小稿では、これまで十分には論究されてこなかった道教の影響が認められる偽選の雑密経典の制作者やその成立年代、またどのような人々がこの雑密経典を受持し布教していたかなどについて、ここ二十年間余に進展した唐代から宋初にかけての密教史研究の成果を援用しながら考察を試みたいと思う。また、道教的要素が認められる主として唐代において偽選された雑密経典の多くが、入唐八家の将来などをはじめとして様々な経路をもって平安期を中心に齎されていることに鑑み、その唐土における道教的要素が認められる偽選の雑密経典を生み出した歴史的背景を知ることは、このような経典の中国・日本における受容の在り方を比較検討する上での参考になるものと考えられる。

一、道教的要素が認められる偽選の雑密経典研究を取り巻く諸問題

長部和雄による道教的要素が認められる偽選の密教経典研究の課題

長部和雄は「道・密管見」（『唐宋密教史論考』永田文昌堂、一九八二年）において、大正新脩大蔵経・密教部（巻十八・十九・二十・二十一）に収められる道教的要素が認められる六十部に及ぶ密教経典を分類するとともにその課題を以下のようにまとめている。少々引用が長くなるが、後の論述の便宜上、寛恕を願いたい。

（一）其の第一は、道教成立以前からのシナ思想であって、道教成立により道教に取り入れられたが、その後と雖も、道教と無関係にても存在するもの、例えば陰陽・五行思想の如きである。密教に此の種の思想が発

見出来るのは、それが道教を通して取り入れられたか、将た又道教を媒介とせずに直接中国文献から吸集したものか、これを是非知りたく思っているが、これが究明はなかなか容易な業ではない。

（二）其の第二は、これも道教以前からシナにあったのであるが、（一）と同様道教成立と同時に道教に固定したものであって、例えば太山府君・司命・司禄（録）の如きがそれである。しかし、これも密教に摂取されたのは、道教を仲介としてであるか、或は中国文献から直接なのであるか、（一）の場合と同様、これを識別することが極めて困難である。

（三）其の第三は、道教にても密教にても、それぞれ独自に開発されていたと考えねばならぬ教義の内容に関するもので、現世利益一般がそれである。密教側の術語で表現すると息災・増益・調伏の如き、道教側のそれでは攘災・招福・伏魔である。此の種の要素については、道・密相互影響論は、無意味であるだけでなく、謬見であるが、共通論であるならば論旨推論の余地はある。（中略）そこで今度は更に観点角度を移して、道教風要素の濃淡により仕分けすると、これ亦次の三種類になると考えたが、これも実際一つ一つの実例にあたってみると、意外に分類することが容易でない。［一］其の第一はところどころに道教風の辞句が出ているもの、［二］其の第二は数箇所に集中して道教説を混えて密教を説いているもの、［三］其の第三は全編に亘って道教風に密教を説いた経文である。以上三種類の経文は、部数量の上からいうと、其の第一に属する経文が最多にて、其の第二のそれは次に位し、其の第三の部類と見るべきものは極めて少ない。（中略）道教の臭いのする密部経文の実例六十部の成立年代は、その所伝の通り信ずるならば、六朝訳・隋唐訳・趙宋訳の三種類があるけれども、その数量の上では唐訳が圧倒的に多い。つまり唐代は道教が盛んに密教に這入った時代であると想像することができる。

（二一六—七頁）

と述べ、道・密交渉研究上の課題を詳しく分析したうえでその研究の難しさを指摘しているが、上記の課題は現在においても同様であるといわねばならない。さらに長部はこれに続いて、

（道教的要素において）道教成立以前に存在していて道教成立により明確に道教に固定し其れ以後は道・密両経文に等しく発見できる場合でも、何時それがいずれから密教経文に取り込まれたかということの確認が極めて困難であるということである。というのも道教経文の大部分は其の成立の時代が不明であるから、密教経文に説かれている道教が何時取り入れられたかを究明することが不可能に近い。（二一八頁）

と述べ、道教的要素がいつ密教経典に取り入れられたかについては考証すらできないことを言い、最後にその纏めとして

とも角、道密両経文に共通に見えるというだけでは、相互影響論に踏み込めないのは勿論のこと、共通論の意義が那辺にあるかをさえ考えさせられる。（二一八頁）

と述べ、改めて道密交渉における両経典研究の困難さを披歴している。

そこで、上記した長部が指摘した研究上の課題を踏まえたうえで、まず道教的要素が確認される密教経典について、その成立年代を知ることは可能であるのかについて考察を試みることにしたい。

二、道教的要素が確認される密教経典六十部の再考

筆者による中国密教史の定義による道教的要素が確認される密教経典

「はじめに」でも触れたが、「道教と密教」の拙論において、中国における密教の認識が金剛智三蔵の来唐に始

まることを指摘したが、この見解は道教的要素が確認される密教経典の成立年代考証への足掛かりとなる可能性がある。なぜなら、道教的要素が確認される密教経典は、その多くが失訳となっている場合が多いのであるが、一方、金剛智三蔵・善無畏三蔵・不空三蔵に仮託した道教的要素が確認される密教経典も多数存在するからである。このことから、少なくとも金剛智三蔵・善無畏三蔵・不空三蔵に仮託した道教的要素が確認される密教経典は、これら唐代密教を代表する密教僧の入寂後に成立したことが予測されるのであり、またこのことは密教僧として周知されていた僧の名を仮託することによって作成の当初から道教的要素を混入することが意識された密教経典として作成されたものであることを推測させるものである。なお、長部が中国密教研究に従事していた時代は、中国人がいつ従来とは異なる仏教としての密教を認知したかといった問題意識は希薄であり、教理的な側面（真言・陀羅尼の読誦や現世利益の強調等）から中国密教の歴史を認識しているため、その期間は後漢代から宋代に亙る広範囲となっている。なお、このような認識は筆者が「道教と密教」の拙論において、中国における密教の認識が金剛智三蔵の来唐に始まることを指摘する以前まで中国の密教を研究する者の常識となっており、例えば中国の密教の歴史的区分としてインド密教の歴史区分に倣い初期中国密教・中期中国密教・後期中国密教の名称を与えていたことはそのことを端的に物語るものであろう。因みに、この認識は「道・密管見」では大正新脩大蔵経・密教部（巻十八・十九・二十・二十一）に収められる道教の影響が認められる六十部に及ぶ密教経典を指定・分類する際にも用いられ、例えば後漢失訳の『安宅神呪教』を筆頭に指定していることからもそれは明らかである。

そこで、改めて長部が「道・密管見」で大正新脩大蔵経・密教部（巻十八・十九・二十・二十一）に収められ道教的要素が認められるとする六十部に及ぶ密教経典について確認すると、

金剛智三蔵訳『金色迦那鉢底陀羅尼経』（巻二十一）『北斗七星念誦儀軌』（巻二十一）

善無畏三蔵訳『童子経念誦法』（巻十九）『阿〇薄倶元帥大将上仏陀羅尼経修行儀軌』（巻二十一）『三種悉地破地獄転業障出三界秘密陀羅尼法』（巻十八）『仏頂尊勝心破地獄転業障出三界秘密三身仏果三種悉地真言儀軌』（巻十八）『仏頂尊勝心破地獄転業障出三界秘密陀羅尼』（巻十八）
不空三蔵訳『如意宝珠転輪秘密現身成仏金輪呪王経』（巻十九）『金毘羅童子威徳経』（巻二十一）『深沙大将儀軌』（巻二十一）『焰羅王供行法次第』（巻二十一）『供養十二天威徳天報報恩品』（巻二十一）『文殊師利菩薩及諸仙所説吉凶時日善悪宿曜経』（巻二十一）『瑜伽集要救阿難陀羅尼焰口儀軌経』（巻二十一）『瑜伽集要焰口施食起教阿難陀縁由』（巻二十一）『聖迦柅忿怒金剛童子菩薩成就儀軌』（巻二十一）

となり、金剛智三蔵訳が二部、善無畏三蔵訳が五部、不空三蔵訳が九部の都合十六部であって、六十部全体の四分の一を僅かに超える分量となる。ただし、上に掲出した経典の中には日本の平安末頃に改作された偽経典の可能性を指摘されているものもある。例えば、善無畏三蔵訳『童子経念誦法』『三種悉地破地獄転業障出三界秘密陀羅尼法』『仏頂尊勝心破地獄転業障出三界秘密三身仏果三種悉地真言儀軌』等がそれであり、(2) このような可能性をも考慮すると中国撰述における道教的要素が確認される密教経典は存外少なく全体の二割程度ということになる。なお、長部が指定した中国撰述における道教的要素が確認される密教経典中には、一行禅師の撰述も『宿曜儀軌』（巻二十一）『七曜星辰別行法』（巻二十一）『北斗七星護摩』（巻二十一）一行修述『梵天火羅九曜』（巻二十一）一行撰訳『曼珠室利焰曼徳迦万愛秘術如意法』（巻二十一）の五件が指摘されているが、ここで注意するべきこととして一行禅師を金剛智三蔵・善無畏三蔵・不空三蔵といった教理的にも歴史的にも純然たる密教僧と同列に考えてもよいのかということである。周知のように一行禅師は善無畏三蔵訳の『大日経』の注釈である『大日経疏』を作成し、かつ金剛智三蔵にも親近した僧ではあることから、日本密教では空海も一行禅師は密教を伝持した祖師の一人とし位置づけ、また海雲の『両部大法相承師資付法記』（大和八年・八三四、大正五十一・七八六下）に善無畏三蔵の胎蔵法の付法と記されているものの、一方その思想的背景はあくまで天台と律とであって、その意味において在世時は勿論、示寂後も金剛智三蔵・善無畏三蔵・不空三蔵のような密教僧と同列には論じられない面がある。このことは上記した長部指定の一行撰述とされる道教的要素が確認される密教経典の五部全てが星宿・暦法に関するものであり、これは贅言するまでもなく一行禅師の歴史的業績である「大衍暦」の作成者であることと星宿・暦法を知悉し極めた僧であったという認識のもとに作成された偽経典であることは言を俟たないであろう。このような理由によって、一行禅師撰述とされる五部の経典について上記四部は道教的要素が確認されるものの密教経典の範疇には含めないものとする。(3)

さて、以上のほかに密教僧として明確である僧の道教的要素が確認される密教経典には空海の師・恵果阿闍梨の孫弟子にあたる法全の集になる『供養護世八天法』（巻二十一）、また円珍に不空第三代の伝法弟子と記される智慧輪（般若斫羯囉・般若惹羯囉）訳『摩訶吠室囉末那提婆喝囉闍陀羅尼経』（巻二十一）『聖歓喜天法』（巻二十一）がある。また、翻訳僧が密教僧か否かは不詳であるが、金剛智三蔵・善無畏三蔵の活動時期に翻訳されたことの明らかな雑密経典にして道教的要素が確認されるものとして北天竺国僧・阿質達霰（無能勝）によって訳された『穢跡金剛説神通大満陀羅尼法術霊要門』（巻二十一）『穢跡金剛禁百変法門経』（巻二十一）『大威力烏枢沙摩明王経』（巻二十一）がある。

なお、前掲した長部が指摘した六十部の経典には失訳とされる経典が多くを占めると述べたが、勿論、金剛智三蔵・善無畏三蔵・不空三蔵・法全・智慧輪以外にも翻訳者の僧名が明らかな経典も含まれている。例えば、西天竺国婆羅門僧金倶吒撰集として『七曜攘災決』（巻二十一）と跋駄木阿訳『施餓鬼甘露大陀羅尼経』（巻二十一）

があり、この経典は入唐八家の一人・宗叡によって将来されたことが知られるものであるが、選集者の西天竺国婆羅門僧金倶吒という僧についてはその詳細は一切不明である。そのため、宗叡によって将来されたことから金剛智三蔵来唐以後ではあることと、その選集された時期と僧自体が密教に関りがあったかも不明ではあるものの道教的要素が確認される密教経典として十分に参考となるものと考えられる。また同様に、日本における青面金剛信仰の典拠である空蕃の述になる『青色大金剛薬叉辟鬼魔法』（巻二十一）と会昌の破仏時にチベット僧として敦煌で活動した法成の訳になる『諸星母陀羅尼経』（巻二十一）は唐代密教における仏頂系密教と関係していることが指摘されているので[4]、これらの経典も道教的要素が確認される密教経典として参考とすべき可能性がある。

以上、長部の指摘による道教的要素が確認される密教経典六十部について、筆者による中国密教史の定義によって再考察した結果、二十六部の経典について再確認されたのであるが、これらいずれの経典においても確認される道教的要素の内容は前掲長部の指摘にある「[一]其の第一はところどころに道教風の辞句が出ているもの、[二]其の第二は数箇所に集中して道教説を混えて密教を説いているもの」というものである。また、この二十七部の経典中、金剛智三蔵・善無畏三蔵・不空三蔵・一行禅師の訳となっている二十部の経典は、一部を除いてすべて仮託の偽経典である。なお、不空三蔵訳の『文殊師利菩薩及諸仙所説吉凶時日善悪宿曜経』（巻二十一）は、その作成過程において、翻訳ではなく口述であり、かつその口述は不空三蔵の俗弟子と考えられる中国人の史瑶と楊景風によって二度にわたって再構成されたものであるという通常とは異なる事情が存在する[5]。

三、道教的要素が確認される密教経典を取り巻く唐代密教史上の諸背景

（1）唐代における密教の広がり

善無畏三蔵が開元四年（七一六）、続いて金剛智三蔵が開元七年（七一九）に来唐して以来、密教は不空三蔵の時代を経て永貞元年（八〇五）に空海が長安・青龍寺の恵果阿闍梨から伝法されるまでその期間は一〇〇年に満たない。密教が最も隆盛した不空三蔵の時代、その隆盛の中心は長安の都であったが、金剛智三蔵が建立した毘盧遮那塔院のある洛陽の都や不空三蔵がその建立に尽力した五臺山金閣寺（山西省五台県）など、密教の存在は確実に広がりを見せていく。そして、空海が恵果阿闍梨から密教を伝法される頃には更に地域的な広がりを見せるようになる。例えば、恵果阿闍梨の弟子で胎蔵法を伝法されその師位を得た辨弘は、空海入唐時汴州（河南省開封）で付法伝法のあったことが知られ、空海と同じ遣唐使節団の一行として渡唐した最澄は、帰国直前の貞元二十一年（八〇五）四月に越州（紹興）においてその地の龍興寺に滞在していた善無畏三蔵の孫弟子にあたる泰山霊巌寺・順暁阿闍梨から金剛界系の密教を伝授され、また前後して同地域で国清寺惟象から大仏頂大契曼荼羅、大素から五仏頂法、江秘より如意輪壇、霊光より軍荼利菩薩壇法といった密教を伝授されている。また、円仁は入唐直後の開成四年（八三九）揚州で嵩山院持念和尚全雅から金胎両部に関わる密教の指授を受けたことが知られる。

唐代末期になると、光啓年中（八八五～八八八）霊州（寧夏回族自治区）広福寺僧・無迹が熾盛光法を修して感応多しといわれ、唐末から五代にかけては鳳翔府（陝西省宝鶏市）で孔雀王経の持誦を日課とし瑜伽灌頂法を受け持明の力に卓越し鳳翔阿闍梨と称された道賢（?～後唐・九三三）が活動し、四川省成都近辺では柳本尊（唐・八五九

～後晋・九四二）が大輪五部秘呪と煉指（指を焼いて仏に供養する捨身行の一種）等の捨身行をもって衆生済度に尽くし、演秘闍梨に瑜伽教を授けられ、常に五更に文殊五髻の法を行じ、灌頂道場を開くこと五遍、僧尼士庶三〇〇〇人が受け、その法を嗣ぐ者が二十人余もいたとされる東京（開封）開宝寺・守真（八九四～九七一）の存在が知られる。(6)

以上のように、史料に基づき確認した結果、唐代密教は少なくとも長安・洛陽を拠点として北は山西省、東は河南省、西は四川省、南は江蘇省まで広範囲にその裾野を広げていたことが確認されるのである。なお、この唐代の密教は五代の混乱を経て宋代初期に至るまでその余命を永らえたことは、奝然が入宋し都の開放に到着した太平興國八年（九八三）には、彼の地に金剛界系を相伝していた崇智阿闍梨に会い、また清沼三蔵から金剛界・胎蔵法の両部三密大教を受学し五瓶灌頂を受け、その弟子の盛算も令遵阿闍梨から両界瑜伽大教・諸尊別法を稟受し灌頂を受けたことが知られる。(7)

(2) 唐代における密教の伝承を担った人々とその特徴

金剛智三蔵の来唐（開元七年・七一九）以来、唐滅亡から五代（九〇七～九五九）までの二〇〇年余の間に密教の伝承を担ってきたのは贅言するまでもなく金剛智三蔵・善無畏三蔵の弟子僧たちである。殊に金剛智三蔵の弟子である不空三蔵には印可を得て後事を託された六人の弟子がおり、中でも不空三蔵入寂時に最年少でその六人に数えられた恵果阿闍梨が後に空海の師となり金胎両部の密教を授けたことは周知のとおりである。密教にはこのような出家（密教僧）における明確な師資相承の系譜がある一方、在家信者、すなわち俗弟子に密教を伝授するという伝統が存在している。一般に密教はその名称のイメージとして、その教えは秘密であり深遠であるが故に優れた素質のある限られた僧にしか授けられない教え、といったように考えられがちであるが、それがインド密教以来の伝統であるかは詳らかにしないものの唐代の密教ではいくつかの実例が確認されるのである。例えば、不空三蔵の俗弟子で右龍武軍（禁軍）将軍にして功徳使であった李元琮は、不空三蔵に受法すること三十年余、篤信の在家信者として不空三蔵の生涯にわたり物心両面で支援を惜しまなかった人物であるが、その受法の内容は「金剛界五部法・曼荼羅・印・瑜伽指帰・五智・四明・護摩要訣」を修学し五部灌頂・金剛界大曼荼羅を授けられている。なお、これらの受法と伝授された教法の内容は、密教を専修している僧弟子の受法・伝授と比較しても遜色のないものである(8)。また、不空三蔵はこの李元琮以外にも朝廷との橋渡し役に尽力した宦官の李憲誠や、書記役であったと考えられる前左領軍衞兵曹参軍翰林待詔の趙遷にも密教を授けていたことが考えられる。不空三蔵以後も俗弟子への受法・伝授が行われたことは不空三蔵の弟子の恵果阿闍梨の場合も同じであり、杜相公・黄裳・韋相公といった在家信者が恵果阿闍梨から灌頂を受け持念を学んだことや、恵果阿闍梨の伝記を記した呉殷などは空海とともに付法の一人として挙げられている。同じく不空三蔵の弟子でその後継者でもあった恵朗の付法に天竺阿闍梨がいたが、その天竺阿闍梨の三人の付法の一人に俗居士趙梅（又は趙政）がいる。そして、この趙梅には四人もの付法の弟子があったとされる。特にこの趙梅の付法は、それまで密教の付法・伝法の主体は僧であったのが、在俗の受法者によっても密教の伝授・伝法がされていたということであり、これは先に述べた密教流伝の地域的広がりが密教流伝を担ったのは密教僧だけではなく俗弟子もその一端を担っていたという人的な背景と呼応していたというべきであろう。なお、ここで受法・伝法で断っておかなければならないことととして、不空三蔵の当時から密教を受法したものは、その受法した内容に限り自由に他者に灌頂儀礼をもって伝法できていたという事実があり、決して付法・伝法の系譜にあげられる高僧だけが密教を伝授・伝法していたわけではないことも唐代の密教の特徴の一つである(9)。また、先に四川省で活動した柳本尊が密教の実践とともに「煉指」といった捨身行を行っていたことを述べたが、密教者と考えられ捨身行を行ったものに元慧（八一九〜八九六）という僧がおり、この僧は「五部曼荼羅を諷誦し臂上に香炷を爇く…。」と記され、また咸通年中（八六〇〜八七四）鳳翔の重真寺において左拇指を煉指したことが記されている。[10]当時、このような捨身行を行う僧は珍しいものでなかったが、恵果阿闍梨以降の密教僧にそのような修行を行うものがいたことは、密教僧に対する仏教信者や一般大衆の認識の一つになっていた可能性が考えられる上で無視できないものであろうと考えられる。なお、以上のほかに密教僧への認識として「はじめに」でも触れたが、代宗皇帝の時代・不空三蔵在世時、安国寺沙門崇恵と太清宮道士の史華による角法（大暦三年・七六八）が行われた折、その角法の内容が刀梯を昇降するとか烈火の火の上を歩くなどといった、言わば大道芸に類するようなことであったこともその認識に関わる可能性があるものと考えられる。[11]

(3) 唐代から五代・宋初にかけての密教の消長

周知のように唐代において最も密教が盛行した時期は代宗皇帝のもとで不空三蔵が活躍した大暦年間（七七六〜七七九）であるが、その後、恵果阿闍梨（七四六〜八〇六）と最澄・空海の受法の時代を経て、常暁（?〜八六七、八三八〜八三九入唐）・円行（七九九〜八五二、八三八〜八三九入唐）・円仁（七九四〜八六四、八三八〜八四七入唐）・慧運（七九八〜八六九、八四二〜八四七入唐）・円珍（八一四〜八九一、八五三〜八五八入唐）・宗叡（八〇九〜八八四、八六二〜八六五入唐）の時代までは恵果阿闍梨の付法・義真阿闍梨や恵果阿闍梨の孫弟子にあたる法全阿闍梨、また不空三蔵三代の弟子と称される智慧輪三蔵等により不空三蔵・恵果阿闍梨以来の密教が伝えられている。しかし、この八〇〇年代の中ごろ以降になると具体的なそれ以降の密教の状況を知る手掛かりとなる史料が極端に少なくなり、上記「（1）唐代における密教の広がり」で述べた幾人かの密教僧と考えられる僧の伝記を通してしか窺うことができなくなる。

さて、長部和雄は一連の中国密教研究において代宗・徳宗以降、すなわち恵果阿闍梨以後の密教を唐代後期密教と定義・呼称するが、これまで論じてきた道教的要素が確認される雑密経典はいずれもこの期間に作成されたものであると推測している。そこで、再び上述した「（1）唐代における密教の広がり」で触れた密教僧と考えられる僧が活動した九〇〇年代前後の唐代末期から九〇〇年代の後期である五代・宋初における密教の現状について考察するならば、それは賛寧（九一九～一〇〇一）の『宋高僧伝』にその記載が存在する。具体的には『宋高僧伝』巻一の金剛智三蔵と不空三蔵の両伝の末尾に「系曰」として賛寧の見解が記されているものである。まず金剛智三蔵伝では、

系に曰く、五部曼拏羅の法は、鬼物を攝取して必ず童男處女に附麗す。疾を去り祆を除くことは絶だ易し。近世の人、是を用って身口の利を圖る。乃ち徵驗寡し。率ね時の慢る所と為る。吁、正法の醨薄、一に此に至れるか[12]。

と記され、次で不空三蔵伝では、

系に曰く、教令輪を傳ふる者、東夏は金剛智を以て始祖と爲し、不空を二祖と爲し、慧朗を三祖と爲す。已下の宗承の損益する所は知る可きなり。自後、岐分れ派別して咸な曰く、瑜伽の大教を傳ふと。多きことは則ち多し。而れども驗少なき者は何ぞや。亦猶ほ羽嘉は應龍を生じ、應龍は鳳皇を生じ、凰皇已に降って庶鳥を生ずるがごときなり。變革無からんと欲するも其れ得可べけんや[13]。

と記されるものである。上記両伝中、金剛智三蔵伝では「近世の人、是を用って身口の利を圖る。乃ち徵驗寡し。

率ね時の慢る所と為る。吁、正法の醨薄、一に此に至れるか。」の記載と、不空三蔵伝では「自後、岐分れ派別して咸な曰く、瑜伽の大教を傳ふと。多きことは則ち多し。而れども験少なき者は何ぞや。」の記載であり、前者は密教僧が己が身の利益を図るばかりで験力が少なく時人の侮るところとなっていたということと、後者は不空三蔵の後継者であった恵朗以後、密教は千々に分派し、分派したそれぞれが密教の正統を伝えていることを主張するも験力が少ないことが非難されている。また、筆者がこの『宋高僧伝』が完成した端拱元年（九八八）の十八年前である開寶三祀（九七〇）に成立したことを論証した法進（生没年不詳）の撰述になる『大儀後序』の題を持つ密教文献には、当時の密教僧に対し以下のように記している。

自ら持明を解すと言ひ、名聞・利益の為に、詐りて精進に勤むるを現じ、善知識及び諸の持明者を軽慢するがごときは、言辞に誑妄多く……。

また、

處々に執着を生じ、戒を壊《やぶ》りて邪念を起し、聖言の量《のり》に順《した》がはず。故に學識の士をして、茲の狂惑の言を覩て、遂に一向に最勝の持明藏を軽毀せ令む。あるいは方《ほう》に随って化道を開く。其の餘は軌範無く、誑妄の等流矯《おご》りて阿闍梨と稱するも、行・解倶に以て謬《あやま》てり。少聰・利性を恃み癡惑は心眼を蔽ひ、既に菩提心を闕く。

といった記載が存在し、その『大儀後序』は最後に、

惜しいかな无上の法、久しからずして當に滅没すべし。我が心痛恨を極む。故に述べて斯の文を置く。諸の修持有る者は、冥應自ら勤策せよ。

と当時の密教僧の行動と修行に対して批判と警鐘を鳴らしている。(14) 内容としては『宋高僧伝』とほぼ同趣旨とし

てよいであろう。

以上の史料の記載から、唐代密教は八〇〇年代の後半から五代の混乱を経ても広範囲にその裾野を広げたが、一方、密教僧はその質、すなわち宗教者としての高い精神性と清浄性及び密教儀礼による功力の少なさから人々の信頼を得るのが難しい状況にあったことが窺われる、ということになろう。なお、賛寧と法進はともに学問僧であり、法進などは「顯・密の教を傳ふる沙門」もしくは「梵學沙門」「梵學僧」などとも記される僧であって、両僧の当時の密教僧への行動と修行に対しての批判と警鐘はあくまで学問僧の目から見た状況であることを考慮しなければならない側面がある。例えば金剛智三蔵伝の「率ね時の慢る所と為る。」とあるのは、市井の人々・一般大衆というよりも、むしろ教養・知識のある人士から慢られたとも考えられる可能性があるからである。

まとめ

以上、道教的要素のある密教経典を取り巻く背景として「唐代における密教の広がり」「唐代における密教の伝承を担った人々とその特徴」「唐代から五代・宋初にかけての密教の消長」を考察し、その状況を明らかにしてきた。その結果、唐代密教は少なくとも長安・洛陽を拠点として北は山西省、東は河南省、西は四川省、南は江蘇省まで広範囲にその裾野を広げていたことが確認され、それらの地域の密教を担った人々は密教僧だけではなく俗弟子として在家にありながら密教を伝授し伝えた人々も存在し、且つそれらの一部には捨身行を行う僧もあった。そして、これらの地域に活動した僧俗の密教者は、九〇〇年代前後の唐代末期から九〇〇年代の後期である五代の混乱期を経て宋初に至るまで活動したが、その一方で密教者を名乗る僧俗の質の低下、すなわち宗教者としての高い精神性と清浄性及び密教儀礼による功力の少なさから人々の信頼を得るのが難しい状況であった。要するに、道教的要素の存在する密教経典は、実にこのような時代の背景の中で作成されると考えられるのであり、またこのような時代の密教を、市井の人々のもと大衆化した密教だと認識するのであれば、道教的要素の存在する密教経典こそ、当時の人々が求めた密教の姿の一面を表すものでもあるといえよう。なぜなら、密教・道教に共通する現世利益を取り上げた場合、その実現のための教理・実践の方法は両教ともに十全に確立したものがある以上、本来は両教の間でその実現のために何らかの教理・実践の方法を融通し合う必要は無いのが道理である。しかし、現実には密教・道教ともに符と真言などの互換が認められるのは、両教ともにそれが必要であったからであり、その必要であった理由は密教の側でいえば「中国民衆の間に浸透させるのには、シナ本来の民俗信仰と調和さす必要が大いにあった」[15]というのであれば、道教的要素の存在する密教経典は市井の人々のための中国独自の密教経典であるということになるであろう。

注

（1）　拙稿「道教と密教」（『講座道教』第四巻　道教と中国思想、雄山閣出版、二〇〇〇年）一三〇―一五〇頁。
（2）　苫米地誠一『大蔵経全解説大事典』（雄山閣出版、一九九八年）二六九頁中。
（3）　長部和雄「一行禅師撰と伝える雑密儀軌と唐代後期の密教」（『一行禅師の研究』神戸商科大学研究叢書三、一九六三年）二五六―二五七頁、長部和雄「道・密管見」（『唐宋密教史論考』永田文昌堂、一九八二年）二一一―二三三頁。
（4）　三崎良周「敦煌の密教文献――特に佛頂尊勝陀羅尼経と諸星母陀羅尼経について」「成尋阿闍梨と北宋の密教」（『密教と神祇思想』創文社、一九九二年）。

（5）矢野道雄『密教占星術――宿曜道とインド占星術』（東京美術選書四九、東京美術、一九八六年）一〇―一一頁。
（6）甲田宥吽「恵果和尚以後の密教僧たち」（『高野山大学密教文化研究所紀要』第一五号、二〇〇二年）二九―六二頁参照。
（7）注6に同じ。
（8）拙稿「新出、前左領軍衞兵曹参軍翰林待詔趙遷述「大唐故寶應功臣開府儀同三司右龍武軍将軍知軍事上柱國涼國公李公墓誌銘幷序」について」（『高野山大学大学院紀要』第一八号、二〇一九年）参照。
（9）拙稿「第6章密教の伝播と浸透、三 密教の中国社会への浸透」（『新アジア仏教史07中国II隋唐 興隆・発展する仏教』佼成出版、二〇一〇年）。
（10）注6に同じ。
（11）注1に同じ。
（12）「唐洛陽廣福寺金剛智傳」（『宋高僧伝』一、大正五〇、七一二上）。
（13）「唐京兆大興善寺不空伝」（『宋高僧伝』一、大正五〇、七一四上）。
（14）拙稿「『大儀後序』の成立年代と作者・法進について」（『密教文化』二四九・二五〇合併号、二〇二三年）参照。
（15）長部和雄「道・密管見」（『唐宋密教史論考』永田文昌堂、一九八二年）二一二頁。

参考文献

長部和雄『唐代密教史雑考』（神戸商科大学経済研究所、一九七一年）
三崎良周「中国・日本の密教における道教的要素」（酒井忠雄、福井文雅、山田利明編『日本・中国の宗教文化の研究』平河出版、一九九一年）

諸教混淆と中世社会

――福神・狐憑き・陰陽師

芳澤　元

はじめに

儒教・仏教と比べ、道教には「祖師」とよばれうる存在がなく、狭義の道教研究は限定的にみえもするが、その周辺も含めた「道教的なもの」の研究は相当に進展し、史料研究や国際化の進展を目の当たりにする。二〇〇九年に開催された展覧会『道教の美術』もその到達点の一つを示し、美術面からの道教研究が開花した。(1)関連して陰陽道研究も『新陰陽道叢書』刊行、特別展『陰陽師とは何者か』にみるように、着実に蓄積を増している。(2)東アジア通有の宗教として儒・仏・道三教の諸関係に関する論究は絶えないが、三教の相互関係を紐解くことは一筋縄ではいかない。(3)日本では福神のなかに道教由来の神格も混融されたし、吉田神道にも仏教・儒教はおろか、中国元代の道教の教説も採用された痕跡や修験の影響が認められた。(4)中世では神・仏・儒・陰陽道などが混融する局面が多く、従来の「神仏習合」概念についても、神―仏の図式に収斂しない中世宗教の実像の解明が課題となっている。(5)このように考えると、日本では三教一致のみならず神観念も絡まり、より複合的な諸教混淆像が想定されよう。この難題に立ち入るには相当の準備を要するはずだが、本稿では、戦国期に至る時代の陰陽道などの外法と仏教の関わりを概観し、社会的な諸教混淆の実態に迫る一助としたい。

一、偽経と福神――『天地八陽神呪経』と「宇賀神経」

康暦二年（一三八〇）醍醐寺報恩院隆源が写した聖教『真友抄』全十二巻(6)があり、上醍醐の学僧賢西と高山寺辺に山居する証実房慈英の多彩な対談内容が筆録される（国文学研究資料館新日本古典籍総合データベースで閲覧可能）。その巻十には、ある二つの偽経について言及がある。同書は対談ごとに日付を記す特徴があり、巻十奥書に記す康安二年（一三六二）二月十四日以前の話題であることがわかる。以下、改行・記号を補って(a)から(d)の四つに分かち検討する。

（1）『天地八陽神呪経』と地鎮祭

(a)白《(賢西)》云、八陽経ト申経御覧アリヤ。
仰《(慈英)》云、サル経ノミタリシトオホユ。
白云、此経ハ吾朝ノ真言宗八家ノ請来ノ録アリ。ソノ中ニハミヘサルナリ。イカナル経ヤラム。後ニ持参スヘシ。梵唐ノ間ニモアリケナリ。此国ニハイツハ《(偽)》レル経ノオホ《(多)》ケナリ。此経ヲ人ノ祈ニヨミ《(読)》奉ル。ソレニトリテハ、イヨ〱信ヲマサ《(増)》ムカ為ニ、カクハタツ《(尋)》ネ申ナリ。

賢西が慈英に対して、「八陽経」なる典籍は梵・唐土にも存在するが、日本には偽経が多く、真言八祖の将来目録にもその名がないと懐疑を呈し、後日の持参を約している。「八陽経」とは八世紀中国で成立し朝鮮半島や東アジアに流伝した偽経『仏説天地八陽神呪経』をさす（以下『八陽神呪経』と略称）。家屋新築・葬儀・婚礼などの日次選定時に読誦すれば幸福を得るとして、道教や占術に対する優越を説き流布した。東寺観智院本（鎌倉中期書写カ）・真福寺宝生院本（十四世紀後半書写カ）が現存するほか、高山寺旧蔵本（建長年間以前）が知られ(7)、栂尾の慈英が一見したというのは高山寺本の可能性が高い。

日本では土地神信仰の文脈で理解され、奈良時代以降、寺社殿閣の普請造営に際し、主に陰陽師や東密僧の地鎮祭で読誦されたという。『真友抄』と同じ十四世紀の例を追うと、貞和二年（一三四六）内裏造営始の際、先例を示すなかで『仁王経』・『理趣三昧経』と共に『八陽神呪経』の読誦がいわれる（『園太暦』同七月二十八日条）。また、『八幡愚童訓』巻上・氏人事に、二歳の児童に託宣した成光が、桃の木の札三枚に「天地八陽経」の陀羅尼を書き付けて枕元に立て百遍ばかり読誦すれば、国土豊穣と求願満足を招くと告げる場面がある。十四世紀中葉でも寝殿建設時に『八陽神呪経』の功徳が意識されたらしい。

（2）宇賀神経と福徳長者

(b)仰《(慈英)》云、宇賀神経ト云物アリヤ。
白《(賢西)》云、サル物アリ。ウタカ《(疑)》ヒアル物ナリ。
仰云、此経ヲモチテアリシヲ、ソノヤウニ録ニモナシ。ウタカヒアル物ト申シヽホトニ、ヤキ《(焼)》テステ《(捨)》タリシナリ。後ニオモヘハ物躰ナキ事シタリケリ。録ノ外ナル経モアルソカシ。ワカ《(若)》キトキハ一ムキニテ、トコトモナキコトアルナリ。彼ノ経ニウシトラ《(丑寅)》ニムカヒテ真言ヲ誦スレハ、カエル《(蛙)》ノ如ナル形ニテ福神現スト云タリシヤラム。コレハ龍ノ中ニカヘルノ形アルコレアリト云ヘル。ソレトオホヘ《覚》タリ。物ヲヒロク《広》ミハ、不思議ノ事アルヘキナリ。（下略）

続けて、慈英は賢西に偽経「宇賀神経」のことを尋ね、賢西は「ウタカヒアル物」と答えた。慈英も当初は「宇賀神経」を偽経と思って焼き捨てたが、後に「録ノ外ナル経モアルソカシ」と思い直して「物躰ナキ事」をしたと後悔した。宇賀神とは、一般に白蛇形に老翁頭をもち如意宝珠を象った異形の神であり、財宝神たる弁才天のほか、愛法神たる稲荷社やダキニ天とも習合した現世利益の福神である。(b)には、丑寅の方角に向かって真言を読誦すれば、蛙の姿形をした福神が現われると記され、慈英は「コレハ龍ノ中ニカヘルノ形アルコレアリト云ヘル」と捉え、物を広く見れば不思議の事もあると述懐する。ただ、(b)で語られる宇賀神は、一般的な天女でも蛇でもない。

山本ひろ子ら[8]によると、宇賀弁才天偽経の一つ『仏説即身貧転福徳円満宇賀神将菩薩白蛇示現三日成就経』では、宇賀神は女形ではなく白蛇形を表わし、その名号を念持祭祀すれば、宇賀神は家内の戌亥（乾）の方角に居住して福徳を招く貧転施福の功徳を説くとある。また、『宇賀神王福徳円満陀羅尼経』では、宇賀神の福徳を奪い取る三悪神として、餓鬼形の飢渇神、蝦蟇形の貪欲神、空体の障礙神を挙げ、彼らは宇賀神の住む戌亥と対峙する辰巳の方角に止住するとあり、鬼門たる丑寅とする経典は見当たらない。

蝦蟇形であるのは宇賀神ではなく退治される貪欲神のほうらしい。『仏説即身貧転福徳円満陀羅尼経』では蝦蟇形の貪欲神が、天女形を表す宇賀神の宝冠上の白蛇に降伏されると記す。十三世紀半ばに天台僧謙忠が著わした宇賀弁才天の修法書『最勝護国宇賀耶頓得如意宝珠王修義（以下、大修儀と略称）』にも、「貪蝦永ク退テ以テ白蛇ノ蟠レルヲ畏ル」とあるから、宇賀神（白蛇・龍）が圧伏する貪欲神＝蝦蟇の上にわだかまる容儀を慈英はみたものとも思われる。

談話(b)では、宇賀神王＝福神は、蛙の如き姿で龍の中にあるという特異な描写だったが、実際には、宇賀神を白蛇＝弁財天の化身とする認識が広がっていく。応永十四年（一四〇七）成立の説話集『三国伝記』巻四「江州佐野郷宇賀大明神御影向昔事」[9]は、貧窮した近江国神崎郡の長谷部太丸が、白蛇＝宇賀神の化身である女客と十五人の童子（じつは宇賀弁才天の眷属）に宿を貸し、その福徳により長者になったと語る。御伽草子『梅津長者物語』も貧窮殿（貧乏神）を追却する福神が描かれ、十五世紀以降こうした「貧転福徳」伝承が巷間にも流布した。宇治の今伊勢に参詣した京の男が、社頭の白蛇を持ち帰り自宅の乾に安置したところ福を得て、宇伽神の利益を感じたが、成長した白蛇が妻と密通したことを咎め追却した途端に貧窮の身に落ちた（『看聞日記』応永二十三年七月二十六日条）。ここでも白蛇を宇賀神＝弁財天＝福神の化身とする認識が同時期には存したことが窺える。[10]十六世紀に興福寺実暁は『習見聴諺集』七「人倫八ヶ大事」[11]のうちの一日の食事、一年の衣装と共に「一期之大事ニハ住屋」と訓戒したが、宇賀神にせよ『八陽神呪経』にせよ、民間でも家宅の吉凶方角に関心を払うのは、家屋を財産とする考え方と軌を一にする。

ただ、「宇賀神経」のような宗教文献から福徳長者伝説をみると、『仏説即身貧転福徳円満宇賀神将菩薩白蛇示現三日成就経』が題目に掲げる「貧転福徳」とは、実のところ、それと真逆のいわば「福転貧窮」と裏腹なものとして認識されたとみるべきではないか。

日本の中世は、福神の観念が整形される一つの過渡期であり、十五世紀段階でもその観念には揺れを伴っている。今日福神に数えられる寿星老人は、元来南極星カノープスの化身とされ、十四世紀中国・元代末期に製作された東京国立博物館蔵「寿星図」は、道教の礼拝画像を彷彿とさせる。[12]また、同じ元末成立の根津美術館蔵「三星囲碁図」のように、碁盤を囲む仙冠道服姿の男性三人は福星・禄星・寿星と目され、周囲に白鶴・亀・鹿と戯れる侍者を配する吉祥図像も登場していた(13)。

他方、十五世紀には、猩々ないし福天（弁才天）を装った盗賊団が和泉国堺に出没し、京都で貧法神《貧乏神》に扮した五〜六十人の男と堺で福天に扮した十六〜七人の女房が入れ違いになったとの流言が飛び交った（『大乗院寺社雑事記』文明十五年［一四八三］六月二日条、『蔭涼軒日録』延徳三年［一四九一］二月十一・十三日条）。『日本国語大辞典 第二版』六巻（小学館、二〇〇一年）では本件を根拠に「七福神盗賊」と立項したとおぼしいが、七種の福神が登場したわけではない。十六世紀後半成立の東京国立博物館蔵『月次風俗図屏風』(14)（図1）第一扇の風流踊祭礼（右下）に現われたのは、打出小槌を持ち米俵に乗る大黒天、鯛を釣りあげる恵比寿、頭上に袋を載せ唐子を連れた布袋、赤熊を被り風流傘を揮う猩々たち、金冠をつけた弁才天など仮装人物群像であり、十五世紀以降に風流と結合しながら福神の数は順次増えた。福神盗賊の風説は、応仁の乱後の京都荒廃と堺の勃興という都市の盛衰に加え、先にみた「貧転福徳」と「福転貧窮」の紙一重の関係、福神の両義性が都市民の意識下に存したことの表われだと思慮される。

図1 『月次風俗図屏風』第1扇、正月の風流踊（東京国立博物館蔵、16世紀後半）

二、外法と野狐——足利義持呪詛事件始末

（1）外法の真言僧と陰陽師

(c)白云《（賢西）》、申ツル八陽経トハ八者分明也。陽者明解也ト説タリ。所詮八陽トハ八識ナリ。六境ヲ以テ如来トシ、一切世間ノ事ニ吉凶ヲ云ハス。此経ヲヨメ《（読）》トス、メ《（勧）》、マタ甚深ノ得益ヲオホクアケタリ。
仰云《（慈英）》、サテハ甚深ノ義ヲトク経トオホユ。コレハ真言経ナリヤ。

白云、八陽神咒経トハ云タレトモ、所説ノ真言ハタ、行者擁護ノタメトミヘタリ。真言ノ一流ニヤワタリ《（渡）》ノ時ニ、此経ヲヨメト云タルアリケナリ。此経ノ中ニ、ヘツ、ホツノ二字ヲ説ナリ。コレハ左丿《ヘツ》為真、右乀《ホツ》為正トテ人ト云文字ヨリ分テトキタリ。人ト云文字ハ、漢字ナルヲ此経中ニカクトキタルヲハ、メツラシキ《（珍）》事ニ云伝タルナリ。（下略）

続けて賢西は『八陽神呪経』に話題を戻し、同経の題意を、八陽を八識（眼・耳・鼻・舌・身・意の六境と末耶識・阿頼耶識）の意に解し、六境に照らして世間の吉凶を判断し、同経を読めば「甚深ノ得益」を上げ、同経の真言は行者を擁護すると説明する。そのなかで、「人」文字について丿・乀の字説を披露するが、文安二年（一四四五）の古辞書『壒嚢鈔』にも「丿乀成㆓人字㆒」と云は、八陽経の説也」として、人字の解釈が踏襲されている。

(d)白云《（賢西）》、コレニ如法ニ秘密ノ書ト申物、先年カキテアリ。小野祖師成尊僧都ノ制作ト申ス。此人ハヤムコトナキ事ナリ。制作オホカラス。コレヲソノ作トテ秘蔵スル人アリ。実否アキラカナラス。所詮書ノ内ニノヘタル義ノ邪正カタクテ持参セリ。シツカニ《（静）》御覧シ玉へ。
仰云《（慈英）》、ハ、カリノヱルヘキモノニテヤサフラフラン。

白云、タヽ種三尊ノ大旨ヲノヘタルモノナレハ、クルシ〔苦〕カラシト存スルナリ。スヘテイツハリ〔偽〕タル物オホシ。

真言師ノ中ニハ外法真言師ト言事アリテ聖教濫シヤスシ。

仰云、外法トハ先仏ノ教ナルト云ヘリ。此間ノ陰陽師ノスル事モ古仏ノ教誑シテナリタリト云ヘリ。（下略）

二つの偽経を談じた後、小野僧都成尊著とされる「秘密ノ書」の真偽を相談した賢西は、偽経が多い昨今の状況を憂え、「聖教を濫シヤス」い「外法真言師」の存在に苦言を呈している。外法とは「正統な仏法の範囲外に位置付けられた魔術的な修法」(15)を意味するが、(d)では正統ではない偽経を広める行為をさすのだろう。

(a)(c)では『八陽神呪経』の真偽は保留されたが、(d)の外法批判では、やや唐突に陰陽師にも矛先が向けられる。「此間」の事情は不詳だが、先の謙忠『大修儀』には、本尊の宇賀弁才天を勧請する際の称名に道祖神行神・五姓玉女がみえ、宇賀神と陰陽道が習合している。慈英の口振りからして、陰陽道側も宇賀神と習合したものと察せられるが、都の喧騒も届く栂尾の山中にあって、二人の学僧は、いたずらに偽経を世俗に広める外法の真言僧や、形振り構わず「古仏ノ教」を乱す陰陽師の外法にも眉を顰めていた。

『八陽神呪経』の日本流伝を論じた増尾伸一郎(16)は、中世には陰陽道と密教が融合するなか『鎮土法』が生まれ、室町期以降には陰陽師に代わり密教僧が地鎮を担ったと展望している。十五世紀以降の地鎮祭で『八陽神呪経』の読誦は充分確認しえない。ただ、永享三年（一四三一）室町第上御所造営時の「外典地鎮祭」をみると、康暦元年の義満を先例に、謝《シャ》土《ト》公《クウ》祭《マツリ》・放解火災祭・大鎮祭などの実施を賀茂在方が注進し、供料一万疋（百貫文）もの巨額を申し入れたが、賀茂在盛は供料員数が決まっておらず下行に従うべきと述べ、満済が義教に披露した（『満済准后日記』同九月十一日条）。義満期までは陰陽道の地鎮祭が三宝院満済の下で実施され、破格の経費がつくほどだったが、以降は相対的に翳りをみせたらしい。その一因に足利義持呪詛事件が考えられる。

(2) 中世の狐憑き狂騒曲

十五世紀には、突発的な精神障害を「野狐の所為」と記す表現が増加し、京洛では狐狸の怪奇も頻発した。京都一条の酒屋で下女に化けて聞こし召していた古狸が退治されたとの風説があるほか(『看聞日記』応永二十四年五月八日条)、八百比丘尼が法華経談義を開いた一条西洞院地蔵堂は、かつて外法の下衆法師が住んだ大峰地蔵堂をさし、狸と狐の異類物語『筆結の物語』の舞台となる(17)。一条高倉にも稲荷社が勧請され狐が徘徊したという(『看聞日記』嘉吉三年[一四四三]九月十四日条)(18)。夢窓疎石門下でダキニ天法を操る「外法成就ノ人」妙吉侍者は、もと唐招提寺流律僧とみられ(19)、三条大宮長福寺の智篋と共に天狗道に堕ちたとされるが、一条堀川村雲の戻橋(浄善提寺か大休寺)に居住した(『太平記』巻二十六)。ダキニ天(吒枳尼・荼吉尼)とは、胎蔵界の外院にいる夜叉をさし、稲荷神の狐霊と習合して辰狐王菩薩とも称された。即位灌頂で修され、陰陽道とも習合したが、本尊が人肉を好むため畏怖すべき外法とされた(20)。後醍醐天皇の側近・立川流の文観房弘真が修した例が著名だが、前述の妙吉侍者から外法を伝授された至一房は無本覚心門弟で、花山院師継が開いた京都妙光寺で荼枳尼天法を修した(21)。狐狸の出没スポットだった一条界隈をはじめ狐の怪異が散見されるが、かかる状況下で狐憑き騒動が多くみられる。

狐憑きの犯人捜しや摘発は、未発達な医療技術の単なる責任転嫁ではなく、精神障害の社会的な落としどころという点で一種のシステムとして機能したという(22)。一方で中世宗教の側も、狐憑きに悩む社会の求めに応じて、地鎮祭のみならず狐落としの術を編み出すことになる(23)。有名な話では、安倍泰成と曹洞禅の源翁心昭が野狐の精を鎮魂する筋立ての能《殺生石》や御伽草子『玉藻前』(図2)のように、陰陽師や仏教に狐鎮魂・狐落としの験力が期待されたが、実際の狐憑きでは彼らはいかに立ち回ったのだろうか。

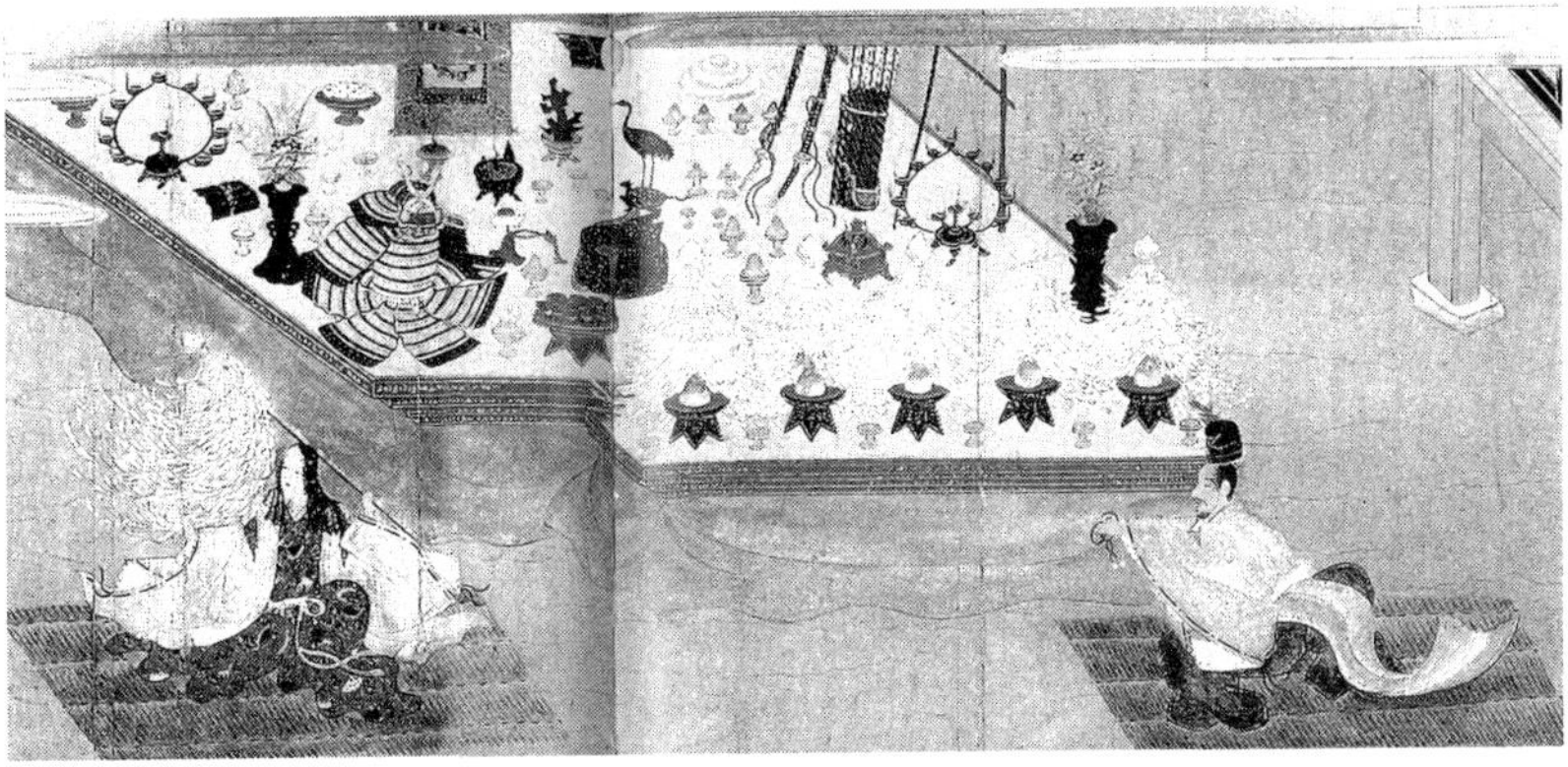

図2　『玉藻前草紙』安倍保成の泰山府君祭（福島県白河市常在寺蔵）

永享五年二月十六日、足利義教室の正親町三条尹子に俄かに異常な高笑など「御邪気興盛」の異変が現われ、義教も仰天し、野狐の所為との風聞が出回った。直ちに箕面寺法師に加持、聖護院らに五壇法を命じ、一旦「野狐退散」となった後、三月二十四日結願まで祈禱が続いた。尹子の不例については、義教を恨む北山小御堂の律僧が千本長福寺僧と共謀して野狐を憑けたとの評が流れたが、満済は「不レ足ニ信用一」と一蹴した。同二十九日、賀茂在方は内々に卜占し、尹子の邪気は専ら「土公御タヽリ」だと注進して地鎮祭の遂行を主張し、満済も「尤也」と認めて在方に祭祀を命じた（『満済准后日記』各日条）。緊急性の高かった尹子の狐落としでは、「内法」と共に「外法」の祭祀を護持管領三宝院の下で賀茂家が遂行し、邪気払いで一定の信用を得たことが窺える。

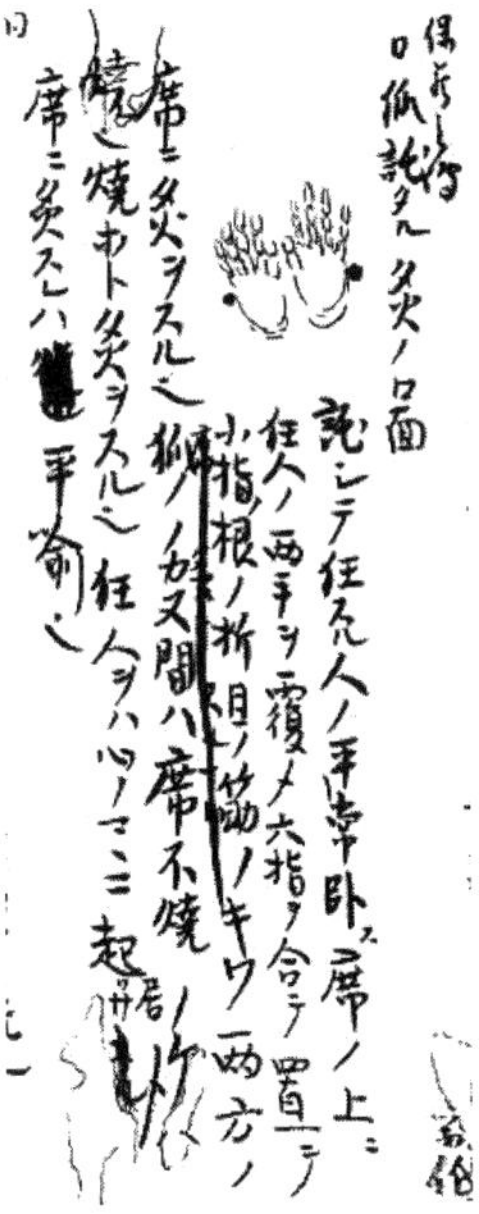

図3　『活套』狐託タル灸ノ図（東京大学史料編纂所謄写本）

また、国立歴史民俗博物館所蔵の田中穣氏旧蔵典籍のなかに、大徳寺一〇九世の督宗紹董らが抄出した、永禄三年（一五六〇）奥書の禅籍『活套』（東京大学史料編纂所蔵謄写本（図3））がある。[24]同書には狐憑きの処置に関する叙述がある（／は改行）。

〇狐託《保蔵之伝》タル灸ノ図。

託シテ狂スル人ノ平常臥ス席ノ上ニ／狂人ノ両手ヲ覆シテ六指ヲ合テ置テ／小指ノ根ノ折リ目ノ筋ノキワ両方ノ席ニ灸ヲスル也。狐ノノカヌ間ハ席不焼。ノケハ／焼也。焼ホト灸ヲスル也。狂人ヲハ心ノマヽニ起居サシテ／席ニ灸スレハ▨(墨抹)平喩(瘉)也。

右によれば、狐憑きの「狂人」に対する処置法として、両手の指を合わせ、小指の付け根の際に灸をすえるという。この狐落としの法は「保蔵之伝」つまり秘伝とされている（『漢語大詞典』「保蔵」に「使下蔵伏、隠蔽而得上到二保護一」）。同書の専論はなく、[25]詳細解明は今後に委ねるが、摂津と堺を往来した肖柏の記事なども収載するため、堺の大徳寺勢力の関わりも想定しうる。一休宗純『自戒集』にもその名をみせる堺南荘少林寺にあった耕雲庵の鎮守稲荷社に所縁の狂言《釣狐》も想起されるが（『堺鑑』巻中・古跡）、『自戒集』「要兄カ伝幷ニ狐ノ託語」には、固有の狐憑きが散見される。得法したと号して殺生を好んだ養叟宗頤の門弟要兄が蛇やイタチに憑かれ、断酒持戒・看経・祈禱・寺社参詣により平癒したとの描写がある。要兄のもとで本来無一物と号して木仏・石仏を破損した堺北荘の住人助次郎も、狐憑きになった際、楞厳呪が読誦されたとある。また、養叟宗頤の弟子で常福寺（摂津中島城福寺カ）の医師僧が登場し、狐を使って人々の病を治し信仰を集め、財を成し、さらに春浦宗熙を養子にして操ったが、常福寺が狐への酒飯の供えを怠ったため、悪行の助次郎に狐が憑いたという。この逸話は一見荒唐無稽にみえようが、十五世紀以降の京洛を騒がせた狐憑き騒動や禅僧のダキニ天法を念頭に置いていることは疑いあるまい。室町人を惑わしてきた外法として狐憑きを強調し、養叟宗頤を唱門士《（声聞師）》に擬えて貶める『自戒集』の作為に反して、『活套』にみたように、督宗紹薫たち養叟宗頤の末流が独自の狐落としの秘伝を編み出していたことを指摘できる。

中世の狐憑きに対する畏怖は根深い。次に触れる足利義持呪詛事件もその一環といえるが、その四年前の応永二十三年、洛中洛外の貴賤道俗を賑わせた桂川地蔵参詣を扇動した阿波法師とその郎党らの事件が起こる。彼らは桂地蔵や狐を使い、眼病難病の回復を謳う秘計を巡らした咎で幕府に捕縛された（『看聞日記』同十月十四日条）。だが、その謀計が暴露された後も、推移をみつめた貞成親王が「然而貴賤参詣者不二相替一云々」と述べるように、一度高揚した霊験への期待はたやすく冷めやらなかった。

（3）足利義持呪詛事件

こうしたなか起こった義持呪詛事件については夙に研究[26]があり、それに従い概観する。応永二十七年八月二十九日、義持は風気を発症、まもなく重篤化する。その病因を、室町殿御医師の三位房胤能（允能。坂士仏の孫）は「疫病」、同じく御医師の高天《たかま》（高間良覚、竹田昌慶の弟子）は「瘡」と診断して特定できず、高間はこの間も薬処方を続けた。病平癒の祈禱も始まり、『大般若経』転読を皮切りに、五壇法・不動護摩、六字法、泰山府君祭、七仏薬師法が修されたほか、御台所日野栄子は北野参籠を挙行、朝廷も石清水八幡に奉幣した。九月十一日、高間父子らと賀茂定棟が義持に狐を憑けた容疑が浮上し、日野栄子が験者に加持を命じたところ、室町第から逃げた狐二匹を発見。仕狐の容疑で高間父子や賀茂定棟・高階俊経らが細川義之に捕縛され、糾問のすえ高間父子が義持呪詛を白状して事が露見した。高間の宿所は破却され、十四日には高間と同類の者八名、医師・陰陽師・有験僧以下、目薬師の松井・宗福寺長老・清水堂坊主・狐仕僧らも拘束された。義持の病状は九月十六日頃から十二月にかけて寛解するが、十月八日に高間らと共に賀茂定棟が讃岐に配流、高間は十一月七日に誅殺された。

病平癒祈禱のうち泰山府君祭の執行は六字法が修されたのと同日の九月十六日、七仏薬師法と同日の十月二十三日、病寛解中の十二月二十四日の三度と突出している。これに関連して十二月、義持は、かねて河内国保安寺で話題であった緑毛のある珍しい霊亀を河内守護の畠山満家から贈与された。その記念に「緑毛亀叙」執筆を命じられた惟肖得巌は、古来、麟鳳亀龍の四獣を「王者の嘉瑞」を示す「四霊」と称するが、なかでも亀は蓮葉の上を一千歳、巻耳の上を三千歳も遊泳する霊獣であると謳いあげ、義持の病快復を祝福し、四方競って珍宝を献上したという(27)。この状況と関連づけ、世阿弥作の能《老松》や応永三十年初見《泰山府君》の二作が義持大病後に企画制作されたとの推測もあるが(28)、大病快癒から三年経った応永三十年に義持は剃髪する。この出家以降、義持の身体護持を祈る修法が肥大化していき(29)、呪詛事件後の霊亀をはじめとする珍宝献上は、不例を体験した義持の神仏依存傾向の前提をなす出来事といえようか。

義持期の主だった陰陽師は、「権威富貴者」と称された安倍泰家（『看聞日記』応永二十四年七月十六日条）、弟の安倍泰定（有富）、賀茂在方だが、病平癒の泰山府君祭を担当したのは泰定だった。陰陽師の祈禱は無病息災・延命長寿や攘災目的のものが多く、狐憑きや呪詛の例は本件以外管見に入らず、定棟の配流は一等不審といえる。事件は、坂家に比肩した医師高間はおろか、定棟の周平流も室町殿の周辺からは排除され(30)、医陰両道の一部は打撃をうけたが、都や地域を揺るがす長期的戦乱のなかで、新たな展開をみせていく。

三、戦国の呪術——諸教混淆と通俗的宗教像

（1）陰陽道の地域的展開

室町幕府の支配下では、顕密寺社の行う変異祈禱において陰陽師は観測所・管制塔の役割を果たしたとされるが[31]、付言すれば顕密僧に加えて五山僧と官人陰陽師とが協業関係にあった[32]。そのような官人陰陽師と禅僧の関係性は、能《殺生石》、室町物語『玉藻前』、『玉藻前草紙』などに登場する安倍泰成と源翁心昭の狐鎮魂に印象づけられていく（ただし室町物語『玉藻前』では、源翁心昭の登場の有無で諸本の系統が分かれる）。

室町期以降、京都を中心に安倍晴明説話が語り始められる。観中中諦は師の義堂周信に、晴明が空海らと同じ讃岐出身だと説き（『空華日用工夫略集』永徳三年［一三八三］正月十九日条）、瑞渓周鳳は、晴明が烏の会話から天皇不例を知って上洛し祈療した「天下無双陰陽師」で、父母のない「化生者」で陸奥に廟があると書き留めた（『臥雲日件録抜尤』応仁元年［一四六七］十月二十七日条）。後者の原型は、花山天皇治療譚や藤原道長呪詛事件を載せる『古事談』『宇治拾遺物語』であると指摘されるが[33]、晴明墓の所在地は一定せず、貞和三年『臨川寺領大井郷界畔絵図』や応永三十三年『応永釣命絵図』には嵯峨大雄寺脇に晴明墓がある[34]。五条橋中島には声聞師らが活動した大黒堂や、長禄三年（一四五九）九月の暴風雨による鴨川の氾濫後、治水の功ある中国神話上の古聖王である夏禹王を祀る廟が建設されたと伝わり（『蔭凉軒日録』長享二年［一四八八］八月十一・二十一日条他）、近世初期にはここに晴明塚の名が残った[35]。官人陰陽師と禅僧の協働関係、声聞師など非官人陰陽道の躍動を背景にした晴明伝承の拡散がみてとれよう。

官人陰陽師の動きとは別に室町期以降流布したのが、晴明に仮託される暦注雑書『簠簋内伝金烏玉兎集』（簠簋

内伝)』である。賀茂在方は応永二十一年『暦林問答集』のなかで、宿曜道などを軽んじ「正理」に背く『簠簋内伝』に反論したが[36]、同様の話が勘解由小路家の賀茂在重にみえる。在重は周防国から上洛の途、堺海会寺の季弘大叔を訪ね、持参した「暦家雑抄」の難読箇所や、「長暦」なる書物と中国東晋代の卜筮書『霊棊経』の二冊について談じている(『蔗軒日録』文明十六年四月十八日条)。『霊棊経』[37]のことは「甚有二霊談一」と書くのみだが、「長暦」については、「作レ暦之時不レ可レ無□(也カ)除レ之々外無レ可レ用。常之人儲而何用哉」と記すためか、『大日本古記録 蔗軒日録』校訂者は「長暦」に傍注を付し「簠簋内伝ヵ」と推定する。ただ、季弘大叔自身は、「瞽者」琵琶法師の宗住とも親交があり、官人陰陽師でもない彼から、古今神代王代や天叢雲剣など平家語りの傍ら「陰陽之学」を披露されており(『蔗軒日録』文明十七年正月七日・三月十九日・閏三月十二日条他)、この頃には官人陰陽師以外の道筋から知識が氾濫した様子である。

ところで、賀茂在重が周防にいたのは、父在宗と共に大内政弘に庇護されていたためである。在重はこの五日前にも季弘大叔に在宗の書信と土産の蘆屋釜をもたらし、季弘大叔も在重寿像賛を執筆するなど交流を深めている(『蔗軒日録』同四月十三日・十月五日・十二月九日条)。政弘は文明十一年に在宗を伴い下国して以降山口に常駐させ、三合厄を回避する祈禱、御月忌の勘進、筥崎宮で政弘誕生日祈禱の身固、御本命星・御当年星尊像の製作などを担わせた。本命星・当年星頂戴は室町殿も実施した儀礼で、土御門家に伝来した応仁二年正順奥書「星之行度知事」にみるように宿曜道と習合していた[38]。また文明十八年七〜八月には在宗の子息在重を山口から朝廷に派遣し、氷上山興隆寺の勅額認定・勅願所化を取り付ける活躍をみせたことを森茂暁[39]が解明しているが、官人陰陽師の地域進出または地域権力の陰陽道吸収と評しうる。

（2）外法と戦国の作法

周防大内氏のような例を先駆として、広義の陰陽道や外法が戦国の作法を規定していく。小田原北条氏周辺では、真言の三業・三密に因む出陣・帰陣の食事作法や、五行説に従って素材（木火土金水）を定めた庖丁を、門出の際に塞の下に外向けに埋める習俗を記す。この他、陣中の幡竿を、陰陽道八神将の一つ「黄幡神」の座次に因んで当年の干支の方向から取らない禁忌や、「軍荼利の半印」という陣中での髪結い方もあった(40)。同様に辟邪を祈る禁忌は、長禄二年の賀茂在盛奥書『吉日考秘伝』(41)にも散見され、遠方で宿所に入った際に室内で描く九龍の護符や、鶏鳴の頃に心中で唱えるべき神名などが説かれる。福井県立歴史博物館蔵『姉川合戦図屏風』（図4）には、道教神の鍾馗を描いた本多忠勝の旗印、陰陽五行地水火風空の旗印などがみえ、辟邪を含意したとみえる。かかる意匠は旗印や甲冑・刀剣の類にも数多く見出せる。

図4　『姉川合戦図屏風』本多忠勝の鍾馗旗印
（福井県立歴史博物館蔵）

また、戦国期には修験を介してダキニ天法が兵法として相伝された。武田信玄や上杉謙信が飯縄権現を崇めた例をはじめ、『島津家文書』所伝の兵法書によれば、修験系兵法者の藤原久近は愛宕山太郎坊の秘法と共に吒枳尼枳宇賀神之法など飯縄大明神の秘法の伝授に尽くした(42)。

こうして十四世紀以降に進展した陰陽道や外法は、いわば戦国の作法に昇華された。従来の宗教史研究では、かかる戦場の呪術は、えてして世俗の猥雑な迷信・蠱物として片づける向きがあった。これに対し、顕密仏教が民間呪術に合理的判断や批評を加えることで、より高度な呪術を確立させたことが指摘されるが(43)、同時に、戦争・災害・疫病に直面した時、外法の真言や陰陽道も塢合され、社会が要求する宗教的願望が発露するのではなかろうか。いわば、社会的危機に応じて諸教が混淆される過程は、通俗的宗教像を示唆しているはずである。

むすびにかえて

本稿では、第一に、偽経で除災招福を説く外法的な真言・陰陽道の教説がきわめて社会的に展開し、貧転福徳と福転貧窮の両義性をもつ福神が広まる状況に論及した。第二に、狐憑きのような非常事態では顕密僧や官人陰陽師・禅僧が対応し、義持呪詛事件で官人陰陽師の一部は打撃を蒙るが、霊験への依存体質の根強さが諸教の協働を促したと考察した。第三に、戦国期にも地域社会の各勢力下で諸教は総動員され、戦国の作法に昇華した諸教のかたちに、社会が求める通俗的宗教像が顕われると指摘した。

最後に付言したいのは、こうした諸教の総動員状態が、戦時だけでなく、早くから日常的に顕現する事実である。例えば、室町殿周辺でも御産時には鳴弦や胞衣落としの習俗がみられる一方、武家護持僧の三宝院満済や官人陰陽師の賀茂在方も加えて、仏眼法・河原祭・泰山府君祭・北斗祭などが執行された(44)。東京国立博物館蔵『餓鬼草紙』には、産後の女性を助産女や臍緒切りの女房が取り囲む部屋の隣室で、安産を祈念する僧綱衣の験者と、双六盤を前に憑坐の儀を執り行う巫女が描かれる。承久本『北野天神縁起絵巻』巻八にも、出産中の女性の傍らで起請文を読む巫女、隣室で勤行する験者の山伏、御簾の外で魔除けの鳴弦を行う立烏帽子の男、庭先で幣串七本を立てた七脚台を前に祓の祭文を読む陰陽師がいる。『花園天皇日記』文保三年（一三一九）四月二十一日条には、誕生した女児に「以天為父、以地為母」の祝詞を三反唱え、金銭九十九文を枕元に安置する習俗も窺える。(45)出産の寝殿で、修験を含む仏教・陰陽道・民間習俗など、あらゆる呪術を総動員した防御態勢がとられ、使えるものは何でも使う姿勢が見出せる。緊迫した瞬間は何も非日常にあるばかりではない。諸教が混淆しうる状況は、災害・戦乱はおろか、生と死の隣合わせの日常に直面してこそ象徴的に表れたはずだが、十四世紀後半から十五世紀前半を境に顕在化する一因に、中世初期から続いた朝廷仏事の復興停止にともなう顕密仏教の変質(46)も念頭に置く必要があろう。室町・戦国仏教論も、こうした戦時と平時の社会状況や諸教混淆と組み合わせ捉えるべきだし、この状況は、現地の習俗に適応主義をとるイエズス会が当初日本で南方仏教の一種と錯覚され流れ込む(47)受け皿にもなったと考えられる。

注

（1）齋藤龍一編『道教の美術』（大阪市立美術館、二〇〇九年）、齋藤龍一ほか編『道教美術の可能性』（アジア遊学一三三、勉誠出版、二〇一〇年）。

（2）①村山修一『日本陰陽道史話』（平凡社、二〇〇一年、初出は一九八七年）、②柳原敏昭「室町王権と陰陽道」（『歴史』七一号、一九八八年）、③赤澤春彦『鎌倉期官人陰陽師の研究』（吉川弘文館、二〇一一年）、④木村純子『室町時代の陰陽道と寺院社会』（勉誠出版、二〇一二年）、⑤赤澤編『新陰陽道叢書二　中世』名著出版、二〇二一年）、⑥陰陽道史研究の会編『呪術と学術の東アジア』（アジア遊学二七八、勉誠出版、二〇二二年）、国立歴史民俗博物館編『陰陽師とは何者か』（小さ子社、二〇二三年）他。

（3）原田正俊編『宗教と儀礼の東アジア――交錯する儒教・仏教・道教』（アジア遊学二〇六、勉誠出版、二〇一七年）。拙稿「書評：原田正俊編『宗教と儀礼の東アジア』」（『日本史研究』六八〇号、二〇一九年）。

（4）西田長男「吉田神道における道教的要素」（『日本神道史研究』五巻、一九六八年）、菅原信海「吉田兼倶と『北斗元霊経』」（『儒仏道三教思想論攷』三喜房仏書林、一九九一年）、宮家準『神道と修験道』（春秋社、二〇〇七年）、松下道信「中世神道の道教受容」（『日本漢籍受容史』八木書店、二〇二二年）他。

（5）黒田俊雄「日本宗教史上の「神道」」（『王法と仏法』法蔵館文庫、二〇二二年、初出一九八一年）、平雅行「王法と仏法」（『鎌倉仏教と専修念仏』法蔵館、二〇一七年、初出二〇〇一年）、佐藤弘夫「「神」と「仏」の重層性？」（『日本思想史ハンドブック』新書館、二〇〇八年）他。

（6）中山一麿「善通寺蔵『真友抄』の翻刻（前・後）」（『善通寺教学振興会紀要』一五・一六号、二〇一〇・一一年）。句読点は私に補った。拙稿「醍醐寺賢西の『梅林折花集』と『真友抄』」（『説話文学研究』五五号、二〇二〇年）も参看。

（7）柏谷直樹「高山寺法鼓臺旧蔵『仏説天地八陽神呪経』の和訓」（『国語学論集』汲古書院、一九九五年）、増尾伸一郎「『天地八陽神呪経』と土公神祭祀」（『道教と中國撰述佛典』汲古書院、二〇一七年、初出は一九九四年）一九二―一九七頁。

（8）山本ひろ子「宇賀神」（同『異神（下）』筑摩書房、二〇〇三年、初版一九九八年）三三―三八頁、猪瀬千尋「弁才天をめぐる造形と文芸」（同『中世王権の音楽と儀礼』笠間書院、二〇一八年、初出は二〇一一年）。

（9）池上洵一校注『中世の文学三国伝記上』（三弥井書店、一九七六年）。前掲注8山本書、八二頁。

（10）喜田貞吉『福神の研究』（日本学術普及会、一九三五年）、村山修一『日本都市生活の源流』（国書刊行会、一九八四年、初版一九五一年）一五五―一五八頁。

（11）『習見聴諺集』七巻二十丁（東京大学史料編纂所謄写本［請求記号2009-26-4］）。

（12）前掲注1『道教の美術』図版№三〇四。

（13）前掲注1『道教の美術』図版№三〇五。

（14）東京国立博物館他編『やまと絵』（特別展図録、二〇二三年）。

（15）田中貴子「吒枳尼天法と〈王権〉⑴」（『外法と愛法の中世』平凡社、二〇〇六年、初出は一九八七年）二二九・二四七頁注11。

(16) 前掲注7増尾論文、二〇一頁。
(17) 『康富記』文安六年五月二十七日条、『今昔物語集』巻二十一九話、沢井耐三「狐と狸、中世的相貌の一面」（『説話論集八 絵巻・室町物語と説話』清文堂出版、一九九八年）一六二頁。
(18) 『新猿楽記』や高山寺蔵『祭文（吒枳尼）』（『高山寺古典籍纂集』高山寺資料叢書一七、一九八八年）では稲荷山の阿古町を出雲路の道祖神・御前狐と並ぶ「愛法の神」と説く。
(19) 細川涼一「三条大宮長福寺尊鏡と唐招提寺慶円」（『中世文学』四七号、二〇〇二年、五六頁）。
(20) 近藤喜博『稲荷信仰』（塙書房、一九七八年）、五来重編『稲荷信仰の研究』（山陽新聞社、一九八五年）、阿部泰郎「宝珠と王権」（同『中世日本の王権神話』名古屋大学出版会、二〇二〇年、初出は一九八九年）、山本ひろ子『変成譜』（講談社、二〇一八年、初版一九九三年）、前掲注16田中書、金沢文庫編『陰陽道×密教』（特別展図録、二〇〇七年）他。
(21) 拙稿「耕雲散人子晋明魏と室町文化」（『明星大学研究紀要 人文学部・日本文化学科』三一号、二〇二三年）。
(22) 西山克「室町時代宮廷社会の精神史」（『怪異学の可能性』角川書店、二〇〇九年）。
(23) 中村禎里『狐の日本史』（戎光祥出版、二〇一七年、初版二〇〇一年）に詳しい。
(24) 『活套』（東京大学史料編纂所蔵謄写本［請求記号2016-467］）。
(25) 須田牧子研究代表「田中穣氏旧蔵本『活套』の紙質及び紙背文書に関する研究」（国立歴史民俗博物館総合資料学奨励研究、二〇一九年度）、拙稿「室町文化論構想ノート」（『室町文化の座標軸』勉誠出版、二〇二一年）。
(26) 圭室諦成「治病宗教の系譜」（『日本歴史』一八六号、一九六三年）、島田成矩「蠱道の研究（三）」（『日本歴史民俗論集 祭儀と呪術』吉川弘文館、一九九四年、初出は一九六八年）、服部敏良『室町安土桃山時代医学史の研究』（吉川弘文館、一九七一年）、瀬田勝哉「伊勢の神をめぐる病と信仰」（『増補 洛中洛外の群像』平凡社、二〇〇九年、初出は一九八〇年）、松前健『稲荷明神』（筑摩書房、一九八八年）、前掲注23中村著書。
(27) 『東海璚華集』三「緑毛氅叙」（『五山文学新集二』）七九四―七九五頁。
(28) 天野文雄「《老松》の主題と成立の背景」（同『世阿弥がいた場所』ぺりかん社、二〇〇七年、初出は二〇〇三年）四九七―五〇七頁。

(29) 大田壮一郎「足利義持政権と祈禱」(『室町幕府の政治と宗教』塙書房、二〇一四年、初出二〇〇九年、一二三頁)。
(30) ただ、『康富記』嘉吉三年六月八日条に定棟子息の清繁が中原康富らの助力で従五位下から従五位上に昇進したとあり、注23中村著書一八三頁では公家の間で定棟の冤罪が信じられていたと指摘する。
(31) 前掲注2②柳原論文、三三頁、赤澤春彦「中世後期の「陰陽道」の展開」(中近世宗教史研究会報告、二〇二二年五月二十日。成稿が待たれる)。
(32) 野口飛香留「五山文学にみる賀茂氏と泰山府君」(前掲注2⑥書)二〇二二年。
(33) 渡辺守邦「晴明伝承の展開」(『国語と国文学』五八―一一号、一九八一年)。
(34) 山田邦和「中世都市嵯峨」(『歴史家の案内する京都』文理閣、二〇一六年)。
(35) 瀬田勝哉「失われた五条橋中島」(前掲注26書、初出は一九八八年)五五―六二頁。
(36) 馬場真理子「暦の「正理」」(『東京大学宗教学年報』三四号、二〇一七年)。
(37) 太田晶二郎「霊棋経」(『太田晶二郎著作集一』吉川弘文館、一九九一年、初出は一九五一年)、岩本篤志「六朝隋唐五代と日本における『霊棋経』」(『資料学研究』三号、二〇〇六年)、米沢市上杉博物館編『直江兼続』(特別展図録、二〇〇七年、七一頁、№八三)。
(38) 前掲注1『道教の美術』図版№二一七。
(39) 森茂暁「大内氏と陰陽道」(前掲注2⑤書、初出は一九九六年)。
(40) 小島道裕、マルクス・リュッターマン「『出陣次第』戦国時代の戦陣故実」(『国立歴史民俗博物館研究報告』一六三集、二〇一一年)。
(41) 中村璋八「吉日考秘伝本文とその校訂」(『日本陰陽道書の研究』汲古書院、新装版二〇〇〇年、初出は一九七九年)。
(42) 福島金治「戦国期における兵法書の伝授と密教僧・修験者」(『生活と文化の歴史学9学芸と文芸』竹林舎、二〇一六年)四五〇頁。
(43) 平雅行「中世仏教における呪術性と合理性」(『国立歴史民俗博物館研究報告』一五七集、二〇一〇年)。

（44）田端泰子「日本中世の出産の光景と病の看護」（『女性歴史文化研究所紀要』一六号、二〇〇八年）二八―三一頁。

（45）保立道久「出産の情景」（『中世の愛と従属』平凡社、一九八六年）、網野善彦「中世遍歴民と「芸能」」（『大系日本歴史と芸能六 中世遍歴民の世界』平凡社、一九九〇年）三〇―三九頁、増川宏一『ものと人間の文化史79 すごろく』（法政大学出版局、一九九五年）他。

（46）大田壮一郎「室町殿と宗教」（前掲注29大田著書、初出二〇一二年、二八二―二八四頁）。

（47）高橋勝幸『「イエズス会日本コレジョの講義要綱」にみるA・ヴァリニャーノの適応主義布教方針』（『アジア・キリスト教・多元性』九号、二〇一一年、四七頁）、岡美穂子「キリシタンと統一政権」（『岩波講座日本歴史10近世1』岩波書店、二〇一四年、一八二頁）。

展望 和製尸解譚の軌跡

中前正志

はじめに

日本で生み出された尸解譚すなわち和製尸解譚を検討対象（の一つ）とした拙論に、

a 「〈現身往生〉の流行と思想」（『国語国文』五六―二、一九八七年）

b 「太子の屍――『本朝神仙伝』と往生伝」（『国語国文』五七―一〇、一九八八年）

c 「火葬と火解と夢解――『日本霊異記』の一問題」（『花園大学研究紀要』二一、一九九〇年）

d 「をはりの様を人しらさる事――『本朝神仙伝』の尸解について」（『女子大国文』一一二、一九九二年）

e 「浮世房の尸解　付『異形仙人つくし』覚書」（『女子大国文』一二八、二〇〇〇年）

f 「死所不明型尸解譚――尸解譚史断章」（『日本宗教文化史研究』六―一、二〇〇二年）

g 「清水寺創建縁起点描⑤　行叡居士の靴」（『清水』一九六、二〇一四年）

h 「覚書 西国巡礼霊験譚としての尸解譚――尸解（譚）の庶民化と世俗化」（拙編『東山中世文学論纂』私家版、二

〇一四年）

があり、また、右のうちaやbで取り上げた現身往生（尸解往生）をめぐる論考を含むものに、

i「浄土教思想と女性――恵信尼の極楽往生」（『解釈と鑑賞』六九―六、二〇〇四年）

j「『天竺往生験記』に関する二、三の覚書」（『女子大国文』一三五、二〇〇四年）

dやfで取り上げた死所不明型尸解譚についての論考を含むものに、

k「新出・『本朝神仙伝』武内宿禰伝逸文について」（『古代文化』五五―六、二〇〇三年）

があったりもする。あるいは、拙著『神仏霊験譚の息吹き　身代わり説話を中心に』（臨川書店、二〇一一年）付章の中でも尸解往生（現身往生）に触れている。

これらは、個別の事例や局面についてそれぞれ検討したものだが、右の中で最も新しいhでは、それ以前の拙論を踏まえて、和製尸解譚の特には形態面に関する総括的な整理を試みてもいる。本稿においては、そのhを一つの軸としつつ右の諸論を総合し、また種々補正を加えて、古代から近現代までに和製尸解譚が様々に生み出されてきた、その軌跡を俯瞰的に展望してみようと思う。そこに浮かび上がってくるのは、決して単純ではない、紆余曲折の軌跡であることだろう。

なお、各節ごとに右のうちどの拙論を踏まえているかを節題下に示すこととし、それら拙論が参照している種々論考などについては基本的に一々重ねて注記しないこととする。それらに記載していない最近のものなどのみ、本文中あるいは補注に掲げる。

一、基本型尸解譚から火解まで――古代前期　↓先掲拙論ｃｄｈ

『抱朴子』（王明『抱朴子内篇校釈』）巻二論仙が、「按二仙経一云」として神仙を三分類した記事を

　上士挙レ形昇レ虚、謂二之天仙一。中士遊二於名山一、謂二之地仙一。下士先死後蛻、謂二之尸解仙一。

と載せること、よく知られているが、右の直前には、李少君についての話を「漢禁中起居注」によって

　数日而少君称レ病死。久之、帝令三人発二其棺一。無レ尸唯衣冠在焉。

と挙げ、直後には「今少君必尸解者也」と記している。すなわち、『抱朴子』は、「漢禁中起居注」に載る李少君の行状が尸解に相当するものであることを示すための論拠として、「仙経」の説く神仙三分類説を引用しているのである。その李少君の行状とは、病死してしばらくの後、帝がその棺を発かせてみると、死体がなくて、ただ衣冠だけがあった、というものである。

例えば大形徹『不老不死 仙人の誕生と神仙術』（講談社現代新書、一九九二年）は、右の李少君の事例のように「棺のなかの遺体が消え、衣服やくつだけがのこされていた、というのが初期の尸解仙の典型的な例である」（四三頁）と説いているし(1)、右『抱朴子』は早くに日本に受容されていた書でもある。そして、最も早い時期の和製尸解譚であって、諸書に記載されるなどして後世まで伝承された、有名な聖徳太子の片岡山飢者説話(2)も、『日本書紀』（日本古典文学大系）推古二十一年十二月条所載話の場合、飢者が死んで墓に葬られたあと、墓を開いてみると死体がなく、太子の脱ぎ与えた衣服だけが棺の上に置かれていた、という内容になっていて、李少君の事例と骨格を同じくしている。そこで、李少君や片岡山の飢者の場合のような、次の如き骨格を備えた尸解譚を、「基本型尸解譚」と称しておく。

〈死〉→〈入棺・埋葬〉→〈開墓・発棺〉→〈死体消失〉＋〈物品遺留〉

右の片岡山説話とともに知られる早期の和製尸解譚である日本武尊の尸解譚の場合は、

既而崩二于能褒野一。……仍葬二於伊勢国能褒野陵一。時日本武尊、化二白鳥一従レ陵出之、指二倭国一而飛之。群臣等、因以開二其棺槻一而視レ之、明衣空留而屍骨無レ之。（『日本書紀』景行四十年是歳条）

と、右の基本型尸解譚の骨格をすべて備えるが、それに加えて、白鳥と化して陵から飛び出した（波線部）という、特徴的な内容を含む。死んで埋葬されたはずなのに、西域へ帰っていくのが目撃されたため、棺を発いてみると死体がなくて履が片方だけ残されていた、という達磨の話のように、基本型の〈死体消失〉〈物品遺留〉の前か後に〈復活出現〉の要素が加わる場合があり、右の日本武尊尸解譚の白鳥飛翔は、そうした〈復活出現〉に相当するものと捉えられよう。なお、白鳥飛翔の要素を伴った形の尸解譚は、例えば、宋・賈善翔『高道伝』（道教研究資料）巻一于章に、「煬帝大業十年六月十四日羽化。春秋八十有二。臨窆之日、有二一白鳥一、自レ棺而去。人謂レ得二蛻形之道一」と見られ、この記事内容は本来、尹文操（六八八年没）の『楼観先師本行内伝』（佚書）に記載されていたものかと推測される。

『日本霊異記』上巻第四話も先の片岡山飢者説話を掲載するが、それに続いて載せているのは、願覚が死に、殊更に火葬されたあと復活出現するという話で、火解に相当する事例と見られる。『播磨国風土記』賀古郡条に見える印南別嬢《いなみのわきいらつめ》の伝承も、水解の事例である可能性を窺わせる。

右に見た通り、中国製の尸解譚を受容するに止まらず、それに倣いつつ和製の尸解譚が、基本型のものを中心にいくらか多様性も示しながら、早くから生み出されていたのである。

二、越境する尸解①尸解往生譚――古代後期　↓先掲拙論abhij

平安中期頃以降、現世の肉体をそのまま浄土に持ち込むという、本来の往生理論ではあり得ない、現身往生なるものがかなりの流行を見せるようになる。そして、その現身往生の一形態として、尸解が往生と結び付いた尸解往生が、様々伝えられることになる。

例えば、『左経記』（増補史料大成）長元七年（一〇三四）九月十日条が東塔良明阿闍梨について、

顕密朗覚、念仏年除、弥住二正念一、遂以卒。依二遺言一深山構レ棚置二其上一之後、経二両三日一弟子等臨二検其所一、雖レ有二衣裳一骸骨不レ見。

十二世紀前半の『拾遺往生伝』（日本思想大系）巻上が長慶伝を立てて、

……念仏合殺、向レ西而終。先是上人告二門弟一曰、「我入滅之後、勿レ致二葬斂一。唯置二山頂一、可レ開二棺蓋一」云々。門弟従レ之。其後過二両三日一、門人等行見レ之、唯有レ棺無レ屍。

と記す。前者は〈入棺・埋葬〉、後者は〈物品遺留〉の要素をそれぞれ伴わないだけで、先に図式化した基本型尸解譚の骨格をほぼそのまま備えている。しかし、各傍線部の状況から見て、さらに後者の場合は往生伝が立伝する人物についての記述であることから明らかなように、良明も長慶も浄土に往生したと理解されているに違いない。「尸解」について、例えば『大漢和辞典』が「道家の術。……神仙の化去すること」、『広辞苑』『日本国語大辞典』が同じく「道家の術で、神仙となって化し去ること」と説明するが、良明も長慶も、決して神仙となって化去したわけではない。尸解によって往生を遂げたのである。すなわち、尸解往生である。尸解が、「道家の術」から離れて、浄土教家の術へと転用された、言い換えれば、尸解が往生へと越境した、ということになる。

遡って十世紀後半の『日本往生極楽記』（日本思想大系）は、沙弥薬蓮が「明日暁可レ詣二極楽一」と語って「独入二仏堂一」ったところ、「暁更微細音楽聞二于堂中一」こえ、遺言に従って翌日の午後に戸を開いたら、「已無二其身及持経等一」という状態であった、と伝える。あるべき死体が、棺などでなく部屋から消失するというものだが、基本型尸解譚に準ずるものであって、これも尸解往生（現身往生）の事例と捉えられよう。『今昔物語集』（新日本古典文学大系）巻十五第二十話は、この話を載せて、「『然レバ、薬蓮、現身ニ往生セル也』ト云テ、皆人、涙ヲ流シテ貴ビ悲ビケリ」と記してもいる。同様の事例は、平安末期から鎌倉初期にかけての物語である『海女《あま》の刈藻《かるも》』や『雫《しずく》ににごる』にも見える。

『日本往生極楽記』はまた、聖徳太子と妃の葬送場面を、「将レ斂二葬之一、太子并妃、其容如レ生、其身太香。挙二其両屍一、軽如二衣服一」と記す（『聖徳太子伝暦』などにも）。『晋書』（中華書局本）巻七十二が葛洪の尸解を伝える記事を「葛洪、字稚川。亡時年八十一。視二其貌一如二平生一、体亦軟弱。挙レ屍入レ棺、其軽如二空衣一。時咸以為二屍解得レ仙」と載せる（『芸文類聚』巻七十八中にもほぼ同文）のに非常に近く、あるいは葛洪伝の影響下にあるものかもしれないが、いずれにせよ、太子と妃も尸解し、そして尸解往生を遂げたものと捉えられてもいたのだろう。

なお、右の実線部〈死体不変〉も波線部〈死体軽化〉も、右葛洪伝以外、中国の尸解譚において少なからず見られる要素である。例えば、「顔色不レ変、挙レ屍入レ棺、如二空衣一焉。已尸解矣」（『続仙伝』巻中・孫子邈、中華道蔵）のように。また、陶弘景『真誥《しんこう》』（中華道蔵）は「人死必視二其形如二生人一、皆尸解也」（巻四運象篇）などと説く。あるいは、「初挙レ棺以出、人覚二其重一。及レ至二半路一、漸軽如レ無。……発レ之独得レ杖耳」（『江淮異人録』劉同生、中華道蔵）は、尸解譚にあっては〈死体軽化〉の要素が〈死体消失〉の前段階であることを窺わせていよう。

ところで、尸解往生（現身往生）の事例は、平安末期から鎌倉初期の頃、遼僧非濁著の逸書『随願往生集』によって日本で偽作されたとされる真福寺所蔵『往生浄土伝　三巻　宋戒珠集』（『塚本善隆著作集』六）に、「夢下明度乗二黄金船一飛レ空指二西方一而去上。後尋二其行尸一知不所在《ママ》。疑是現身往二生浄土一矣」（巻上沙門明度伝）、「閉而坐七日、門人開レ戸、唯有二空座一、不レ見二其人一。留二遺書一云。……見二遺書一者、皆謂二現身往生一矣」（巻中沙門志法伝、先述の薬蓮の事例に近い）など見られたりはするが、中国には顕著に認められないようである。

三、基本型尸解譚の種々変奏——古代後期　↓先掲拙論ｄｈ

基本型尸解譚の〈死体消失〉〈物品遺留〉の前か後に〈復活出現〉の要素が加わる場合があり、日本武尊尸解譚における白鳥飛翔も、そうした〈復活出現〉に相当するものと捉え得るであろうこと、前々節に述べ、前節では、〈死体不変〉と〈死体軽化〉の要素が加わった事例を見た。そうした基本型尸解譚の変奏というべき事例は他にも、古代後期に認められる。

次の紀長谷雄「白箸翁詩序」（『本朝文粋』巻九、新日本古典文学大系）は、〈復活出現〉の要素が加わった形。

後頓病終二市門之側一、市人哀二其久時相見一、移レ尸令レ埋二於東河之東一。後及二二十余年一、有二一老僧一。謂レ人云、去年夏中、頭二陀南山一、忽見下昔翁居二石室之中一、終日焚レ香、誦中法華経上。近相謁曰、居士無レ恙。翁咲不レ答。

基本型尸解譚の骨格のうち〈死〉〈入棺・埋葬〉だけで、〈開墓・発棺〉〈死体消失〉〈物品遺留〉の要素がないが、同様の事例は、例えば『神仙伝』（増訂漢魏叢書）巻六・孫登に「登乃卒死。駿給レ棺埋二之於振橋一。後数日、有四人見三登在二董馬坡一」と見える。先に触れた達磨の尸解譚における、死んで埋葬されたはずの達磨が目撃されたため、棺を発くと、片方の履を遺して死体がなくなっているという筋書きが示唆するように、復活出現したということは、死体が消失しているということをほぼ自動的に意味するのでもあって、〈復活出現〉の要素があれば、〈死体消失〉や、それを確認するための〈開墓・発棺〉を略し得ることになるのだろう。

院政期の『本朝神仙伝』（日本思想大系）売白箸翁伝は、右の「白箸翁詩序」に基づいて、

其後一旦逝去。後人於二山窟一見レ之。焚レ香読レ経。人問二其故一然《（黙）》而不レ答。

と記す。〈入棺・埋葬〉の要素も略されて、〈死〉と〈復活出現〉だけになっているが、例えば『列仙伝』（鑑賞中国の古典）巻上・寇先に同様に「宋景公問二其道一不レ告。即殺レ之。数十年、踞二宋城門一鼓レ琴。数十日乃去」と記され、同伝に付された現行讃が「屍解神遷」したとするから、〈死〉と〈復活出現〉だけでも、尸解を意味する最小限の表現としてあり得たのであろう。

『本朝神仙伝』美濃国河辺人には、〈死体不変〉の要素が加わった形らしいものも見られる。

此飲食長絶、身体皆暖。散位源重実狩猟到二此処一、以レ弓推二其腹一、其和如二生人之膚一。後日尋レ之不レ知二在所一。

「生人」のようであった死体が、後日に消失している。二つの波線部のうち後者は、例えば『王氏神仙伝』（道教研究資料）王奉仙の「将レ終、雲鶴屢降、異香盈レ室。化後、尸形柔沢、肌膚如レ生。識者以為二尸解一」に近く、同伝では、〈死体不変〉が、尸解と捉えるうえでの大きな判断材料ともなっている。右の美濃国河辺人の場合も、そうした〈死体不変〉に力点を置いた尸解譚であると推量されよう。

四、逸脱する尸解・死所不明型尸解譚――古代末期　↓先掲拙論dfgh

『本朝神仙伝』の行叡居士と慈覚大師の伝にそれぞれ、こんな記事が見える。

・爰東向行。々至二乙葉山一。自然銷唯留二草鞋及杖一。後人以レ之為レ終焉。（行叡居士伝）

・及二其入滅之期一、忽然而失不レ知レ所レ在。門弟相尋。落二搋（鞋脱カ）於如意山之谷一、不レ見二其余一。（慈覚大師伝）

行方が知れなくなったので、終焉と捉えられたり（実線部）、入滅の時になって（波線部）、行方が知れなくなったりしている。基本型尸解の〈物品遺留〉の要素においてしばしば遺留される草鞋や杖を遺して消えているので、単なる行方不明ではなくて、尸解（譚）の一種として捉えるべきであろう。ただ、たとえそれが仮のものであれ最初にあるべき〈死〉が明確でなく、極めて曖昧である。そのように〈死〉の要素が曖昧化した、基本型尸解の一変奏と捉えることもできようが、先引『抱朴子』が「下士先死後蛻、謂二之尸解仙一」と記していた、前提となるべき「死」の曖昧化は、尸解そのものからの逸脱を引き起こしかねない重大事態ともいうべく、右のような事例については、基本型尸解譚とは別に「死所不明型尸解譚」と称しておきたい。

　この死所不明型尸解譚が、『本朝神仙伝』の成立した院政期ごろ以降、かなりの流行を見せる。右以外にも、武内宿禰のほか大神比義《おおがのひぎ》、仲算、淳祐、聖宝といった、様々な人物について、同型尸解譚が伝承されている。そんななか、『扶桑略記』（新訂増補国史大系）巻五天智天皇にも、

　駕レ馬幸二山階郷一、更無二還御一。永交二山林一、不知二崩所一。只以履沓落処為其山陵

と見える。天智天皇が馬に乗って出かけたまま帰らず、崩所不明で、履を落としていた所を山陵とした、という内容（歴史物語『水鏡』などに同様の内容）。聖徳太子については片岡山飢者説話や尸解往生譚を先に取り上げ、また、

『上宮太子拾遺記』（聖徳太子御伝叢書）所引『本朝神仙伝』逸文には「天喜年中、盗人掘二其墓一。棺槨不レ朽、尸骸不レ見。猶二尸解之類一也」と見えているし、(3)日本武尊についても白鳥飛翔の要素を伴った有名な尸解譚があったが、右の記事は、まさに天皇の尸解の事例としても注意されよう。

なお、中国においては、右の死所不明型尸解譚に近い事例として、『太平広記』巻五十九所引「集仙録」南陽公主が知られるが、より近い、あるいは同様の事例は、時代は下るものの、朝鮮半島に見られる。例えば、十七世紀中頃の洪万宗『海東異蹟』（乙酉文庫）所引「眉叟集」に崔致遠について、

写真1　天智天皇山科陵（京都市山科区、2024年春中前撮影）

一日早起出レ戸、遺二冠履於林間一、莫不其（ママ）所レ之。蓋上賓也。寺僧以二其日一薦二冥禧一。

とあるのが、それである。山に入り冠と履を残して行方不明になるという点が共通するだけでなく、波線部は、『石清水八幡宮祠官要略抄』（唐招提寺史料）所載の武内宿禰の死所不明型尸解譚に「……以二此日一為二御命日一、御沓ノ在リ所ヲハ墓所ト奉レ崇ケリ」とあるのと一致しもする。以上のような日本・中国・朝鮮の状況を総合して考えるに、今は見落としていたりするだけで、南陽公主伝と違いまさに日本のと同じ死所不明型尸解譚が中国にあって、それが日本と朝鮮で共に受容された、という可能性が一番高いだろうか。

ところで、『本朝神仙伝』には、前節に取り上げた、〈死〉と〈復活出現〉の要素だけになった事例、〈死体不変〉に力点を置いた事

例、そして、右に挙げた死所不明型尸解譚の二例、さらには先掲『上宮太子拾遺記』所引逸文に記す聖徳太子の尸解譚が、見られた。また、先に見た日本武尊の尸解譚を簡略化したものや、「一旦帰泉。入レ棺之後已無二其屍一。或曰尸解而去」という沙門日蔵の基本型尸解譚も含まれるし、『宮寺縁事抄』（神道大系）所引逸文は武内宿禰について簡略に「遂尸解而去」と記してもいる。古代において和製尸解譚が多岐に亘って躍動していたことを、院政期に成立した本書の如上の状況が、象徴的に物語っているとも言えるだろう。

五、蟬蛻実現型尸解譚への途――中世～近世　↓先掲拙論eh

そもそも尸解は、避け難い死をカモフラージュするために蟬や蛇の脱皮から着想されたものともされるが、知られる通り、例えば次のような、それらの脱皮とまさに同じ現象が人体に実現する、言わば蟬蛻実現型尸解譚というべきものも存する。

　忽身体発レ熱如レ火。……乃入レ室以レ被自覆、忽然失レ之。視二其被内一、唯有レ皮。頭足具如二蟬蛻一也

（『神仙伝』巻二・王遠）

　弟子開レ棺将二改葬一、其尸惟有二空皮一、而背上開坼、有レ以二蟬蛻一。尽失二其歯骨一。衆謂二尸解一。

（『旧唐書』巻一九二劉道合伝、中華書局本）

蟬や蛇の脱皮と同じく、中身のない皮すなわち脱殻だけが遺されており、後者の場合は、まさに蟬の脱殻そのままに、蛻けた跡として皮の背が裂けてもいる（破線部）。

日本では、室町物語『不老不死』（室町時代物語大成）に、

尸解仙と申せし仙人は、かたちをとろへ、よはひつゝまれは、其かはね地にふせりて、うしろよりわかきとうしとなりて、蟬のもぬけて出ることくに、せなかさけてもぬけ出たり。のこるかはねは、すきとをりて空蛻のからのことくなり。

と見える。そして、江戸前期の仮名草子『浮世物語』（新編日本古典文学全集）の末尾部、巻五第七「浮世房蛻たる事」において、蟬蛻実現型尸解の具体的な話が展開する。主人公の浮世房は、「いかにもして仙術を行ひて、長生不死の法を得ばや」と思い立ち、松脂《まつやに》に茯苓《ぶくりょう》を加えて朝夕服用し、二十一日後に書院の軒から飛んでみるが失敗、腰の骨を折る。しかし、なお懲りることなく、「我は蛻仙となるべし。蛻とはもぬけの事也。蟬のもぬけて隠れ去りたるごとくならん」と思う。そして、

うつぶしに伏して、いきずみうめき、伸びつ屈《かご》ふつせしが、背中の通り両方にさけて、頭より手足まで、残らずぐすりともぬけて、古きかばねをかへりみれば、今宵《こよひ》身に引掛けてふしたる大夜の物より抜け出でたる也。

写真2　蟬の脱殻（2024年夏中前撮影）

と、まさに蟬の脱皮を再現するようにして尸解を遂げる。背中が裂ける（破線部）というのは、先引『旧唐書』『不老不死』（各破線部）と同じ形である（二重傍線部については、後述）。

なお、室町中期の作とされる『地蔵堂草子』（奥平英雄編『御伽草子絵巻』）では、龍宮の女性と交わって大蛇になった僧が、地蔵に向かい懺悔などすると、「この大蛇のせなかはたとわれて、その背より此僧はひ出て、ぬけからをみるに、まことにおそろしき事たとへていはんかたなし」ということになる。また、『天《あめ》

稚彦《わかひこ》物語』では、大蛇の頭が切られて中から美男子が出現するし、戦国軍記『石山退去録』（和泉書院刊翻刻）は、合掌念仏する軍兵たちの鎧甲が、「セシ《（ミ）》ノモヌケタ如く」瓔珞細輭《ようらくさいなん》の衣に変わり、西方に飛び去ったと伝える。あるいは、『天正狂言本』（金井清光『天正狂言本全釈』）収載の狂言『鬼のぬけがら』では、自らの顔から外した鬼の面を、太郎冠者が「（鬼の）ぬけからとて見ておとろ」く。蟬や蛇の脱皮を模したりそれになぞらえたりしたこれら事例と、右の蟬蛻実現型尸解とには、響き合うものがあるように思われる。それら事例から窺えるような、蟬や蛇の脱皮に対する当時の関心が、蟬蛻実現型尸解についての記述や具体的物語を呼び込んだ面があるのかもしれない。

六、魂脱去型尸解の台頭――中世～近世　↓先掲拙論eh

鎌倉初期の『続古事談』（新日本古典文学大系）巻六第三話は、楊貴妃の話を、

楊貴妃は、尸解仙といふものにてありけるなり。仙女の化して人となれりけるなり。尸解仙といふは、いけるほどは人にもかはらずして、死後にかばねをとゞめざるなり。

と始める。[4] 傍線部は特に、尸解仙あるいは尸解に対する理解を端的に示した記述として、注目される。

前々節までに見てきた古代の尸解は、衣冠や履だけ遺して、あるいは、それらを残さずとも入れ物の棺はそのままに、中身の死体が消えたり復活したり、また、死が明確ではないなかで履などを遺して行方不明になったりと、形は様々であるけれども、確かに、「死後にかばねをとゞめざる」点においておよそ共通していよう。時代は下るが、前節に見た蟬蛻実現型尸解も、殻はとどめるものの本体は脱け去る。

ところが、近世近くになると、右の『続古事談』の理解と食違うかと見られる記述が出現してくる。戦国時代

の京都五山の高僧である惟高妙安《いこうみょうあん》が、『中興禅林風月集抄』（新抄物資料集成）において、

　尸解仙ハ、蟬ノヌケカラノヤウニ、死テ身ハ其マヽアリテ、魂カ仙人ニナツテ飛行スルソ。尸トハムクロソ。解ハ、身ノカラダハハタラカイデ魂ハヌケテヨソヘ行ソ。

『詩学大成抄』（柳田征司『詩学大成抄の国語学的研究』）巻二でも尸解について、

　吾身ノ吾体ハソノマヽアリテ、中《ナ》ノタマシイガヌケテイヌルソ。蟬ノヌケガラノ如ナソ。

と説いている。身体はそのまま残して（実線部）、魂が脱け去るのだ（波線部）、という。実線部は、先引『続古事談』の傍線部後半と、まさに正反対の理解であろう。さらに、近世に入って、元禄頃写という奈良絵本『仙人つくし』（『帝京大学文学部紀要』国語国文学二六所載小野尚志翻刻）にも、

　そも〳〵仙人の天上へ《（カ）》のほるに、飛仙と尸解《しかい》との、しやへつあり。……しかひといふは、人間の身として、みちをまなひて、仙となれるをいへり。これは、そのかたちを、ここにすえ□、たましゐはかりか、ひやうするなり。

と見える。あるいは、貞享二年（一六八六）刊行の『本朝列仙伝』（古典文庫）白箸翁伝も、『扶桑隠逸伝』の所伝に基づいて、先引「白箸翁詩序」や『本朝神仙伝』の所伝とは違い、〈復活出現〉の要素を含まない形で伝を記述したあとに、こう説いている。

　惣《ソウ》ジテ仙人ニ。二ツノ品《シナ》アリ。此身《コノミ》ナガラ天上《テンジヤウ》スルト。又此身《コノミ》ヲステヽ。神心《シン〳〵》魂魄《コンハク》ヲ以《モツ》テ。自由自在《ジユウジザイ》ニスルヲ。尸解《シカイ》ト云《イフ》。此翁《コノヲキナ》モ尸解《シカイ》ノ類《タグヒ》ナランカ。

　身体をとどめて魂が脱け出すという、これらが説く尸解は、魂脱去型尸解と言うべく、例えば『太平御覧』（商務印書館版）巻六六四所引「登真隠訣」が「尸解者……既死之後、其神方得㆓遷逝㆒、形不㆑能㆑去爾」と説くの

に相当するものということになろう。しかし一方、「道教は、死後に肉体から抜け出た魂魄の永生に救済を見出すより、むしろ肉体（形）の永続を希求する教義」(5)であって、第一節冒頭所引箇所の「『抱朴子』に見える天仙も地仙も当然肉体を持った存在である。そして尸解仙もまた然りである」(6)という、根源的な論理と鋭く対立するものでもあって、王充『論衡』（新釈漢文大系）道虚編が「所謂尸解者、何等也。……如謂二身死精神去一乎、是与ㇾ死無ㇾ異」と批判するような、通常の死と変わりのない「尸解」ということになる。

そんななか、例えば平田篤胤『葛仙翁伝』(7)（新修平田篤胤全集）は、先述の葛洪の尸解に関わって、「仙骨なる人の尸解するも、凡人の死《し》ぬるも、其趣《さま》は然《さ》しも替なく、神その体を去りて、其の死なる事を知らず」と述べ、さらにそれに止まらず、「凡人の屍は、日を積み歳を経て、漸々《やゝく》に土に化して見存する」のに対して、「仙骨なる人」の場合、「土と化《なる》べき物の精々なるは、悉く識神に結び固まり、余は滓の如き物なるが、みな忽に風化して、塵埃の如く飛散するが故に、其の屍を見ず」と説いている。中国における尸解のあり方自体、時代によって変化もし、多岐に亘って複雑であって、諸先学の記載もまた、必ずしも一定ではないように思えるが、右の篤胤の所説は、松村巧氏が尸解について、「まず仮の死を遂げて、あたかも蟬や蛇が脱皮するかのように、魂が肉体から脱け去り、その後、しばらくして、魂は後に残した肉体を取り戻し、再度肉体を帯びるのである」(8)と解説されるのに近いだろうか。

七、越境する尸解②尸解霊験譚——近世　↓先掲拙論h

魂脱去型尸解が台頭したといっても、同型のものばかりになったわけでは全然ない。浮世房の蟬蛻実現型尸解も魂だけが脱け出すものではないし、琉球の『遺老説伝』が載せる四例の尸解譚も、魂に特に言及されたりしない、基本型尸解譚または火解譚である(9)。あるいは、享保十一年（一七二六）刊行の『西国三十三所霊場記』が載せる次の話も、魂脱去型とは異なる尸解譚である。

美濃国大垣の老若男女が西国巡礼に出かけた時のこと、ある十五歳の娘が、巡礼に加わる姉を羨ましく思い、一緒に巡礼したいと願う。しかし、姉と違って幼く、長旅するのには不安があるという理由で、両親が許可しなかった。娘は、悲嘆の余り食事も喉を通らず死んでしまい、両親は涙ながらに、娘が用意していた笈摺《おいずる》と巡礼札（図1）を遺体の首に掛けて埋葬した。ところが、姉たちが巡礼に旅立って二日後、娘が追い付いてきて、巡礼一行に加わることになる。一方、両親は嘆きつつも、娘の追善供養を懇ろに行う。七十五日後、巡礼の一行が帰り付いたが、その中に娘がいた。互いに事情を語ったあと、観音の御方便なのだろうと、急いで娘の墓を開いてみたところ、遺体はなく笈摺と巡礼札だけがあった。ただ巡礼したい一心で姉を慕って行ったのだと、娘は語った。

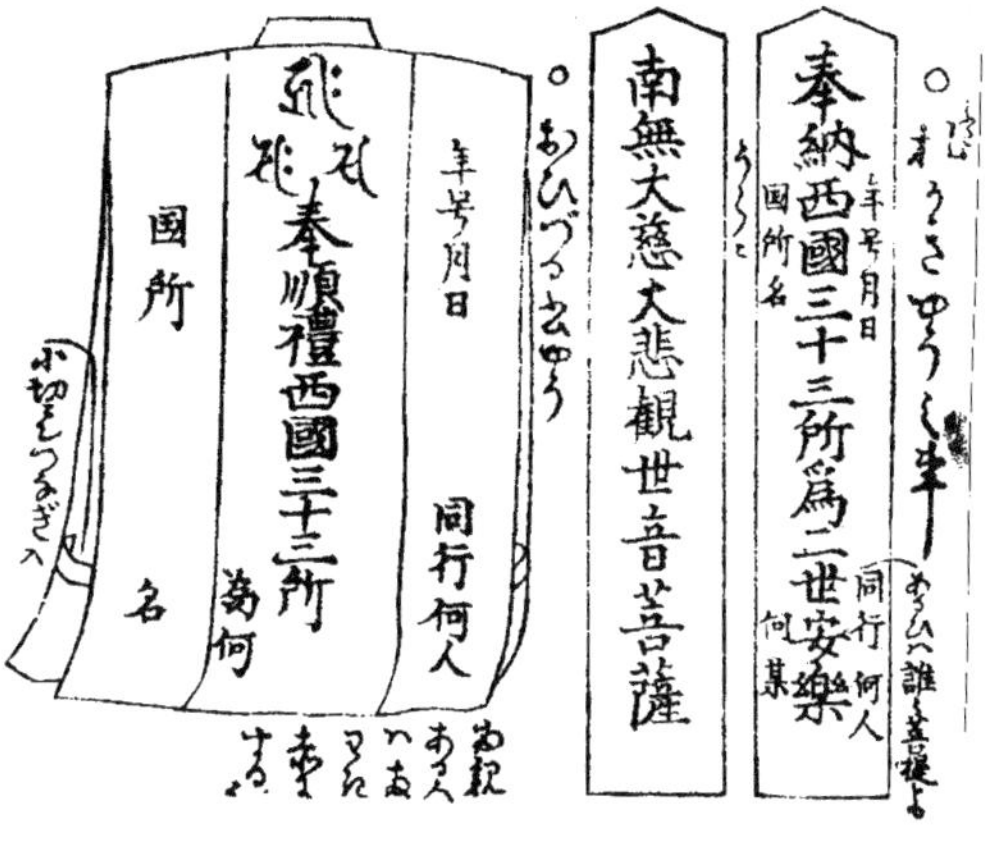

図1　笈摺と巡礼札（『西国順礼細見大全』文政8年）
「札かきやうの事」「おひづる書やう」

この話は、「過シ延宝年中ノ事ニヤ」（「延宝年中」は一六七三〜八一）と語り出され、話末には続けて、「此事近キ事ニテ、巡礼ノ輩ノ語リシ侭ニ書キ付ケ侍ル」と記されている。『西国三十三所霊場記』が刊行される五十年程前の、「近事」だとする。知られる通り、近世になって、西国三十三所観音巡礼が庶民にまで浸透し、盛行することになる。右の話は、そうした状況を背景として生み出されたものに違いない。弘化二年（一八四五）刊『西国三十三所観音霊場記図会』に受け継がれてもいる。『西国三十三所霊場記』と同じ年に刊行された『諸仏感応見好書』には、山城国の十三歳の娘を主人公とする近似の話が見えもする。

さて、話末の右引一文に続けてさらに、先述の聖徳太子の片岡山飢者説話と対比しつつ、

彼ノ聖徳太子ノ片岡ノ飢人ノ死シタル地ヲ発キ玉ヘバ、全身脱去シテ紫ノ御衣ノミ残リシ事、太子伝ニ見ヘ侍ル。尤モ同席ノ奇談也。末世ト云ヘトモ如是《カヽル》不思議ハアリケルヨト、皆人感心セリ。

と述べられているから、右の話は、尸解を遂げる話すなわち尸解譚として捉えられているに違いない。実際、第一節に図式的に掲げた骨格をすべて備えていて、そのうえにさらに〈復活出現〉の要素の加わった、また、〈物品遺留〉の「物品」を巡礼に合わせて笈摺と巡礼札とした、基本型尸解譚になっている。片岡山飢者説話の場合と同様、恐らくは魂も肉体ももろともに脱け去った、すなわち「全身脱去」したものと捉えられていて、魂だけが脱け去るといった局面が特に想定されているとは考え難い。

しかし、尸解を遂げたとは言っても、第二節に取り上げた、尸解往生した良明や長慶と同じく、右の話の主人公である十五歳の娘も、決して神仙となって化去したわけではなく、あるいは往生も遂げていない。また、「尸解は、たといそれが下士たるものの仙去の方法であるとしても、もとよりだれしもすべてに開かれた仙去の方法であったわけではない」[10]のであって、先引『仙人つくし』も「しかひといふは、人間の身として、みちをまなひて、仙となれるをいへり」と説いていたが、この娘は、何ら「みちをまな」んだりしていない。無論、仙骨など更々持ち合わせてもいないだろう。では、なぜ尸解し得たのか。観音がそうさせたのに違いない。一心に西国観

音巡礼を願う、その一途な志が通じて、観音の利益・霊験により尸解を遂げて復活、念願の西国巡礼を果たしたのである。言わば尸解霊験譚であって、尸解は、第二節の尸解往生譚の場合と同様に「道家の術」から離れて、観音の霊験として転用されている。観音の霊験へと越境したのである。

八、普及・蔓延する魂脱去型尸解——近現代　↓先掲拙論h

近代の代表的仙伝というべき宮地厳夫『本朝神仙記伝』（一九二八・九年。一九八八年八幡書店復刊）は、饒速日命《にぎはやひのみこと》以下の計一〇〇名を立伝するが、最後を飾る明治二十年死去の河野至道寿人の伝を、「然《さ》れば死《し》せりと聞《きこ》えしも、実《じつ》に死《し》にあらずして、所謂《いはゆる》尸解《しか》せるものと知《し》るべし」と結ぶ。河野について宮地は、「私が直接に面会も致しました明治以後の仙人であります」とも述べている（宮地「神仙の存在に就て」八幡書店復刻版付録）。古代より様々に伝承されてきた尸解が、近代に至ってなお、現実の現象として信仰の中で息づいてもいた。

一方、信仰の産物ではない辞書類は、特に昭和以降になると、例えば次のように、「尸解」について一定の特徴的な記述を見せるようになる。

［一］仙家にて、肉体を地上に残して昇天するするに及び、後に残れる肉体の少しも生時に異ならずといふこと。［二］神仙となりて化し去ること。（『改修言泉』）

道家の術。仙術を心得た者が身体を残して、魂魄だけ抜け去る術。神仙の化去すること。（『大漢和辞典』）

道家の術で、神仙となって化し去ること。後に残った肉体は生時と変らぬという。（『広辞苑』）

道家の術で、神仙となって化し去ること。霊魂だけぬけ去るもので、残った肉体は生時と変わらないとされる。　（『日本国語大辞典』）

仙術によって、肉体を残したまま、魂だけ体外へ抜け出ること。　（『大辞泉』）

無批判に踏襲されている面もあろうが、日本では近世近くになって台頭してきた、肉体はそのままに魂だけが脱け出す尸解が普及し、尸解と言えば魂脱去型尸解という理解が、かなり強く定着していると見て取れよう。

明治二十六年（一八九三）の幸田露伴『新浦嶋』（新日本古典文学大系 明治編）では、浦島太郎から第一〇〇代目の当主浦島次郎の両親が尸解を遂げるが、その尸解は、基本型尸解に〈死体軽化〉の要素が加わった形で、両親の遺体を載せた輿の軽くなったことを輿舁《こしかき》が訴えたのに対して、「尸解の仙人権者《ごんしや》の化現《けげん》のやうなる奇瑞《きずゐ》あるべき筈《はず》無し」と記す。それを右辞書類のうち最後の『大辞泉』「尸解」項は右引定義の用例として挙げており、『新浦島』を収載する新日本古典文学大系も脚注に「『尸解』は（仙人が）身体をこの世に残して魂だけ体外へ抜け出す術で、神仙となって化し去ること」と説いている。しかし、それらの「尸解」の定義（特に傍線部）は、浦島次郎の両親の尸解のあり様「棺《くわん》を検《あらた》むるに、……姿はかいくれ見えざりけり。……遺骸なき棺《くわん》ばかりをぞ葬りける」と対応していない。基本型尸解であるのに、魂脱去型尸解の定義に対する用例として挙げたり、同型尸解の定義のみを注記したりしたのでは、当然そういうことになろう。また、第五節に取り上げた『浮世物語』の先引二重傍線部「蛻たる事」「蛻仙」「かばね」について各々、新編日本古典文学全集の頭注が、「肉体から魂が抜け去り脱殻《ぬけがら》となること」「肉体から魂が抜け出てなった仙人」「魂が抜け出た後の肉体、の意」と注するが、浮世房の背中が裂けて、頭から手足まで残らず蛻けたというのだから、そのような魂脱去型尸解に基づく注記だけでは、やはり充分な説明にはなり得まい。現代の古典注釈にまで、恐らくは右辞書類の記述などを承けつつ、時には的確とは言い難い注記などを生みながら、尸解＝魂脱去型尸解という偏った理解が、蔓延しているようなのである。

なお、露伴も一方で、例えば大正八年（一九一九）の『神仙遺の一先人』（幸田露伴全集）には「神仙道では、此《こ》の身体をソッと其儘《そのまま》置いて去るのを尸解《しかい》と申します」と述べている。

昭和以降の小説に目を転じるに、講談社文芸文庫が「抱いた少女の裸身の背後に、尸《しかばね》の幻影を見る中年の男。奇妙な恋の道行物語に人間の愛しさと残酷さを容赦ない筆致で剔出する」と紹介する、昭和四十六年（一九七一）発表の芸術選奨受賞作、金子光晴『風流尸解記』（金子光晴全集）については、清岡卓行との対談（『ユリイカ』四―六、一九七二年）の中で金子自身が、「ほんとは尸解といえば仙人が解脱して、凡胎のからだがなくなること、あれが尸解なんですよ。だけど、この本ではちがった意味に使っているんです。ことばが、世間のならわしとは違って、自分だけのことばの理解のしかたでやっちゃったもんだから、無理が来ているかもしれない」と述べている。こちらの場合は、辞書類の定義などから離れて、詩人の言語感覚のもとに独特の「尸解」世界が創出されていると言えようか。他方、昭和五十六年度泉鏡花賞を受賞した澁澤龍彦の幻想的な短編集『唐草物語』（澁澤龍彦全集）の中の一編「金色堂異聞」においては、「私は散位藤原朝臣清衡です」と名乗るタクシー運転手の老人が、「蟬が殻をぬけ出すように、魂が肉体を蟬蛻《せんぜい》することを、神仙思想では尸解と申します」と説く。また、第十二回歴史浪漫文学賞創作部門優秀賞を受賞した泉竹史『双鳥の尸解――志賀姫物語』（郁朋社、二〇一二年）では、「聖人ならずして形骸を離れるにはひとたび死して魂の自由を獲得するしか方法がない。これを尸解というのじゃ。死屍から魂を解き放つのじゃな」と説く、白箸翁ならぬ赤箸翁に縋《すが》って、「尸解を同時に遂げた魂は、互いの強い霊縁に結び付けられ、未来永劫離れることがない」という「双鳥の尸解」を、志賀姫が智泉と遂げようとする。これら両作品の尸解は、先に見た魂脱去型尸解の普及あるいは蔓延を背景としたものとなっていよう。なお、その捉え方がどうであれ、尸解を素材として盛り込んだ高評価の現代小説が、右の通り相次いで生み出されていることは、和製尸解譚の軌跡を辿るうえで銘記すべき事象であるに違いない。

おわりに

達磨の尸解譚のような外来のものを受容するというに止まらず、和製の尸解譚も、基本型尸解譚に属するものなどが早くから生み出されていたし、古代には、その基本型尸解譚の種々変化形も見られた。そんななか、尸解が往生に越境したともいうべき尸解往生譚や、尸解の範疇から自ら逸脱しかけているような死所不明型尸解譚が生起してもいた。尸解が深く浸透した結果の産物とも言うべく、いずれも中国においてはあまり見かけないものである。そして、近世も近い中世末期の頃になって、大きな変化が見られるようになる。蟬や蛇の脱皮をまさに再現したような蟬蛻実現型尸解が生まれるとともに、従来の理解とは大きく異なる魂脱去型尸解が台頭してくる。無論、同型の尸解ばかりになったわけではなく、近世には、尸解が観音の霊験へと越境したような、特徴的な基本型尸解譚も見られた。近代になっても信仰の中に息づいている事例が見られたりもしたが、大きな傾向としては、特に昭和以降、魂脱去型尸解が普及・蔓延している点に注意された。また注目されることには、尸解を素材として盛り込んだ高評価の現代小説が相次いで生み出されもした。

本稿において展望してきたところを粗方振り返れば、右のようになろう。現時点で把握している事例に基づくものであって、遺漏少なくないだろうし、特に中国の尸解について理解の及んでいない面が様々あるだろう。諸賢の御批正・御教示を仰ぎつつ、さらに補正していければと思う。

注

（1）同じ大形氏の「尸解仙と古代の葬制のかかわりについて」（『中国研究集刊』一二号、一九九三年）や「道教における神仙思想の位置づけ――尸解仙の事例を手がかりとして」（国際シンポジウム第十三集『道教と東アジア文化』国際日本文化研究センター、二〇〇〇年）においても同様に説かれている。ごく最近の許暁璐「『列仙伝』の尸解仙について――尸解概念の史的展開」（『学林』七七、二〇二三年）も、恐らくは大形論を承けて、同様に記す。

（2）片岡山飢者説話については、最近の阿部泰郎「聖徳太子片岡山飢人邂逅伝承の生成と変成」（『古代文学』六一、二〇二二年）に至るまで諸論考数多いが、同話以外の和製尸解譚に関心が向けられることはあまりない。

（3）『本朝神仙伝』における聖徳太子の尸解および白日昇天などについて、拙論以降に取り上げたものに、馬耀『本朝神仙伝』の「上宮太子」条をめぐって――太子尸解説及び穆王・黄帝説話との関連から」（『日本語と日本文学』四六、二〇〇八年）がある。

（4）本話については、増田欣『中世文芸比較文学論考』（汲古書院、二〇〇二年）第三章第一節参照。なお、近年、発見された墓誌によって、楊貴妃が実際に道教の修行をしていたことや「三皇宝録」を受けていたことが明らかとなった。雷聞「貴妃の師――新出『景龍観威儀田僓墓誌』に見える盛唐道教」土屋昌明「玄宗の道教と楊貴妃そして日本――雷聞氏の研究をめぐって」（ともに、『洞天福地研究』九収載、二〇一九年）参照。

（5）三浦國雄「聖地としての墓――『真誥』に対する新視点」（『洞天福地研究』七、二〇一七年）。

（6）宇佐美文理『中国芸術理論史研究』創文社、二〇一五年）二一一頁。

（7）本書について、坂出祥伸『江戸期の道教崇拝者たち――谷口一雲・大江文坡・大神貫道・中山城山・平田篤胤』（汲古書院、二〇一五年）後編第二節参照。

（8）別冊歴史読本特別増刊㊲『「道教」の大事典』（新人物往来社、一九九四年）収載松村巧「尸解」。

（9）窪徳忠「沖縄の神仙説」（『民族学研究』三二―二、一九六七年）など参照。

（10）吉川忠夫「日中無影――尸解仙考」（同編『中国古道教史研究』同朋舎出版、一九九二年）。

三教一致説の展開
——儒仏道から『先代旧事本紀大成経』の儒仏神へ

石井公成

はじめに

一七五七年に大阪で出版された作者不明の洒落本、『聖遊廓』は、孔子と老子と釈迦、つまり儒教・道教・仏教の聖人たちが遊廓にやって来て仲良く遊ぶという設定になっている。しかも、結末は、釈迦が悉曇で書いた辞世の歌を残してお気に入りの遊女と心中覚悟で駆け落ちし、三途の川を舟で渡って無事に悟りの岸にたどりつくというものだ。また、武士から遊女屋に婿入りして戯作者となった唐来参和（一七四〇〜一八一一）が一七八三年に江戸で出版した同趣旨の洒落本、『三教色』では、儒教・仏教・神道の聖人が遊廓で遊ぶ様子が描かれており、老子に代わって登場するのは皇大神宮だ。皇大神宮であれば女神の天照大神のはずだが、この作では近世だけに男神とされているうえ、配下の神から意見されるほど「甚だ御蕩楽《おんどうらく》」であったと評されている。『三教色』とは、むろん、儒教・道教・仏教を比較論評した空海（七七五〜八三五）の『三教旨帰』のもじりだ。

儒教・仏教・道教の三教については、中国では優劣をめぐる論争が長らく続いてきた一方、三教すべてに意義があると説く者たちも多く、僧侶や居士、禅宗に親近感を持つ儒者などは盛んに三教合一を主張した。その場合、「心」「理」「道」のような根源的なあり方から見た同一を説く例が多かったのだが、『聖遊廓』と『三教色』の場合は、世の中は所詮、銭と色と割り切る西鶴風な立場で、結局は「色」だとし、孔子・老子／皇大神宮・釈迦が遊廓で仲良く遊ぶ話を仕立てたのだろう。

「色」を根本に据え、男女の心中を非難していない点は、仏教から転じた特異な神道家、増穂残口（一六五五〜一七四二）が「男女の交はり」を人の道の根源と説き、一途な「恋」を「正直」「誠」と見て重視し、心中者や姦通者に同情していたことに通じる点だ。庶民相手の談義僧くずれであった残口は、しばしば仏教を論難したが、その神道説に大きな影響を与えたのは、聖徳太子の編著と称し、儒教・仏教・神道の鼎立を主張した江戸時代の偽書、『先代旧事本紀大成経』（以下、『大成経』）だった。(1)

『三教色』では、「旧事紀嘘八百巻万八枚目に曰く」として、伊弉冉を天の浮橋の傍らで舟に乗って春を売る遊女、伊弉諾をその遊女に入れ込む遊客扱いしている。この「旧事記嘘八百巻万八枚目」という大げさでふざけた出典の表記は、国学者の多田義俊（一六九四〜一七五〇）が『旧事記偽書明証考』を著して批判した『先代旧事本紀』十巻を考慮しての言葉であった可能性もないではないが、三教の融和を説く点、また従来の神典とはかけ離れた奇抜な記述を並べ立てていることから見て、『大成経』を念頭に置いての言と考える方が適切だろう。

『大成経』巻七十「憲法本紀」所収の聖徳太子撰とされる五憲法、すなわち、「通蒙憲法」「政家憲法」「儒士憲法」「神職憲法」「釈氏憲法」のうち、「通蒙憲法」の第十七条では、『日本書紀』所載の「憲法十七条」の第二条が「篤く三宝を敬え。三宝とは、仏法僧なり（篤敬三宝。三宝者仏法僧也）」と説いているのを改め、「篤く三法を敬え。其の三法とは、儒・仏・神なり（篤敬三法、其三法者、儒・仏・神也）」（続四・二九七頁）(2)と断言したことで知られる。このことが示すように、『大成経』は、儒教・仏教・神道は鼎の三本の足のようであって、どの一つも欠いてはならないとする立場を基調としていた。本書は伊勢神宮の別宮である伊雑宮を伊勢の内宮・外宮以上の根本の宮と説いていたため、江戸で出版されると猛烈な抗議を受け、一六八一年に禁書とされて関係者が処罰され、翌々年には版木まで破却された。しかし、『大成経』は、近世の人々が古代について知りたいと思うこと、また、そうあってほしかったと望むことが詳細に記されていたため、以後も写本を通じて広がっていったうえ、「憲法本紀」などいくつかの人気の巻は、『大成経』の一部ということを示さずに刊行されて広く読まれた。

『大成経』の熱烈な信奉者（ゴチックで示す）を含め、本書を引用した代表的な人々を年代順に示すと、以下の通りだ。神儒一致の独自の垂加神道を提唱した山崎闇斎（一六一九～一六八二）、出版に関わって『五憲法』の注釈も書いた黄檗宗の**潮音道海**（一六二八～一六九五）、『葉隠』を口述した山本常朝（一六五九～一七一九）に影響を与えた師であって『聖徳太子五憲法釈義』を著した儒者の**石田一鼎**（一六二四～一六九四）、真言宗の僧で羅山の仏教批判に反論した寂本（一六三一～一七〇一）、大蔵経の校訂で知られる浄土宗の**忍澂**（一六四五～一七一一）、増穂残口、宗統復古に努めた曹洞宗の**徳翁良高**（一六四九～一七〇九）、浄土宗の僧で偽経でも有益なものは用いるとした松誉巌的（一六五〇～？）、沼田藩主で大老や寺社奉行も務め『和語五憲法』を著した**黒田直邦**（一六六七～一七三五）、仏教界の三傑と称された日蓮宗の了義日達（一六四七～一七四七）、生涯にわたって『大成経』の顕彰と注釈に努めた独自な神道家の**江田貞鎮**（偏無為：一六八一～一七六四）、天台宗系修験の**乗因**（一六八二～一七三九）、独自な思想家として知られる安藤昌益（一七〇三～一七六三）、真言律宗の諦忍（一七〇五～一七八六）、浄土宗の**大我**（一七〇九～一七八二）、儒者の武田琴亭（～一七八六～）、臨済僧の**東嶺円慈**（一七二一～一七九二）、曹洞僧で詩文で知られた実巌（一七二二～一八〇二）、曹洞宗の**大珍彭僊**（一七四八～一八二〇）、明治初期に神道重視政策のもとで『五憲法』を次々に刊行した浄土宗の神阿（生没年不詳）。このように、多様な系統の人々がおり、(3)現代でも浪曲師から演歌歌手に転じ、『聖徳太子憲法は生きている』（小学館、一九九八年）を著したた三波春夫（一九二三～二〇〇一）をはじめとして信奉者が少なくない。

これらの人々の多くが共感した三教一致説に関しては、特定の人物や学派などについて論じた論文は多いものの、中国の六朝時代から江戸時代に至る流れについてまとめて論じた論文は、管見の限りではないように思われる。そこで本稿では、紙数の制限のため、またそれ以上に筆者の能力の限界のため、諸国の研究成果に頼ったおおざっぱな概説にとどまらざるを得ないが、中国・韓国・日本における儒教・仏教・道教の三教一致説がどのように展開してきたかを概観したうえで、『大成経』における儒教・仏教・神道の三教鼎立説が成立した背景、また『大成経』では三教から外された道教はどのように扱われているかについて検討してみたい。

一、中国の三教一致説

中国に仏教が伝えられ、西域の言葉に変えられた経典を漢語に訳すにあたっては、道家の言葉や儒教の言葉を用いるなどしたため、早い時期からそうした中国思想と結びつけた解釈もなされた。そのようであっても、親を捨てて出家し、子孫を残さないこと、親から受けた髪を剃ること、帝王を礼拝しないことその他の面で、仏教は儒教の側から強い反発を招かざるをえなかった。また、仏教の影響を受けて南北朝期に教主・経典・儀礼などを整備し、仏教と並ぶような宗教へと育っていった道教も、異国の教えである仏教を批判した。

このため、仏教側は、釈迦が野蛮な中国を教化するために弟子を中国に派遣したのであって、儒道菩薩が孔子、光浄菩薩が顔淵、摩訶迦葉が老子となったと説く『清浄法行経』などの偽経を作成したり、仏伝を漢訳するにあたって、釈迦が長い輪廻の過程で神になったり学者になったりしたという部分を、儒者になったり道士になったりしたような訳し方をすることもあった。道教側は逆に、老子が関所を超えて西に赴いたという伝承を利用し、老子が天竺で釈迦となって人々を教化したとする「老子化胡説」を説き、『化胡経』などの偽経を作って仏教側と論争した。

ただ、こうした論争を調停しようとする試みも早くからなされた。南地の慧遠（三三四〜四一六）その他によって、儒仏二教が矛盾しないことを主とした三教一致が説かれたが[4]、北地で三教一致を強引に実施しようとしたのが北周の武帝（在位五六〇〜五七八）だ。武帝は廃仏を断行した皇帝として名高いが、実際には諸教の論争の調停に努めていた。五六九年に儒士・道士・僧侶と文武百官を宮中に集め、自らも加わって三度議論させたが、参加者はそれぞれの立場で相手を非難しあうだけで終わってしまったため、武帝は、翌年に鋳造させた二教鐘に「弘く両教を宣べ、同じく一揆に帰す」という銘文を刻ませた。また儒教に通じていた韋夐（五〇二〜五七八）に諮問したところ、三教は殊なっても「同じく善に帰す」のであって、迹には浅深があるが究極の理は区別がないとして「三教序」を著したため、武帝はこれを賞賛したとされる。これらは『易』繋辞伝下の「天下、帰を同じうして塗を殊にし、致を一にして慮を百にす。天下、何を思い何を慮らん（天下同帰而殊塗、一致百慮。天下何思何慮）」に基づいており、「一致」の語はこれに由来する。

しかし、道教・仏教の争いがやまないため、武帝は五七四年に道教と仏教の両教団を廃絶するに至った。ただ、武帝が没すると仏教は復興し、特に隋を建国した文帝（在位五八一〜六〇四）が仏教復興に熱心であったため、隠士の李士謙（五二三〜五八八）などは、「仏教は日の如し、道教は月の如し、儒教は五星の如し」と称し、仏教を最上位とした形での鼎立を説いたという。この語は有名であって、宋代の劉謐（生没年不詳）の『三教平心論』などの多くの護教書で引かれた。

二、唐代の三教論

唐の王室は北方民族出身でありながら、先祖は老子だと称して道教を仏教の上位に据えたため、三教の優劣がそれまで以上に議論されるようになった。弥勒の下生だと宣伝して史上唯一の女帝となり、短期間ながら周を建国した武則天（在位六九〇～七〇五）は、仏教を道教の上に据えたものの次第に道教に傾斜していき、七〇〇年には『三教珠英』という大部の書物を編纂させている。さらに、道教に入れ込み、仏教への規制を強めていった玄宗（在位七一二～七五六）は、七二二年に儒教の『孝経』の注を撰述して天下に発布し、七三二年末には道教を柱として三教の合一を説いた自信作の『老子』注を完成させ、翌年正月に「家蔵一本」の詔を出した。これに危機感を抱いた仏教側が『金剛般若経』の御注撰述を願い出ると、玄宗は三ヶ月で御注を完成させた。

この時期は、仏教と道教の一致が説かれる場合も、道教側が仏教信者を引き入れるために論じることがあったようだ。たとえば、官人の姚謽（生没年不詳）は、七二三年に道教寺院である仙壇観で女性道士の『老子』講義を聞き、翌年、男性道士による仏教の影響が強い道教経典、『本際経』の講義を聞いたところ、仏教と道教は違いがないと説明されていたうえ、講義後は聴講者たちが仏教優位論、道教優位論、三教同等論などを主張して争っていたため、過度な論難を戒めつつ、三教、特に開祖である釈迦・孔子・老子の違いを強調する『定三教優劣不斉論』を著した(5)。

唐では皇帝の誕生日に三教の代表を宮中に招き、皇帝の前で議論させることがおこなわれたが、三教すべての上に立つ有徳の皇帝を讃える儀式と化していったのは当然だろう。儒教を学んで科挙に合格し、神仙の世界に心を寄せ、禅僧に参禅して修行もした白楽天（七七二〜八四六）が、儒者として宮中の三教討論に参加し、その様子を記した「三教論衡」を著しているのがその良い例だ。儒教の立場から仏教を強く批判して左遷された韓愈（七六八〜八二四）などは例外であって、三教の並存を認めるのが一般的だったのだ。

僧侶や居士は、当然ながら仏教を最上としたうえで儒教や道教の意義を認めるのが普通だった。たとえば、『老子』と『易』に基づく独自な華厳教学を展開した居士の李通玄（六三五?〜七三〇?）の影響を強く受け、新興の禅宗でも修行した宗密（七八〇〜八四一）は、韓愈が仏教を非難した『原人』に反論した『原人論』において、儒教と道教を含む人天教から始まり、小乗教・大乗法相教・大乗破相教、そして根源的な「一真霊性」に基づいて現象を説明しうる一乗顕性教と進む五教判を立てた。真実と仮の教えをともに含む仏教と違い、儒教と道教は仮の教えのみとしつつも、孔子・老子・釈迦は皆な「至聖」であって状況に応じた教えを説いたとし、儒教は戒律に役立ち、道教は修禅に役立つとして条件つきでその意義を認めたのだ。宗密は、六世紀半ばに中国で成立し、根本としての「一心」を強調した『大乗起信論』の思想に基づき、華厳教学を大成した法蔵（六四五〜七一二）が如来蔵縁起と説いたものをさらに中国風に改めたため、心をすべての現象の根源とする立場が東アジア仏教の基調となった。(6)

その宗密の影響を強く受けたのが、唐末以後の混乱期に平和で仏教を推進した呉越国で活躍した延寿（九〇四〜九七六）だ。延寿は『宗鏡録』を著し、「一心」に基づいて禅宗や華厳・天台などの諸派の思想を統合するとともに、禅宗と浄土信仰の融合に努めた。延寿は、呉越では仏教が優勢であったためか、『万善同帰集』では、儒教と道教は仏教を根本とする方便説であり、老子も孔子も「密化菩薩」であって仏教を賞賛したとし、仏教を優位に置いたうえで三教の並存を説いた。

三、宋代の三教論

宋代になると仏教と儒教道徳との融合がさらに進んだ。華厳宗の影響を受けた天台宗山外派の代表である弧山智円（九七六～一〇二二）などは、中庸子と号したほど『中庸』を尊重していたうえ、『閑居篇』では根本の「道」は鼎であって三教はその三本の足だとし、三教はいずれも「訓民治世」に役立つため欠くことはできないと論じており、儒教や道教に対する批判はほとんど見られない。雲門宗の禅僧、契嵩（一〇〇七～一〇七二）も『孝論』を著すほどであって仏儒一致を強調しており、広く読まれた護教書である『輔教編』のうちの「広原教」の末尾では、三教は世間に善を勧めることを「心」とする点が共通しているため、「一教を欠けば則ち天下の一善道を損」することになると説き、三教は不可欠だと論じている。

華厳宗を中興した浄源（一〇一一～一〇八）などは、智円や契嵩のこうした議論を無視し、仏教優位を説く宗密『原人論』を賞賛して注釈『原人論発微録』を著すような例外的な存在だった。このため、高麗の王子である義天（一〇五五～一一〇一）が入宋して浄源に師事する許可を求めた際は、宋代随一の文人であって三教融合説を支持しつつ内丹の修行に励んだ蘇軾（一〇三一～一一〇一）などは、浄源は凡庸な僧侶であるとしてこれに反対したほどだった。ただ、儒教による仏教批判が強まり、また徽宗（在位一一〇〇～一一二六）のように道教を尊崇して仏教を抑制する皇帝も時々出現したため、仏教側はこれまで以上に儒教にすり寄りつつ、緊張感を持って仏教擁護の論をなす例が増えた。

そうした仏教側に衝撃を与えたのは、仏教を厳しく批判した朱子（一一三〇～一二〇〇）の登場だった。朱子は、仏教と道教が全盛を誇った唐代を非漢民族による王朝であって儒教の正しいあり方が失われた時代とみなした。禅宗についてもある程度の知見を持っていて詳細な批判を行ったため、仏教側は防衛に追われるようになった。

しかし、明代になると、禅宗の影響を強く受けた王陽明（一四七二～一五二九）の心学が盛んとなり、その門下や影響を受けた者の中には公然と禅宗に接近する者もいたため、三教混融が進んだ。その代表は、道教・仏教で修行した後、陽明門下の羅光先（生没年不詳）の影響を受け、心の本体は三教の聖人を兼ねるとして一五六三年に『三教会編』を著し、三教先生と称された林兆恩（一五一七～一五九八）だ。兆恩は上下の階層の人々から尊敬され、その著作は多数印刷されて広まった。

四、韓国・ベトナムの三教論

韓国には神仙思想が早くから入っていたが、教団としての道教が公式に導入されたのは唐代だ。高麗の一然（一二〇六～一二八九）による仏教史書、『三国異事』によれば、高句麗は儒教と仏教が流布していたが、三教の一つとして不可欠である道教が導入されていないとする高官の進言により、唐王朝に要請したところ、太宗が貞観年間（六二七～六四九）に道士八人と『老子道徳経』を賜ったという。それが原因で高句麗が亡びたとする仏教側の伝承、それも後代の伝承だが、たびたび隋の侵攻を受けた高句麗としては、その隋に代わって天下を統一した唐が道教を最上位に置いた以上、それに従う姿勢を見せないわけにはいかなったろう。島国である日本のように、道士の受け入れを拒否することはできなかったのだ。

唐に渡って役人となった統一新羅の崔致遠（八五七～?）の「鸞郎碑序」では、新羅にはもともと「風流」と呼ばれる「玄妙之道」があり、そのうちに儒仏道の三教を含んでいたのであって、その基盤のうえに三教が受容されたとする。実際、崔致遠は、儒者であり、また仏教信者であって、儒教の「仁」と仏教の「仏心」は同じものとし、神仙術にも関心を持っていた。

李朝になると、朱子学を学んだ者たちが政界の主流を占めて仏教を抑圧するようになった。その代表である鄭道伝（一三四二～一三九八）が『仏氏雑弁』を著し、教理面や社会的な側面など十九の問題点を提起して中国でもなかったほど詳細に仏教を批判すると、臨済宗の己和（一三七六～一四三三）が『顕正論』によって反論し、仏教は儒教と矛盾しないことを強調した。李朝の文人のうち、儒学から曹洞禅に転じ、臨済禅や華厳教学も学んでその方面の著作を残した金時習（一四三五～一四九三）は、風狂で自在な活動で知られ、「心は儒にして、跡は仏」などと評されたが、全真教の影響も受け、生涯にわたって内丹の術の修練に励み、三教円融の立場を取った。その小説集である『金鰲新話』の「万福寺樗蒲記」は、儒教を学ぶ青年が寺で仏と博打を打って勝ち、美しい娘に出逢って交わり、後に幽霊だと知って娘の両親が寺で催した追善法会で切々たる弔文を読み上げて極楽に送った後、ふたたび婚せずに霊山である智異山に入り、薬を探して行方しれずになったという話だ。基調は仏教だが、最後は不老長生の薬草を探したような結末になっている。

豊臣秀吉の朝鮮侵略に抗して僧軍を組織して功績をあげ、禅宗の地位を向上させた西山休静（一五二〇～一六〇四）は、儒教・道教・仏教について論じた『三家亀鑑』では、「一心」に基づいて三教を会通した。そのうちの『禅家亀鑑』は、日本では何度も出版され、広く読まれた。休静は、「智異山黄嶺庵記」では、根源的な「一法」

の中に「儒は根を植え、老は根を培い、仏は根を抜」いたのであって矛盾しないのに、後代の者たちは源を見失い、漢・唐・宋の間、多くの蚊やぶよが小さな瓶の中でぶんぶんと鳴き騒ぐように「自ら是として他を非とし」たと評している。

なお、ベトナムでは仏教と道教の融合が盛んであって、むしろ道教の勢力が増していったためか、仏教と道教との優劣を論じたような書物は知られていない。(7)

五、日本の江戸以前の三教論

儒教と仏教の日本伝来は早かったうえ、神仙思想も『万葉集』には既に見えているが、本格的に三教を論じたのは、むろん、空海（七七四〜八三五）の二十四歳の作とされ、三教を比較して仏教を最上位に位置づけた『聾瞽指帰』だ。空海は後になってこの著作に入唐時に入手した『三教不斉論』の影響を受けた序をつけ、『三教旨帰』と改名した。『三教旨帰』には、複数の注釈が作られ、真言宗では尊重して学ばれたものの、その三教観が神道説に影響を及ぼした様子はない。

日本の神祇信仰は僧侶によって様々な系統の仏教と複雑に習合した形で進展していったが、蒙古の襲来を撃退することができた結果、日本を守る神々の地位が高まって日本を「神国」とする自覚が強まり、神官たちによる自立の動きも見られるようになり、いわゆる神道が形成された。その教理の整備に際しては、中国の道家や道教経典、あるいは新たに伝わって来た禅宗文献なども利用された。

ただ、空海以後、三教を明確に意識した議論をおこなったのは、中国から渡ってきた禅僧や、中国で学んだ禅僧の方が早い。南宋の末期の一二六九年に北條時宗の招請によって来日して建長寺・寿福寺・円覚寺などに住し、鎌倉武士たちに影響を与えた大休正念（一二一五～一二九〇）の『語録』は、儒・釈・道の三教は鼎の三足のようであり、説き方は殊なっているが「至理の帰する所は一致」すると述べている。また、一三二九年に元から渡日し、朝廷の尊崇を受けて南禅寺、建仁寺などに住した明極楚俊（一二六二～一三三六）も、三教は「鼎の三足の如く、一を欠くも不可」と述べていた(8)。

こうした考え方は、彼らに師事した日本の五山の禅僧、とりわけ中国に渡って詩文を得意とした禅僧たちに共通するものだった。たとえば、台密から臨済禅に転じた義堂周信（一三二五～一三八八）は、三教融和を認めつつも儒教と道教は仏教のうちに含まれると考えたが、明に渡って学んだ絶海中津（一三三四～一四〇五）は、契嵩の『輔教編』を尊重して儒教と仏教の一致を強調し、神仙の境地、道家の虚無の思想をしきりに詩文に盛り込んでいた(9)。宋学は日本では五山の禅僧によって持ち込まれて研究されたことは良く知られているが、神仙思想を喜ぶ禅僧たちは、中国趣味を強めるうちに道教経典も詩文の素材として受容するようになったのだ。

この時期には神道も教理が進展していた。中でも注目されるのは、小野三宝院流の両部神道文献である『鼻帰書』（一三二四年）が日本が「種」、天竺・唐土が「花」、日本が「果実」、という図式を提示したことだ。また、南北朝期に活動した天台宗の慈遍（生没年不明）は、『先代旧事本紀』の注釈である『旧事本紀玄義』（一三三二年）において、和国は三界の「根」、余州はその「末」であって、日本は「種子の芽」の段階であり、唐で「枝葉」が育ち、梵で「果実」となったのであって、花は落ちて根に帰るように、「神国」たる日本を種とする梵・漢の文献がまた日本に伝わってきたのだ、と説いていた(10)。

これに対して、五山の三教一致論や仏教・道教文献を含め、様々な系統の思想を取り入れて吉田神道を確立した吉田兼倶（一四三五〜一五一一）は、『唯一神道名法要集』において、上宮太子が、日本が種子を生じ、震旦は枝葉を現じ、天竺は花実を開いたのであって、花は根に帰るように仏教・儒教が日本に伝わり、日本が根本であることを示したと推古天皇に上奏したと主張したことは有名だ。兼倶の講義には五山の禅僧たちも参加しており、そのうち、「本地垂迹」について月舟寿桂が書きとどめた文によれば、兼倶は根本の「道」は一つだとし、『華厳経』の心と仏と衆生三つは差別が無いとする句を引き、神・仏・儒は「三教一致」であって、聖徳太子と守屋が論じたのもこのことだと説いたという(11)。

六、江戸期の三教一致論と『大成経』

上述したように、江戸以前の五山では三教一致説が主流であったうえ、還俗して儒服を身につけ、儒者として始めて自立したとされる藤原惺窩（一五六一〜）にしても、林兆恩に強く共感していたことが示すように、三教一致説の延長上にあった。その惺窩を尊敬しつつもひたすら朱子学に打ち込み、時には惺窩批判も敢えておこなったのが、還俗して儒者となり、徳川家三代の将軍に仕えた林羅山（一五八三〜一六五七）だ。羅山は仏教を批判する際、古代以来、圧倒的な権威であり続けた聖徳太子を蘇我馬子による崇峻天皇殺害の実質的な責任者として非難した。また、仏教と習合した従来の神道を批判し、朱子学と独自の神道論を結びつけた理当心地神道を提唱した。このため大きな衝撃を与え、熊沢蕃山（一六一九〜一六九一）その他の儒者や国学者たちも仏教批判を強め、聖徳太子を批判するようになった。禅僧からの還俗者の一人である山﨑闇斎（一六一八〜一六八二）も仏教を厳しく批判し、蘇我氏が不遜で亡びたため、古代の記録が亡び、本来の神道が仏教と習合していったと論じ、独自の垂加神道を説いた。ただ、闇斎は、『大成経』が様々な事柄に関して由来を詳しく論じていたためか、『大成経』を頻繁に引用している。

一方、江戸初期には、明の三教一致論の影響を受け、五山以外でも三教一致論が説かれ始めていた。たとえば、仮名草子の代表の一つである『可笑記』の作者である如儡子が一六六四年に刊行した『百八町記』は、明代に禅浄一致、三教一致を説き、日本でも刊行されていた宗本（生没年不詳）の『帰元直指集』に基づいて儒仏道の三教一致を主張し、仏教を論難する儒者を批判していた。さらに、偽書・偽系図作成で知られる沢田源内（一六一九～一六八八）が一六六九年に刊行した『和論語』に至っては、桓武天皇が日本は日輪の国、震旦は月輪の国、天竺は星の国であって、仏教や儒教「神道の潤色」だと勅したと述べるなど、荒唐無稽な神仏儒並立を説いていた。

そうした風潮を受け、聖徳太子と蘇我馬子が推古天皇の命を受けて編纂し、三教鼎立を説く太子の著作を含むと称する『大成経』が登場する。『大成経』については、その禁書事件と以後の受容に関する研究はある程度なされているが、著者や成立過程についても不明な点ばかりで謎が多い(12)。『大成経』には様々なテキストがあるものの、世間に広く知られたのは一六七九年に七十二巻本の前半の三十八巻および序目二巻を、潮音道海が江戸の著名な書肆であった戸嶋惣（摠）兵衛から出版したことによるため、この七十二巻本によって内容を紹介しておく。

まず、首巻は推古天皇による「神代皇代大成経序」と蘇我馬子の「大成経序伝」から成り、以下、「先代旧事本紀目録」（欠）、第一巻「神代本紀」、第二巻「先天本紀」、第三巻「陰陽本紀」、第四巻「黄泉本紀」、第五・六巻「神祇本紀」、第七・八巻「神事本紀」、第九・十巻「天神本紀」、第十一・十二巻「地祇本紀」、第十三・十四巻「皇孫本紀」、第十五・十六巻「天孫本紀」、第十七～二二巻「神皇本紀」、第二十三～二十八巻「天皇本紀」、

第二十九〜三十四巻「帝皇本紀」、第三十五〜三十八巻「聖皇本紀」、第三十九〜四十四巻「経教本紀」、第四十五巻「祝言本紀」、第四十六巻「天政本紀」、第四十七・四十八巻「太占本紀」、第四十九〜五十二巻「暦道本紀」、第五十三〜五十六巻「医綱本紀」、第五十七〜六十巻「礼綱本紀」、第六十一・六十二巻「詠歌本紀」、第六十三〜六十六巻「御語本紀」、第六十七・六十八巻「軍旅本紀」、第六十九巻「未然本紀」、第七十巻「憲法本紀」第七十一巻「神社本紀」、第七十二巻「国造本紀」、から成る。このうち、「憲法本紀」は、『聖徳太子五憲法』と題して一六七五年に、聖皇（聖徳太子）の撰と称する経教本紀中の「神教経」と「宗徳経」はそれぞれ翌年に刊行されている。これらの巻と聖徳太子の予言である「未然本紀」は、禁書とされた以後も人気が高く、広く読まれた。

まず、「憲法本紀」の「五憲法」から見てゆく。冒頭で述べたように、「通蒙憲法」は通行の「憲法十七条」の有名な句を「篤く三法を敬え。三法とは儒仏神なり」と改めていた。これは、林羅山が二十歳の作である『十七条憲章弁』において「憲法十七条」の「三宝」を解釈する際、仏教の三宝や『老子』八十七章が三宝とする「慈、倹、天下の先とならず」を否定し、『孟子』が諸侯の宝と説いた「土地、人民、政事」をあげたことを意識したかどうかは不明だが、羅山などの太子批判に反論しての言だろう。三教尊重の姿勢は「五憲法」に一貫しており、すべての憲法の第十七条において儒仏神の三教を尊ぶべきことが説かれている。「神職憲法」では「仏典は西説の神道、儒文は蕃説の神道（仏典西説之神道、儒文蕃説之神道）」（続四・三〇二頁）[13]、「釈氏憲法」では「仏神儒は、本より一道なり。故に嫌わず（仏神儒本一道。故不嫌）」（続四・三〇七頁）として兼学を命じている。

ここで問題となるのは、三教から外された道教の扱いだ。『大成経』首巻に置かれた秦河勝作と称する「大成経序伝」では、推古天皇の世は平安であって「吾が大道、起発し，異方の道教、来興す（吾大道起発、異方道教来興)」（続一・一二頁）と述べているが、この「道教」は中国でも初期には仏教を指した用例であって「立派な教え」の意であり、推古天皇の代に神道が起こり、他国の立派な教え、つまり仏教が伝わって盛んになった、ということだ。神道が「起発」したとは、失われていた古来の正しい神道が、太子が撰述した「神教経」や「宗徳経」などによって明示され、新たにおこなわれるようになった、ということだろう。

苑道太子が儒教の学者である王仁の誤った見解を正す問答を録したものと称する「経教本紀」下の「苑道訓」では、地下の黄泉にいる伊弉冉に伊弉諾が会いにいったことを信じない王仁に対して、苑道太子は、神仙は神秘的な存在であり、仙人になった者は巌をも突き抜けることができる以上、神なら地中に入っていくことができて当然だと述べ、「夫れ仙道とは、天の至道、人の極道なり（夫仙道者、天之至道、人之極道）」（続一・一二頁）と説き、聖人はこれを信じると教えている。しかし、『大成経』は仙道を最高の道としていない。太子の言葉を編纂したと称する「御語本紀」下では、推古天皇が、「永久」と呼ばれる「根」によって仙人たちは「長生不死」を得るが、「仙道」は「昇天」を求めて仁義を求めないのに対し、「皇道」は「正政安民」を求める「人倫之道」であり、これが「仙道」と「皇道」の違いだとして、仙道のさらに根源を問い、聖徳太子はそれは「元」であって、それを得れば人倫は「和」すのだと答えている（続四・二〇五頁）。

このように、『大成経』は「仙道」、つまり道教を不老長生・昇天の術と見て、「神道」に基づく「皇道」をより根源的なものとみなすのだが、優劣の違いを強調しようとはしない。これは老子の扱いを見ても明らかだ。「儒士憲法」の第十条では、孔子は異端を戒めるのみで具体的な名はあげず、孟子は楊朱・墨子・荀子・告子をあげたが、「黄老・西方」には言及していないにもかかわらず、後代の儒者が「黄老・仏・神」を批判するのは聖人と政治を乱すものであり、「叛逆」より罪が深いと強く非難している。これは『大成経』が黄帝や老子を聖人と認めていたことを示すものだ。

「釈氏憲法」の第十七条では、仏は伏義、老子、孔子を予言し、老子・孔子は「竺乾」、すなわちインドや「西方」に言及したとして、兼学を勧めている（続四・三〇七頁）。これは、釈迦の弟子派遣説と老子化胡説に基づく主張だ。孔子が「西方」に触れたとは、『列子』の仲尼編が「西方の人に聖者有り」と説いている箇所を指す。「儒士憲法」第十六も同趣旨のことを説いており、「列子は真徒なり（列子真徒）」と述べ、虚偽を述べるはずはないとしている。すなわち、中国であれば対立したであろう説をかき集め、強引に儒仏神の三教鼎立を説き、道教についても意義を認めるのだ。(14)

おわりに

これまで見てきたように、中国では仏教と儒教・道教との衝突が繰り返される一方で、過度の争いを避けるために儒仏一致説や三教一致説が説かれた。一方、日本では儒教は早くに入ったものの、仏教の勢力が圧倒的であったため、仏教を批判して自立しようとする動きは起きなかった。また、日本は神仙思想などは愛好されたものの、教団道教が導入されなかったため、道教は知識にとどまり、仏教との激しい対立が起きることはなかった。その道教に代わって日本で仏教との関係が問題にされ、調和の論理が求められたのは神祇信仰だった。中世には神祇信仰が仏教の影響を受けつつ神道として形成され、神々の地位が高まった結果、仏教を主とする本地垂迹説に対する反発が生じたうえ、近世には仏教を批判する朱子学が勢力を持ち始め、自立をはかると同時に理当心地神道や垂加神道など、朱子学と結び着いた独自の神道説が生まれ、従来の神道説と対立するようになった。そうした中で生まれたのが、聖徳太子に仮託して神道の意義を強調しつつ儒仏神の三教鼎立を説いた荒唐無稽な『大成経』だったのだ。近年は、江戸時代を儒教の時代とみなす通説を疑った、島薗進・高埜利彦・林淳・若尾政希編『神・儒・仏の時代』（春秋社、二〇一四年）などが刊行されていることが示すように、江戸時代の思想・宗教の見直しが進められているが、その実態を明らかにするには、象徴的な存在である『大成経』の詳細な検討が必要だろう。

注

（1）湯浅佳子「増穂残口と『先代旧事本紀大成経』」（岸本覚・曽根原理編『書物の時代の宗教』勉誠社、二〇二三年）。

（2）『先代旧事本紀大成経』七十二巻の翻刻本は『続神道大系 論説篇 先代旧事本紀大成経』全四冊（神道大系編纂会、一九九九年）しかないため、本書の引用はこれに依り、「続一・二三四頁」の形で示すが、二〇二三年八月二十七日に東洋大学で開催された研究集会「『大成経』研究の現在」での藤原明の発表、「『大成経』の伝本の一つ長野本の実態調査から『大成経』翻刻へ」が指摘するように、武田本に基づく『続神道大系』の翻刻は誤りがきわめて多い。このため、問題がある箇所は延宝三年本等によって訂正して注記する。句読と訓読は私意による。

（3）石井公成「近代の聖徳太子信仰と国家主義」（『衆會』第二八号、二〇二三年）。

（4）これらを「教」とみなす点については、小林正美「補論 三教交渉における「教」の概念」（『六朝道教史研究』創文社、一九九〇年）。

（5）最澄・空海が唐からもたらしたこの書を近年になって再発見した藤井淳は、諸分野の研究者たちによる論文集として、藤井淳編『最澄・空海将来『三教不斉論』の研究』（国書刊行会、二〇一六年）を刊行している。

(6) こうした動向については、石井公成「井筒俊彦の言う『東洋哲学』なるものを疑う」(澤井真編『井筒俊彦の思想形成期における東洋思想とその学問的視座』科学研究費最終報告書、二〇二四年)。

(7) 大西和彦「ベトナムの神仏融合と道教」(吉田一彦編『神仏融合の東アジア史』名古屋大学出版会、二〇二一年)。

(8) 鄭樑生「日本五山禅林的儒釈道三教一致論」(『史学集刊』一九九五年第二期)、王明兵「宋代的〝三教合一〟思潮与其在日本〝五山禅林〟的嬗変」(『東北師大学報(哲学社会科学版)』第二五二期、二〇一一年)。

(9) 余六一・任萍「絶海中津の仏寿一致の思想と道家思想の受容」(『神戸女学院大学論集』第五巻第一号、二〇〇八年)。

(10) 森瑞枝「吉田神道の根本枝葉果実説再考」(伊藤聡編『中世神話と神祇・神道世界』竹林舎、二〇一一年)。

(11) 伊藤聡「兼倶における三教一致」(『神道の中世——伊勢神宮・吉田神道・中世日本紀』中央公論新社、二〇二〇年)。

(12) まとまった研究としては、河野省三『旧事大成経関する研究』(河野省三博士古稀祝賀会、一九五二年)があり、聖徳太子を始祖として尊重する系統の神道については、河野「太子流神道」(『神道史の研究』中央公論社、一九四四年)が概説している。最新の研究状況の一端は、岸本覚・曽根原理編『『大成経』と秘伝の世界』(『書物の時代の宗教』勉誠社、二〇二三年)に収録された諸論文・コラムに示されている。

(13) 『続神道大系』は「番」に作るが改める。

(14) 『続神道大系』は「真者」とするのを改める。この十六条については『続神道大系』の誤りが甚だしい。

あとがき

本書の企画の由来を記してあとがきにかえたい。

日本の道教研究は、戦前から優れた成果を多く出してきた。戦後、いろいろな分野の研究者が集って、一九五〇年に日本道教学会を創設した。その紀要である『東方宗教』は、査読付きジャーナルとして年に二回発行されており、現在に至るまで一四四号を数える。この分野では、他の専攻の研究者や一般読者に向けても、単行本として研究成果を含んだ概論を上梓し、道教研究に対する理解を広める努力がなされてきた。

大きな企画としては、『道教1〜3』(平河出版、一九八六年)が画期的であった。それと時を同じくして、第三十六回日本道教学会大会で行われたシンポジウムをふまえて編集された『道教研究のすすめ』(平河出版、一九八六年)も刊行された。さらに『道教事典』(平河出版、一九九三年)は、それまでの多方面にわたる研究成果を整理・集成した、日本初の道教事典であり、一一四一項目の網羅的な内容となっている。大項目的な構成の『「道教」の大事典――道教の世界を読む』(新人物往来社、一九九四年)は読む事典である。その後、平河出版の三冊本『道教』から約二十五年して『講座道教』全六冊(雄山閣出版、一九九九〜二〇〇一年)が出版された。また、『選集道教と日本』全三冊（雄山閣出版、一九九六〜九七年）では、戦前から二十世紀末に至るまでの、日本文化と道教の関りについての代表的な論考を集めている。これらほど大きくはないが、より普及をはかったコンパクトな企画として、『道教の経典を読む』（大修館書店アジアブックス、二〇〇一年）、『道教の神々と祭り』（同、二〇〇四年）がある。以上、道教研究の理解・普及を目的として、本学会の研究者が多数参与して執筆・編集した成果の一部を紹介した。

今回の本書の企画は、雄山閣の『講座道教』第六巻『アジア諸地域と道教』および『選集　道教と日本』から四半世紀を置いて、日本文化と道教との関わりに再び目を向けるものである。上記の単行本と異なり、「日本道教学会編」というかたちを取るのは、日本における道教研究の新たな重要性の確認をするためには、学会の事業として多くの研究者の協力を仰ぎつつ、この四半世紀に発展した日本文化史の研究成果を取り上げるのが理解しやすいと考えたからである。

そこで、本書の編集幹事を担当している私が、本会の会長を務めていた二〇二三年九月に本会理事会に企画を提案した。その際に議論となったことの一つに、日本におけるいわゆる道教の受容をどう考えるかがあった。このテーマについては、福永光司氏の『道教と日本文化』（人文書院、一九八二年）以来、視点や方法についての議論が多くおこなわれてきている。日本では、中国の道教をそのまま組織的な宗教として受容してきたわけではなかった。それゆえ、ある事象を道教の影響だと判断するのに慎重な態度が必要であること、つまり道教の一部の要素をもって道教の影響とは言いきれないこと、道教の諸要素を実践的な知識・技術・作法として受容していたことなどを考慮すべきことが話し合われた。本書ではその議論を踏まえつつも、ディテールは各執筆者の考えにゆだねられている。

今後、斯学のさらなる発展のために、道教研究への道しるべとなるような書籍や道教研究の現在の達成を示す書籍の出版も学会として検討中である。

本書の企画は、日本道教学会理事会の支持により、本学会員だけでなく、広い範囲の研究者の参加をいただくことができました。編集委員会を代表して、関係各位に謝意を表します。編集にあたっては、勉誠社の吉田祐輔社長と武内可夏子さんにお世話になりました。記して心から謝意を表します。

本書が斯学の発展に貢献することを心から祈念します。

日本道教学会編集幹事・前会長

土屋昌明

執筆者一覧

土屋昌明（つちや・まさあき）
専修大学国際コミュニケーション学部教授。専門は中国文学・思想史。編著書に『道教の聖地と地方神』（ヴァンサン・ゴーサールとの共編、東方書店、二〇一六年）、主な論文に「女性道士焦真静の巡礼」（日本道教学会『東方宗教』第一三三号、二〇二〇年八月）、「黄泉国と道教の洞天思想」（日本古事記学会『古事記年報』五八、二〇一六年三月）、『中国道教美術史　漢魏晋南北朝篇』（共訳、勉誠社、二〇二三年）などがある。

酒井規史（さかいのりふみ）
慶應義塾大学商学部准教授。専門は道教史。主な論文に「呉越国の道教信仰――投龍簡と聖地のネットワーク」（『アジア遊学』第二七四号、勉誠社、二〇二二年）、「宋代の道観――茅山を中心に」（『アジア遊学』第二七七号、勉誠社、二〇二二年）、「天慶観割記――宋代の道観における施設と宗教活動」（『中国研究』第十七号、二〇二四年）などがある。

細井浩志（ほそい・ひろし）
活水女子大学国際文化学部教授。専門は日本古代史。主な著書・論文に『古代の天文異変と史書』（吉川弘文館、二〇〇七年）、『日本史を学ぶための〈古代の暦〉入門』（吉川弘文館、二〇一四年）、『新陰陽道叢書第一巻古代』（編著、名著出版、二〇二〇年）、「陰陽師による天文道・暦道の兼帯について」（陰陽道史研究の会編『呪術と学術の東アジア――陰陽道研究の継承と展望』アジア遊学二七八、勉誠社、二〇二二年）などがある。

山下克明（やました・かつあき）
大東文化大学東洋研究所兼任研究員。専門は日本古代・中世文化史。主な著書に『平安時代陰陽道史研究』（思文閣出版、二〇一五年）、『平安貴族社会と具注暦』（臨川書店、二〇一七年）、『陰陽道　術数と信仰の文化』

（臨川書店、二〇二二年）、論文に「中世仮名暦と『簠簋内伝』――陰陽道概念の近世的展開に寄せて」（陰陽道史研究の会編、『呪術と学術の東アジア――陰陽道研究の継承と展望』アジア遊学二七八、勉誠社、二〇二二年）などがある。

西岡芳文（にしおか・よしふみ）

上智大学文学部特任教授。専門は日本中世史・文化財学。金沢文庫にて『蒙古襲来と鎌倉仏教』（二〇〇一年）、『陰陽道×密教』（二〇〇七年）、『称名寺の庭園と伽藍』（二〇〇九年）、『動乱の金沢』（二〇一四年）などの展示と図録を制作。

松本浩一（まつもと・こういち）

筑波大学名誉教授。専門は中国道教史。主な著書・論文に『中国の呪術』（大修館書店、二〇〇一年）、『宋代の道教と民間信仰』（汲古書院、二〇〇六年）、「宋代考召法的基本構成」（『華人宗教研究』第三期、二〇一四年）、「普度儀式的成立」（『華人宗教研究』第十期、二〇一七年）などがある。

伊藤　聡（いとう・さとし）

茨城大学人文社会科学部教授。専門は日本思想史、中世神道論。主な著書・論文に『中世天照大神信仰の研究』（法藏館、二〇一一年）、『神道の中世――伊勢神宮・吉田神道・中世日本紀』（中公選書、二〇二〇年）、『日本像の起源――つくられる〈日本的なるもの〉』（角川選書、二〇二一年）、『中世神道入門――カミとホトケの織りなす世界』（監修、勉誠社、二〇二二年）、「胎内五位説と日本中世の心身論」（小峯和明編『日本と東アジアの〈環境文学〉』勉誠社、二〇二三年）、「無住と伊勢神宮――『沙石集』巻第一第一話「太神宮御事」をめぐって」（土屋有里子編『無住道暁の拓く鎌倉時代――中世兼学僧の思想と空間』アジア遊学二九八、勉誠社、二〇二四年）などがある。

松下道信（まつした・みちのぶ）

皇學館大学文学部教授。専門は中国宗教思想・道教。主な著書・論文に『宋金元道教内丹思想研究』（汲古書院、二〇一九年）、「『太上説北斗元霊本命延生妙経』校注」（松下道信・新田恵三『吉田神道未公刊資料集1』（神道資料叢刊19）、皇學館大学研究開発推進センター神道研究所、二〇二四年）などがある。

奈良場勝（ならば・まさる）

國學院大學栃木短期大学講師、国立歴史民俗博物館共同研究員。専門は日本の易占術史。主な著書・論文に『近世易学研究――江戸時代の易占』（おうふう、二〇一〇年）、「江戸時代の易占書の特質」（梅田千尋編『新陰陽道叢書』近世編、名著出版、二〇二一年）、「中世日本の易神の形成とその後」（髙田宗平編『日本漢籍受容史――日本文化の基層』八木書店、二〇二二年）などがある。

原　克昭（はら・かつあき）

弘前大学人文社会科学部教授。専門は日本思想史。主な著書に『中世日本紀論考――註釈の思想史』（法藏館、二〇一二年）、編著に『宗教文芸の言説と環境』（シリーズ日本文学の展望を拓く3、笠間書院、二〇一七年）などがある。

森　瑞枝（もり・みずえ）

國學院大學兼任講師・国士舘大学非常勤講師、他。専門は神道神学。主な著書・論文に『ワードマップ神道 日本生まれの宗教システム』（共著、新曜社、一九九八年）、「吉田神道の根本枝葉果実説について」（伊藤聡編『中世神話と神祇・神道世界』竹林舎、二〇一一年）、「無分節はあはれとのみ発露する――本居宣長の言語哲学と井筒俊彦」（『理想』七〇六、二〇二一年）、「篤胤の玄学 ユニヴァーサルとパーソナル」（山下久夫・斎藤英喜編『平田篤胤 狂信から共振へ』法藏館、二〇二三年）などがある。

鈴木正崇（すずき・まさたか）

慶應義塾大学名誉教授。日本山岳修験学会会長。専門は文化人類学・宗教学。主な著書に『神と仏の民俗』（吉川弘文館、二〇〇一年）、『女人禁制』（吉川弘文館、二〇〇二年。講談社学術文庫、二〇二一年）、『祭祀と空間のコスモロジー――対馬と沖縄』（春秋社、二〇〇四年）、『山岳信仰――日本文化の根底を探る』（中央公論新社、二〇一五年）、『熊野と神楽――聖地の根源的力を求めて』（平凡社、二〇一八年）、『女人禁制の人類学――相撲・穢れ・ジェンダー』（法藏館、二〇二一年）、『日本の山の精神史――開山伝承と縁起の世界』（青土社、二〇二四年）などがある。

須永　敬（すなが・たかし）

九州産業大学国際文化学部教授。専門は民俗学・歴史学・宗教学。主な論文に「北部九州における修験霊山の神道化と教派神道」（『九州産業大学国際文化学部紀要』

七九、二〇二三年）、「东亚的〝圣母〟信仰与山之道教〈東アジアの〈聖母〉信仰と山の道教〉」（李傑玲訳、『国際比較文学』七（三）、二〇二四年、上海師範大学）などがある。

山本義孝（やまもと・よしたか）

袋井市歴史資料館施設長。専門は宗教史。主な著書・論文に「陰陽師と山伏」（『陰陽道の講義』共著、嵯峨野書院、二〇〇二年）、「修験道」（『鎌倉時代の考古学』共著、高志書院、二〇〇六年）、『山岳霊場 三徳を読み解く』（今井出版、二〇二四年）などがある。

岩崎日出男（いわさき・ひでお）

園田学園女子大学名誉教授。専門は唐代密教史。主な著書・論文に「密教の伝播と浸透」（『新アジア仏教史07中国Ⅱ隋唐 興隆・発展する仏教』佼成出版、二〇一〇年）、「五臺山・金閣寺の構造とその教理的背景について」（『東洋の思想と宗教』三〇号、二〇一三年）、「長安西明寺円照の生没年について」（『密教文化』二四〇、二〇一八年）などがある。

芳澤　元（よしざわ・はじめ）

明星大学人文学部准教授。専門は日本中世史、宗教文化史。主な著書に『日本中世社会と禅林文芸』（吉川弘文館、二〇一七年）、『足利将軍と中世仏教』（相国寺教化活動委員会、二〇一九年）、編著書に『室町文化の座標軸――遣明船時代の列島と文事』（勉誠社、二〇二一年）、論文に「中世後期の社会と在俗宗教」（『歴史学研究』九七六号、二〇一八年）、「室町社会の宴と肉食禁忌――精進料理の歴史的前提」（『歴史学研究』一〇二七号、二〇二二年）などがある。

中前正志（なかまえ・まさし）

京都女子大学教授。専門は国文学（説話文学、中世文学）。主な著書に『神仏霊験譚の息吹き 身代わり説話を中心に』（臨川書店、二〇一一年）、『寺院内外伝承差の原理 縁起通史の試みから』（法藏館、二〇二一年）などがある。

石井公成（いしい・こうせい）

駒澤大学名誉教授。専門はアジア諸国の仏教と関連文化。主な著書に『華厳思想の研究』（春秋社、一九九六年）、『聖徳太子――実像と伝説の間』（春秋社、二〇一六年）、『東アジア仏教史』（岩波書店、二〇一九年）などがある。

編者略歴

日本道教学会

1950年設立。道教並びに広く東洋の民族的宗教・文化に関する諸般の研究を推進し、会員相互の連絡を計ることを目的とする。
学会ホームページ：https://www.taoistic-research.jp/

道《どう》教《きょう》文《ぶん》化《か》と日《に》本《ほん》

——陰陽道・神道・修験道

編　者　日本道教学会
発行者　吉田祐輔
発行所　㈱勉誠社
〒101-0061 東京都千代田区神田三崎町二-一八-四
電話　〇三-五二一五-九〇二一㈹
二〇二五年三月二十五日　初版発行
印刷　製本　三美印刷

ISBN978-4-585-31020-4　C1014

中国道教美術史
漢魏晋南北朝篇

道教の生成プロセスにまでさかのぼり、老子の神格化と視覚化の関係を「先道教美術」と位置付け、多くの新出資料を提示し徹底的に検討する。

李松 著／土屋昌明・齋藤龍一 監訳／廣瀬直記・熊坂聡美・因幡聡美 訳・本体三五〇〇〇円（＋税）

〔増補改訂版〕道教美術の可能性

美術作品や実物資料からのアプローチにより、道教は文化要素としてどのように展開、変容したのか。文献や儀礼研究のみでは描き出せない、立体的な道教史を再構築。

齋藤龍一・鈴木健郎・土屋昌明 共編・本体三〇〇〇円（＋税）

泰山諸神の信仰の展開
東岳大帝から碧霞元君へ

泰山諸神の信仰状況を歴史的に検討し、広い視点から泰山信仰ひいては中国の民間信仰の一端を明らかにする画期的成果！

二ノ宮聡 著・本体八〇〇〇円（＋税）

六朝文化と日本
謝霊運という視座から

思想的な背景となった六朝期の仏教や道教にも目を向けつつ、日本文学における謝霊運受容の軌跡を追い、六朝文化の日本における受容のあり方を体系的に検討する。

蒋義喬 編著・本体二八〇〇円（＋税）

器と信仰
東アジアの舎利荘厳をめぐる美術史・考古学からのアプローチ

舎利の容器はどのような形状・素材・図様が採用されてきたのか。舎利は各地域の社会においてどのように受容されたのか。舎利及びその荘厳に関する最新の知見を提示。

加島勝 編・本体一五〇〇〇円（+税）

「見える」ものや「見えない」ものをあらわす
東アジアの思想・文物・藝術

東アジアの文物や芸術を解釈する上での共通の基盤の形成をめざすために、「見えるもの／見えないもの」にまつわる理論や事象について、国際的にかつ学際的に探求。

外村中・稲本泰生 編・本体一四〇〇〇円（+税）

ことば・ほとけ・図像の交響
法会・儀礼とアーカイヴ

唱導や文芸のことば、寺院空間、教理・教学など諸種の要素の響き合いにより営まれた法会・儀礼の実際を、寺院に伝持されてきたアーカイヴを紐解くことで解明する。

近本謙介 編・本体一二〇〇〇円（+税）

宗教遺産テクスト学の創成

ひと・モノ・知の往来により生成・伝播・交流・集積を繰り返す宗教の動態を捉え、多様性・多声性のなかに宗教遺産をめぐる人類の営みを再定義する。

木俣元一・近本謙介 編・本体一五〇〇〇円（+税）

五代十国
乱世のむこうの「治」

従来「乱」や「離」としてばかり取り上げられてきた五代十国それぞれの「治」を先入観無く見つめることで、十世紀前後を跨ぐ中国史の大きな展開を明らかにする。

山根直生 編・本体三二〇〇円（＋税）

呉越国　10世紀東アジアに華開いた文化国家

王族墓からの出土品や雷峰塔など、その文化の一端を示し、東アジア圏における呉越国の在り方や日本、遼（契丹）、高麗などを含めた周囲の国々との関係について解説。

瀧朝子 編・本体三二〇〇円（＋税）

宋代とは何か
最前線の研究が描き出す新たな歴史像

歴史・文学・思想・美術など諸分野の最前線を示す二十二の論考より、多角的視点から宋代を捉えなおし、従来の通説とは異なる、新たな時代像を提示する必読の一書。

平田茂樹・山口智哉・小林隆道・梅村尚樹 編
本体三二〇〇円（＋税）

元朝の歴史
モンゴル帝国期の東ユーラシア

元代の政治・制度、社会・宗教、文化の展開の諸相、国際関係などを多面的に考察。さらには元朝をめぐる学問史を検討することにより、新たな元朝史研究の起点を示す。

櫻井智美・飯山知保・森田憲司・渡辺健哉 編
本体三二〇〇円（＋税）

金・女真の歴史とユーラシア東方

「政治・制度・国際関係」「社会・文化・言語」「遺跡と文物」、そして「女真から満洲への展開」という四つの視角から金・女真の歴史的位置づけを明らかにする。

古松崇志・臼杵勲・藤原崇人・武田和哉彦 編
本体三二〇〇円（＋税）

書物のなかの近世国家
東アジア「一統志」の時代

編纂前史から、王朝三代にわたり編纂されたそれぞれの「一統志」のあり方、周辺諸国や後代に与えた影響をも考察し、「一統志の時代」を浮かび上がらせる。

小二田章・高井康典行・吉野正史 編・本体三〇〇〇円（＋税）

アジアの死と鎮魂・追善

臨終や葬儀、鎮魂など儀礼の展開は、アジア全体で共通する要素も多い。アジアにおける死と鎮魂についての文化を歴史学・思想史の立場から考察する。

原田正俊 編・本体二八〇〇円（＋税）

都市と宗教の東アジア史

東アジアにおける国家間、諸文化間の交流は、祭祀施設にどのような変化をもたらしたのか。多角的な視点から、東アジアの都市と宗教・祭祀の問題を捉え直す。

西本昌弘 編・本体三〇〇〇円（＋税）

呪術と学術の東アジア
陰陽道研究の継承と展望

呪術として、学術として、また東アジアにおける位置付けなど、多角的な視点により、深化、活性化していく陰陽道史研究の動向を追う。

陰陽道史研究の会 編・本体三二〇〇〇円（＋税）

前近代東アジアにおける〈術数文化〉

〈術数文化〉と書物、出土資料、建築物、文学、絵画との関係を検証。文化への影響・需要を考察し、東アジア諸地域への伝播・展開の様相を通時的に検討する。

水口幹記 編・本体三二〇〇円（＋税）

中世神道入門
カミとホトケの織りなす世界

近年、急速に研究の進展する「中世神道」の見取り図を、テーマごとに立項し、第一線で活躍する研究者が、多数の図版とともにわかりやすく解説する決定版！

伊藤聡・門屋温 監修／新井大祐・鈴木英之・大東敬明・平沢卓也 編・本体三八〇〇円（＋税）

神道の近代
アクチュアリティを問う

従来のイデオロギー的な国家神道論や護教的神道研究を超えて、神道の多元的で複雑な構造を明らかにした画期的成果。

伊藤聡・斎藤英喜 編・本体三二〇〇円（＋税）

日本古代の仏教者と山林修行

奈良～平安初期に山林修行を実践した九名の事績を考察。山林修行における諸種の形態・様相を諸資料をもとに描き出すことで、日本古代の山林修行の総体を明らかにする。

小林崇仁 著・本体一二〇〇〇円（＋税）

日本と東アジアの〈環境文学〉

「漢字文化圏」において、文学は「環境」をどう捉えてきたのか。多彩な領域と様々な方法論から成り立つ四十一の論考により、環境と人間の営みとの関係を問い直す。

小峯和明 編・本体一五〇〇〇円（＋税）

怪異学講義
王権・信仰・いとなみ

古記録や歴史書、説話、絵画といった多数の資料を渉猟し、政治・信仰・寺社・都市・村・生活など多様な視点から「怪異」とそれに対する人々の営みを読み解いた画期的入門書。

東アジア恠異学会 編・本体三二〇〇円（＋税）

室町文化の座標軸
遣明船時代の列島と文事

都鄙の境を越え、海域を渡った人びとが残した足跡、ことば、思考を、歴史学・文学研究の第一線に立つ著者たちが豊かに描き出す必読の書。

芳澤元 編・本体九八〇〇円（＋税）

帝鑑図と帝鑑図説
日本における勧戒画の受容

日本における帝鑑図・帝鑑図説の諸作品を美術史・文学研究の第一線の視点より、多角的に考察。通説を再検討し、「帝鑑図」とは何かを問い直す画期的成果。

小助川元太・薬師寺君子・野田麻美・水野裕史 編
本体一五〇〇〇円（＋税）

儒教思想と絵画
東アジアの勧戒画

『勧戒画』の諸相を多角的に考察、作品が生まれ、受容された時代の思想・文化を捉え直すとともに、時代を超えて、見る者の「鑑」となる美術作品の力を再認識する刺激的な一冊。

水野裕史 編・本体三二〇〇円（＋税）

日本人の読書
古代・中世の学問を探る〔新装版〕

注釈の書き入れ、識語、古記録や説話に残された漢学者の逸話など、漢籍の読書の高まりを今に伝える諸資料から古代・中世における日本人の読書の歴史を明らかにする。

佐藤道生 著・本体一二〇〇〇円（＋税）

世界神話伝説大事典
〔オンデマンド版〕

全世界五十におよぶ地域を網羅した画期的大事典。「神名・固有名詞篇」では一五〇〇超もの項目を立項。現代にも影響を及ぼす話題の宝庫。

篠田知和基・丸山顯德 編・本体二五〇〇〇円（＋税）